大 学 体 育

主　编　康　帆　邵继萍
副主编　代海霞　冯　艳　王文军

科 学 出 版 社
北　京

内　容　简　介

本书牢牢把握"以人为本，以学生为主题，健康第一"的指导思想，详细介绍了体育理论基础和运动实践，知识面广，针对性强，理论密切联系实践，方便教学与阅读，对提高学生体育理论知识水平和体育文化素养均有很大的帮助。全书共十章，内容包括大学体育概述、体育锻炼的科学观、体育锻炼与科学营养、体育锻炼中的常见运动损伤及自我保护、体育文化与体育竞赛、田径运动、球类运动、塑身运动、武术与搏击运动及休闲运动。

本书可作为高等学校公共体育课程教材，也可供体育爱好者学习参考。

图书在版编目(CIP)数据

大学体育/康帆，邵继萍主编. —北京：科学出版社，2012

ISBN 978-7-03-035338-2

Ⅰ. ①大…　Ⅱ. ①康…　②邵…　Ⅲ. ①体育-高等学校-教材
Ⅳ. ①G807.4

中国版本图书馆 CIP 数据核字 (2012) 第 192754 号

责任编辑：胡云志　相　凌／责任校对：朱光兰
责任印制：徐晓晨／封面设计：华路天然工作室

科学出版社出版
北京东黄城根北街 16 号
邮政编码：100717
http://www.sciencep.com

北京厚诚则铭印刷科技有限公司 印刷

科学出版社发行　各地新华书店经销

*

2012 年 8 月第　一　版　开本：787×1092　1/16
2016 年 9 月第六次印刷　印张：19
字数：370 000

定价：42.00 元

(如有印装质量问题，我社负责调换)

前 言

现代大学强调综合素质教育，不仅要对学生进行专业技能培养，还要对其进行综合素质培养，以促进学生的全面发展。大学体育以促进学生身心健康发展为核心，是增强学生体质、提高学生素质、培养学生综合能力的重要教育途径。为了顺应我国普通高等教育的迅速发展和人才培养的需要，努力推进体育课程和教材的国际化程度，我们依据教育部颁布的《全国普通高等学校体育课程教学指导纲要》，结合现代大学体育发展趋势，编写了本书。

本书内容重点突出，通俗易懂，符合普通大学体育普修课程的实际需要，理论叙述严谨，实践内容简洁，在使用过程中能启发学生思路，指导学生体育活动的学与练，形成健康体育价值观。在编写过程中，我们根据当前大学体育理论原理和过去在体育教学中发现的一些问题，对本书进行了合理布局和科学补充，既突出了体育发展特点，选择了适合开展的体育项目和有利于学生全面发展的内容，同时又在保证教材质量基础上，在理论与实践的内容上科学合理设计，从而不断将新的体育理念提供给学生，也在体育项目学习中提供有益帮助，达到大学体育培养人、教育人的目的。

本书的特点具体体现在以下几个方面。

（1）理论性强。本书主要以大学体育的地位作用、功能、特点为基础、让学生初步建立体育基本理论知识结构，理解大学体育对社会、对人发展的积极作用。

（2）循序渐进。在理论篇的后几章节中，编者安排了体育锻炼原则方法、体育保健知识以及体育文化、体育欣赏等理论知识，这将对大学生在学校形成自我完善的体育价值观产生影响。

（3）实践内容丰富，理论表述精简。本书实践部分将大学体育课程涉及内容罗列其中，辅助学生在课内外锻炼中获取理论指导。在实践部分的理论表述中，本书采用基础知识与最新内容的结合，做到言简意赅，完整表达了体育实践项目的技战术理论，结合课堂教学，提高学生体育锻炼水平。

（4）增加时尚运动内容。考虑到现代大学体育的多样性和现代大学生多元化体育生活方式，本书结合实际增加了一部分现代流行的运动项目，作为选修内容。

本书是由兰州商学院体育教学部部分教师编写完成。

在本书的编写过程中，编者参考和借鉴了其他相关教学用书，在此向其作者表示谢意！由于时间及能力所限，书中仍可能有不妥之处，恳请专家和读者批评指正。

编　者

2012 年 6 月

目 录

第一章 大学体育概述

第一节　大学体育教育

一、现代体育的概念和基本形态

（一）现代体育的概念

现代体育是指与人体发展有关的身体活动。从字面上理解，现代体育可分为两层含义：既代表学校体育，又代表人参与的身体运动。

19 世纪 60 年代以后，由西方传入的“体育”（physical education），其意是指维持和发展与身体的各种活动有关联的一种教育过程。20 世纪 80 年代，随着现代社会的进步和体育运动实践的不断发展，出现了学校体育、竞技体育和大众体育这三个既有区别又互为联系的概念，并逐渐形成与教育和文化相并列的新体系，逐渐形成了现代体育体系。

近年来，很多学者在不断研究体育的基础上，提出了大体育这个概念，即体育是育化人的特有方式，现代体育，或者说体育在现代已经成为体育运动、体育科学、体育产业和体育文化四位一体的社会现象。没有体育运动就没有体育，就没有体育科学、体育产业和体育文化。体育运动项目本身不但可以成为产业，还能推动体育产品和体育服务的发展，体育文化就是在体育运动中孕育、产生和发展起来的。

同时，随着人们体育观念的更新，体育已成为现代人的一种基本生活方式，以进行体育锻炼、开展体育运动、欣赏体育比赛为主要内容的活动已成为人类的基本权利，体育权利逐步得到社会的承认、尊重和维护。世界各国体育事业的不断推进也有利于体育权利在更加普遍意义上的实现。

（二）现代体育的基本形态

根据我国体育发展的特点和规律，“体育”一词有狭义和广义两种用法：用于狭义时，一般指体育教育；用于广义时，则和通常所说的“体育运动”相同，其含义是指体育是一种特殊的社会现象。作为有意识的社会活动和教育过程，它实质包含了体育教育和体育运动两层含义，受一定的社会政治、经济的影响和制约，也为一定的社会政治、经济服务。照此理解，体育是以发展身体、增强体质为基本特征的，它作为包括学校体育（狭义体育）、竞技体育和社会体育三方面内容的总称。

1. 学校体育

学校体育是学校教育的重要组成部分，也是全民体育的基础。它是学校教育和体育的交叉融合，又是国家体育事业发展的战略重点。学校体育主要是以全面发展学生的身体、增强体质、增进健康为主要目的，是向学生传授体育知识、技能，提高体育运动技术水平，培养道德和意志品质的有目的、有计划、有组织的教育过程。为了达到教育、修养及发展身体的总目的，不同层次的学校体育按照不同教育阶段和学生的年龄特征，通过体育课程、课余体育训练及课外体育活动这三种基本组织形式，围绕“增强体质”这个中心，促进学生身心全面发展，全面实现学校体育的各项任务。它由于处在学校这个特定领域，实施内容被纳入学校总体计划，实施效果又有相应的措施予以保证，从而与其他教育环节共同构成了一个完整的教育过程，使学生在德、智、体、美、劳五个方面得到全面发展。

随着体育的不断社会化、娱乐化、终身化及竞技体育的纵深发展，从提高学校体育的要求考虑，现代学校体育既要注重增强体质身心健康的近期效益，又要着眼于将来学生对“享受”和“发展”的需要，即重视包括生理、心理及社会等在内的综合效果。为此，学校体育在充分注意体现现代体育主要特征的基础上，还必须拓宽体育的社会渠道，满足个人体育兴趣爱好，启发学生主动参与体育的意识，讲究体育锻炼的科学性、实效性，不断提高学生的体育欣赏水平，并创造条件为国家输送和培养竞技体育人才，以适应当代社会和青年对精神、文化生活日益增长的需要。

2. 竞技体育

竞技体育亦称竞技运动，它是在全面发展身体素质的基础上，最大限度地挖掘体力、智力与运动才能，以取得优异运动成绩为目标而进行的科学训练和各种竞赛活动。竞技体育在现代奥林匹克运动会的推动下，现已有50多种用于国际比赛的运动项目，并设有相应的国际体育组织和单项运动协会。当前，随着竞技水平的不断提高，为了应对日趋激烈的赛场竞争，体育竞技广泛采用先进的科学训练方法和手段，以探索人类运动的极限。

值得注意的是，随着社会经济的繁荣，生活水平的不断提高，具有竞技体育特点的群众性竞赛活动也日趋频繁，尽管参加这些竞赛活动的对象和层次不同，但其中一些有规则约束的竞赛，逐渐向以取胜为目的的方向转变，从而不断扩大了竞技体育的领域。由于竞技体育的表演技艺高超、竞争性强，且极易吸引广大观众，故它作为一种极富感染力又容易传播的精神力量，在活跃社会文化生活、振奋民族精神、提高国际威望、促进各国人民之间的友谊和团结等方面，都起着特殊的教育作用。

3. 社会体育

社会体育亦称大众体育，是指以健身、娱乐、休闲、医疗和康复为目的的体育活动。国内外经常提到的娱乐体育、休闲体育、余暇体育、养生体育或医疗体育均可列入此范畴。由于它吸引的对象主要为广大民众，其中包括男女老幼及伤病残者，活动领域遍及整个社会，所以堪称活动内容最广、表现形式最新、趣味性最强、参加人数最多的一项群众性体育活动。作为学校体育的延伸，它可使人们的体育生涯得以继续。

社会体育开展的广泛性和社会化程度取决于国民经济的繁荣、生活水平的提高、余暇时间的增多及社会环境的安定。从世界发展趋势来看，社会体育作为现代体育发展的重要标志，无论普及程度还是开展规模，都不亚于竞技体育。目前，我国的社会体育正在蓬勃兴起，各种“健康城”、“康复中心”和“健身俱乐部”正在吸引大批的体育消费者，国家还设立了“中国大众体育纪录”，表明这种体育活动已有了比较广泛的群众基础。

1965年，法国教育家保尔·朗格朗在联合国教科文组织会议上提交了“终身教育议案”，提出：教育是终身的事，教育应该包含美育、智育、体育及职业技能等多样化的内容，学校教育应该为终身教育担任重要角色。20世纪60年代末，苏联学者明确提出了终身体育的概念。1978年，教科文组织又通过了《国际体育运动宪章》，宣布“体育运动是整个教育体系的重要组成部分，是生涯教育中不可缺少的重要因素”。世界各国相继制定了大众体育发展的计划，“终身体育”的思想已对世界体育产生了越来越广泛和深刻的影响。

二、大学体育教育

（一）大学体育教育的任务

学校体育表现在大学阶段，我们称为大学体育，它主要是指非体育专业大学生在校期间所接受的体育教育，按照“健康第一”和“终身体育”思想的要求，增强学生体质，提高大学生身心健康水平和适应能力，传授体育文化的教育过程。

根据我国社会主义事业对当代大学生身心发展的要求，我国大学体育的培养目的是：使学生了解和掌握体育与健康的基本知识；培养学生“终身体育”意识和体育能力；养成体育锻炼的良好习惯，增进身心健康；形成体育生活方式和科学的体育素养，使之成为国家和社会所需要的全面发展的高级专门人才。

为了达到大学体育的培养目的，应努力完成以下基本任务。

1. 增强学生体质、提高学生身心健康水平

高等学校体育的首要任务，就是要增强学生体质，提高全体学生的身心健康水平。这是我国社会主义现代化建设事业对大学生身心发展的基本要求，也是时代所赋予学校体育的重要使命。《中共中央国务院关于深化教育改革、全面推进素质教育的决定》指出：“健康体魄是青少年为祖国和人民服务的前提，是中华民族旺盛生命力的体现。学校教育要树立健康第一的指导思想，切实加强体育工作，使学生掌握基本的运动技能，养成锻炼身体的良好习惯。”这是党和政府在新的历史条件下对学校体育教育极其重要的指导思想，对我国的教育改革具有重大的现实意义和深远的历史意义，其根本的目的在于提高全民族的综合素质，增强我国的综合国力和竞争力。

大学生是中华民族实现伟大复兴的希望，是21世纪国家建设的中坚力量。近年来，国家有关部门对全国大、中、小学生进行体质健康调查的结果表明，我国青少年学生在体质健康方面仍然存在不少问题，必须引起足够的重视。例如，与健康关系密切的反映心肺功能水平的耐力素质、呼吸功能（肺活量）普遍下降，以及营养过剩、心理素质不高、特殊体形、抗挫折能力差、神经衰弱甚至心理障碍和心理疾病呈发展趋势等，这与整个教育事业的发展以及素质教育的要求有较大的差距。因此，千方百计地增强学生体质，努力提高全

体学生的身心健康水平，是高等学校体育的一项重要任务。

2. 培养终身体育意识和体育能力

高等学校体育要培养学生的体育意识，形成终身体育思想，增强学生的体育兴趣，提高学生的体育能力。联合国教科文组织在《体育运动国际宪章》中明确指出："体育是全面教育体制内一种必要的终身教育因素"，"必须有一项全球性的民主化的终身教育制度来保证体育活动和运动实践得以贯彻每个人的一生。"法国著名教育家保罗·朗格朗在其《终身教育引论》一书中指出："如果将学校体育的作用看成是无足轻重的事，不重视学校体育，那么，学生进入成年后，体育活动就不存在了。如果把体育只看成是学校这一阶段的事，那么体育在教育中也就变成了'插曲'。"因此，大学体育不仅是在校期间的阶段性教育活动，还要使学生通过在学校所受的体育教育受益终身，成为生活的一部分。然而，当前我国学校体育教育的效果不容乐观。有关调查资料表明，目前在校大学生的体育意识和健康意识总体比较淡薄，能自觉参加体育锻炼的人数比例很低，越是高年级的学生越不经常锻炼身体，体育与健康意识尚未形成，体育还未能成为其生活的一部分内容。因此，大学生毕业走上工作岗位后，大多数人都因工作、环境、生活等原因，逐渐与体育"绝缘"。由此导致了很多上班族的体质健康水平下降，死亡的平均年龄大大降低，给国家、社会和家庭造成了不可弥补的损失。这种现象虽然有诸多原因，但是与人们体育意识淡薄、健康与保健意识差有极大的关系。

因此，要重视学生体育与健身意识的培养，提高体育兴趣和健身习惯，并在体育教材的内容、形式、手段和要求上与体育教育的目标保持高度一致。同时，还要使学生掌握体育与健康的基本知识、技术和技能，掌握科学锻炼身体和保养身体的方法，学会开运动处方，科学地进行锻炼，提高体育能力，为终身体育奠定良好的基础。

3. 培养良好的思想道德意志品质

大学教育的培养目标，就是培养和造就一大批政治素质过硬、品质优良、具有扎实的科学文化知识和能力、具备强健体魄的全面型人才。因此，大学教育要始终把育人放在首位。高等学校体育通过体育课、课外活动、运动训练、竞赛交流等特殊的教育形式，在培养学生的健康意识、塑造学生的强健体魄的同时，对学生进行爱国主义、集体主义、社会主义理想信念教育，进行中华民族优秀文化传统教育，进行革命传统及遵纪守法、社会公德教育。在体育实践中培养学生吃苦耐劳、艰苦奋斗、拼搏进取、自强不息的精神，以及尊师爱友、团结协作、礼贤互让、豁达大度的道德品质。

体育在培养人的道德与意志品质方面，具有鲜明的特点和显著作用。体育主要是以自身练习为手段，通过身心的参与来实现其目的的。在体育运动过程中，既能感受到大自然清新的空气、阳光和美景，也要经受风吹、日晒、雨淋等考验；从事各项运动，既能体验运动给身心带来的愉悦，也要承受一定的生理和心理负荷，出现肌肉酸痛、身心疲乏等反应；为了提高运动水平，要进行艰苦的体能与技术训练，并克服种种困难；参加比赛时，又要全力以赴，协同配合，最大限度地发挥自身的各种能力，使智、艺、技、勇在激烈的对抗中得到发挥和锻炼。因此，通过体育教育能够培养学生良好的思想道德作风和顽强的意志品质，在知、情、意、行诸方面都有更高层次的追求，从而自觉确立文明、科学、健康的生活方式，促使自己在德、智、体、美诸方面都得到全面的发展。

4. 提高运动技术水平、培养高水平体育人才

高等学校是培养人才的基地，其中，也包括对体育人才的培养。高等学校大力发展体育，反过来体育又提高学校的办学效率。许多有识之士认为，高等学校是培养“智能型”体育尖子最肥沃的土壤。高校应该拥有自身的高水平运动队（员），并努力提高运动技术水平，为国家培养能参与世界竞技体育的高水平体育人才。

美国加州大学校长田昌霖博士认为：对学校发展最有影响力的是学生运动队。大力发展和提高学生的运动水平乃是学校整体教育的一个重要组成部分。因此，我国高校在广泛开展群众性的体育活动的基础上，依靠高校特有的人才优势和科技优势建设好运动队，为国家培养高素质、高水平的体育人才，这是高校体育的任务之一。

（二）大学体育教育的方式

现代大学体育教育要求大学公共体育课程应该从两方面实施，即学生的健康学习和健康生活，这既符合现代人对体育的要求，也符合体育是现代大学重要组成的需求。

现代大学公共体育课的目标是：大学体育是学生终身体育的重要组成部分之一，是按照国家培养社会主义建设人才的要求所施行的教学。依据此目标，在实施过程中不但要注重学生体育技能的学习，掌握必要的锻炼手段，而且要形成良好的行为方式，树立健康第一的生活观，最终形成大学体育教育培养学生的两种理念，即形成学生的学习观和养成学生健康生活观。

体育教学的目标是让学生形成正确的理念，正确的价值观、人生观等对于学生健康成长相当重要，现代体育教学应该紧紧扣住学习观与生活观这两方面，这是体育功能在培养学生的具体体现。

培养大学生体育学习观和体育生活观，就需要采用大学体育教育方式，具体实施内容有：学生的技能学习、学生的体育素质培养、学生掌握锻炼方法的科学性、学生锻炼的经常性等，以及教师采取什么手段、方法来实现这些细节（图 1-1）。

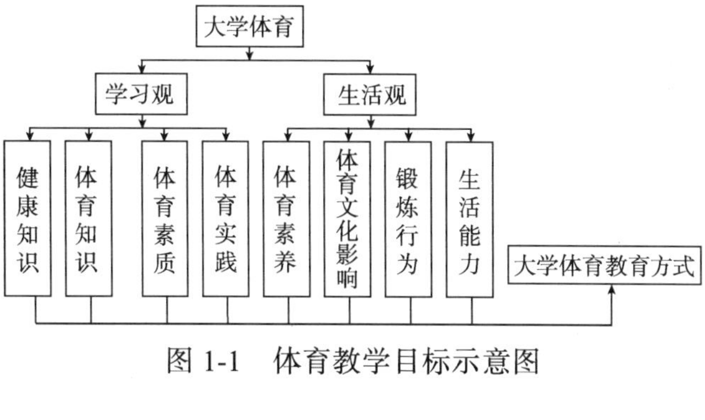

图 1-1　体育教学目标示意图

大学体育是整个大学教育的重要组成部分，大学体育是指在以现代大学教育为主的环境中，运用身体运动、卫生保健等手段，对受教育者施加影响，促进其身心健康发展的有目的、有计划、有组织的教育活动。大学体育教育方式包括以下具体内容。

（1）运动教育：包括体育课程，面向全体学生的课外体育活动、课余体育训练、课余体育竞赛。

（2）健康教育：传授健康知识、安全知识，规范学生卫生行为。

（3）生活体育：在学生就学期间整个教育和教学工作中，促进学生身体与精神和谐进步的教育。

第二节 大学健康教育

一、健康新概念

健康的概念是随着人类对客观世界认识的不断深化而改变的。过去，由于受传统观念、世俗文化以及科学技术发展的限制，人们对健康的认识单纯理解为“无病、无伤和无残”或“健康是机体的一种动态平衡状态”等，并将“没有疾病”作为衡量健康的唯一标准。显然，以上观点都不全面，不能准确的反映健康的本质或全部。

1948 年，世界卫生组织在《世界卫生组织宪章》中首次给健康明确了含义：“健康不仅是免于疾病和衰弱，而是保持体格方面、精神方面和社会方面的完美状态。”1978 年 9 月，在国际初级卫生保健大会上通过的《阿拉木图宣言》中又重申了健康的含义，指出“健康不仅仅是没有疾病或不虚弱，而是包括身体、心理和社会适应等方面的良好状态”，同时指出：“健康是基本人权，达到尽可能的健康水平是世界范围内一项重要的社会性目标。”

普通高校大学生在身体、心理和社会适应性等方面都面临着一段过渡性时期，他们从中学进入了大学校园，身体发育进程减慢，心理感受正在逐步健全，个体的社会化和群体整合作用逐步构建，很多同学在毕业后面临着就业，步入社会。这个年龄阶段不但是不成熟与成熟之间的过渡阶段，也是校园生活与社会生活的衔接阶段。近年来，大学生的健康观念也是随着社会的进步和发展而不断改变与深化，10 年前的健康观普遍认为疾病是健康最主要的影响因素，而用发展的眼光来看的话，影响健康的因素非常多，不但包括疾病，还有遗传、环境和生活方式等，所以用现代健康观来讲，健康是多维的组合结构，在健康系统中每个层面互相联系、互相制约、相互转换，所以，大学生要树立正确的健康观。

在很多有关大学生健康和生命质量的调查研究中发现，大学生并不了解健康的概念，或者说对健康的某一维度（如身体或社会适应性等）发展了解得比较清楚，但对于其他层面却不重视。在此基础上很难树立正确的健康观。就像我们常说的树立远大的人生观，如果没有对我们伟大祖国的历史和在进行的社会主义建设的理论与实践有正确和完善的认识，就不可能达到所要求的境界。国家关于高校人才的培养计划明确指出，“健康第一”的指导思想对于每一位大学生来讲树立正确的健康观是非常重要的，一是为国家作贡献，二是为社会，三是为自己。如果一个人为自己都不着想、不打算、不计划的话，那还谈什么为社会、国家呢？同时，健康观必须要正确，错误的健康观危害极大，很多大学生出现精神分裂等疾病，出现了厌世、自杀现象，其中树立了错误的健康观是主要原因。当大学生在树立了正确的健康观后，他们的生活就会有所变化，直至影响他们的体力、智力和社会行为达到健康状态，进而影响人类社会发展，这也正是它的现实意义。引用世界卫生组织的一句话：“社会发展以人为本，人的发展以健康为本。”

二、亚健康

在理解了健康的概念之后，再来谈谈“亚健康”。亚健康是指人体处于健康与疾病之间的状态。在这一阶段，往往查无明显器质性病变，而某些功能出现有悖正常的变化，使人感到种种不适。现代工业的飞速发展，社会结构的改变，给大学校园带来了一定的影响，这其中主要包括学校教育体制的转变、学生学习生活的角色转换以及大学毕业生的供求压力等。调查显示，大学生中有50%的学生处于“亚健康”状态。现在的教育针对学生的管理越来越宽松，而学生的就业形势却越来越不好。在这个就学的阶段中，应该让学生多出时间接触社会、掌握广博的知识（多学科的涉猎）和参加锻炼，而现实却是因为毕业后的就业问题，学生早早地背上思想包袱，加之对管理方式的不适应，出现了逐步“退行”的现象，在社会、学校和家庭的一片期望出现身体活动能力下降、心理承受能力下降和社交障碍等严重问题。健康—亚健康—疾病是统一的，我们的大学生只有改变个人的不良行为，倡导健康的生活方式，才能改善亚健康状态。众多专家、学者认为：积极参加体育锻炼就是提升生活质量有效的手段之一。

可以说，亚健康使人身心遭受折磨，丧失学习、工作、生活能力。在校学习的学生可采用本书介绍的一些方法加强锻炼，来改善亚健康状态。现在最新的国际健康标准是“理想健康”。

三、威胁健康的生活方式

生活方式可以分为文明的生活方式与不文明的生活方式，而健康是人类永恒的追求。随着时代的发展，人类的寿命越来越长，人类将更加注重健康和树立“健康第一”的观念。因此，能够促进健康的生活方式就是文明的生活方式。

体育锻炼有助于实现人类健康需要的文明生活方式，人的健康与生活方式有直接关系。不良的、失去平衡的生活方式是一种“自我创造的危险性”。世界卫生组织前总干事中岛宏告诫人们：大约在2015年，生活方式疾病将成为世界头号杀手。21世纪威胁人类健康的疾病主要有以下几种。

（1）营养过剩和不良饮食习惯引起的疾病。例如，在美国仅心脑血管疾病和癌症就占死亡总数的70%，其致病因素主要来自饮食过量、脂肪消耗过多，以及缺少运动、吸烟、饮酒和紧张。德国环保局做了具体计算，德国人每天只需160克肉的消费量，而目前每天却为250克。奶和蛋的消费量也是如此。在我国，死亡病因同发达国家正趋于一致。国家统计部门对25个大中城市的抽样调查表明，城市居民荤菜与蔬菜的消费量比例为2∶1，精粮与粗粮之比为10∶7。这种饮食结构带来的恶果是，由于摄入的高热量、高蛋白、高脂肪过剩导致血脂代谢异常，使心脑血管疾病成为城市人死亡的最主要疾病。同时，由于摄入的热量和胆固醇过多，食物中的某些成分不足，如食物纤维、维生素A等，又成为患结肠癌、直肠癌、胃癌、乳腺癌、卵巢癌等癌病的主要原因，因此，有人把这些原因引起的癌病称之为“生活方式癌”。

（2）现代“时尚病”。这主要是由一些现代电子设备、追求时髦消费和娱乐方式不当引起的疾病。比如，彩电、游戏机屏幕放射出的阿尔法和伽马射线会杀死人体白细胞，致使人体免疫力下降，还会使眼睛患上弱视、斜视、散光等疾病；豪华的室内装修又会带来化学物质污染等。

（3）精神疾病。据美国哈佛大学的一份研究报告，精神健康问题在“全球疾病负担”中占 8.1%。精神疾病发病率无论在发达国家还是在发展中国家都呈增加趋势，尤其青少年更为明显。城市生活的快节奏，复杂的人际关系、愈演愈烈的竞争环境，导致人们的心理失调，出现诸如焦虑、抑郁、狂躁、自卑和妄想狂等症状，出现和诱发多种身心疾病，如偏头痛、便秘、腹泻、溃疡性结肠炎、妇女月经失调、男性阳痿、糖尿病、癌症、高血压、心脏病、神经过敏、精神分裂、狂躁、忧郁症等。

（4）重复性工作压力并发症。这是 21 世纪的一种时髦病。据美国劳工部统计，机械式重复性工作对人体所造成的伤害，如今占所有职业伤害的 65%。按最新的数据显示，重复性工作压力并发症的受害人一年高达 33 万人以上。手腕部重复工作压力并发症是最常见的一种重复性工作压力职业伤害，整日与电脑为伍的工作人员就是最常见的受害者。一般说来，从事体力劳动的蓝领阶层，如在工厂做包装工作或是在生产线上做某种一再重复之装配工作的工人，最易受到重复性工作压力的伤害。但是从 20 世纪 80 年代以来，在办公室工作的白领阶层，受这种伤害的却增加了 7 倍。据研究结果显示，这是由于电脑普及的缘故。坐在键盘前工作，看似轻松，实则肌肉所受到的压力超乎一般所理解的程度。此种姿势有碍于血液的流通，如果姿势不正，则肩颈的工作就更为辛苦，日积月累会造成肩颈肌肉因长期紧张而出毛病。

（5）吸毒。联合国毒品监督机构曾在 2003 年 3 月一份年度报告中公布：当时全球经常性和偶尔性毒品使用者就已达到 2 亿多人，每年有 10 万人因吸毒死亡，1000 万人因吸毒丧失劳动力。有资料表明，吸毒人员的平均寿命较正常人群短 10~15 年。25%吸毒成瘾者会在开始吸毒后 10~20 年后死亡，吸毒者自杀发生率较正常人群高 10~15 倍。同时，吸毒也是诱发犯罪、危害社会治安的根源之一，现已成为严重的社会问题。

（6）运动不足。在低机械化时代，人们的体力支出与脑力支出之比为 9 : 1，到中等机械化时代，就转变为 6 : 4，在全盘自动化时代就倒置为 1 : 9。可以说，在人与自然疏远的过程中，人们得到了许多物质财富与精神财富，但也丧失了很多宝贵的东西，其损失最大的是人体的运动。

（7）机能退化。如今，人们吃的是经过多道工序精加工的食品，于是牙齿越来越不坚固；喝的是经过化学加工的水，于是肠胃功能严重下降；空调使人变得越来越不能适应大自然的本来温度，使适应能力越来越下降。

除上述危险以外，性病、艾滋病、流行性病毒、工业性污染致病、生活危险等都将构成对 21 世纪人类健康的严重威胁。对此，美国加州大学公共健康系的布莱斯诺博士提出了以下健康生活方式。

（1）每日保持 7~8 小时睡眠。

（2）有规律的早餐。

（3）不吸烟。

（4）不饮或饮少量低度酒。

（5）少吃多餐。

（6）控制体重（不低于标准体重的 10%，不高于标准体重的 20%）。

（7）有规律的体育锻炼。

（8）每年至少检查一次身体。

四、促进大学生健康的行为

你知道不运动的坏处吗？世界卫生组织估计，全球因缺乏运动而导致的死亡人数，每年超过 200 万。不运动，会使身体的免疫能力下降，某些疾病和病毒不能得到有效免疫而诱发猝死。例如：一个小孩儿不进行足够多的体育锻炼的话，那大脑发育也不会很好，从而影响到智力稍微不明显的低下。现代医学和体育科学的研究表明，体育锻炼可起到以下作用。

（1）预防心血管病。大量研究表明，参与有规律的体育锻炼可以显著降低心血管疾病形成和发生的危险性。

（2）改善呼吸系统的功能。

（3）提高消化系统的功能。

（4）改善神经系统的功能。

（5）降低糖尿病发生的危险性。

（6）控制体重与改变体形。

（7）延年益寿。

理解体育锻炼的作用和重要性之后，就应该与同学或朋友作定期运动，如慢跑、打羽毛球、游泳等，培养自己对体育锻炼的兴趣，养成有规律的运动习惯。这些都是大学体育的内涵表现。

“生命在于运动”这句话充分说明体育运动对身体健康的重要性，但并不是说只要运动就健康，因为只有养成良好的体育锻炼习惯，才会健康长驻。那么如何才能养成良好的体育锻炼习惯呢？

首先，要培养自己对某个体育项目的爱好，因为只有对某项活动产生浓厚的兴趣，才会关注这项活动。为了培养兴趣，从而形成行为习惯，体育课在二年级就开设选修课，有些学校甚至在一年级和三年级都有体育选修，让无兴趣的同学产生兴趣，让有兴趣的同学更加喜爱锻炼。如果缺乏对某一活动的兴趣，就不可能产生对该活动的爱好，也就不可能形成从事该活动的习惯。反之，随着对某一活动的兴趣的形成和爱好的增长，习惯性也就增强。就好像很多同学喜欢上网聊天、打游戏一样，即使老师家长反对也还是要去，这就是兴趣所在。因此，培养一个良好体育爱好是养成锻炼习惯的关键。

其次，必须掌握一定的科学锻炼方法，因为如果对于一种体育活动不了解，那么就起不到锻炼身体和增强体质的效果，还有可能损害身体健康。所以只有懂得和运用锻炼身体的基本原理和科学锻炼的方法，才能达到预期的锻炼效果。

最后，要想养成良好的体育锻炼习惯还要持之以恒。苏联教育家马卡连柯曾说：“要形成良好的习惯，最重要的是正当行为的不断练习。”良好习惯的形成，是意志与毅力的结果，因此大学生在养成锻炼习惯的过程中，要有一定的意志力，持之以恒地坚持下去，要严格作息时间，不管是酷热难耐的夏天，还是寒风刺骨的冬天，都不改变自身的生活规律，形成有利于健康的良好的“生物钟”。这样，天长日久，锻炼的习惯就会逐渐形成了。

体育锻炼这个问题我国已经很早就开始重视了。大学时期是人一生中身心发育趋向成熟的重要转折时期，在生理和心理方面出现许多前所未有的变化，明显的有一种成人的感觉。随着人民生活水平和文化素质的提高，“爱美之心，人皆有之”，我们要在体育运动中茁壮成长、在运动中保持健美。

第三节　大学体育的健康功能

一、大学生的生理、心理特点

（一）大学生的生理特点

我国大学生年龄阶段已进入青年期，身体形态、机能、代谢功能等发展已日趋完善和成熟，整个机体具有旺盛的机能、蓬勃的朝气，能承受较大的运动负荷，能较好地适应外部环境的变化。与此同时，也必须在躯体和心灵上，承受包括体育活动在内的锻炼，以促进个器官系统的发育和生理功能达到人生最佳的水平。

1. 身体形态

机体进入青春期后 2~3 年，人体身高以较快的速度增长，女子在 17 岁，男子在 19 岁，增长的速度才日趋缓慢，直至完成骨化而终止。体重一般是男子在 20 岁、女子在 18 岁才趋于稳定。其他有关指标，如胸围、头围、肩宽、盆骨宽等生长指标均日趋缓慢。由于大学生年龄阶段已处于青春后期，身体形态发展虽已不断完善，但仍保留青春期的一些特点，即发展的不平衡性和不稳定性。因此仍应重视全面锻炼身体，并随着年龄增长，适当多开展体操、田径、球类、舞蹈等各类活动，这对发展运动器官，特别是对全面发展身体十分有利，使体形匀称、体格健壮。

2. 身体机能

（1）神经系统。在大学生年龄阶段，人体对现实具体刺激发生反应的第一信号系统和对现实抽象刺激发生反应的第二信号系统的活动相互关系更为完善，分析和综合能力显著提高，由于神经系统灵活性高，神经细胞物质代谢机能旺盛，易出现疲劳，但恢复较快。脑细胞内部的结构和机能的复杂化过程迅速发展，致使大脑皮层的发育状况在一定程度上呈现出一种飞跃的状态，这为发展思维创造了良好的物质基础。根据这一特点，在高校体育活动中，要采用启发式与比较法，充分利用大学生已有的智能和经验，发扬主动学习精神。这个时期，由于内分泌活动发生变化，性腺活动加强，使神经系统的稳定性受到影响，动作协调能力暂时下降，女生表现更为明显。

（2）心血管系统。在大学生年龄阶段，身体发育日趋完善，心缩力量增强，收缩压增高。这个时期可以承受一定的运动负荷，但强度不宜过大，尤其对于持续时间长的速度耐力性项目，随着年龄的增长，按照循序渐进的原则，可以逐渐增加运动负荷和强度。

（3）呼吸系统。在大学生年龄阶段，肺的横径和纵径都继续增加，肺泡体积也随之增大，男生尤为显著。由于呼吸增强，频率减慢，深度加大，肺活量增大，呼吸系统发育日益完善。我国男大学生的肺活量一般为 3800~4400 毫升，女大学生的一般为 2700~3100 毫升，在这个时期，可进行耐力练习和适当承担氧债能力的锻炼，以增强肺功能。

3. 身体素质

对于大学生的身体素质，根据调查资料显示，男生各项指标的增长高峰，除速度在 7~8 岁出现外，其他素质均在 12~16 岁期间出现，女生大部分素质高峰期都出现在 7~9 岁，而柔韧和耐力素质到 18~19 岁又出现高峰。一般来说，到 19 岁以后，无论是男生或女生的各项身体素质的增长都进入了下降期。因此，在大学生年龄阶段，仍应加强身体素质的全面锻炼，以促进身体的全面发展。

4. 性成熟

性成熟是青春期重要的变化之一，它包括生殖器官的形态发育、功能发育和第二性征发育等。

男性的性成熟主要表现在性器官——睾丸功能的发育与成熟。睾丸的功能是产生精子和分泌雄性激素。睾丸发育时间最早在 10 岁前后，12~16 岁期间迅速增大，17 岁前后达到正常水平。性功能发育主要表现在遗精，一般为 12~19 岁之间。第二性征发育的表现是开始长胡须，体毛多，喉结增大突出，音调变低变粗，肌肉显得强健有力。

女性的性成熟主要表现在性器官——卵巢功能的发育与成熟。卵巢的功能是产生卵子和分泌雌性激素。8~10 岁期间发育加快，10~18 岁子宫等器官迅速发育。性功能发育主要表现在月经。第二性征发育的表现在随着乳腺的发育和脂肪的沉积，乳房逐渐隆起，乳头突出，声调变高，皮下脂肪增厚。

男女进入青春期后，虽然有了生殖能力，但身体尚未完全发育成熟，骨骼及心脑等重要器官一般要到当 25 岁左右才能发育完善。大学生年龄阶段正处于性成熟时期，根据以上特点，参加各种体育活动有助于促进身心健康发展。

（二）大学生的心理特点

大学生的年龄特征决定其心理特征，其中自我意识的骤然增强是核心问题。围绕这一核心问题，大学生的认知、情感、意志、个性等主要心理过程和心理特征处在一个动态的调节过程之中，并且由过去的被动性调节转为主动自我调节。因而这个阶段的心理变化是一生中最复杂、波动最大的时期，其特点从以下四个方面明显呈现出来。

1. 自我意识方面

进入大学之后，由于环境的变化和达到了近期目标引起心理感受的变化，他们发现原先所认识的自我是由家长、老师所塑造出来的，而不是真正的自我，因而强烈的要求重新塑造并确立真正的自我。大学生的自我评价能力和自我控制能力方面较中学时代有所提高，但发展的水平参差不齐，有的自负，往往不懂得尊重别人；有的能够控制自己的情绪，有的却易被情绪的波动而左右。为了努力塑造一个真实的理想的自我，他们开始认识到自我教育的重要性，并努力向着既定的目标不断进取。

2. 情感方面

大学生正处于风华正茂之时，他们的情感特征十分明显，是体验最激烈人生感情的年龄。大学生的情感不再像中小学生那样天真、纯朴，而是比较内向、含蓄。另外，敏感、自尊、好表现自己也是突出的情感特征。随着年级的增高，大学生的情绪波动性逐渐减弱，情感也日趋丰富、复杂。

3. 意志方面

从中学升入大学，标志着一个青年已踏上独立生活和进入成人社会的路途，为祖国和人民做贡献的时刻即将到来，全社会也盼望大学生早日成才。在各方面的影响下，大学生的独立倾向明显，自觉性明显增强，并能在行动中清晰意识到自己行动的目的性和社会意义，而果断性和自制力方面发展较为缓慢。

4. 性格方面

由于大学时期个性倾向日趋形成，自我意识不断发展，大学生的性格基本形成和逐渐稳定，对待现实所持的一贯态度和较稳定的行为方式，是大学生性格的主导方面，它突出体现大学生个性的本质。在意志、理智、情绪等特征方面，大学生也表现出逐渐稳定并自觉培养良好的性格。但是，大学生的性格发展尚不成熟，性格结构也不协调，所以渴望成材的大学生还必须自觉进行良好性格的自我教育和自我锻炼，为成材创造良好的主观条件。

二、大学体育的生理健康功能

大学体育的本质功能是促进学生身体发展。大学体育对促进大学生生理健康主要表现在以下四个方面。

1. 促进身体形态正常发育，养成正确姿势

大学生正处于生长发育的最终定型期，身体形态的可塑性大，经常参加体育锻炼可以促进骨组织的血液循环、骨密质增厚，促使骨骼更加结实粗壮，提高抗折性，使肌肉收缩更加有力，关节更加灵活牢固，有利于促进大学生身体形态的正常发育，养成正确的身体姿势。

2. 全面发展体能

体能包括与健康相关的体能和与运动技能相关的体能。体能的发展以运动动作实践为基础，它要求学生在运动过程中通过反复的练习达到发展体能的目的。

各项体能的发展是相互影响和相互促进的。发展体能所选择的内容与方法要考虑针对性、全面性和多样性。大学体育教育是全面发展学生体能的有效途径。

3. 提高机能水平

通过专业课程训练，能帮助学生促进血液循环，提高心脏功能；改善呼吸系统功能；促使中枢神经系统、大脑皮质的兴奋度增强，从而改善神经系统的均衡性和灵活性，提高大脑综合分析能力，使机能水平得到提高。

4. 提高对外界的适应能力和对疾病的抵抗能力

通过在室外环境和恶劣条件下进行的各种体育活动，学生适应环境变化的能力不断提高。另外，体育活动还能增强学生身体的免疫力，提高对疾病的抵抗力，它所提供的许多练习，如倒立、悬垂、滚翻等，常使人体处于非常态的状况，可以提高人体应急能力。

三、大学体育的心理健康功能

大学是一生中心理定型的重要期，长期的体育锻炼对于学生的心理健康具有促进作用。

1. 促进智力与能力的发展

智力发育在大学阶段已进入成熟期，但与能力的有机结合的关键时期就在这个阶段，具体来说，大学阶段体育锻炼可以促进大学生在观察力、记忆力、想象力和思维整合。

2. 调节情绪，缓解心理压力

情绪状态是衡量心理健康的一项重要指标，体育活动是改善不良情绪的一种非常有效的方法。体育锻炼可以适当转移个体不愉快的意识、情绪和行为，消除忧郁，摆脱痛苦和烦恼，分散注意力，缓解心理压力。同时，适当参加体育锻炼还可以有效改善孤独、胆怯、缺乏信心等一些心理障碍。

3. 培养与形成健康的个性

健康的个性，从个体心理机制来讲，是一种身心和谐发展的个性；从个体活动效能来讲，是一种具有创造性的个性。体育功能特性可以有效地培养大学生健康的个性，学生可以在体育锻炼中得到一定的心理满足，证明自己的能力，增强自信和自尊意识，使个性得到良好发展。

四、大学体育的社会健康功能

大学体育对于学生的社会健康功能也具有积极促进作用。

1. 有利于学生建立和谐人际关系，使之社会适应良好

所谓社会适应良好，是指个体的社会行为能适应当时复杂的环境变化，为他人所理解，为大家所接受，且能保持正常的人际关系，能受到别人的欢迎。而参加体育锻炼必须要学会和人打交道，在体育锻炼中，没有职业、社会地位等的区别，拉近了人与人的距离。

2. 有利于培养学生的竞争意识与抵御挫折能力

在体育锻炼中既有对自我运动能力的挑战，也有对他人的挑战；既有个人之间的竞争，也有团队之间的竞争。体育的作用既有激励学生竞争的意义，也有锻炼学生承受挫折的能力。所以，体育活动是一种心理磨炼和心理调适过程，也是提高社会适应能力的过程。

3. 有利于学生的道德健康

道德健康，就是不以损害他人利益来满足自己的需要，有辨别真伪、善恶、荣辱、美丑的是非观念，能按社会公认的准则约束、支配自己的行为。对此，日本的体育社会学家久松荣一郎认为："体育运动所得良好的结果是勇气、忠实、正直、公平、忍耐和协力等。"

第二章
体育锻炼的科学观

第一节 体育锻炼的基本原则

体育锻炼的原则是身体锻炼基本规律的反映，也是参加者安排锻炼计划、选择锻炼内容、运用锻炼方法所要遵循的原则。为了达到体育锻炼的目的，提高锻炼的效果，在锻炼中我们应遵循以下五条基本原则。

1. 意识性原则

意识性原则是指要有意识地从增强体质出发去进行锻炼，而不是盲目地或无目的地乱练。人的活动除了有机体的自律活动和反射活动之外，所有的随意活动都伴随着一定的意识。盲目性不是无意识，而是意识不清、意识程度肤浅、意识的指向性错误。增强体质的意识与竞技比赛意识有极大区别，在科学锻炼身体的过程中，要把意识指向发展身体、增强体质的目标，而不能指向单纯提高运动竞赛成绩和夺标上。有些学生把参加体育锻炼的意识指向比赛、指向娱乐，而把增强体质看作是练习过程中自然可达到的结果，这就收不到发展身体、增强体质的效益。所以，在参加体育锻炼过程中，每一个人都要树立起正确地意识。

2. 渐进性原则

渐进性原则是根据体质增强的规律使用相应运动手段去锻炼身体的过程应遵循的规则。科学锻炼身体过程中，最本质的是运动负荷的问题，渐进不是说每天、每次平均增大负荷量，而是按照人体对运动的适应性变化，根据超量负荷的要求，有计划地增大运动负荷。一定的运动负荷量，对身体作用一定次数和时间之后，才能让身体适应，然后再逐步增大运动负荷，使身体逐步适应，最终达到增强体质的目标。渐进性就是按照这个适应性变化，有阶段地调整运动负荷的锻炼方法。

3. 因人制宜原则

因人制宜原则是指在锻炼过程中，根据个人的特点安排锻炼的方法、内容和运动负荷。每个人的体质都有各自的特点，只有针对这个特点去锻炼才能有所成效，所以，这个原则就是要求按个人特点选择手段和运用方法的一条规则。要贯彻这一原则，需要对自身有一个了解，这就需要对身体的形态、机能、素质和运动能力等进行测量和评价，在取得一定数据的基础上，确定自己应该选择的锻炼方法。例如，一个学生心肺功能较差，跑的能力不强，他就可以针对自身的弱点，在锻炼中增强这方面的内容。

4. 全面发展原则

全面发展原则是指体育锻炼应全面发展身体的各个部位和各个器官的机能，提高身体素质和基本活动能力，从而达到身心全面和谐的发展。

人的身体是一个整体，要想增强体质，就必须使构成人体的各局部都得到锻炼和发展。具体说就是要使身体各部分（如头颈部、躯干部、四肢）、各器官（如心血管、肺、神经、胃肠等）功能、身体各种素质以及人体各种基本活动能力都得到发展。有些人认为全面性只是指大肌肉群的活动，这是片面的看法。体质的强弱是涉及构成人体各有关局部的发展，即使一个不会危及生命的小局部不健全，也会对整体带来不良影响。例如，牙齿坏一颗并不危及生命，但它却会给健康造成不良影响，所以古人健身就有“熨面扣齿”之法。青少年学生正处于快速发育时期，更需注意对身体的全面锻炼，且不可单凭兴趣去参加某一种活动而放弃全面发展原则。

5. 反复性原则

反复性原则是指运用各种手段锻炼身体的过程，具有多次重复的特性。经验告诉我们，在锻炼身体时，只练习几次对人的作用不大，只有多次练习到一定程度，才能对身体产生良好的作用，而反复次数过多，也会对人体带来副作用。因此，反复是有规律、有限制的重复。首先是运动和间歇相结合，既要有充分的运动，又要有适当的休息。这并不是说，一次运动后必须有充分的休息，而是可以在几次或几天运动没得到充分休息时，给予更加充分的连续休息。其次是要连续不断地进行体育锻炼，持之以恒。

第二节 体育锻炼的基本方法

在体育锻炼时我们不仅要遵循体育锻炼的基本原则，而且应掌握正确的锻炼方法以达到体育锻炼的目的。

1. 重复锻炼法

在运动锻炼的过程中，用多次重复同一练习，两次（组）练习间安排相对充分休息，从而增加负荷的锻炼方法叫重复锻炼法。该方法的关键是一次练习完毕后，间歇时间应当充分，这样可有效地提高锻炼者的无氧、有氧混合代谢能力，提高各种技术应用的熟练性与机体的耐久性。重复次数的多少不同，对身体的作用就不同，重复次数越多，身体对运动反应的负荷量就越大。如果重复次数不断地继续增加，可能使身体承受的负荷达到极点，乃至破坏有机体的正常状态而造成伤害。

重复锻炼是以增强体质为目标，为追求必要的负荷而一次又一次地反复做动作的过程。这个过程中主要是负荷强度，而不在于改正动作错误。因此，运用重复锻炼方法的关键是掌握好负荷的有效价值范围（最有锻炼价值负荷量下的心率）并据此调节重复次数。在重复锻炼中，对负荷量如何控制和怎样去重复才能达到理想效果的负荷强度，应视实际情况而定。

通常认为，普通大学生的负荷心率在130~170次/分钟的范围内是较适宜的。在这个范围内，心室血液充盈，每搏输出量以及氧气的运输量等均达到最佳状态，并可以持续地运动，心率低于 130 次/分钟则健身效果不大，应增加重复次数。超过 170 次/分钟则须减少重复次数或安排足够的间歇时间。

运用重复锻炼方法还要注意根据锻炼项目的不同特点和不同体质状况，随时加以调整，以免机械呆板和产生厌倦情绪。

2. 连续锻炼法

在运动锻炼的过程中，为了保持有价值的负荷，而不间断地连续进行运动的方法叫连续锻炼法。该方法要求负荷强度较低、负荷时间较长、无间断地连续进行运动。从增强体质出发，需要间歇就停一会儿，需要连续就接二连三地进行下去，所以不能仅讲究间歇，还要讲究连续，连续、间歇、重复都是在整个锻炼过程中实现的。连续、间歇、重复等因素各有其特有的作用，连续的作用在于持续负荷量不下降，维持在一定的水平上，使身体充分地受到运动的作用。

连续锻炼时间的长短，同样要根据负荷价值有效范围而确定，通常认为在 140 次/分钟左右心率下连续锻炼 20~30 分钟，可使机体的各个部位都长时间地获得充分的血液和氧的供应，因而能有效地发展有氧代谢能力，发展耐力素质。实践中，用于连续锻炼的内容主要是那些比较容易并已为锻炼者所熟悉的运动，如跑步、游泳，也可以是跳迪斯科舞等。

3. 变换锻炼法

通过不断变换运动负荷、练习内容、练习形式以及条件，以提高锻炼者的积极性、适应性及应变能力的方法叫变换锻炼法。此法可以有效地调节生理负荷，提高兴奋性，强化锻炼意识，克服疲劳和厌倦情绪，以达到提高锻炼效果的目的。

如刚参加锻炼时，可多做些诱导性练习和辅助性练习。随着锻炼水平的提高，应加大练习的难度，如用越野跑代替在田径场的长跑等。由于锻炼条件的变化，可使锻炼者的大脑皮层不断地产生新异的刺激，提高兴奋性，激发锻炼的兴趣，从而提高机体对负荷的承受能力，提高锻炼效果。另外，不断地对锻炼的内容、时间、动作速率等提出新的要求，可有效地调节生理负荷，使机体不断产生适应性变化而达到更好的锻炼身体的目的。

4. 负重锻炼法

负重锻炼法是使用杠铃、哑铃、沙袋等重物进行身体运动来锻炼身体，增强体质的方法。这种方法既可帮助普通人为增强体质而锻炼身体，又适用于各项目运动员进行身体训练，还可用于身体伤患的康复治疗。

为一般人增强体质进行负重锻炼，应该采用最大摄氧量和最大心血输出量以下的负荷。因为过大的负荷可能给心血管和呼吸系统带来不良的影响。为了保证这种锻炼方法对身体的良好作用，在运动负荷阈值范围内可以多次重复或连续。

5. 间歇锻炼法

在运动锻炼的过程中，对多次锻炼的间歇时间做出严格规定，使机体处于不完全恢复状态下，反复进行锻炼的方法叫间歇锻炼法。该方法的关键是间歇时间严格控制，使机体处于不完全恢复状态，但每次练习的负荷时间较长，负荷强度适中。该方法可使锻炼者的心脏功能明显增强，通过调节负荷强度，可使机体各机能产生与锻炼项目相匹配的适应性变化，提高有氧代谢供能能力，提高体质。人们认为体质增强的过程是在运动中实现的，其实体质内部的增强过程主要是在间歇中实现的，是在休息过程中取得了“超量恢复”。若是离开在休息中取得的“超量恢复”，运动就变成对增强体质毫无意义的事，甚至起不了作用。间歇对增强体质的作用并不亚于运动本身，人类已清楚地认识到在间歇时间内机体的各种变化，认识了保持同化优势的重要性，故把间歇作为一种健身的基本方法。

同重复锻炼法一样，间歇的时间也要依据负荷的有效价值标准去调节。一般说来，当负荷反应（心率）指标低于有效价值标准时应缩短间歇时间，而在高于价值标准时则可延长间歇时间。总之，通过适当的间歇，把负荷量调节到负荷有效价值范围以追求良好的锻炼效果。实践中，一般心率在 130 次/分钟左右时就应再次开始锻炼。间歇时，不要做静止休息，而应该边活动边休息，如慢速走步、放松手脚、伸伸腰或做深而长的呼吸等。因为轻微活动可使肌肉对血管起到按摩作用，帮助血液流回和排除代谢所产生的废物。

6. 循环锻炼法

循环锻炼法由几个不同的练习点（或称作业站）组成，练习者按照既定顺序和路线，依次完成每点练习任务，即一个点上的练习一经完成，练习者就迅速转移到下一个点，下一个练习者依次跟上。练习者完成了各个点上的练习，就算完成了一次循环。这种练习方法就叫循环锻炼法。其结构因素有：每点的运动负荷、每点的练习内容、练习点的安排顺序、练习点之间的间歇、每遍循环之间的间歇、练习的点数与循环练习的组数。

循环锻炼法对技术的要求不高，且各项目都采用比较轻度的负荷练习，因而练起来简单有趣，可有效地提高不同层次和水平的练习者的运动情绪和积极性；可以合理地增大锻炼过程的练习密度；可以随时根据具体情况因人制宜地加以调整，做到区别对待；可以防止局部负担过重，延缓疲劳的产生，交替刺激不同体位，有利于综合锻炼，从而达到全面发展的效果。

运用循环锻炼法时，关键是要按照全面性原则去搭配项目。就大学生而言，锻炼时既要发展四肢，也要发展躯干；既要运动胸背部，又要运动腰腹部；既要追求形态的健美，也须注意机能、素质的全面发展。为此，就必须科学地搭配项目。根据已有的经验，一般选择 6~12 个已为锻炼者掌握的简单易行的项目。搭配时注意上肢动作与下肢动作、剧烈的跑跳练习与静力憋气动作之间的合理交替。在健身锻炼中，可根据锻炼项目安排循环练习各练习点，还可分队比赛，增加竞争性，以提高练习兴趣。

第三节 运动处方的制定与实施

一、运动处方的概念

早在 20 世纪 50 年代，美国生理学家卡杜维奇就曾提出过运动处方的概念。1969 年世界卫生组织使用了运动处方术语，从而在国际上得到确认。

关于运动处方的定义，各家学者表述不一，现列举几种观点。

（1）运动处方是以获得个人期望的体力为目标，并以适应其体力现状所决定的运动的质和量。所谓“运动的质”，即耐力性运动中的运动种类，“运动的量”是指规定运动的强度、时间及频度。

（2）运动处方，是指符合个人状况所制定的运动程序。

（3）对从事体育锻炼者或病人，根据医学检查资料（包括运动试验及体力测验），按其健康、体力以及心血管功能状况，结合生活环境条件和运动爱好等个体特点，用处方的形式规定适当的运动种类、时间及频率，并指出运动中的注意事项，以便有计划地经常性锻炼、达到健身或治病的目的，即为运动处方。

（4）运动处方是以身体练习为手段（含意念性练习），为改进、完善、提高、增强身体某一部分或某一些器官的功能而有针对性地实施的系列练习方法。

通俗地讲，运动处方类似医生给病人开的医疗处方，由医生或体育工作者给锻炼者按其年龄、性别、健康状况、身体锻炼经历和心肺或运动器官的机能水平等，用处方的形式，规定适当的运动内容、锻炼方法和运动量的大小称为运动处方。

二、运动处方的内容

（一）运动种类

1. 运动分类

对于“运动”的概念，在物理学、生物学、社会学、心理学等领域各有不同的含义，所以有必要搞清运动处方领域内的“运动”概念。日本学者小川方德将模仿类的运动分为日常运动、劳动运动、体育运动及表现运动四类。表现运动是指人类以相互传达信息、交流感情等为手段的运动。模仿类的体育运动又可分为五种。

（1）利用运动器官移动的运动，如跑、走。

（2）将对象物直接移动，以助自身运动的运动，如投掷、篮球。

（3）利用工具将对象物间接移动而助自身运动的运动，如羽毛球、乒乓球。

（4）在固定的体操器械上的运动，如器械体操。

（5）为移动运动而借助外力的运动，如冲浪、帆板。

2. 运动的三个种类

从运动生理学中氧的代谢程度来看，对健康有效的运动项目可分为三类，即有氧运动、无氧运动及混合运动。

在运动实践中，不少运动项目是有氧和无氧运动混合存在的，而且也有同一项目由于方法不同而成为有氧运动或无氧运动。例如长跑、轻松慢跑是有氧运动，而竞赛时全力跑即为无氧运动。按体力水平（尤其是有氧运动）也不一样，同样速度，例如以 200 米/分钟的速度跑步，体力强的人为有氧运动，而体力差的人则为无氧运动。这样只按运动项目不能一概判断是有氧运动还是无氧运动。

现代新兴的运动处方要求包括三种运动种类，即有氧运动、伸展运动及力量性运动，以达到全面锻炼的最佳效果。

（1）第一类为有氧运动的耐力性运动项目：步行、慢跑、走跑交替、游泳、自行车、滑冰、越野滑雪、划船、跳绳、上下楼梯及室内功率自行车、步行车、活动平板（跑台）等。

（2）第二类为伸展运动及健身操：广播体操、太极拳、五禽戏、八段锦、健身迪斯科、跳舞及各种医疗体操和矫正体操等。

（3）第三类为力量性锻炼：采取中等强度的、足以发展和维持去脂体重（用皮褶计测量皮下脂肪厚度，利用相应公式推算人体脂肪含量，人体体重减去人体脂肪重量即为去脂体重）的力量训练。美国运动医学会推荐的力量训练主要由肌群参与，每次 8~10 组，每组重复 8~12 次，每周至少 2 次。

（二）运动强度

运动强度是单位时间内的运动量，而运动量是运动强度和运动时间的乘积。用公式表示为

$$运动强度 = 运动量 \div 运动时间$$

$$运动量 = 运动强度 \times 运动时间$$

运动强度是运动处方定量化与科学性的核心问题，而运动量也是取得锻炼效果与安全性的关键，二者的表示方法有多种，可根据需要分别使用。

运动强度可分为绝对强度和相对强度两种。绝对强度指物理的负荷强度，如每分钟 60 米速度步行、自行车功率、能量代谢率等的处方属于此类。绝对强度的优点是表示处方的强度简单明了，且是对体力的绝对评价。其缺点是忽视个人的能力，因为机体负担对个体有很大差异。

运动量也称运动负荷，是由强度、密度、时间、数量及运动项目的特点等因素构成的。它们相互联系和制约，改变任何因素都会直接影响运动量的大小。按心率确定运动强度的方法有以下两种。

1. 年龄减算法

$$运动适宜心率 = 180（或 170）- 年龄$$

如果 60 岁以上或体质较差的中老年人则用 170 减年龄。此法适用于身体健康的人。

2. 美国学者按运动时心率负荷和强度关系提出的标准（表 2-1）。

表 2-1　体力、年龄、性别、运动强度与心率的关系

年龄（岁）	100%运动强度心率（次/分钟）		80%运动强度心率（次/分钟）		60%运动强度心率（次/分钟）		40%运动强度心率（次/分钟）		20%运动强度心率（次/分钟）	
	男	女	男	女	男	女	男	女	男	女
10~19	202	195	174	168	146	141	117	114	88	87
20~29	195	186	168	161	141	136	114	110	87	85
30~39	188	175	162	152	137	129	111	106	86	83
40~49	181	165	157	144	133	123	108	102	84	81
50~59	175	155	152	136	129	117	106	98	83	79
60~69	168	145	146	127	125	112	103	94	82	77
70 以上	161	136	141	121	121	106	100	90	90	75
运动感觉	非常费力		很费力		慢跑程度		轻松运动		很轻松	

注：100%，运动的极限值；80%，中老年增进健康应在此范围内持续运动；60%，初学者以此水平运动。

心率 160~170/分钟的锻炼强度大约是 80%；心率 140 次/分钟的锻炼强度大约是 70%；

心率 120 次/分钟的锻炼强度大约是 60%，心率 110 次/分钟的锻炼强度大约是 50%。

国内外科研成果表明，最适宜的锻炼强度在 65%~75%，即心率在 130~150 次/分钟之间。日本池上教授认为，运动心率在 110 次/分钟以下时，机体的血压、血液、尿和心电图等指标均无明显变化，健身价值不大；心率为 140 次/分钟时，每搏输出量接近并达到最佳状态，健身效果明显；心率为 150 次/分钟时，心脏每搏输出量最大，健身效果最好；心率在 160~170 次/分钟之间时，虽无不良的异常反应，但也未出现更好的健身效果；心率超过 180 次/分钟时，体内免疫蛋白减少，易感染疾病，并易产生疲劳或运动伤病。

（三）运动时间

运动时间指每次持续运动的时间，由于运动时间和运动强度的乘积决定运动量，因此即使等量的运动量，因运动目的不同而有运动强度和时间不同的处方。对于大学生来说，短时间激烈运动的反复多次的处方对增进健康有很好的作用。

据研究，每次进行 20~60 分钟的耐力性运动是比较适宜的。从运动生理来说，5 分钟是全身耐力运动所需的最短时间，60 分钟对于坚持正常工作的人是最大限度的时间，库珀研究认为，心率达到 150 次/分钟以上时，最少持续 5 分钟即可开始收到效果，如果心率在 150 次/分钟以下，就需要 5 分钟以上才会有效果。

1. 必要的运动时间

一次必要的运动时间，也是根据运动强度、运动频度、运动目的、年龄及身体条件等而不同，不能一概而定。这要看某种强度的刺激对呼吸、循环功能，从运动开始至达到恒常运动所需的时间。为了给予呼吸、循环系统有效的刺激，使各种生理功能充分发动起来，达到恒常运动的时间，轻度运动时为 5 分钟左右，强运动时需 3 分钟左右。由此可见，5 分钟以内的运动对呼吸、循环系统的刺激还是不充分的。因此，在达到恒常运动以后需要继续运动一段时间，这样合计运动时间则为 10 分钟以上，再加上准备活动及整理活动至少需要 5~8 分钟，所以实际所需要的时间为 15~20 分钟，这是比较可行的最低限度。

一般可在持续有氧运动 20~60 分钟范围内，按运动强度及身体条件决定必要的运动时间，这是运动处方的要点。

2. 时间与强度的配合

每次持续时间和运动强度的配合，可明显地改变运动量。一般来说，健康成年人宜采用中等强度、长时间的运动；体力弱而时间充裕的人，可采用小强度、长时间的配合；但体力好但时间不多的人，就可采用大强度、短时间的配合。

（四）运动频度

运动频度指每周的锻炼次数。有研究显示，当每周锻炼多于 3 次时，最大摄氧量的增加逐渐趋于平坦；当锻炼次数增加到 5 次以上时，最大摄氧量的提高就很小；而每周锻炼少于 2 次时，通常不引起改变。由此可见，每周锻炼 3~4 次是最适宜的频度。但由于运动效应和蓄积作用，间隔不宜超过 3 天。作为一般健身保健，如果能坚持每天锻炼一次当然更好。

关于必要的运动频度，据日本池上教授的研究结果：一周运动 1 次时，运动效果不蓄积，肌肉酸痛和疲劳每次都发生。运动后 1~3 天身体不适且易发生伤害事故；一周运动 2 次，疼痛和疲劳减轻，效果一点点蓄积，但不显著；一周运动 3 次，基本上是隔日运动，不仅效果可充分蓄积，也不产生疲劳。如果增加频率为每周 4 次或 5 次，效果也相应提高。

三、制定运动处方的原理与过程

（一）制定运动处方的原理

1. 有氧运动

体育锻炼的目的就是为了增强体质，提高抵抗疾病的能力，而关键环节是提高心肺功能和心血管的输氧能力，这对增进健康是十分重要的。有氧运动对机体在生理学、生物化学、心理学方面有显著的影响，对增强呼吸系统摄取氧、心血管系统荷载及输送氧的能力，以及组织的有氧代谢，利用氧的能力有明显的效果。

2. 超量恢复

人体对一定量的运动负荷有个适应过程，一般分为负荷、恢复、超量恢复三个阶段。运动时被消耗的物质，不仅能恢复到原来的水平，而且在一段时间内出现超过原来水平的情况，这就是超量恢复。

3. 全面健康

世界卫生组织认为："健康，不单单是指身体无病，而且是在肉体上、精神上和社会环境的良好状态的总称。"适度运动能促进新陈代谢，使身体保持生理、心理平衡，消除紧张生活工作造成的疲劳。

（二）制定运动处方的过程

1. 体检

体检是为了收集病史、运动史，主要体现在以下四个方面。

（1）了解运动的目的及对运动的期望；

（2）询问病史，如既往史、家族史；

（3）运动史，如运动爱好、现在运动情况等；

（4）社会环境条件，如职业、工作与劳动条件、生活环境、经济、营养等条件，周围能够利用的运动设施，有无指导等。

2. 临床检查

临床检查包括人体测量及体脂测定，相当于所谓成人病的检查。检查有以下三个目的。

（1）对现在的健康状况进行评价；

（2）判断能否进行运动；

（3）是否有潜在性疾病或危险因素，以预防事故。

总之，医学检查的基本目的在于掌握个人的状况，为制定运动处方提供必要的信息。

3. 运动负荷试验及体力测验

运动负荷试验是制定运动处方的基本依据之一。运动负荷试验的方法很多，根据检查的目的、被测者的特点来选择适合的方法。现在最普通常用的方法是"递增负荷运动试验"。这是利用活动平板或功率自行车等，在试验过程中逐渐增加运动负荷强度，同时测定某些生理指标，指导受试者达到一定用力程度。

体力情况可根据表 2-2 进行测验。

表 2-2　12 分钟跑体能评价表

组别	体能划分	30 岁以下	30~39 岁	40~49 岁	50 岁以上
男子	很差	1600 米以下	1500 米以下	1400 米以下	1300 米以下
	不及格	1600~1999 米	1500~1799 米	1400~1699 米	1300~1599 米
	及格	2000~2399 米	1800~2199 米	1700~2099 米	1600~1999 米
	良好	2400~2799 米	2200~2599 米	2100~2499 米	2000~2399 米
	非常好	2800 米以上	2600 米以上	2500 米以上	2400 米以上
女子	很差	1500 米以下	1400 米以下	1200 米以下	1000 米以下
	不及格	1500~1799 米	1400~1699 米	1200~1499 米	1000~1399 米
	及格	1800~2199 米	1700~1999 米	1500~1799 米	1400~1699 米
	良好	2200~2599 米	2000~2399 米	1800~2299 米	1700~2199 米
	非常好	2600 米以上	2400 米以上	2300 米以上	2200 米以上

4. 制定运动处方，安排锻炼计划

通常根据以上检查的结果，可以跟据此人的健康状况、体力水平及运动能力的限度等具体情况制定运动处方，处方中主要是规定出运动强度保证安全的一次必要运动量（运动时间）以及一周的运动频率等内容。一般按照初定的运动处方试行锻炼，对不适当的地方可进行调整，待适合后要坚持锻炼 3~6 个月再做体力测验。重新制定长期的运动处方，以不断提高锻炼效果。

5. 善后工作和复查

原则上医生要当面为本人制定运动处方，不宜只按体检资料或由别人代办。首先要向本人说明医学检查结果的概要，要正确对待体检异常结果；其次指出注意事项，如何按运动处方锻炼进行运动教育和咨询指导；再次是隔一段时间要与被检查者接触，询问运动情况，判断有无副作用或疲劳。另外，有些人可能中间停止运动，故可要求做运动处方锻炼日记，并每隔 1~2 周来门诊咨询一次；最后是至少一年全面复查一次，总结一年的运动实施情况，评价这期间的运动效果，必要时进一步改善运动处方。

（三）一次锻炼课的安排

在一次运动中通常分三部分进行，即准备部分、锻炼部分和结束部分。在不同的锻炼阶段，这三个部分的时间划分各不相同。在早期阶段，准备部分时间要长些，一般为 10~15 分钟，锻炼部分 20~25 分钟，结束部分 5~10 分钟。在中期和后期阶段，则准备 5~10 分钟，然后进入主项运动（即锻炼部分），最后 5 分钟整理活动。这样一次课表现为“开始缓慢的，中间爽快的，终了微火似的运动过程。”以健身为目的锻炼合计运动时间约 30~45 分钟。各部分锻炼内容的安排各有所侧重，并且运动负担量的分配也不同。准备部分的作用是使机体组织“暖和”起来，使身体逐渐适应运动强度较大的运动，以免因心脏等内脏器官和骨关节功能不能适应而导致意外。一般都采用活动强度小的步行、伸展性体操或太极拳等。

锻炼部分也称基本部分，其内容是运动处方的主项运动欲达到的目标，例如，耐力运动项目要达到靶心率（又称目标心率，即在运动处方中，推荐练习者运动时所达到的心率水平），并要求至少维持12分钟以上。主项运动的运动强度一般定为最大能力的40%~60%。同时还要求达到一定活动范围的肌力训练，其训练强度为最大能力的80%左右。

结束部分是指在训练结束后，要使高负荷活动的心肺和肢体逐渐安静“冷却”下来，不要突然停止运动。因为此时血流仍大量集中于四肢，若突然停止不动，使回心血量锐减，可能会出现“重力性休克”，即由于每搏输出量不足，引起脑贫血而发生休克症状。通常做一些放松式体操、散步或自我按摩等。

第四节　选择适合自己的健身方法

大学生正值青春期，是一生中的生长发育后期和定型阶段。如果要想拥有一个强健的体格、功能完善的内脏和反应灵敏的头脑，就应从个人的实际出发，选择选宜于自己身体情况的体育运动。了解运动对身心的影响，注意锻炼期间的自我监护和运动卫生，掌握科学的运动方法，进行持之以恒的体育锻炼，必将促进发育，增进健康，精神愉快。

随着高校体育教学改革的不断深入发展，大学生面对形式多种多样，内容极其丰富的各种体育运动项目，应该如何合理选择适合个人实际情况和特点的项目具有重要意义，因为这直接影响到学生对体育课的兴趣和爱好，关系到学生的身体发展和学校体育教学质量。

因此，大学生在选择运动项目时应注意以下两方面的问题。

一、充分了解各体育项目

1. 健身运动

健身运动是指正常健康者，为增进健康、增强体质而从事的体育锻炼。其作用主要是使身体正常发育，身体各部分协调发展，增强人体各器官系统的机能，提高身体素质以及身体的基本活动能力。这些项目有健身走、跑步、武术、游泳、体操、舞蹈及各种球类活动等。

2. 健美运动

健美运动是为了人体健美而进行的体育锻炼。其作用是不仅可以增进健康，还可以培养审美能力和身体的表现能力。如为了发展肌肉，采用举重和器械体操练习；为了形成良好的体形与姿态，采用艺术体操、健美操、各种舞蹈等项目以及基本体操中的一些力量练习。

3. 娱乐性体育活动

娱乐性体育活动是为了调节精神、丰富文化生活而采用的体育项目。其主要是达到身心愉快，既锻炼身体，又陶冶情操。如活动性游戏、郊游、打台球、野外森林定向活动等。

4. 格斗型运动

格斗性体育运动是指掌握和运用格斗的攻防技术（包括军事技术）的体育技巧，其主要作用是达到既强身，又能煅炼自卫能力的目的。如擒拿、散手、推手、拳击等。

5. 医疗体育和康复体育活动

医疗体育和康复体育也叫体育疗法。这类体育锻炼的对象是体弱病残的学生，其主要作用是祛病健身，恢复功能。一般应在医生的指导或在专门的保健班进行。这类内容主要有步行、跑步、气功、太极拳、按摩，各种保健操、矫正体操等。

二、合理选择体育项目

大学生选择体育运动项目除了从个人的兴趣和爱好出发外，还要从个人的健康状况、机体功能和原有的运动基础，以及自己生活环境中锻炼的条件等综合因素来考虑。也就是说，选择运动项目必须从个人的实际出发，因人而异，不能千篇一律。学生在参加体育课的学习，选择体育项目时，首先必须客观了解和评价自己的能力和健康水平，再结合自己的年龄、性别、专业、学习特点等情况，有目的、有计划、有针对性地选择和确定可行的运动项目，并在学习和锻炼过程中合理安排好时间和运动量，持续不断地坚持下去，才有可能收到良好的学习与锻炼效果。在实际操作过程中应做到以下五个方面。

1. 根据不同年龄段的身体特点选择

一般情况下，十五六岁的青少年，内脏器官发育逐渐完善，神经兴奋过程和抑制过程逐渐平衡，可以选择力量性和耐力性的练习，如单双杠、举重、哑铃、实心球等。但器械的重量要轻些，运动量要小些；也可选择跳跃、跑步、投掷和球类项目，但从事运动的时间不宜太长。

十七八岁时，身体发育基本接近成年，可以选择各种项目进行锻炼，但运动量要低于成年人。成年后的大学生，可选择各种适合自己个人特点的运动项目来从事体育学习和课外体育锻炼。

2. 根据身体发育时期的生理特点选择

大学生处于青春发育期后期阶段，在身体发育方面有较急剧的变化，神经系统对运动机能的调节作用还很低，心血管系统的发育还跟不上运动系统，肌肉系统的发育也落后于骨骼系统。因此，在选择体育运动项目时，应选择一些能促使身体正常生长发育、身体素质全面发展，同时带有竞赛性、娱乐游戏性的内容，如选择跑步、球类运动和游泳等项目。同时也要注意在锻炼方法上合理安排间歇时间，锻炼后要有足够的休息。

3. 以控制体重为目的选择

随着生活和生产的现代化，人们的体力活动正在减少。进食过多、活动过少，是引起超重和肥胖的主要原因。超重和肥胖不仅使人体态臃肿，容易气短、多汗和四肢无力，而且还是与一系列疾病有关的危险因素。在糖尿病、胆石症和胆囊炎的患病人群中，超重和肥胖者的患病率远高于正常体重者。而在我国青少年学生当中，超重和肥胖学生的比例正逐年上升，对青少年的体质健康造成严重影响，从身体保健和防病强身这一目的出发，身体超重或肥胖的学生，在选择运动项目时，应将控制体重作为保持自身身体健康的一条重要原则。对这些学生来说，最适宜于选择跑步运动，因为跑步能强有力地促进新陈代谢，消耗大量能量，引起体内糖原大量分解，尽量减少体内脂肪沉积。此外，还可参加打球、游泳、体操等运动，但每天必须有半小时至一小时的时间进行锻炼才能有效地消耗体内的脂肪，因为短时间内强度大的运动几乎全由糖来供应能量，只有在强度低和持续时间长的运动中，脂肪才能成为运动的主要能源。同时要辅以适当控制饮食，才能达到减肥的目的。

4. 特殊群体对体育运动项目的选择

大学生中的特殊群体指的是大学生中部分病、残、弱及个别高龄学生。这部分学生由于在生理、心理、体育运动能力等方面存在的缺陷与不足，很难适应现行的体育选项课。因此，对这一部分学生来说，在选择体育运动项目时，应以全面增强体质，增强抗病能力、提高身体各器官功能的体育医疗为目标。锻炼的内容应多样化，可选择走步、慢跑步、游戏及游戏化的球类活动。对于体质瘦弱者可适当选择一些增强肌肉力量的练习，促进肌肉发达。患有慢性疾病的学生应有针对性地选择具有辅助医疗作用的项目，内容也要因人而异、因病而异，如太极拳、气功等。对于消化吸收功能较差、体重不足的身体虚弱的学生来说，进行适量的跑步（主要是慢跑），则能活跃新陈代谢，增进食欲，改善消化吸收，有助于增加体重；并应适当注意调节饮食，使之富有营养，易于消化吸收。体弱多病的学生最好在医护监督和体育教师的指导下科学地进行锻炼。

5. 女生对体育运动项目的选择

女生发育比男生早 1~2 年。女生的脊柱弹性好，较灵活，身体柔韧性好，可选择韵律性较强的项目，如健美操、舞蹈等；女生骨盆大，下肢较短，重心较低，还适合做身体平衡等练习。女生比男生力量小，骨骼、内脏器官，如心肺功能不如男生强，和男生共同练习的项目要降低标准和强度，或采取减轻器械重量的办法来区别对待。女生一般可选择艺术体操、健美操、舞蹈、游泳、跑步、球类等项目。女生如果平时能着重腰腹肌的力量锻炼，经常做仰卧起坐、仰卧举腿、腹背运动、踢腿等，效果就更好。

女生在月经期间，如果身体健康，反应轻微的，应坚持适当的体育运动，如慢跑、广播操、太极拳、乒乓球、羽毛球等。这样有利于改善盆腔血液循环，减轻由于盆腔充血引起的腰腹酸胀、坠痛等不适应的感觉，还能调节大脑皮层功能，使精神愉快，减少烦躁情绪。但必须注意，要避免做剧烈的跳跃活动，也不宜参加比赛，尤其不要去游泳。

除上述各点之外，男、女学生在选择体育运动项目时，还要注意从个人的实际出发，讲究实效，尽量考虑到该项目的锻炼价值，不要贪多，力求简单易行。同时还要考虑季节气候等因素，因地制宜，选择适合个人实际的体育运动项目，另外，还可以利用节假日组织野外活动，以弥补城市生活和学校生活的不足。

第三章
体育锻炼与科学营养

第一节　体育锻炼的科学基础

一、体育锻炼的生理学基础

体育的生理学基础，主要反映在体育过程中人体的生命现象和生命活动规律。具体说来，包括新陈代谢、人体运动的肌肉工作过程、能量代谢、人体运动的氧运输、运动时能源物质的消耗与补充、运动后能量物质的恢复、有机体的超量恢复、生长发育与遗传变异等八个方面，其中运动时能源物质的消耗与补充，运动后能量物质的恢复在后几节中介绍。

（一）新陈代谢

生物体在不断地与周围环境进行物质与能量交换中实现自我更新的过程称为新陈代谢。新陈代谢是物质代谢和能量代谢的总和，包括同化和异化两个相互对立又相互联系的过程。同化是生物体从周围环境中摄取物质合成自身成分并储存能量的过程；异化是生物体分解自身成分，同时释放能量，并排出代谢产物的过程。当机体在内环境的稳定受到破坏时会导致代谢失调而出现疾病。体育锻炼能使组织细胞内的酶系统产生适应性变化，提高酶的活动性，加速物质代谢和能量代谢的过程，从而增强体质。

新陈代谢的同化和异化作用是相互依存和不断改进的，在人体发展的不同时期以及身体锻炼过程中有着不同的特点。儿童和少年时期，同化作用占优势，体内物质合成大于分解，促使人体不断地生长发育。中年时期同化和异化作用基本上处于平衡状态，维持中年时期的生命活动，使中年人精力充沛，新陈代谢旺盛。老年时期，异化作用则占优势，身体渐趋衰退，衰老加剧，使老年人缺乏生气。锻炼身体时，体内能量消耗增加，异化作用占优势，身体锻炼后的恢复阶段，被消耗的能量物质得到恢复，同化作用占优势，从而加快了人体的物质及能量代谢。

（二）人体运动的肌肉工作过程

1. 人体肌肉的结构

人体的运动是由运动系统实现的。运动系统由 206 块骨骼、400 多块肌肉以及关节等构成。组成人体肌肉的基本单位是肌纤维，许多肌纤维排列成肌束，表面有肌束膜包绕，许多肌束聚集在一起构成一块肌肉。在肌肉的化学组成中，大约 3/4 是水，1/4 是固体物（包括蛋白质、能量物质、酶等），同时肌肉中有着丰富的毛细血管网及神经纤维，保证肌肉的氧气和养料供应及神经协调指挥。

2. 人体肌肉的成分和收缩形式

一块肌肉由几种组织构成，其中肌肉组织和结缔组织分别构成肌肉的两种成分——收缩成分和弹性成分。肌纤维是肌肉的收缩成分，通过肌纤维的主动收缩放松，实现各种运动；肌肉中的结缔组织是肌肉中的弹性成分。它与肌肉中的收缩成分并联或串联着，称并联（或平行）弹性成分和串联弹性成分。当收缩成分缩短时，弹性成分被拉长而将前者释放的部分能量吸收储存起来。然后，以弹性反作用力的形式发挥出来，促使肌肉产生更强大的力量和更快的运动速度。

肌肉在完成各种动作时，就整块肌肉的长度来说，可以发生也可以不发生长度的变化，故将肌肉的收缩区分为多种形式，这里仅简单介绍向心肌肉收缩、等长肌肉收缩和超等长肌肉收缩等三种形式。

（1）向心肌肉收缩是肌肉长度发生短缩的收缩形式，在力量练习中属最普通的一种，譬如练习哑铃、沙袋、杠铃、拉力器等肌肉锻炼均属此类。目前已有多种运动练习器，锻炼增加力量的效果比一般向心练习方法要好。

（2）等长肌肉收缩。当肌肉收缩产生的张力等于外力，或是肌肉紧张有力维持身体某一种姿态时，此时肌纤维虽积极收缩，但肌肉的总长度没有改变，称为等长肌肉收缩。肌肉处于等长收缩时，从整块肌肉外观看，肌肉长度不变，但实际上肌肉的收缩成分（肌纤维）是处在收缩中而使弹性成分拉长，从而整块肌肉长度保持不变。

（3）超等长肌肉收缩是肌肉先进行离心收缩后紧接着进行向心收缩的形式，譬如跳起落地紧接着再向上跳，此时股四头肌先在落地时离心收缩（被拉长），紧接着又立刻猛烈向上跳起。这种练习方法对肌肉锻炼价值颇大，又称离心向心收缩或弹性离心练习。

（三）能量代谢

1. 磷酸原系统（ATP-CP）

磷酸原系统是由细胞内的 ATP（三磷酸腺苷）和 CP（磷酸肌酸）这两种高能磷化物构成。它的特点是供能绝对值不大，持续时间很短。但是它供能快速，因为 ATP 是细胞唯一直接利用的能量来源，所以其能量输出的功率最高。在体育运动中短跑（40~60 米）、跳投、旋转、冲刺等爆发性的动作，全部依靠 ATP-CP 的贮备供能。

2. 乳酸能系统（也称无氧糖酵解系统）

乳酸能系统的能量产生是靠肌糖元的无氧酵解，最后产生乳酸，而放出的能量被 ADP（二磷酸腺苷）接受，再合成 ATP。它是在机体处于缺氧的情况下的主要能量来源。乳酸能系统对人体进行能量供应，它的作用与磷酸原系统一样，能在暂时缺氧的情况下，迅速供能。如田径运动中的 400 米、800 米跑主要靠乳酸能系统来供能。

3. 有氧氧化系统

有氧氧化系统是指糖和脂肪在氧的作用下，分解为二氧化碳和水，同时生成大量的能量，使 ADP 再合成 ATP。有氧氧化系统生成丰富的 ATP，且不生成乳酸这类导致疲劳的副产品，有氧氧化系统是人进行长时间耐力活动的主要耐力系统，如田径运动中的长跑项目、马拉松等主要靠有氧氧化供能。作为一般的健身跑，如 10~15 分钟或半小时跑步也要靠有氧氧化系统供能。

（四）人体运动的氧运输

氧运输系统对人的健康及生命活动有十分重要的作用，它把氧气从体外吸入体内并运送到各器官组织，供人体生命活动的需要。氧运输系统由呼吸系统、血液与心血管系统组成。呼吸系统把氧气从体外吸入体内，氧气进入血液与血红蛋白结合，由心脏这个血液循环的动力站不停推动，使血液流遍全身，将氧气送到各组织器官。人体从外界环境摄取氧的能力受氧运输系统各个环节功能能力的制约。

氧运输系统工作的第一个环节是肺的呼吸运动，实现肺与外界环境的气体交换及肺泡与肺毛细血管血液间的气体交换。前者称肺通气功能。肺活量是指尽最大可能深吸气后做最大可能的呼气量。健康成年男性肺活量值大约 3500~4000 毫升，女性约为 2500~3500 毫升。

我国健康男性每 100 毫升血液中血红蛋白含量约 12~15 克，女性约 11~14 克。在整个氧运输系统中，心血管系统的功能处在最重要的地位，心脏是推动血液不断向前流动的动力，血管则是血液流动的管道，起着运输血液与物质交换的重要作用。健康成年人每分钟心跳约 75 次。心脏每搏动一次大约向血管射血 70 毫升（称每搏输出量），心脏每分钟大约向血管射血 5 升左右（称每分输出量）。心脏射出的血液在血管内流动时对血管壁有一定侧压力，这就是血压。我国健康成年人安静时收缩压约为 10.2~12.2 千帕（100~120 毫米汞柱），舒张压为 6.1~9.2 千帕（60~80 毫米汞柱），脉压为 3.0~4.0 千帕（30~40 毫米汞柱）。血压可随年龄、性别和体内生理状况的变化而有所变动。

正是上述呼吸系统、血液与心血管系统共同组成人体氧运输系统，保证了生命活动对氧的需要。

（五）有机体的超量恢复

人体在运动中承受了超量负荷，身体内各种能量物质逐渐消耗，在运动后不仅可以恢复到原有水平，而且还会超过原来的水平，这种现象叫超量恢复。超量恢复的程度和运动负荷的大小有关，据国内外学者研究证明：在一定范围内运动负荷越大，能量物质消耗越多，超量恢复就越明显。只有肌肉运动达到一定程度的负荷即承受了超量负荷后并经过足够的休息和营养补充后，超量恢复才会产生。超量恢复出现的早晚，与运动量大小、疲劳程度以及营养供给有关，在身体锻炼中，运用人体超量恢复的规律来指导身体锻炼应注意以下三种情况。

（1）一次身体锻炼时间较短且运动强度不大，不会引起机体较大的反应，超量恢复不显著。

（2）重复进行身体锻炼的间歇时间要掌握好，如果间歇时间过短，且身体又长期处在疲劳状态，对健康是不利的。另外，应正确确定两次练习之间的间歇，一般是采用测心率的方法来控制。

（3）要根据各自的身体条件、年龄和锻炼基础合理地安排运动量和锻炼持续时间，既能引起机体超量恢复，又不要超过机体适应的界限。

（六）生长发育与遗传变异

任何生物体在其一生中，由于同化作用大于异化作用的结果，都经历了从小到大的生长过程，其构造和机能也都要经过一系列的变化才能成熟。

在人体生长发育期间，有两个生长发育的高峰，男女生长发育的曲线有两次交叉。第一个高峰是在1周岁，从出生到1周岁，长高约25厘米，约占原有身长1/2，体重增长2倍。第二次高峰期男子是12~14岁，女子是10~12岁，其身高增长值分别是6.6厘米和5.9厘米。

根据人体生长发育规律，一般到25岁时，人体各器官系统均已发育成熟，一直到40岁以前这个阶段称为成熟期，也叫青壮年期，这个时期是人的生命最旺盛的时期，人体处于较稳定的状态。青壮年骨骼的化学成分含量中水分与有机物较多，无机盐（钙）也增多，青年人骨骼中无机盐约占50%，中年人约占66%，骨化过程已经完成。这个时期是人体生命过程中的“黄金时代”，而35~40岁则是人体生命过程中的分界线。此前是发育成熟期，此后是衰退期。随着年龄的增长，一般情况下衰退速度在逐步增加，衰退表现为机体组织和器官的改变，机体的功能适应能力和抵抗力的衰退。

遗传和变异是生命的基本特征之一，并且是生物演变过程中的一对矛盾，是生物变化发展的内在依据，并形成了有机体的适应性和多种多样的类型。体育锻炼的过程主要体现在人体遗传基础上，通过体育手段，产生对有机体的某些形态结构、生理机能和心理素质的变化，向适应于社会需要的人的方向发展。在人类社会发展中，随着社会环境的改变，引起了人的需要的变化，从而导致人的行为发生变化。对体育锻炼需要的长期性和体育行为的长期化，以运动刺激不断强化，必然使得身体某些器官系统的功能不断加强，使人的体质逐渐增强。

二、体育锻炼的心理学基础

体育锻炼的心理学基础，主要反映在锻炼过程中参与者的个体心理方面。

（一）锻炼身体的动机

能引起、维持一个人的活动，并将该活动导向某一目标，以满足个体某种需要的念头、愿望、理想等称为动机。动机是人体的内在过程，行为是这种内在过程的结果，动机有始发机能、指向选择机能、强化机能。引起动机有两种条件：一是内在条件，二是外在条件。前者就是“需要”，即因个体对某种东西的缺乏而引起的内部紧张状态和不舒服感。动机就是由这些“需要”构成的。“需要”使人产生欲望和动力，引起活力。后者是个体之外的各种刺激，这些刺激包括物质因素和社会性因素，可统称为环境因素。它们也是引起动机的原因之一。心理学家把凡能引起个体动机并能满足个体需要的外在刺激称为“诱因”。行为可由需要引起，也可由环境因素引起，但往往是内在条件和外在条件交互影响的结果。

（二）情绪

情绪指有机体受到生活环境中的刺激时，其生物需要是否获得满足而产生的暂时性的较剧烈的态度及其体验，包括愉快、悲哀、愤怨、恐惧、忧愁、赞叹等。客观事物的不同特点及客观事物与人之间的不同关系，使人在情绪上抱有不同的态度，产生不同的体验。情绪是人及其他动物所共有的一种心理的活动。例如，人在恐惧时，可使意识变狭窄，判断力、理解力降低，甚至丧失理智和自制力，造成正常行为的瓦解。如果动机情绪经常反复出现。如神经功能紊乱、内分泌功能失调、血压持续地升高等可能变为某些器官、系统的疾病。身体锻炼能产生脑腓肽，刺激下丘脑，进而产生愉快的情绪体验，这是身体锻炼对情绪的积极调节作用。另外，经常从事身体锻炼，在体育锻炼中享受成功的喜悦，承受挫折的压力，可以大大提高情绪的适应性，也有利于以更积极的态度迎接生活的挑战，适应各种生活环境。

（三）心理过程和心理特征

人脑对客观现实的反映过程是心理活动的主要方面，由认识过程、情绪过程和意志过程三方面构成。人脑的认识过程又称“休息加工活动”，由感觉、知觉、记忆、思维和想象等活动构成，人在认识客观事物时所产生的态度体验称为“情绪”或“情感”。根据对客观事物的认识，自觉地确定目标、克服困难，力求实现的心理过程称为“意志”。认识过程、情感过程和意志过程显然有区别，但又相互联系，认识过程是其他心理活动的基础。心理学认为，人在通过认识、情感和意志反映客观世界的过程中会形成各种各样的心理特征，造成人与人之间的心理差异。体育活动可以造就和改善一个人的能力、气质和性格。

1. 能力

能力是一种个性心理特征，是顺利实现某种活动的心理条件。能力的发展和发挥要在具体的社会实践中表现出来。身体的整个素质水平是能力发展的条件，身体的器官系统的功能健全是发展能力的基础，环境和教育的因素对能力的发展有着重要的作用。

2. 气质

气质是心理活动稳定的动力特征。这些动力特征主要表现在心理过程的强度、速度、稳定性、灵活性及指向性上。如情绪的强弱、思维的快慢、注意力集中时间的长短、注意转移的难度，以及心理活动倾向于外部事物还是内心世界等。气质较多地受到遗传素质的制约，它比其他的心理特点更具有天然的、稳定的特征，是一种较难改变的个性心理特征。

3. 性格

对现实稳定的态度以及与之相适应的习惯行为方式是个性心理特征的一个最重要的方面。人的性格是在一个人生理素质的基础上通过社会实践和体育活动逐步形成的，由于每个人所处的具体环境和教育条件的不同，他们所形成的性格具有不同的特征。性格一旦形成之后就比较稳定，也正因为这种稳定，性格才能突出反映一个人的心理面貌和风格。由于环境的变化，性格也是可以改变的，特别是处于形成过程中的性格具有较大的可塑性，也就为教育提供了良好的条件。此外，体育对性格的影响是巨大的，在体育环境条件和体育教育中，公开的竞争、相互间的协调和尊重、集体的委托和依赖、严格的规则等对人的性格形成和发展起着特殊作用。

第二节 大学生合理摄取营养的建议

一、大学生的营养现状及存在问题

目前大学生开支增大，易形成不良的饮食习惯，如不吃早餐、挑食、偏食、平时节约到星期天饱食一顿等，导致大学生普遍营养不良。当前对大学生健康威胁最大的营养性缺乏症有四种，即蛋白质–热能营养不良、维生素 A 缺乏症、缺铁性贫血、钙的摄入量不足。据调查，大学生蛋白质摄入量仅为标准供给量的 65.5%~74.8%，其中优质蛋白质仅为总蛋白质的 15%左右。膳食营养价值不高，肉、蛋、奶、蔬菜摄入较少，各种食物搭配不当，比例不合理。三餐食量分配也存在一定的问题，如大约 70%的学生不吃早餐或只吃一点。维生素缺乏的出现率男生为 12.5%，女生为 34.4%。主要表现为齿龈肿胀易出血的占 12%~18%，毛囊角化、皮肤干燥、舌裂、口角烂、暗适应降低的占 16.3%。根据血红蛋白的测定，男生贫血患病率为 25.9%，女生为 51.4%，这表明大学生膳食中优质蛋白质和维生素 C 严重不足，影响了铁的吸收和利用。

二、合理营养能促进大学生的身体发育

营养是大学生生长发育最主要的物质基础。有机体的生长发育、生命活动及脑力劳动和体力劳动的进行，都依赖于体内的物质代谢，体内在进行物质代谢的过程中必须不断地从外界摄取一定数量的食物，才能促进生长发育、增强体质、增加免疫功能、预防疾病、提高工作效率和运动能力等。合理的营养意味着机体能够摄入保持身体健康所必需的所有营养成分，并且各种营养素的比例符合人体的需要。营养素缺乏、各种营养素摄入不均衡、膳食结构不合理等情况，不但会引起生长发育迟缓，而且会导致各种急、慢性营养不良和各种营养缺乏症。因此，合理营养与膳食平衡能够更好地促进大学生健康成长。

合理营养能改善记忆与提高学习效率。合理营养，能够提高人脑的活动能力，增强人的计算能力、记忆能力、判断能力、行动能力和视力等。脑是人体最活跃的器官，虽然其重量只有人体的 2%左右，但脑消耗的能量却占全身总耗能量的 20%。因此，合理营养对于大脑保健具有重要的作用。

（1）大脑对糖的需要。大学生智力活动效率的高低取决于大脑细胞能否获得稳定的血糖供应所产生的能量。正常情况下人脑几乎完全依赖血糖（血中的葡萄糖）氧化供给能量，每天大约需要 116~145 克。血糖供应不足时，脑的耗氧量就下降，轻者感到疲倦、思维和记忆力降低，重者可发生休克等。

（2）大脑对蛋白质的需要。大脑在代谢过程中需要一定数量的蛋白质更新自己，摄入含量不同的蛋白质食物，对大脑的活动有不同的影响。增加食物中蛋白质的含量，就能增强大脑皮质的功能。人的智力活动需要的活性化学物质，如乙酰胆碱、去甲肾上腺素、多巴胺、5-羟色胺等，都是由蛋白质分解生成的氨基酸合成的。脑神经元与神经胶质细胞的

成熟和代谢也依赖于许多必需氨基酸。其中谷氨酸可纠正脑细胞的生化缺陷，酪氨酸直接参与脑细胞功能的演进过程和神经环路的构成，色氨酸是5-羟色胺的前体，能促进注意力、记忆功能的改善等。

（3）大脑对脂肪的需要。大脑细胞的功能还需要脂肪酸参与，尤其是亚油酸、亚麻酸和花生四烯酸等多不饱和脂肪酸，这些脂肪酸人体不能自行合成，必须从食物中摄取。如果缺乏这些脂肪酸，不仅影响大脑的正常发育，而且会阻碍其他各种功能。许多食物中都含有这些脂肪酸，含量较高的食物有豆油、菜油、植物油以及冷水性海洋鱼油等。

（4）大脑对维生素的需要。各种维生素是大脑正常发挥作用不可缺少的，尤其是B族维生素（硫胺素和尼克酸）可促进神经系统发育、神经传递介质的合成和增强记忆。维生素C和维生素E能延缓脑细胞老化，而维生素D能提高神经细胞反应的灵敏性。

三、大学生合理摄取营养的建议

“民以食为天”。人类文明发展到了今天，吃饭已不再是仅仅出于求生的本能而更多的是为了从食物中获得合理的营养，从而使身心更加健康。食物的营养成分被称为营养素，人体所需的营养素近50种，通常将其分为七大类，即蛋白质、脂肪、糖（碳水化合物）、维生素、无机盐、水和膳食纤维。

平衡膳食是指膳食中所含有的营养素数量充足、种类齐全、比例适当，并且膳食中的各种营养素与机体消耗的需要两者之间保持动态平衡。平衡膳食有七个基本指标。

（1）膳食摄入量充足、品种多样。

（2）能量食物来源构成合理：粮谷类食物提供能量为60%~70%；薯类食物提供能量为5%~10%；豆类食物提供能量为5%；动物性食物提供能量为20%~25%。

（3）能量营养素摄入量比值合理。要组成合理的能量分配，糖类、蛋白质、脂肪三者摄入量的比值建议为 6.5 : 1 : 0.7。

（4）能量结构合理。三种产热营养素所提供的能量比例建议：糖类提供能量为60%~70%；脂肪提供能量为20%~25%；蛋白质提供能量为10%~15%。

（5）蛋白质食物来源组成合理。植物性蛋白质约占70%，动物性蛋白质约占25%，豆类蛋白质约占5%，其中动物性及豆类称之为优质蛋白质，二者之和应在30%以上。

（6）脂肪食物来源组成合理。植物性脂肪约占60%，动物性脂肪约占40%，其中饱和脂肪酸（存在于动物脂肪中）所产的能量，应占总能量的10%以下。

（7）各种营养素的摄入量均达到供给量标准。每日各种营养素的摄入量，在一个周期内（5~7天）能平均达到标准供给量上下误差不超过10%即可。

合理营养是健康的物质基础，而平衡膳食是合理营养的唯一途径。

第三节　运动与营养

一、运动中的能量消耗与补充

细胞内的ATP是细胞唯一直接利用的供能来源，人体运动时利用ATP，但最终是消耗糖、脂肪、蛋白质，主要是糖和脂肪。

1. 糖与脂肪供能特点及比例

糖和脂肪是运动中合成 ATP 的主要来源，但不同持续时间和强度的运动，两者供能特点比例并不相同。因为糖能进行无氧酵解和有氧代谢，而脂肪不能无氧酵解，只能进行有氧代谢，这一特点使不同运动中两者供能比例不同。影响供能比例的主要因素有以下两点。

（1）运动强度和运动持续时间。时间短、强度大的运动主要是消耗糖，因为时间短、强度大的运动（如短跑等）主要是无氧代谢过程；而持续时间长、强度较小的运动（如长跑、步行等）则脂肪的消耗比例逐渐增加。

（2）膳食的类型。从营养学观点来看，经常交换、调配合适而足量的饮食，足以能保证身体进行有效的机体活动，经常食用牛奶、肉、鱼、蔬菜、水果和粮食制品，都能满足从事力量或耐力锻炼的需要。当进行力量项目锻炼时，蛋白质和无机盐类的需要量可以略为增加。运动比赛前如食物中含糖高一些（或称高糖膳食），有助于比赛开始后糖能源的利用，运动能力比食用普通膳食者有所提高。

2. 运动竞赛前的糖充填

在运动竞赛开始前若干天，通过调整膳食结构，使肌糖元含量增加，称糖充填（或肌糖元充填）。这对提高运动能力，取得良好成绩有重要意义。

3. 运动竞赛前的饮食原则

有些同学在参加各类运动竞赛时不知如何安排饮食，有时则由于饮食不当而使运动成绩受影响。下面介绍赛前饮食的 6 项原则，供大家参考。

（1）运动竞赛前宜吃易消化吸收的食物，少吃脂肪肉类，以免比赛时腹部有饱胀感而影响成绩。饮食的量约八成饱即可。

（2）运动竞赛前饮食中的液体摄入量应适宜，一般和平常摄入量相同就行了 。

（3）勿食刺激性食品。

（4）运动竞赛前食物的种类最好和平常相同，要为参赛者所熟悉，以符合心理因素的要求。

（5）运动竞赛前的用餐应在临赛前 2~3 小时进行。

（6）适当饮用咖啡和茶，有助于运动时脂肪能源的利用。

二、不同运动项目能量消耗与补充

（一）健身、健美运动与营养

随着生活水平提高，大学生中进行健身、健美运动的人越来越多，而健身、健美运动是与营养有密切关系的，下面就介绍一下此类运动的营养知识。

1. 食物的需要量

健身、健美锻炼者究竟一天该摄入多少热量，由于运动项目多，因此没有一个明确的数目。体型是决定食量的一大因素。体重重者所需要食量接近甚至超过体重轻者两倍之多。另外一个影响食量的因素为运动量，体重相同的人运动量大者需要较多的热量，以运动的热量需要量而言，每跑 5 千米的人，使用于运动的能量应是每天跑 2.5 千米的人的两倍。除了体型（体重）和运动量外，影响因素还包括年龄。如正值发育生长期者，每千克体重所需热量多，此时期过后，每千克体重所需热量逐渐减少。

2. 热量物质的比例

热量物质指三大营养素（蛋白质、脂肪及糖类）的比例而言，比例的多少影响机体代谢和运动能力。适合东方人的三种营养素百分比为：蛋白质 13%，脂肪 23%，糖类 65%。如以重量计算为：蛋白质 1 单位，脂肪 0.7 单位，糖类 5 单位。

一般来说，最重要的运动食物是糖类，脂肪应较少，而蛋白质依情况而定，如举重就有增加的必要。耐力性项目的运动员，三大营养素重量比例为 1:1:7。脂肪太多，运动时会氧化不完全，而增加体内酮体含量，对运动发生不良影响。

3. 用餐次数

一般人一日进食三餐，事实上以血糖浓度为基准，每日必须进食三餐以上。血糖浓度在用餐后 2.5~3 小时便开始下降，接着引起疲劳感，且降低运动效率。一日三餐食物热量和质量分配，因运动员一天的活动情况而异，摄食时间最好配合运动训练的时间。一般来说，大量进食后 3~4 小时，才可进行激烈训练，因此进食时间必须加以适当调整。事实上白天要进食后 3~4 小时再运动有其困难，因此运动员在训练前的进食应予减少，如减少 1/2 或者 2/3 的进食，或者选择易于消化的食物。

（二）长跑与营养

长跑是最有效、最经济、最普遍的锻炼手段，大学生多进行长跑对呼吸系统、心血管系统是大有好处的，它也是减肥的有效手段。长跑运动与营养密不可分，需要经常补充的营养有下面几种。

1. 碳水化合物

经常从事长跑锻炼者的营养需求以碳水化合物的补充为最重要，因为长时间的体力消耗需补充大量的碳水化合物，以作为能量的补给。

2. 蛋白质

蛋白质是构成细胞的主要成分，负责人体建造与修补等机制的进行。适当补充蛋白质对于提高抵抗力、增粗肌纤维、保持肌肉线条有很好的帮助。

3. 肌酸

能量的“最佳补给手”莫过于肌酸。葡萄糖也是能量来源之一，但是它就像石油一样蕴藏在体内。就像汽车用的是汽油而不是石油一样，葡萄糖也和石油一样，需要经过一连串分解过程，产生 ATP 才能供给身体直接利用。肌酸的重要作用就在于它负责 ATP 代谢后的再合成作用，以提供源源不绝的持续力与爆发力。

4. 氨基酸

氨基酸是组成蛋白质的最小单位。摄取氨基酸能使新陈代谢率提高、促进肌肉生长，并使耐力与爆发力增加。

5. 鱼油

补充鱼油可协助其降低血液中的胆固醇及血脂肪，使血液流动顺畅。近几年，鱼油对舒缓关节炎疼痛的效果，在临床上已得到验证。长跑锻炼者长期的重复性运动，对骨关节的伤害不可忽视，可用鱼油搭配葡萄糖胺制品来保养。

6. 花粉、蜂王浆

花粉和蜂王浆富含维生素 B、氨基酸、多元不饱和脂肪酸、酵素、胡萝卜素、钙、铜、铁、镁、钾、锰、钠及蛋白质，还含有天然植物性固醇，有助于调整内分泌。

三、不同运动时期能量的消耗与补充

（一）运动前

运动前应以高糖类、低脂肪的食物为主，例如面包、米饭、面条和水果等。这些食物容易消化，又能提供糖类而作为运动时的能量来源。如果运动的时间超过 60~90 分钟以上，可以选择升糖指数较低的食物，例如水果、脱脂牛奶、米饭、豆类，这些食物缓慢地被消化成糖类，能够长时间地供应糖类给运动中的肌肉使用。如果运动的时间少于 60 分钟可以选择高升糖指数的食物，例如面包、运动饮料，这些食物很快就被消化，能够迅速地提供糖类。

高纤维的食物比较容易造成肚子不舒服，因为它们需要比较长的时间消化，有些高纤维的食物也富含糖类，例如全麦面包、高纤饼干、某些高纤饮料等，如果这些食物会使人在运动中感觉不舒服，就应该避免在运动前吃这些食物。

（二）运动中

运动过程中机体能量消耗剧增，因此，能源物质的补充是保证机体能量平衡所必需的，同时，在激烈的能量代谢过程中，许多酶、激素、血液有形成分等也参与能量代谢和氧运输，故而许多调节营养素（维生素、矿物质等）也伴随着消耗。运动后首先需要补充的就是能源物质，主要是糖和脂肪。在静止或日常活动中，人体主要的供能物质是脂肪，而运动时，葡萄糖参与供能，且依运动强度的不同，葡萄糖和脂肪参与供能的比例不同，强度越大，葡萄糖供能的比例越大。如前所述，蛋白质也是供能营养素，但在一般情况下，蛋白质并不参与供能，只有在极度饥饿或某些特殊情况下（长时间超负荷运动、低糖饮食等），蛋白质才可以分解参与能量代谢。

1. 蛋白质补充

人体的肌肉是由蛋白质组成的，从事大运动量，特别是从事肌肉力量训练、健美训练的人需要多补充一些蛋白质食物。正常成年人每日蛋白质摄入量应为 0.8 克/公斤体重，而从事大运动量训练的人则需要 1.5 克/公斤体重。尽管目前市场上有许多种高级的蛋白补充剂，但还没有哪一种补充剂得到了科学的验证。事实上，过多的蛋白补充会使多余的蛋白质参与能量代谢或转化为脂肪，因此，一般正常饮食不需要特别补充蛋白质，即便是肌肉力量训练或健美训练也是如此。

过多地补充氨基酸（蛋白质）也可能存在一些危险，过多的单一氨基酸或一群化学特性相近的氨基酸通常会阻碍其他氨基酸的吸收，因此，我们过多补充的氨基酸补剂可能不能控制氨基酸的种类构成，这就可能造成机体内氨基酸种类的不均衡而产生毒性。

2. 糖的补充

对于参加大运动量训练，特别是从事长时间有氧运动的人来说，碳水化合物的补充是必需的。一顿正常的饮食中，身体就可以储存 1500~2000 卡的糖原。大约 75%的糖原被储存在肌肉组织中，然而高糖饮食可能会使肝糖原水平显著升高。在长时间运动时，肝糖原会转化为葡萄糖以供应肌肉能量。与脂肪相比，葡萄糖氧化所需氧量较脂肪节省，也就是说，消耗同样量的氧气，葡萄糖产能量较脂肪多 6%左右。

在长期大运动量训练中，体内肝糖原存量会下降，这会影响个体的运动能力，甚至导致过度疲劳。因此，在大运动量训练期间应当注重高糖饮食，碳水化合物的摄入量应当占总能源营养素摄入量的 75%。除此之外，必要的休息或训练调整也可以提高机体肝糖原的储备。实验证明，碳水化合物摄入量按 8 克/公斤体重/天，可以有效地提高机体肝糖原的储备，对于保证运动能力具有积极意义。而在大运动量运动后的疲劳状态中，在运动后 30 分钟摄食一些碳水化合物与蛋白质相混合的食物可以加速肝糖原的储量。摄食碳水化合物同时摄食蛋白质可以提高胰岛素的活性，从而增加肝糖原的储备。

3. 维生素

在运动锻炼过程中，维生素的补充是值得重视的问题，在竞技运动训练中，有些维生素会直接影响到运动员的运动能力，因此发现运动可能会导致某些维生素的消耗。

维生素 A 又名视黄酮，其主要生理功能是形成视网膜中视紫质的原料，维持适宜的视觉和上皮组织，也参加骨骼发育以及免疫功能的维持。对于从事视觉要求高的运动活动，如射击、乒乓球、羽毛球、排球、拳击等运动，维生素 A 消耗可能较大，所以要突出维生素 A 补充的重要性。维生素 A 的前体物质是 β-胡萝卜素。维生素 A 是脂溶性维生素，长期过多补充会导致中毒现象，而过多地补充 β-胡萝卜素则不会。

维生素 E 是脂溶性维生素，它是一种抗氧化物质，是细胞和亚细胞膜上多元不饱和脂肪酸的抗氧化剂，它可作为抗自由基物质保护细胞膜免受脂质过氧化的侵害。平衡膳食的人一般很少缺乏维生素 E，因此不需要特意补充。

维生素 B1 的主要功能是以焦磷酸硫胺素的形式作为糖代谢中丙酮酸脱氢酶系的辅酶，并与神经介质乙酰胆碱的合成与分解有关。维生素 B1 缺乏时会出现更多的丙酮酸积累而生成乳酸，从而加快疲劳的发生，降低有氧能力。维生素 B1 的摄入和能量摄入高度相关，维生素 B1 的需要量取决于全部能量消耗，尤其与糖类物质的消耗有关。当糖类物质摄入较多时，维生素 B1 的摄入量也应相应增加。

维生素 B2（核黄素）是构成体内线粒体呼吸链中黄素酶的辅酶成分，在线粒体电子传递系中起着重要作用，因此对运动耐力有明显的影响。维生素 B2 缺乏时会使人肌肉乏力，运动能力显著下降，且容易疲劳。维生素是几种呼吸链的成分，因而它的摄入量也应与能量代谢有关。

维生素 C 是参与胶原蛋白、儿茶酚胺和肉碱的生物合成，它是有效的抗氧化剂，有可逆的氧化还原作用，它还有助于非血红素铁的吸收、转运和储存。运动锻炼中补充维生素 C 可以提高机体免疫能力，降低疲劳和肌肉酸痛，保护细胞免受自由基的损伤。维生素 C 是运用最广、研究最多的营养素之一。

4. 矿物质

矿物质是人体重要的调节营养素，每种矿物质都有着重要的功能，有的是构成机体某些组织的重要成分，有的是维持体液平衡的重要调节物质，有的参与体内酶和激素的组成。

人体内矿物质的储量一般可以满足机体需要，不易造成缺乏，但在特殊情况下（如大运动量运动、膳食不平衡或特殊地理生活环境）也会出现某些矿物质的缺乏。运动中可造成矿物质的消耗或丢失，因此，运动锻炼也要考虑到矿物质的补充。一般做法就是尽可能多地选择不同种类的食物，同时选择一些原汁饮料。

（三）运动后

运动后的营养补充非常重要，对于下次练习的成效或是比赛的结果有绝对的影响。对运动员而言，运动后的恢复不应该是顺其自然，而应该是主动积极的补充运动所消耗的能量和营养，为紧接而来的比赛或训练做好准备。

1. 电解质的补充

汗液中主要的电解质是钠和氯离子，还有少量的钾和钙。除了非常长时间的运动，如铁人三项，或是在酷热的天气下连续剧烈运动数小时以上，大部分的运动员只会流失体内非常小部分的电解质，体内储存的电解质会自动的释放到血液中，维持电解质的恒定。因此在运动后不需要特别补充电解质。对于前述的例外情形，可以在运动后以稀释的盐水或是运动饮料补充水分和电解质。

训练有素的运动员或是常在酷热天气下运动的人，汗液中的电解质含量会变得比较少，因为身体有自动适应的机能，倾向于保存电解质，所以即使流汗的量和平常人一样多，但是流失的电解质比较少。

2. 水分的补充

剧烈的运动会导致大量的水分经由汗水流失，脱水会影响运动的表现，流失体重 1%的水分，体温会变得更高，比较容易疲劳。而损失体重 3%的水分，就会显著的影响运动的表现。即使在运动中就已经补充水分，但是通常都少于流失的量，因此在运动后，绝大部分的运动员都处于不同程度的缺水状态，需要积极的补充水分，为后面的比赛做好准备。

想要知道到底在运动中流失了多少水分，最直接的方法就是计算运动前和运动后的体重差别，每减少 1 公斤的体重，就表示至少需要补充 1 升的水，甚至于更多，因为在运动后仍然会持续的流汗和排尿。比赛后可能无法很方便的测量体重，可以在练习时仿真比赛的情形，然后测量体重的减少，作为比赛后补充水分的依据。

若是不方便测量体重，也可以根据口渴的感觉喝水。但是人类的口渴感觉并不灵敏，即使身体已经处于缺水状态，仍然不会觉得口渴，或是虽然喝进去的水并不足以完全补充流失的水分，但是已经足以纾解口渴。所以即使已经不觉得口渴，至少还需要再喝 2~3 杯的水，才能补充足够的水分。

另一个明显的指针是排尿的情形，如果在运动后 1~2 小时中，排尿量很少或是完全没有，而尿液的颜色很深，表示身体仍然处于缺水的状态，需要赶快补充水分，直到排尿量恢复正常，而且尿液颜色变成很淡或是无色，这才表示身体已经有了足够的水分。

3. 肝糖的补充

肝糖是运动时的主要能量来源之一，存在于肌肉和肝脏中。肌肉中的肝糖只能供给肌肉细胞所用，而肝脏中的肝糖可以以葡萄糖的形式释放到血液中，供给肌肉以及身体其他器官所需。体内肝糖存量不足以应付运动所需是造成疲劳、运动表现降低、无法持续运动的原因之一，运动后体内的肝糖存量显著的降低，若是没有积极的补充，下次运动时的表现就会受到肝糖不足的影响而降低。

研究显示，在运动后的两小时内，身体合成肝糖的效率最高，两小时后则恢复到平常的水准，因此如果在运动后迅速补充糖类，就可以利用这段自然的高效率时段，迅速的补充体内消耗的肝糖。如果下次训练或比赛是在10~12小时之内，这段高效率期间特别重要，因为如果错过这个时段，即使在后续的时间吃进了足够的糖类，身体可能没有足够的时间完全补充消耗的肝糖，使得体内的肝糖存量一次比一次降低，越来越容易感觉疲劳。若是下一次运动在24~48小时之后，即使错过这段时间，接下来只要着重于高糖类的食物，仍然有足够的时间补充所有消耗掉的肝糖。

一般的建议是在运动后15~30分钟之内吃进50~100克的糖类（大约是每公斤体重需要补充1克糖类），然后每两小时再吃50~100克糖类，直到该运动员有时间吃正餐为止。正餐以及其他运动期间的饮食也应该以富含糖类的食物为主。

4. 肌肉和组织的修复

即使是没有身体接触的运动也会造成肌肉纤维和结缔组织的伤害，运动后的酸痛部分是来自于受伤的肌肉组织，身体接触性的运动，如篮球、足球、橄榄球，会造成更多的肌肉损伤。运动后迅速的补充蛋白质有助于修复受伤的肌肉和组织，受伤的肌肉合成和储存肝醣的效率也会降低，因此参与身体接触性运动，或是比赛后受伤的运动员，需要补充更多的糖类，也更需要把握运动后两小时的那段高效率期间，有效的补充体内消耗掉的肝醣。

四、运动与水

1. 运动与脱水量

剧烈的运动使身体大量流汗，体内液体流失。流汗的同时，电解质也随汗液流失。例如，4小时的长跑训练平均出汗量可达4.5~4.8千克，从事中等体能的劳动者在常温下的水分需要量为每天2.15升，而环境的温度在20摄氏度以上，每升高5.5摄氏度，水分的需要量就增加1升。可见水对运动能力的影响是明显的，体液的减少明显制约了长时间耐力性运动的能力。若运动前和运动中不补充水分而运动中又大量出汗时，就很容易发生脱水现象。体内缺水时，主要表现在尿量和体液减少。大约1%体重的水分流失会使运动时体温和心率明显上升。轻度脱水指脱水量约占体重的2%，主要是细胞外液减少，身体会丧失调节的能力，若没有补充流汗所失去的水分，体温可能会持续上升，进而导致体力的丧失。脱水量占体重的4%~6%，则减少肌力及耐力，同时引起热痉挛，令长时间活动能力下降20%~30%，亦会影响体内无氧代谢的供能过程。脱水对心血管方面的影响，亦会使得血浆容量下降和血液渗透压升高。低血浆容量导致心输出量下降、排尿量减少、体温升高、血液黏稠度增大及增加中暑的危险。水分流失占体重的6%以上时，则有严重热痉挛、热衰竭、中暑、昏迷甚至死亡的可能。所以，必须防止或降低脱水风险，立即补充水分就能改善运动能力。排汗提高了散热能力，但水分及电解质的流失要立即补充。

2. 水分平衡的重要性

运动中失去水分的补充应以保持水分的平衡为原则，调整体内水及电解质平衡的途径是喝水或饮料。由于体液是低渗透液，相比之下，运动期间补充水分比补充电解质更重要。

在热环境下，正常人不自觉的脱水量为每小时 275 毫升。长时间进行耐力锻炼的人在热环境下脱水时间越长，对运动能力的影响就越严重，因此在脱水之前就应补充水分，千万不可等到口渴才喝水，因为当口渴时身体已在脱水状态了。

在水分吸收方面，胃排空的最大正常速度是每小时 600~800 毫升；冷水或温水在胃内排空速率明显高于体温水，运动时喝低温的水对降低体温的效果优于运动前摄取等量水的效果；纯净水或低渗透压饮料的胃排空速率高于高渗透压的饮料。因此，在热环境下激烈运动时，补充水分的重要性大于补充糖类及电解质。在持续时间短的运动中，不必特别在饮料中补充电解质，因为运动中补充电解质会提高由运动引起的高渗透程度。

3. 运动前的正确喝水法

运动员的饮料主要是为训练和比赛过程中的选手补充能量、水分、电解质及维生素等，以预防运动员在高强度运动训练下消耗能量过多而引起的低血糖现象，并用以维持身体在大量出汗情况下体内水分和电解质的平衡，防止体内电解质的流失而引起的运动能力降低、心律不齐或肌肉抽筋等现象。另外，有些特殊的运动饮料还可增强体力、耐力及消除疲劳，进而有助于提高运动成绩。例如，目前研究指出饮用等渗透压运动饮料比较适宜，其在体内吸收十分迅速，而且能有效地使运动员保持运动机能。

在较长的运动过程中，每小时流汗量可能达 2~4 升，缺水将使身体失去散热作用，因此在耐力性运动前两小时最好饮用 600 毫升左右的水（可分两次喝）。

4. 运动中的正确喝水法

运动及比赛期间的饮水，大部分的研究者都认为，每隔 15~20 分钟喝 200~300 毫升为较适当的方法。

5. 运动后的正确喝水法

在运动后的恢复期补充饮料和运动前的准备同样重要，即使在运动员休息时正常补充水分，体内水分依然会以汗水的形式大量流失；而肌肉肝醣浓度可能也会降低一些，使得身体感到虚弱、衰竭，此时正是恢复过程开始的时候，同时正确补充水分有助于疲劳的恢复。研究表明，运动后越早开始恢复越好，利用饮料中添加葡萄糖聚合物及麦芽糊精（其为容易消化的复合碳水化合物），以增加醣类来补充肌肉肝醣含量，促使恢复期缩短。

6. 运动饮料

凡具有调解人体电解质功能的饮料均称之为运动饮料。

第四节　营养与肥胖

一、肥胖的界定

随着 2000 年北京国际减肥大会的召开，减肥与健康已成为全球亿万人民共同关注的热门话题。那么，什么才算真正意义上肥胖呢？肥胖是如何界定的呢？

一个由亚太地区著名肥胖症专家组成的国际委员会在香港公布了一份题为《亚太展望：重新定义肥胖症及其治疗》的文件，重新界定亚太区人口肥胖症的标准。

对亚洲人而言，当 BMI（体重指数，即人的体重与身高平方的比例）超过 23 时，肥胖就相应产生；而对欧洲人而言，这一指数的正常标准为 25 以下。而且，亚洲人的肥胖模式与欧洲人也不同，亚洲人更易积聚腹部脂肪。

随着该标准的出台，目前沿用的世界通用肥胖标准对亚洲人将不再适用。许多专家还进一步指出，由于人种和生活环境的差异，应有各自不同的肥胖标准，并制定出了相应的参考指数。

1. 世界肥胖标准

目前，全世界衡量一个人胖与不胖通用的计算公式是

BMI（体重指数）= 体重（公斤）÷ 2 倍身高（米）

世界卫生组织拟定的世界标准是：BMI 在 18.5~24.9 属正常范围，大于 25 为超重，大于 30 为肥胖。但专家们指出，这个标准是根据欧美白人为基准制定的，对亚洲人不一定适用。

2. 亚洲肥胖标准

亚洲人体型偏小，用 BMI 在 18.5~24.9 的世界标准来衡量，就不适宜，例如：当 BMI 为 24.9 时，日本人的高血压危险已经增加 3 倍；在美国的日本人，BMI 大于 23 时，心血管疾病危险开始明显增加；香港地区的 BMI 在 23.7 时死亡率最低，大于 23.7 时死亡率开始上升。这说明，BMI 正常上限 24.9 的世界标准，对亚洲人来说显然过高。

因此，对于亚洲人来说，BMI 在 18.5~22.9 时为正常水平，大于 23 时为超重，大于 30 时为肥胖。亚洲人的正常 BMI 上限比欧美人要低 2 个指数。

3. 中国肥胖标准

有关专家认为，中国人虽属亚洲人种，BMI 的正常范围却应比亚洲标准低些，因为中国人的肥胖有两大特点：体型小，指数小；肚皮大、危害大。

体型小决定了中国人的体重指数的正常上限要低些。据调查资料显示：BMI 大于 22.6 的中国人，其平均血压、血糖、甘油三酯水平都较 BMI 小于 22.6 的人偏高，而有益于人体的高密度脂蛋白胆固醇水平却低。因此，专家们认为，中国人正常体重指数上限应小于 22.6，比欧美的 24.9 和亚洲的 22.9 低。

中国人体重指数的最佳值应该是 20~22，BMI 大于 22.6 为超重，大于 30 为肥胖。腹型肥胖比例大是中国人肥胖的特点和潜在危险。我国人口中体重指数超过 25 的比例明显小于欧美，但腹型肥胖的比例比欧美人高。据研究发现，体重指数正常或不很高的人，若腹围男性大于 101 厘米、女性大于 89 厘米，或腰围与臀围的比值男性大于 0.9、女性大于 0.85 的腹型肥胖者，其危害与体重指数大者一样。所以，判断胖与不胖及危害大小时，不仅要重视体重指数的大小，更要测量腰围的粗细。

二、肥胖产生的原因

肥胖一般分为两大类，一类是因病而引起的肥胖，即因为脑炎、脑瘤、关节炎或需服用激素的慢性疾病或因生病服用激素而引起内分泌紊乱造成的肥胖，这种肥胖称为症状性肥胖。这类肥胖病人占整个肥胖人数的 5%左右。

另一类肥胖则是由于在饮食过程中所摄入的热量，大大超过其本身所消耗的热量，而使多余的脂肪及其他养料在体内积蓄起来形成脂肪细胞而导致肥胖，属这类肥胖的人称单纯性肥胖，这类肥胖人数占肥胖人总数的90%以上。

总的说来产生肥胖的原因有以下五点。

1. 遗传因素造成的肥胖

一般父母肥胖者，或其家族中有肥胖史的，其子女肥胖的可能性就很大。这类肥胖人，很难采取其他人为措施如运动、节食等方法消除肥胖，只能在减肥后与自己减肥前相比，相对来说体重轻一些。

2. 饮食结构不合理造成的肥胖

偏食或饮食结构中所安排的脂肪、谷类及其他碳水化合物含量过大，引起热量超标，导致人体内脂肪沉淀、脂肪细胞增多引起肥胖。人们所需热量的多少依性别、年龄、体型、工作类型、生活方式及各人的生理和病理不同而有所差别。

一般说来在年龄相同的前提下，男人较女人所需热量多；青年人较老年人所需热量多；体力劳动者较脑力劳动者所需热量多；活动量大的人较活动量少的人所需热量多。所以我们在日常生活时不能单从自己的饮食爱好出发摄取食物，特别在生活水平日益提高、食品的供应越来越丰富的今天更应注意这个问题。

3. 运动过少也是导致肥胖的原因之一

现代城市人习惯优裕舒适的生活环境，缺乏锻炼的意识和行为。特别要指出的是很多人晚饭后，长时间地坐在电视机前看电视，一坐就是几个小时，很少走动，长此下去，形成肥胖。

4. 组织功能失调也是肥胖的重要原因

人体中肝、脾、肾、股等功能失调，不能把多余的脂肪转化为热量排出，而沉积于体内造成肥胖。

5. 精神因素，也是肥胖的一个原因

俗话说：心宽体胖。没有思想负担、吃得香、消化吸收也特别好，“借酒消愁”、以大吃大喝来缓解自己不愉快的情绪，这些都能使热量大增，导致肥胖。

三、肥胖的危害

如今，肥胖已成为世界公害。据“国际肥胖问题工作组”公布的数据显示，地球上每4人中就有1人过于肥胖。具体而言，全球3.12亿人体重超标，17亿人应该减肥。报告指出，全世界肥胖人口已超过饥饿人口，肥胖已经成为困扰发达国家和发展中国家的一个重大社会问题。

据统计，全球将近1/3的死亡案例与肥胖、缺乏锻炼和吸烟相关。个别案例中，一些生来肥胖的人比正常人早死5~8年。

1. 肥胖是健康长寿的大敌

据统计，肥胖者并发脑栓塞与心脏衰竭的发病率比正常体重者高1倍，患冠心病比正常体重者高两倍，高血压发病率比正常体重者高2~6倍，合并糖尿病者较正常人约增高4

倍，合并胆石症者较正常人高 4~6 倍，更为严重的是肥胖者的寿命将明显缩短。据报道，超重 10%的 45 岁男性，其寿命比正常体重者要缩短 4 年。

中国有句俗话叫“有钱难买老来瘦”。不知道中国俗语做出这样的论断时有没有做过科学研究，但在今天看来，老祖宗们的话还是很有远见的。

关于胖人和瘦人谁更长寿的问题，国内尚未见有人进行过系统研究。但从对国外长寿老人的调查中，可以发现这样的一个现象，即长寿老人多为身材瘦小者，而体重超重者少之又少。瘦子比肥胖者长寿的原因，可能与肥胖者容易患高脂血症、高血压、冠心病、脑血管病、糖尿病等疾病，同时发病率明显高于体形瘦小者有关。

美国一项调查研究表明，随着肥胖程度的增加，肥胖者病死率也会随之增加。研究者比较了相同年龄组肥胖者和正常人的病死率后发现，体重每超过正常人 4.5 千克，病死率就会增加 8%。与正常体重者相比，超过标准体重 50%者，病死率增加 30%；超过标准体重 100%者，病死率增加 150%。国外一些保险公司对肥胖者收取的保险费金额一般都高于正常体重者，而且是随着体重增加的程度不同而加以区分的。因此，在“有钱难买老来瘦”的后面，再加上“肥胖是长寿的大敌”，就更符合实际，更加全面。

2. 影响劳动力，易遭受外伤

身体肥胖的人往往怕热、多汗、易疲劳、下肢浮肿、静脉曲张、皮肤皱折处易患皮炎等，严重肥胖的人，行动迟缓，行走活动都有困难，稍微活动就心慌气短，以致影响正常生活，甚至导致劳动力丧失。由于肥胖者行动反应迟缓，也易遭受各种外伤、车祸、骨折及扭伤等。

3. 易患冠心病及高血压

肥胖者脂肪组织增多，耗氧量加大，心脏做功量大，使心肌肥厚，尤其左心室负担加重，久之易诱发高血压。脂肪沉积在动脉壁内，致使管腔狭窄，硬化，易发生冠心病、心绞痛、中风和猝死。

4. 影响肺功能

肺的作用是向全身供应氧及排出二氧化碳。肥胖者因体重增加需要更多的氧气，但肺功能不能随之而增加，同时肥胖者腹部脂肪堆积又限制了肺的呼吸运动，故造成缺氧和呼吸困难，最终导致心肺功能衰竭。

5. 可引起关节病变

体重的增加会加重许多关节如脊椎、肩、肘、髋、足关节等的磨损，甚至导致撕裂。

6. 肥胖对身心健康危害极大

美国心理学家研究指出，与体重正常的同龄人相比，肥胖青少年要承受更加沉重的心理负担，朋友少，交际少，一旦被人嘲笑，特别容易情绪低落甚至自杀。在许多发达国家，青少年肥胖的势头已经不可遏制。比如美国，大约 15%的青少年都有不同程度的肥胖。研究人员说，肥胖虽然不排除遗传因素，但主要原因还是这一人群酷爱那些高脂肪、高热量的快餐食品，而且极度缺乏运动。因此说，控制饮食并配以适当的体育运动是减肥的绝佳方法。

7. 肥胖女性易患乳腺癌

研究发现，发生肥胖的部位也与乳腺癌发病率有关。美国科研人员对216名乳腺癌患者进行分析，结果发现：女性腰围与臀围之比大于0.7，乳腺癌相对危险性比正常人高出3倍；比值大于0.8，相对危险性比正常人高出6倍。这就是说，腰围增大比臀围增大更具有引起乳腺癌的危险性。

8. 肥胖女性易患子宫内膜癌

医学研究发现，肥胖女性患子宫内膜癌的发病率比体重正常者高得多。因此，要降低子宫内膜癌的发病率，就要努力控制体重，减少肥胖程度。一般来说，肥胖妇女应经常检测血压、查血糖及尿糖，因为肥胖者同时伴有糖尿病、高血压是患子宫内膜癌一个极危险的信号。

9. 肥胖影响性功能

肥胖者由于体重过重，造成性交困难，因此从形象和自信心上也会发生问题。从这个角度来讲，精神因素也是肥胖造成性功能障碍的一个重要原因。

专家提醒，男子肥胖性功能障碍，要适当采取减肥措施，首先是减少过高热量的摄入，提倡合理的膳食。加强体育锻炼，每周最少锻炼5次，每次40分钟以上。戒除烟酒，增强自信心。经过综合治疗，把过重的体重控制下来，不仅可以提高性功能，还可防止心脑血管疾病、糖尿病等疾病的发生，提高生活质量。

10. 肥胖对日常生活的影响

轻度肥胖对日常生活几乎不构成影响，中度肥胖者大多会体态臃肿而变得懒怠和缺乏生活信心，办事常常出错，重度肥胖的人差不多要丧失生活自理能力和运动能力，带来说不尽的痛苦。一般情况下，体重达到150千克的肥胖者是无法到影剧院看电影或听音乐会的，这些公共场所的椅子根本容不下他们肥胖的身躯。肥胖人还不能使用狭小的厕所，乘飞机要占两个座位，须多花一倍的钱，甚至连称体重也要用称货的秤来称，加上社会人们的冷嘲热讽，使许多肥胖人对生活缺乏信心。

四、减肥的手段

1. 饮食减肥法

饮食减肥法是所有减肥法的基础，其基本内容是：控制膳食热量，调整膳食结构与改变膳食习惯。

（1）控制膳食热量，减少热量摄入，使机体能量失衡，迫使身体消耗体内脂肪。

（2）调整膳食结构。在低能量膳食基础上，摄入低脂肪、适量优质蛋白质、含复杂碳水化合物和较高比重新鲜蔬菜、水果的膳食。即在满足人体各种营养素需要并使之平衡基础上，减少总热量摄入，让身体中的部分脂肪氧化以供机体能量消耗。

（3）改善饮食习惯。进餐要有规律，可少食多餐，增加进餐次数：一日可进餐4~6次，但总热量须在限度以内，可减少餐后胰岛素的分泌和体脂合成。

2. 运动减肥法

运动减肥主要通过有氧运动。走路、骑车、爬山、打球、慢跑、跳舞、游泳、划船、滑冰、滑雪、舞蹈等形式均可。中、低强度运动可持续时间长，且运动中主要燃烧脂肪；

而大强度运动可持续时间短，能量消耗以糖为主，反而不利于脂肪组织酸的释放，减肥效果不好。

与一般健身运动相比，减肥运动的时间应延长，可由小运动量开始，每日安排 30 分钟，待适应后再逐步增加至应达到的目的。每天 30~60 分钟甚至更长时间的活动，不要求一定连续，可将多次活动的时间累加，但每次活动时间不少于 10 分钟。

经常运动或活动，使神经、内分泌系统及酶的活性等生理、生化过程发生一系列适应性变化，使骨骼肌氧化脂肪酸和酮体的能力增强，有利于消耗体脂。

“没有时间”常成为人们不参加运动的理由，并把增加活动看成是一种“负担”。应该转变观念，把运动或活动作为提高身体素质、保证健康的必要条件。创造更多的活动机会，并把增加活动的意识融于日常生活中；适当改变日常生活习惯，尽量选择较多活动以替代较省力的条件。

第四章
常见的运动损伤及自我保护

第一节　常见运动疾病的预防及处理

一、运动中常见的生理反应与处理方法

1. 运动中的腹痛现象

从腹痛的表现和原因分析，一般有下列五种情况。

（1）由于内脏器官一时不能适应剧烈运动的需要而引起的腹痛，疼痛部位多发生在右肋部（肝区）和左肋区（脾区）。一般是平时运动少，心肌力差，心肺功能相对较弱，运动前准备活动不充分的人容易患这种腹痛。

（2）由于不良的运动习惯而产生的腹痛，主要是肠胃痉挛牵扯神经而引起的。通常表现为钝痛、涨痛，重者则呈阵发性绞痛。大多是由于饭后过早（不到 1 小时）剧烈运动，或吃得过饱、喝得过多（特别是冷饮）或饥饿时运动，因胃酸或冷空气对胃的刺激而引起胃痉挛，部位多在上腹部。

（3）如果是腹内有寄生虫（如蛔虫）或运动前食入大量产气或不易消化的食物（如豆类、薯类、牛肉等）引起胃痉挛，疼痛部位多在肚脐周围。

（4）如果是宿便未排引起的肠痉挛，其疼痛多在左下腹部。这类腹痛只需要针对其产生原因采取相应措施就完全可以避免。

（5）在夏季进行较多、较大的运动时易发生的腹直肌痉挛性腹痛。这是由于大量出汗使水分和盐分丢失过多，引起体内代谢失调，加上疲劳引起肌肉痉挛（俗称抽筋）产生剧痛。预防的关键在于适当补充盐和维生素，在运动时最好喝些淡盐水和一些运动性饮品。

2. 肌肉痉挛

肌肉痉挛是指肌肉不自主的强直收缩，在运动中最易发生痉挛的肌肉是小腿腓肠肌，其次是足底的屈拇肌和屈趾肌。发生原因是运动时大量排汗、局部肌肉疲劳以及寒冷刺激引起肌肉不自主连续收缩。常表现为局部肌肉坚硬或隆起并伴剧烈疼痛。

预防方法：运动前特别是游泳前应做好充分的准备活动，避免寒冷突然刺激，冬天要保暖，夏天防止出汗过多，并及时补充盐分，游泳前应用冷水先淋湿全身，水温过低时不

宜在水中时间过长。对易痉挛肌肉部位在运动前和游泳前进行局部按摩推拿。

处理方法：可采用牵引法和按摩推拿法。牵引的原则是进行“反方向牵引”。小腿腓肠肌痉挛时，可平坐或仰卧，伸直膝关节，将足掌足趾均匀用力向腹部方向扳压，同时使劲蹲小腿，以解除小腿屈肌痉挛；脚屈拇肌、屈趾肌痉挛时，可用力将足和足趾背伸直扳压，以解除脚趾或脚掌的屈肌痉挛。按摩推拿法是对痉挛部位肌肉进行局部推拿、揉捏、敲打、压穴（承山、委中、涌泉），缓解痉挛肌肉。

3. 运动性晕厥

运动性晕厥是指运动中由于脑部突然血液供给不足而发生的一时性知觉丧失的现象。运动性晕厥的症状开始时是全身无力、头昏耳鸣、眼前发黑、面色苍白，随之可能出现失去知觉、突然昏到、手足发凉、脉搏慢而弱、血压降低、呼吸缓慢等情况。发生原因主要是由于剧烈或长时间运动后使大量血液积聚在下肢，回心血量减少，造成脑部缺血，导致发生的一时性知觉丧失。同时也和剧烈运动后引起低血糖有关。

预防方法：剧烈运动后，不要立即停下不动，应继续作一些轻微活动，如走动。如果立即停下来，失去了上下肢肌肉的收缩活动，加上地球的吸引力（重力），就易造成脑部缺血。

处理方法：感到症状要立即平卧，保持头低脚高，并进行向心方向的重推或揉捏。

4. 肌肉酸痛

运动医学上将运动引起的肌肉酸痛分为两种：一种是运动后疼痛立即出现，但其消失得也快，这种叫做急性肌肉酸痛。另一种是在运动后几小时或一夜之后才出现，并伴有疲倦乏力，甚至会出现肌肉痉挛、僵硬等症状。这种肌肉疼痛消失得比较缓慢，常常 3~4 天甚至 6~7 天之后才能完全恢复，这种症状则称为延迟性肌肉酸痛或运动后疲劳。我们常说的肌肉酸痛主要是指后一种。

肌肉酸痛产生的因素较复杂，主要包括以下几个方面：乳酸堆积，肌肉痉挛，肌纤维或结缔组织损伤，组织间渗透压产生变化或急性发炎等。

缓解肌肉酸痛的方法很多，一般采用以下几种方法。

（1）休息：休息能减缓肌肉酸痛的现象，并可慢慢促进血液循环，能加速代谢产物的排除，修复肌肉酸痛部位营养的供给，使之恢复正常。

（2）静态伸展：牵伸肌肉可加速肌肉的放松和拮抗肌的缓解，有助于痉挛肌肉的恢复。对酸痛部位进行静态牵张练习，保持伸展状态 2 分钟，然后休息 1 分钟，重复进行，每天做几次这种伸展练习有助缓解痉挛。

（3）拍打按摩：对酸痛部位进行按摩，使肌肉放松，促进肌肉血液循环，有助损伤修复及痉挛缓解。

（4）热敷：最有效的解痛方式是对酸痛的局部肌肉进行热敷，这样可促进血液循环，提高新陈代谢速度，加速肌肉酸痛的缓解和恢复，尤其是配合轻微的伸展运动或按摩，将更能加速消除延迟性肌肉酸痛，促其恢复正常。

5. 极点和第二次呼吸

剧烈运动时，特别在中长跑时，由于能量消耗大，下肢回流血量减少，当氧债不断积累并达到一定程度时，就会出现呼吸急促、胸闷难忍，下肢沉重，动作不协调甚至恶心的现象，在运动生理学上称为“极点”。

“极点”出现后，适当减慢速度，并注意加深呼吸、调整呼吸节奏，坚持一段时间后，上述生理反应会逐步缓解并消失。随后身体机能重新得到改善，氧的供应增加，运动能力又有提高，动作变得协调有力。这种现象标志着“极点”已被克服，在生理学上称为“第二次呼吸”。“第二次呼吸”出现后，循环机能将稳定在一个新的较高的水平上。

6. 运动中的过敏反应

所谓运动过敏，是指在运动后出现皮肤瘙痒、荨麻疹、血管性水肿、腹部疼痛和腹泻等过敏反应。这种综合征的临床症状与食物、药品和昆虫叮咬所致的过敏反应极为相似，但目前极少找到典型的引起过敏的物质。迄今为止，对运动引起的过敏反应预防，还只限于重视前期症状的诊断，一旦发现则应立即停止锻炼。过敏反应较为严重者，可用皮质激素、肾上腺素、氨茶碱治疗，有些抗组织胺药物对治疗也有一定疗效。

7. 溺水

溺水是常见的意外，溺水后可引起窒息缺氧，如心跳停止则称为“溺死”，如心跳未停止则称“近乎溺死”。这一分类对病情和预后估计有重要意义，但救治原则基本相同，因此统称为溺水。

溺水的急救方法有倒水和人工呼吸两种。

首先，将伤员抬出水面后，应立即清除其口、鼻腔内的水、泥及污物，用纱布（手帕）裹着手指将伤员舌头拉出口外，解开衣扣、领口，以保持呼吸道通畅。

倒水急救有三种方式。

（1）抱起伤员的腰腹部，使其背朝上、头下垂进行倒水。

（2）抱起伤员双腿，将其腹部放在急救者肩上，快步奔跑使积水倒出。

（3）急救者取半跪位，将伤员的腹部放在急救者腿上，使其头部下垂，并用手平压背部进行倒水。

若呼吸停止，应立即进行人工呼吸，一般以口对口吹气为最佳。急救者位于伤员一侧，托起伤员下颌，捏住伤员鼻孔，深吸一口气后，往伤员嘴里缓缓吹气，待其胸廓稍有抬起时，放松其鼻孔，并用一手压其胸部以助呼气。反复并有节律地（每分钟吹 16~20 次）进行，直至恢复呼吸为止。若心跳停止，应先进行胸外心脏按压。让伤员仰卧，背部垫一块硬板，头低稍后仰，急救者位于伤员一侧，面对伤员，右手掌平放在其胸骨下段，左手放在右手背上，借急救者身体重量缓缓用力，不能用力太猛，以防骨折，将胸骨压下 4 厘米左右，然后松手腕（手不离开胸骨）使胸骨复原，反复有节律地（每分钟 60~80 次）进行，直到心跳恢复为止。

8. 中暑

中暑是指由于高温或引起高热的疾病使人体体温调节功能紊乱而发生的综合征。

根据中暑症状的轻重，又可以分为先兆中暑、轻症中暑和重症中暑。

先兆中暑指在高温环境中工作一段时间后，出现轻微的头晕、头痛、耳鸣、眼花、口渴、浑身无力及步态不稳。

轻症中暑指除以上症状外，还发生体温升高、面色潮红、胸闷、皮肤干热，或有面色苍白、恶心、呕吐、大汗、血压下降、脉细等症状。

重症中暑指除以上症状外，常突然昏倒或大汗后抽风、烦躁不安、口渴、肌肉疼痛及四肢无力。

中暑后首先应进行降温。将病人迅速脱离高热环境，移至通风好的荫凉地方，解开衣扣，让病人平卧，用冷水毛巾敷其头部，并给清凉饮料。轻型病人可服人丹、十滴水，也可采用针刺疗法（大椎、委中、合谷或曲池、百会、人中等穴）。可以根据现场环境特点，采取冷水、冰水降温或药物降温。其次是补充水分和无机盐类，对能饮水的病人，给其喝凉盐开水或其他的清凉盐水。不能饮水者，给病人静滴生理盐水或林格氏液 1000 毫升（可根据具体情况掌握用量）。

情况严重时如病人有呼吸循环衰竭或大量呕吐、腹泻的情况，不需要输入太多的液体，以免引起心力衰竭或肺水肿。呼吸循环衰竭者，酌用呼吸、心脏兴奋剂，呼吸困难者吸氧，必要时人工呼吸。抽搐者可给予镇静剂。对病情危重或经适当处理无好转者，应在继续抢救的同时立即送往有条件的医院。

二、常见运动疾病的防治

1. 低血糖症

如果在运动中或运动后出现饥饿感、心慌、出冷汗、头晕及四肢无力或颤抖的现象时，表示已出现低血糖，但不要惊慌，可按以下步骤处理。

（1）立即停止运动，并服下随身携带的食物，一般在休息 10 分钟左右低血糖即可缓解。若 10 分钟后未能缓解，可再服食物，并请求其他人通知家人或送到医院。

（2）若有条件，可要求医生准备胰高血糖素针剂，并随身携带，把注射方法简明扼要地列出。若出现低血糖，清醒时可自己注射。若神志不清，其他人也可以根据注射方法代为注射。

2. 运动性贫血

运动性贫血是指因运动引起的血液中红细胞数与血红蛋白量低于正常值的情况。运动员贫血症状的轻重取决于贫血产生的速度、贫血的原因和血红蛋白（Hb）降低的程度。运动性贫血的症状表现为头晕、恶心、呕吐、气喘、体力下降以及运动后心悸、心率加快、脸色苍白等。

为防止运动性贫血，应安排好运动量，尤其注意逐渐增加运动强度，以及摄入足量的蛋白质是预防运动性贫血的重要环节。一般说来，当男运动员的 Hb 在 100~120 克/升，女运动员在 90~110 克/升时，可边治疗边训练，但训练时要小强度，避免长跑等耐力性运动；而男子低于 100 克/升女子少于 100 克/升时，就停止大中运动量训练，以治疗为主。饮食宜富于营养，食用蛋白质、铁质、维生素较多的食物，还可服用抗贫血药物。

3. 游泳中耳炎

游泳中耳炎是因为不洁水质进人中耳产生细菌感染而引起的。患者会感到耳内疼痛剧烈，并伴有听力减退、发烧、恶心、呕吐、食欲不佳及便秘等症状，应立即到医院检查，确诊后应及时采取抗菌疗法。如鼓膜已破裂，可用双氧水洗涤，外用消毒剂或抗生素溶液滴耳，然后用消毒棉条填塞外耳，并可在乳突部作热敷及红外线治疗。

为避免游泳中耳炎的产生，游泳时要选择到水质干净、需要提供健康证的泳池，防止水中细菌过多引发中耳炎。有中耳炎病史的人要避免游泳，或者游泳时佩戴耳塞；即使游泳，也尽量不要潜水，使用可以把头浮在水面的泳姿。耳窦炎患者应减少去游泳的次数，以防细菌经水过鼻子进人耳咽管，继而进入中耳。此外，平时应定期到医院清洗“耳屎”。

三、运动性疲劳与运动过度

（一）运动性疲劳

所谓运动性疲劳，是指机体的生理过程不能持续其机能在一特定水平或不能维持预定的运动强度。肌肉运动能力下降是运动性疲劳的基本标志和本质特性。

1. 运动性疲劳的分类

运动性疲劳在人体上可以分为心理性疲劳和躯体性疲劳，这两种不同性质的疲劳具有不同的表现形式。躯体性疲劳主要表现为运动能力的下降；心理性疲劳主要表现在行为的改变。人的各个部位，从中枢大脑皮层细胞到骨骼肌基本收缩单位都能产生疲劳。目前研究结果把躯体性疲劳又分为中枢疲劳和外周疲劳。中枢疲劳指缺乏动机，中枢神经系统的传递和募集发生改变。外周疲劳包括接点传递，肌肉点活动和肌肉收缩活动能力下降。

此外还有内脏疲劳，多表现为呼吸和心脏的疲劳，呼吸肌疲劳使呼吸变浅、变快，气体交换能力下降。心脏疲劳时，心电图也会发生改变。

2. 运动性疲劳的消除

（1）运动性手段。运动结束后可以采用变换运动部位和运动类型，以及调整运动强度的方式来消除疲劳。做一些静力性牵张练习，使参与工作的肌肉得到牵张、伸展和放松可有效地消除运动引起的肌肉痉挛，预防延迟性肌肉酸疼。也可以采用整理活动。整理活动是取得良好的训练效果及预防运动损伤的重要手段之一。研究表明，剧烈运动后，进行 3~5 分钟的慢跑或其他动力性整理活动，有助于疲劳的消除。

（2）补充营养。运动时所消耗的物质要靠饮食中的营养物质来补充，合理膳食有助于加速恢复过程。营养物质的补充包括能源物质的补充和维生素与矿物质的补充。

（3）睡眠对身体机能恢复非常重要，静卧可减少身体的能量消耗，也可加速身体机能的恢复。大强度和大运动量训练之后，采用按摩、理疗、吸氧、针灸和气功等物理手段，能促进身体机能恢复。

（二）运动过度

运动过度是指迫使身体过度劳累，表现为身体免疫系统脆弱、工作能力下降、能量物质消耗殆尽等。大学生在缺乏锻炼经验时，容易因训练热情过高而导致运动过度。

1. 运动过度的原因

1）能量消耗大，机体内能源衰竭

运动性过度疲劳产生的主要原因是机体内能源物质的耗尽。“能”在物理学上是一种可以做功的本领。而在人体中许多生理过程，如神经冲动传导、肌肉收缩、葡萄糖的吸收、蛋白质合成也都是做功的过程，这种做功的能量是在人体内产生利用的，这种能量的释放、转移和利用的过程称之为能量代谢。

由于大运动量训练，人体内能量代谢率加快，机体内物质代谢的进度供不上能量代谢的需要，久而久之造成机体内能源物质“衰竭”出现运动性过度疲劳。

当疲劳时，ATP 只略微下降，而 CP 下降十分明显，CP 的下降取决于运动量和运动强度，人体负荷越大，CP 下降越多，所以 CP 下降是导致疲劳的主要原因。

2）体内乳酸堆积过多，肌肉工作能力降低

人体运动、肌肉收缩需要有能量的供应，其中供应能量的有 ATP、CP、肌糖元、脂肪等。在人体运动时，ATP 是肌肉收缩的直接供应物质。由于贮量有限，在肌肉剧烈运动时只能维持 1~3 秒，必须由肌肉中的 CP 分解释放能量供 ADP 重新合成 ATP。因为 ATP 和 CP 在肌肉中贮量小，因此在运动强度大，时间长，氧气供应不足的情况下，肌肉中贮存的另一种能源物质——肌糖元将分解为乳酸，并释放能量供 ATP 的再合成，以保证肌肉收缩，机体运动的能量的需要。由于长时间大运动量训练，机体得不到恢复，体内乳酸堆积不断增加，因此使肌肉工作能力降低，运动系统工作能力下降，从而产生厌烦训练的心理。

3）内环境稳定性失调，造成运动性过度疲劳

细胞外液称为人体的内环境，在进行大运动量训练时，会产生大量热量，热量蒸发带走大量水分，使机体失水率过大。同时机体内细胞外液和离子浓度也发生变化，血浆渗透压下降，酸碱度失去平衡，造成人体内环境稳定性失调，加速运动性过度疲劳的发生。

4）大脑皮层的保护性抑制

巴甫洛夫认为无论是体力的或脑力的疲劳都是大脑皮质保护性抑制发展的结果。运动员在从事运动训练时，大量的神经冲动传向大脑皮质的运动中枢，运动中枢的神经细胞长期兴奋，导致“消耗”增多。当消耗到一定程度，便出现保护性抑制，无论你再给多大刺激，神经细胞也不再兴奋，这就是疲劳。当出现这种疲劳时，会经常有萎靡不振、无精打采、失眠、做噩梦等现象出现。

2. 运动过度的避免

对容易造成运动过度的初级健身者，可以以晨练为例，做一下避免运动过度的训练，并且长期坚持养成个健康的健身习惯。

第一步：早晨起床前测一下脉搏数，连续测几天，得出基本晨脉搏数。

第二步：如果晨脉搏数超过基本晨脉搏数 5%，那么，这一天就要降低运动强度。

第三步：如果晨脉搏数超过基本晨脉搏数 10%，那么就需要休息。

运动过度造成的后果十分严重时需要及时送往特定场所进行治疗。对一般人来说，还是以前期预防为主，因为运动的目的就是想有一个好身体，为了这个反而造成伤害是十分不值得的。对照上述内容，如果有两条以上的身体反应与之相符，就可以确认发生了运动过度现象，可从以下几方面进行治疗和处理。

（1）调整训练量和训练强度。初练的人喜欢模仿明星的训练方法，忽略了自身的条件，以致练过了头。初练者必须遵循循序渐进的原则，训练量和训练强度要逐渐加大，切不可冒进。过度训练后要降低训练量和训练强度，进行调整性训练。

（2）加强训练后的恢复措施。训练后应加强蛋白质的补充（日均量以 1 公斤体重 1.5 克为好）；保证充足的睡眠时间，因为肌肉恢复及增长是在睡眠中发生的；加强微量元素

及矿物质的补充，可多吃一些新鲜蔬菜和水果，还可口服一些维生素制剂；根据条件，进行按摩、桑拿浴和心理放松等，以加速消除疲劳，促进身体恢复。

（3）加强医务监控和自我保护。及时进行医学检查，监督恢复情况；感冒发烧时停止训练；大运动量后未恢复不进行训练；加强训练后的放松练习；注意环境、气候、生物节气变化对机体的影响。

过度训练关键在于早期发现、及时调整。最好是加强科学训练，注意自我监督，以防过度训练的发生。

运动神经专家指出，虽然运动对人体的健康有益，但也应该把握适当的度，否则会对大脑机能造成损害，肌肉也是要休息的，要是健身过度对身体不好，要科学地锻炼，一般一周次，一次 60~90 分钟就差不多了。

运动还是要根据自己的能力和爱好做自己喜欢的运动，这样才能有恒心持久地练下去，不要急于求成地突击。锻炼的强度应该是，今天做了运动，明天不觉得疲乏，还能做运动，这样是合适的。如果今天练完了，明天觉得累，需要休息，就需要调整运动量了。

第二节　常见运动损伤的处理及预防

一、常见运动损伤的处理

掌握运动损伤处理知识，在运动中认真防护，就可以尽可能地避免运动损伤的发生，并能在损伤后得到及时、有效的治疗，减少并发症与后遗症。

1. 擦伤

擦伤即皮肤的表皮擦伤。如果擦伤部位较浅，只需涂红药水或紫药水即可；如果擦伤创面较脏或有渗血时，应用生理盐水清创后再涂上红药水或紫药水。

2. 肌肉拉伤

肌肉拉伤指肌纤维撕裂而导致的损伤，主要由于运动过度或热身不足造成，可根据疼痛程度知道受伤的轻重，一旦出现疼痛感应立即停止运动，并在痛点敷上冰块或冷毛巾，保持 30 分钟，以使小血管收缩，减少局部充血、水肿。切忌搓揉及热敷。

3. 挫伤

由于身体局部受到钝器打击而引起的组织损伤。轻度损伤不需特殊处理，经冷敷处理 24 小时后可用活血化瘀、消肿止痛的中成药，辅以理疗即可。

4. 扭伤

由于关节部位突然扭转过猛，造成附在关节外面的韧带撕裂，多发生在踝关节、膝关节、腕关节及腰部。

（1）急性腰扭伤处理办法：让患者仰卧在垫得较厚的木床上，腰下垫一个枕头，先冷敷后热敷。

（2）关节扭伤处理办法：踝关节、膝关节、腕关节扭伤时，将扭伤部位垫高，先冷敷 2~3 天后再热敷。

5. 脱臼

脱臼即关节脱位。一旦发生脱臼，应嘱病人保持安静、不要活动，更不可揉搓脱臼部位，妥善固定后送医院治疗。

6. 骨折

常见骨折分为两种，一种是皮肤不破，没有伤口，断骨不与外界相通，称为闭合性骨折；另一种是骨头的尖穿过皮肤，有伤口与外界相通，称为开放性骨折。对开放性骨折，不可用手回纳，以免引起骨髓炎，应用消毒纱布对伤口作初步包扎、止血后，找木板、塑料板等将肢体骨折部位的上下两个关节固定起来。怀疑脊柱有骨折者，需仰卧在门板或担架上，躯干四周用衣服、被单等垫好，不致移动，不能抬伤者头部，这样会引起伤者脊髓损伤或发生截瘫。怀疑颈椎骨折时，需在头颈两侧置一枕头或扶持患者头颈部，使其在运输途中不发生晃动，再用平木板固定送医院处理。

二、造成运动损伤的原因

1. 一般原因

（1）思想因素。思想上麻痹大意，不注意科学的锻炼方法，违背循序渐进和量力而行的原则，急于求成，不顾主客观条件的可能，盲目地或冒失地进行锻炼。在练习中对难度较大或不熟练的动作，产生畏惧和害怕心理，动作犹豫，过分紧张造成损伤；或是在做熟悉的动作时，疏忽大意，也容易发生损伤。

（2）准备活动不当。不做准备活动或准备活动不充分，准备活动的内容与练习内容结合的不恰当，准备活动的量过大、时间过长就会造成运动损伤。

（3）身体素质差。肌肉力量和弹性差，关节的灵活性和稳定性不够，反应迟钝，都可能造成损伤。

（4）技术动作的缺点和错误。技术动作违反了人体结构与功能特点及运动的力学原理，就容易受伤，这是学习新动作时发生损伤的主要原因。

（5）带伤练习和疲劳状态下训练。在患病、伤病初愈阶段、睡眠不足、休息不好或过度疲劳的情况下，生理功能和运动能力相对下降，这时若参加剧烈运动容易因肌肉力量弱、反应迟钝、身体协调性差而导致损伤。

（6）心理状态不良。心情不好情绪不高，对训练或比赛缺乏自觉性和积极性，思想不集中，急躁、胆怯、犹豫等，都容易导致动作失常而引起损伤。

（7）气候不良与场地不适宜。气温过高，湿度过大，容易发生疲劳和中暑；而气温过低或潮湿，容易发生冻伤或因肌肉僵硬而被拉伤；场地不平，容易引起踝关节扭伤等。

2. 潜在原因

（1）运动项目本身的技术特点。如篮球运动基本技术动作的滑步、急停、转身、变向跑和起跳上篮等，这些动作都要求膝关节处于半蹲位进行屈伸和扭转，其负担量较大容易发生膝关节损伤。

（2）人体某些部位的解剖生理特点。如在篮球运动的损伤部位中，占首位的是膝部、踝部和腰部。膝关节在半蹲位发力时，关节周围几乎没有肌肉的保护，只能依靠内侧和外侧韧带、十字及髌骨来维持关节的稳定，因此，关节的稳定性较差，容易发生关节不配合的活动而受伤。踝关节的距骨上关节面前大后小，外侧韧带弱于内侧韧带，因此踝关节在跖屈时容易引起足内翻，造成胫腓前韧带的拉伤。

三、如何预防运动损伤

（1）思想重视。体育锻炼的目的是促进身体的生长和发育，增强体质，提高健康水平，参加者要明确体育运动的目的，在思想上重视对运动损伤的预防和懂得如何进行预防。

（2）做好准备活动。准备活动要充分，有针对性，既要做一般准备活动，也要做专项准备活动。准备活动的内容量应依训练内容、比赛情况、个人机体状况、气象条件等而定。

（3）加强易伤部位的训练。有针对性的加强容易受伤和相对较薄弱部位的肌肉力量和伸展性练习，提高它们的功能，是预防运动损伤的一种有效手段。

（4）科学训练，防止疲劳状态下大运动量训练。运动量、运动强度和动作难度必须与身体状况和训练水平相适应。要遵循渐进和区别对待的原则。学习动作时，要从简到繁，由易到难，从分解动作到完整动作。

（5）加强保护和自我保护。运动员要学会自我保护的方法，防止损伤的出现。例如：当重心不稳而快摔到的一瞬间，要立即低头、屈肘团身，以肩背部着地，顺势滚翻，决不可用手直臂撑地，以免发生腕部或前臂骨关节脱位。在进行力量器械练习时，应有懂得保护方法的人和教练进行保护，以防止意外事故的发生。

第五章 体育文化与体育竞赛

第一节　体育文化

一、体育文化概述

关于文化的内涵有广义和狭义之分，狭义上的文化主要是知识、信仰艺术、道德、法律、风俗和习惯。广义上的文化是人类群体或社会的共享成果，包括人类所创造的一切物质的与非物质的东西。人类创造了文化，同时，文化也在不断影响着人类，影响着不同国家、民族、地区人们的性格、心理、行为方式、思维方式以及种种价值观念。在人类的生活实践中，除了生产生活之外，人们还创造了体育这样的游戏活动，产生了体育文化。应该说，体育是人类最主要的游戏方式。因此，体育文化就是指人们在从事体育、鉴赏体育活动过程中所创造的物质文明与精神文明的总和。从体育社会学角度看，体育文化体现了人的一种社会需求，体育已从单纯的肌肉活动及与文化隔离的状态下解脱出来，既是体育又是文化、既是锻炼又是娱乐、既是运动又是教育、既能观赏又能参与，成为一种特殊的社会文化现象。由于存在着不同的民族和地域，因此体育文化也具有不同的民族性和地域性特征。

二、校园体育文化

理解校园体育文化，首先需要理解校园文化，在探讨大学校园文化基础上，来理解大学校园体育文化的概念。

校园文化是学校范围内，在校育人的过程中，由师生员工在教学、科研、管理、生活、学习、娱乐等领域的相互作用下，形成的独特的价值观念、思维模式、行为方式、校风、学风以及校园内的文化设施、文化组织、文化制度等的总称。校园文化体现一个校园的面貌，对于培养人、塑造人起着重要影响。现代学校力图通过各种途径来加强自己的校园文化建设。校园文化的形成，是校园内全体师生员工共同创造的物质和精神成果的总和。它既是意识形态的，又是物质的；既有精神文明的综合效应，又有物质形态显现出来的校园风貌；既有教育内容，又有教学内容；既有现实的存在，又有历史的沉淀。

作为校园文化重要组成部分的高校校园文化是高校发展的内驱力，高校校园文化建设关系到高校生存与发展。重视校园文化建设是我国高等教育长期以来坚持的方针政策制定的必由之路。近年来，文化建设在校园中的重要性得到了党中央、国务院的重视，为贯彻落实《中共中央国务院关于进一步加强和改进大学生思想政治教育的意见》精神，教育部、共青团中央于 2004 年 11 月出台了《关于加强和改进高等学校校园文化建设的意见》，进一步明确了高等学校校园文化建设的总体要求，提出高等学校校园文化建设的主要任务，要求扎实推进高等学校校园文化建设，切实建立和完善高等学校校园文化建设的保障机制，要把校园文化建设作为社会主义先进文化建设的重要内容纳入议事日程。随后校园文化建设在各地深入展开，建设的内容与形式也是多种多样。

随着现代教育和现代体育的交融，延伸出了一种新的社会文化形式——校园体育文化。它既是校园文化的一个重要组成部分，又是体育文化发展的新的表现形式，它是在校园这一特定的空间中所表现出的文化现象。从这种意义上说，学校体育文化建设是学校文化建设的不可或缺的重要组成部分，也是学校发展的关键，学校体育文化建设直接影响着学校的发展，同时，体育文化的建设决定着学校培养全面发展人才的策略、目标与方向。

大学校园体育文化是以校园为空间，校园里的人群共同参与多种形式的体育锻炼项目内容所形成的一种文化，它的特性是有着特殊的主体和环境。校园中的广大师生是高校体育文化的主体。这个主体具有较高的知识水平，它不仅能接受传统的体育精神产品和物质产品，实现体育的健身功能和陶冶情操的功能，还能吸取外来的体育文化精髓，并创造发展形成自己独特的、先进的体育文化。高校体育文化自身环境对社会大文化环境起着促进和推动作用，高校学生来自不同的社会家庭，各个家庭成员处于不同的社会岗位，学生在接受教育后又走向社会，这样就会把高校先进的校园体育文化带进社会的大文化环境中。健康的校园体育文化是提高学生身体健康水平和身体活动能力，养成终身参加体育锻炼习惯，以及促进学生心理健康发展、培养审美情趣、提高社会意识，成为促进个体社会化的重要途径之一，并对学校发展产生积极的影响。

三、大众体育文化

大众体育亦称群众体育，是指以健身、健美、休闲、娱乐、医疗和康复为目的的群众性体育活动。它的开展有助于身体、情绪、精神、社会与家庭的健康。目前国内外经常开展的娱乐体育、余暇体育、养生体育或医疗体育均属于此范畴。在群众参与的各类体育锻炼基础上，形成的一种精神价值和生活方式，我们称为大众体育文化。

大众体育的特点是活动内容丰富多样，表现形式新颖灵活，自愿参加并因人而异，注重实效性，具有广泛的群众性。

大众体育的活动领域遍布整个社会与家庭。它作为校园体育的延伸，可使人们的体育生涯得以继续维持并受益终身，它的开展有助于人们身体的、情绪的、精神的和社会的健康，起到身心放松的作用，是现代人生活方式不可缺少的重要内容之一。

大众体育文化的发展，取决于国民经济的繁荣、国民生活水平的提高、人们余暇时间的充分和社会环境的稳定等因素。从世界体育领域发展趋势来看，大众体育文化的普及程度和发展规模都有同竞技体育并驾齐驱之势，并已成为现代体育发展的重要标志。

四、竞技体育文化

竞技体育指为了战胜对手，取得优异运动成绩，最大限度地发挥和提高个人、集体在体格、体能、心理及运动能力等方面的潜力所进行的科学的、系统的训练和竞赛，含运动训练和运动竞赛两种形式。竞技体育是一种特殊的体育文化现象，以竞技体育文化为内核的奥林匹克运动更是超越了一般体育文化范畴。竞技体育有以下特点。

（1）充分调动和发挥运动员的体力、智力、心理等方面的潜力；

（2）激烈的对抗性和竞赛性；

（3）参加者有充沛的体力和高超的技艺；

（4）按照统一的规则竞赛，具有国际性，成绩具有公认性；

（5）娱乐性。当今世界所开展的竞技运动项目是社会历史的产物。早在公元前700多年的古希腊时代，就出现了赛跑、投掷、角力等项目，发展至今已有数百种之多。普遍开展的项目有田径、体操、篮球、排球、足球、乒乓球、羽毛球、举重、游泳、自行车等。各国、各地区还有自己特殊的民族传统项目，如中华武术，东南亚地区的藤球、卡巴迪等，其发展与当地的政治、经济、文化教育、科学技术密切相关。

（6）观赏性。随着社会的不断发展，竞技体育已经发展的越来越成熟，越来越规范，而随着各种运动的不断普及，喜爱和观看竞技运动的人也逐渐增多，让不同的运动都能长盛不衰，呈现百花齐放的局面。

（7）教育性。竞技体育促进了全民健身普及，发掘了更多的体育人才，培养了青少年的运动兴趣。

第二节　体育竞赛

一、体育竞赛的含义

体育竞赛是在裁判员的主持下，按统一的规则要求，组织与实施的运动员个体或运动队之间的竞技较量，是竞技体育与社会发生关联，并作用于社会的媒介。体育竞赛是各种体育运动项目比赛的总称。按其规模和性质可分为：综合性运动会、单项锦标赛、等级赛、联赛、邀请赛、通讯赛、选拔赛、表演赛等。

竞技体育含体育训练和体育竞赛两种形式。中国对体育运动竞赛实行统一规划管理的制度。1958年由国家体委颁布施行。体育竞赛既是体育运动的基本属性，又是其突出特点之一。

随着时代与人类观念的不断进步和社会与经济的持续发展，体育竞赛已演变成为今天的在高科技高投入的支撑下，在长期培养广泛选材和科学训练下，在严谨计划和周密组织下，所进行的具有强烈对抗性并具有显著观赏性的比赛活动。

现代体育运动比赛中，也为体育竞赛赋予了更为丰富和广泛的内涵，它要求运动员在更加充分和完善的准备与训练；要求竞赛条件必须更加符合科学理念和专项规则；要求参与双方必须在更加合乎道德规范准则和公平的原则；还要求实现交流、宣传、激励、教化和团结人民以及推动社会进步的多重功效。

二、奥林匹克运动会

（一）诞生

法国教育家顾拜旦是公认的现代奥林匹克创始人，他为奥林匹克运动的诞生和发展作出了卓越贡献。1888 年，顾拜旦就任法国学校教育、体育训练筹备委员会秘书长。1889 年顾拜旦代表法国参加在美国波士顿举行的国际体育训练大会，进一步了解了世界体育的动态，他认为近代体育的发展正在走向国际化，应该借助古希腊体育的经验和传统影响来推进国际体育，于是产生了复兴奥运会的想法。为了实现这一想法，顾拜旦做了大量的工作。

1891 年，顾拜旦创办《体育评论》杂志，以此为阵地热情宣传他的主张，对创办奥运会起了积极的推动作用。1892 年，顾拜旦遍访欧洲，宣传奥林匹克理想。同年 11 月 25 日在庆祝法国体育运动协会联合会成立 5 周年大会上，他发表了著名的演说，第一次公开和正式地提出创办现代奥运会的倡议。在演说中，顾拜旦阐明现代奥运会应该像古代奥运会那样，以团结、和平和友谊为宗旨，但应该比古代奥运会有所发展和有所创新，它应该向一切国家、地区和民族开放，并在世界各地轮流举办。顾拜旦的倡议，使现代奥运会从一开始便冲破民族和国家的界限，具有鲜明的国际性。1893 年，顾拜旦在巴黎召开一次国际性体育协调会议，团结国际体育人士，讨论创办奥运会的问题。翌年，他还将自己的倡议写成公开信，寄给许多国家的体育俱乐部，得到不少支持。

在国际上各种因素的促进和顾拜旦的不懈努力下，创办奥运会的各种准备工作就绪。1894 年 6 月 16~24 日，根据顾拜旦的建议，来自美国、英国、俄国、瑞士、西班牙、意大利、比利时、荷兰和希腊等 12 个国家的 49 个体育组织的代表，参加了在巴黎索邦神学院举行的国际体育运动代表大会。会议期间，又先后有 21 个国家致函，向大会表示支持和祝贺。这次会议通过了成立国际奥委会的决议，并从 79 名正式代表中选出 15 人任第 1 届国际奥委会委员。大会还决定由奥运会举办国的国际奥委会委员担任国际奥委会主席。由于首届奥运会定于 1896 年在希腊首都雅典举行，因此希腊委员维凯拉斯当选国际奥委会第 1 任主席，顾拜旦为秘书长。大会规定每 4 年举行一次奥运会，通过了遵循"业余运动"的决议。大会还规定奥运会的比赛项目为田径、水上运动、游泳、赛艇、帆船、击剑、摔跤、拳击、马术、射击、体操、球类运动等。

1896 年 4 月 6~15 日，第 1 届现代奥运会终于如期在雅典举行。虽然组织很不完善，但它却是奥林匹克运动正式诞生的重要标志，具有继往开来的意义。

从此，奥林匹克运动终于登上世界历史舞台，揭开了人类文明史上又一页新的篇章。

（二）发展

1. 艰难的探索（1894~1914）

遵循着一定的时间周期在世界各地举办大型综合性国际运动会，让体育运动服务于各国人民，服务于世界和平，这种做法在 19 世纪末遇到的困难是今天的人们难以想象的。当时，以摧枯拉朽之势横扫全球的工业革命，在给社会带来巨大进步的同时，也将民族矛盾激化到前所未有的程度。在思想方面，固于各自小天地的长期束缚，人们还难以理解奥林匹克思想，对接受奥运会这种国际性的文化还缺乏必要的思想准备。

2. 发展与危机（1945~1980）

第二次世界大战是人类历史上规模空前的战争，全世界有六十多个国家和地区逾 20 亿的人口先后卷入。1940 年和 1944 年两届奥运会被迫取消。第二次世界大战之后出现了复杂多变的国际局势，如两大阵营的对抗、冷战格局的形成、亚非拉民族解放运动的风起云涌等。世界的新格局既促进了奥林匹克运动的发展，也给它设置了重重障碍。

这一时期最引人注目的一件大事，是 1979 年中华人民共和国恢复了在奥林匹克运动中的合法席位，这不仅为中国体育提供了一个广阔的国际舞台，促进了中国体育和社会的发展，而且对奥林匹克运动也产生了极其重要的促进作用。

国际奥委会、国际单项体育联合会和各个国家或地区的奥委会是奥林匹克三大支柱，在此期间，它们的合作关系出现了危险的裂痕，共议大事、互相沟通的奥林匹克代表大会也自 1930 年起就处于休眠状态。此外，尽管二战后大批新获独立的第三世界国家加入奥林匹克运动，但在布伦戴奇任国际奥委会主席的 20 年间仅增加了 6 名国际奥委会委员，发展中国家的呼声遭到忽视。于是，自 20 世纪 60 年代后期以来，国际奥委会内外交困，风雨飘摇，其全部资产到 1972 年只剩下区区 200 万美元。奥林匹克运动积蓄已久的各种矛盾发展到了非解决不可的程度。旧的模式已无能为力，而新的模式、新的运行机制尚未建立起来。1972 年，爱尔兰人基拉宁接替布伦戴奇，出任国际奥委会第六任主席，拉开了改革的序幕。

基拉宁任职的 8 年是奥林匹克运动变封闭为开放的过渡阶段，国际奥委会开始重新审视奥林匹克运动与社会的关系。19 世纪形成的业余原则和奥林匹克运动可独立于政治之外的观点对人们思想所形成的禁锢开始松动。尽管这 8 年奥林匹克运动的改革进程是缓慢的，却为下一阶段萨马兰奇大刀阔斧的改革做了必要的准备。

3. 改革与创新（1980~2000）

1980 年，西班牙人萨马兰奇接替基拉宁出任国际奥委会主席。萨马兰奇审时度势，开始了全面的改革。这场改革的核心内容是变封闭为开放，使奥林匹克运动跟上社会前进的步伐。国际奥委会一反过去视商业化为洪水猛兽的陈腐观点，充分肯定它对体育运动的积极作用，大胆引进市场经济的机制，积极而有控制地对奥运会进行多种商业开发，给奥林匹克运动建立了一个坚实的经济基础。

改革给世纪之交的奥林匹克运动带来勃勃生机的同时也提出了许多新的问题与挑战，其中最核心的是：①如何控制商业化的副作用，保持奥运高尚的道德目标。②如何在各种政治力量斗争中保持奥林匹克运动的独立性。③如何控制奥运会规模，让更多的城市可以有机会举办奥运会。④如何更有效地进行全球的反兴奋剂斗争。

4. 未来展望

与世界上的任何事物一样，奥林匹克运动也有一个产生、发展与衰亡的过程。但是就目前的社会条件来分析，奥林匹克运动还远远没有完成历史赋予它的使命。2001 年比利时人雅克·罗格当选国际奥委会主席，着力缩小奥运会举办规模，扩大奥林匹克精神。如今，各个国家和地区在政治、经济、文化等方面的联系日益密切，生活在世界不同地区的人们的接触越来越频繁。“地球村”一词形象地表述了各个国家和地区的密切关系。现代文明在给予人类更多力量的同时，也赋予他们更重的责任。当今人类社会的繁荣是各个国家合作交流的结果，所面临的巨大困难更需要大家共同去努力克服。

（三）形式

1. 夏季奥运会

自 1896 年举行的第一届夏季奥运会到 2012 年为止，按 4 年 1 届计算，应该已经举行了 33 届奥运会了，但实际上只举行了 30 届。两次世界大战，使第 6、12、13 届奥运会停止举行。目前举行的夏季奥运会有 26 个运动项目的比赛：田径、游泳（含跳水、花样游泳、水球）、体操（含艺术体操）、足球、篮球、排球、曲棍球、举重、自行车、摔跤、柔道、射击、射箭、击剑、皮划艇、赛艇、帆船、马术、拳击、手球、现代五项、乒乓球、网球、垒球、棒球和羽毛球。赛期包括开幕式在内不超过 16 天。

2. 冬季奥运会

冬季奥运会始于 1908 年的第 4 届奥运会，当时的比赛项目只有花样滑冰和冰球。后因一些国家和地区奥委会的反对，使冬季奥运会中断了 20 年。经顾拜旦的多方工作和努力，终于在 1925 年召开的国际奥委会会议上，重新讨论恢复冬季奥运会的问题。会上正式决定举办冬季奥运会，规定在夏季奥运会的同一年举行，每 4 年 1 届。但届数按实际举行的次数计算，并决定把 1924 年在法国夏蒙尼举行的第 8 届奥林匹亚国际体育周的冰上运动会作为第 1 届冬季奥运会，到 2010 年为止，已经实际举行了 21 届。冬季奥运会主要比赛项目有现代冬季两项（滑雪和射击）、滑雪（高山滑雪、越野滑雪、跳台滑雪、自由式滑雪）、冰球、滑冰（速度滑冰、花样滑冰、短道滑冰）、雪橇（有舵雪橇、无舵雪橇）、雪板和冰壶等。赛期包括开幕式在内不超过 16 天。

（四）中国与奥运

1. 中国的奥林匹克运动会历程

1984 年 7 月 28 日，在洛杉矶纪念体育场上，当由 225 名运动员组成的中国体育代表团在五星红旗的引导下步人运动场时,便宣告了拥有 11 亿人口的中华人民共和国庄严地步入国际奥林匹克大家庭行列。其实，中国和国际奥委会的关系是很久远的。1932 年，当时的中国政府也曾派出体育代表团参加了第 10 届奥运会，地点也是美国洛杉矶，不过当时参加比赛的只有刘长春一人。如果再追溯到更久远的话，1894 年，即国际奥林匹克委员会刚刚成立的那一年，国际奥委会就曾通过法国驻华使馆给当时的中国政府——清政府发来了一封邀请信，邀请中国派运动员参加将在 1896 年希腊雅典举行的第 1 届现代奥林匹克夏季运动会的田径比赛。可是，当时清政府的文武官员，没有一个人能弄清“体育”、“奥运”、“田径”究竟为何物。结果邀请信如石沉大海，杳无回音。重新恢复的第 1 届现代奥林匹克运动会的史册中，记下了东方大国第一个“零的纪录”。

1911 年，孙中山领导的辛亥革命推翻了满清王朝。西方的体育运动逐渐传入中国并在部分城市中得到开展。1922 年，王正廷被选为国际奥委会中国委员。1924 年，中华体育协进会成立，同时派出 3 名运动员赴巴黎参加第 8 届奥运会的网球表演赛。4 年以后，又派出宋如海参观了阿姆斯特丹奥运会。此后，中国派选手参加了第 10、11、14 届奥运会。国际奥委会也于 1939 年和 1947 年先后选定孔祥熙、董守义为国际奥委会委员。

1949 年，中华人民共和国成立。同年 10 月，原中华全国体育协进会改组为中华全国体育总会（中国奥委会），全面领导中国的奥林匹克运动。1952 年赫尔辛基奥运会时，由于国际奥委会在中国席位问题上存在分歧，使得中国运动员在 15 届奥运会开幕前才接到邀请，派出了以足球、篮球、游泳选手组成的代表团赶赴赛会，可惜比赛已接近尾声，只有吴传玉一人获得参加一项仰泳比赛的机会。中华全国体育总会在国际奥委会的合法席位，在 1954 年第 50 次雅典全会上得到了确认。

在第 23 届奥运会上，射击运动员许海峰夺得了本届比赛的第一枚金牌，成为中国运动员第一位金牌得主。中国运动员在第 23 届奥运会期间，共获得 15 枚金牌、8 枚银牌、9 枚铜牌，金牌总数列第 4 位，一时轰动世界。此后，中国运动员在第 24、25、26、27、28、29、30 届奥运会上获得金牌数量分别为 5 枚、16 枚、16 枚、28 枚、32 枚、51 枚和 38 枚的成绩，为国际奥林匹克运动做出了贡献，为国家和人民争得了荣誉。

北京成功地举办 2008 年奥运会，对我国政治、经济、文化、竞技体育、大众体育和体育等相关产业起到重要的促进作用，带来了巨大的经济效益和社会效益。

2. 奥林匹克文化与中国传统体育文化

在浩瀚的历史长河中，人类的体育活动丰富多彩。然而，从古至今在持续的时间、规模、影响以及所追求的崇高思想方面，几乎没有一种活动可以同奥林匹克运动相媲美。尤其在当今社会，奥林匹克运动不仅成为人类社会体育史上规模最大的体育活动，也成为人类历史上一种宏大社会文化现象，在全球各个领域产生着极其广泛而深远的影响。奥林匹克文化随着帝国主义的隆隆炮声传入中国，通过近百年的传播，我们由“被动”接受发展到逐渐“主动”接受。在接触、了解、认识到实践奥运的过程中，充实了我们的民族文化，促进了中华民族与世界其他民族的文化了解、交流和融合。奥林匹克文化对我国传统体育文化有促进作用，有利于传统体育文化的可持续发展。

三、体育欣赏

（一）体育欣赏的内涵与意义

1. 内涵

1）陶冶情操

体育竞赛的魅力吸引着亿万人们去关心、去欣赏。因为在现实生活中，人们追求的是完美的、快节奏的生活，而体育竞赛恰恰适应和迎合了现代人生活的要求和愿望。在体育竞赛中，可以呈现出完整的人体美和各种美的形式，以满足人们对美的追求，通过速度、力量的激烈竞争，使现代人的心理得以宣泄。

通过体育竞赛，观众不仅可以欣赏到运动员健康、强壮、匀称、优美的体魄，而且可以欣赏到运动员所展现的准确、干净、利落、新颖、洒脱的动作，给人以愉悦的美的享受。特别是在紧张激烈的球类竞赛中，一些著名运动员所表现出的高超绝技，更使人心潮澎湃，并将人们引入美的境界，进而起到陶冶情操的作用。

2）振奋民族精神

各式各样的体育竞赛，其参赛者都具有一定社会群体的代表性。他们在赛场上，一要实现自我的价值，二要为代表的群体争取荣誉。而欣赏者往往与运动员有着千丝万缕的联系，不是同一学校或单位，就是同一地区、民族或国家。因此，体育竞赛的成败、胜负、荣辱都与欣赏者息息相关。欣赏运动竞赛，可以强化集体观念，激发爱国热情，振奋民族精神。

3）启迪和激励体育意识

体育竞赛能启迪和激励人们获得健康、诚实、创新、拼搏、道德、法制和竞争的体育意识。

（1）健康意识。举办运动竞赛的一个主要目的是提高大众对体育意义的认识，激励大众积极参加体育活动，提高全民族的体质和身体健康水平。有相当一部分人过去并不注意锻炼身体，但通过欣赏自己喜爱的体育项目的比赛或表演，从而产生对体育活动的兴趣，积极参加体育锻炼。

（2）诚实意识。运动员要想在比赛中获胜，只有靠自身的高超技术、战术和良好的运动能力，靠“货真价实”的真本领，来不得半点虚假。当一个运动员通过刻苦的训练，获得了冠军时，人们就会承认他，决不会因为人际关系而影响他的冠军地位。这种货真价实的体育意识，对每个人的健康成长是很重要的，尤其对大学生来说，在攀登科学高峰的道路上，更需要这种精神。

（3）创新意识。一个运动员或者运动队要在赛场上战胜对手，除了靠真正的硬功夫外，还要根据自身的特点，不断地改进和创造新技术、新战术。创新意识可以促进一切事业不断向前发展。

（4）拼搏意识。赛场上运动员表现出高超的技艺，灵活多变的战术和充沛的体力，都是运动员经受了多年的大运动量训练，战胜了身体上和精神上的疲劳，努力拼搏的结果。

（5）道德意识。在赛场上，胜不骄、败不馁，互相尊重、团结协作、文明礼貌、遵守纪律、光明正大等良好的道德规范，都成为观众学习的榜样，从而影响到整个社会的风气。

（6）法制意识。经常参加体育竞赛，可以增强人们的规则意识乃至法制意识。任何体育项目的比赛，都要求运动员严格遵守竞赛规程和比赛规则，服从裁判员的判决，否则就要受到应有的惩罚。增强法制意识有利于社会安定，是各项事业发展的有效保证。

（7）竞争意识。体育竞赛具有强烈的竞争性，双方对垒，毫不含糊，胜负立见分晓，所以有人把体育竞赛看成是“人类文化进步而发展起来的一种特殊的礼仪化的战争”。这种竞争意识对于当今社会中每一个人来说，都是一种必备的素质。

2. 意义

随着社会的进步，商业性体育的兴起以及新闻传播媒介的迅速发展，观赏体育也日益成为人们生活中的重要组成部分，而且对体育的了解和爱好还成为一个人教育水平的标志，并为扩大交际甚至商业活动打开通道。

体育欣赏可分为直接欣赏和间接欣赏。直接欣赏指去体育场馆观看比赛，而间接欣赏则指通过电视直播观看体育比赛。

人们在欣赏体育时的情绪有如下特点。

（1）当对比赛结果有明显的倾向性和强烈的期待感时，观众欣赏时的情绪就非常高涨，如有中国女排参加的奥运会决赛就远比其他两个国家队的比赛更吸引国人。

（2）当比赛结果有很强的不确定性时，观众就会情绪高涨，如中国和古巴的女排比赛就扣人心弦。

（3）当欣赏者对所欣赏的项目有一定了解和爱好时，就会情绪高涨并从中获得更大的启示。

（4）比赛的场地、气氛、周围人的情绪，也会感染欣赏者的情绪。

（二）如何欣赏体育竞赛

1. 身体美的欣赏

欣赏体育竞赛，首先映入眼帘的是运动员的身体形态。对身体美的欣赏，可使人产生一种特殊的生机勃勃的美感。古希腊雕塑“维纳斯”和“掷铁饼者”的魅力之所以经久不衰，除其造型艺术价值外，正是身体形态美满足了人对美的追求。

身体美的内容是十分丰富的，它不仅包含着人体的强壮美、体态美、体形美这些外在的美，同时还包含一些潜在美的因素，如素质美、风度美等。

（1）强壮美：表现为肌肉发达，身体魁伟、强健，给人以强壮有力、充满生命活力的感受。

（2）体态美：是指人的形体和姿势美，表现在形态结构的匀称、和谐与举手投足的方式等方面的综合效果上，集中体现在人体的姿势上。

（3）体形美：是人体结构的类型，主要取决于遗传、环境和营养等因素，可以通过体育锻炼和运动训练而加以改造。由于运动项目的特点不同，对运动员的体型也有不同的要求。

（4）素质美：是通常所说的力量、速度、耐力、柔韧和灵敏等身体素质中表现出来的，它以一种特殊形式存在于身体之中，是通过运动实践、生产实践和生活显现出来的。①力量美多体现在，高强度的运动竞赛中，如凶猛攻击的拳击比赛，勇猛冲撞的冰球比赛等，都显示了男性阳刚之美。②速度美表现了惊人的速度，如自行车赛场上飞驰的团体追逐赛，田径场上的短跑比赛等，都赋予人们激昂、振奋和激烈的感受。③耐力美体现在长时间的运动过程中，如在长跑比赛中，脚着地柔和，动作轻快，重心平稳，往往给观众留下轻快、潇洒和飘逸的风姿。④柔韧美和灵敏美，则使观众有一种柔软、舒展、机敏之感。

（5）风度美：是指有高尚气质并具有美的价值的举止。一些运动员不仅运动技术高超，而且仪表端正、风度翩翩，往往给人以高尚、典雅的感受。

另外，运动员的皮肤色泽、发型和服装都是构成身体美的因素，健康的肤色，时髦的发型，漂亮、得体、新潮的服装，都会为身体美锦上添花。

2. 运动美的欣赏

在体育竞赛中，对运动美的欣赏，是整个观赏过程的核心。运动美一般包括动作美、技术美、战术美等因素。

（1）动作美。在运动过程中，人的形体造型所展现的美称为动作美。在体育竞赛中，运动员的动作都是在运动中进行的，所以在观赏时，应把动作美放在首要地位。但是，任何运动都是动与静的对立统一，这就要求在欣赏中，对运动员具体的动作要做动与静的考察。在体育竞赛中，任何动作的动、静状态是互相交替、互相转化的，由此而构成生动、鲜明、起伏和引人入胜的场面。

（2）技术美。运动员优美的高、难、险、新的运动技术，使人获得赏心悦目的美的感受和精神上的享受。对技术美的欣赏往往是和动作美的欣赏联系在一起的，不仅要欣赏运动技术的高、难、险、新，还应该结合技术动作的平衡性、协调性和节奏感等方面来欣赏。平衡能给观众以稳定、安全、庄严之感，协调而有节奏则能给观众以融洽、合理、圆满、明快之感。

（3）战术美。在体育竞赛的激烈对抗中，战术被称之为发挥技术的先导，驾驭比赛的灵魂，是夺取胜利的法宝，也是反映运动员知识、技术和心理、智力因素的综合指标，特别是在一些集体项目的比赛中，表现得尤为突出。在欣赏体育竞赛的过程中，要注意运动员如何根据各自的情况，正确地调配力量，扬己之长、克敌制胜。对技术美的欣赏，可以加深对整个比赛整体感和立体感的认识。

3. 风格美的欣赏

体育竞赛是一种复杂的社会活动。运动员（队）在体育竞赛中所表现的各种思想、道德、行为都不是虚构的，而是一种真实的社会行为表现。各个运动员（队）根据各自的特点并表现出与众不同的风格，构成自己独特的风格之美。

风格美，一般指思想风格和技术风格。

（1）思想风格美是指运动员在运动竞赛中所体现的思想品质、道德修养、行为作风等综合社会意识美。人们在欣赏体育竞赛中，看到运动员的良好的思想风格，也是美的享受。

（2）技术风格美包括运动员（队）在技术、战术上所表现出的特长与特点之美，即技术、战术风格和格调上的个性之美。

第六章 田径运动

第一节　田径运动简介

远在上古时代，人类在同大自然及野兽作斗争中，在创造和使用工具的过程中逐步掌握了走、跑、跳、投等技能，后来广泛用于军事，逐渐形成了现在的田径运动，它是人类最早的运动项目，被称为“运动之母”。田径运动是开展最广泛的运动项目，除奥运会以外，田径运动赛事繁多，水平的高低已经显现出一个国家或地区的经济、科技和文化发展水平。

一、田径运动的起源与发展

田径运动是世界上最古老的体育运动项目之一，是在人类社会中逐步产生和发展的。远在上古时代，人类在同大自然及野兽作斗争中，在创造和使用工具的过程中逐步掌握了快速奔跑、敏捷跳跃和准确投掷的技能。在不断重复和改进这些动作的基础上，具备了走、跑、跳跃和投掷等各种生活技能，并把这些技能一代代传授下来。同时为了战争的需要，这些技能成为训练士兵的重要手段。随着社会的进步，经过长期的演变、发展及工农业生产和科学技术水平的提高，田径运动的竞赛项目、竞赛条件、竞赛办法不断完善，最终形成了具有自身特点的现代田径运动。

二、田径运动的主要赛事

（一）国际赛事

1912 年国际上成立了业余田径联合会。它确定了国际统一的田径竞赛项目，拟定竞赛规则，组织国际比赛，设立与审批世界纪录以及促进国际田径交流等。

当前国际田径联合会确定的国际田径比赛有八类。

（1）奥林匹克运动会、世界锦标赛和世界杯赛。

（2）位于该地区或区域的所有国际田联会员协会均可参加的洲际、地区或区域性锦标赛（锦标赛特指由国际田联独享控制权，仅含田径项目的比赛）。

（3）多国集团运动会（包含多个运动项目的地区或集团性综合运动会，国际田联不享有独辖权)。

(4)洲际、地区或区域性杯赛和分年龄组比赛。

(5)由两个或两个以上会员协会,或多个会员协会联合举办的对抗赛、俱乐部杯赛。

(6)国际田联特许的国际邀请赛。

(7)地区协会特许的国际邀请赛。

(8)会员协会特许的允许外国运动员参加的其他比赛。

(二)国内赛事

中国田径协会把国内的田径比赛确定为六类。

(1)全国运动会、全国城市运动会及由国家体育总局或中国田协主办的国内、国际田径比赛。

(2)全国工人运动会、全国农民运动会、全军运动会、全国大学生运动会、全国中学生运动会、全国体育院校运动会田径比赛。

(3)中国田径协会特许的田径比赛。

(4)各省、自治区、直辖市、计划单列城市、各行业体协、直属体育院校举办的田径比赛以及上述各单位举办的田径邀请赛。

(5)地、市级田径比赛。

(6)县(市)及县(市)级以下田径比赛。

第二节 田径运动的基本项目

田径运动主要分跑、跳跃、投掷三大类项目。

一、跑

跑是以一个复步(即左右腿各跑一步)为一个周期,以单腿支撑与腾空相交替,蹬与摆密切配合,动作协调连贯相一致的一种很自然的身体向前位移的方法。

但是,作为田径运动径赛项目的跑,应有别于人们生活中的跑。在田径运动中,按跑距不同可分为短跑、中长跑。短跑属极限强度运动,比赛项目是400米及400米以下距离赛跑和接力跑。中长跑包括中距离跑和长距离跑。中距离跑对速度耐力要求较高,长距离跑则对耐力要求较高。

短跑和中长跑技术,都是由起跑、起跑后的加速跑、途中跑、终点跑四部分组成的,其技术结构没有本质上的区别,仅在起跑的姿势、动作的幅度和对内脏器官的要求上有不同。因此,下面将不同距离的跑进行分析,重点分析短跑。

(一)短跑技术分析

短跑全程技术包括起跑、起跑后的加速跑、途中跑和终点跑4个部分,全程跑的成绩取决于起跑的反应速度、起跑后的加速跑能力、保持最高跑速以及各部分技术完成的质量。现代短跑技术的最大特点是以摆促蹬、蹬摆结合。短跑是田径运动基础项目,它对整个田径运动的水平提高有一定影响,在其他运动项目训练中也有重要作用。

1. 100 米跑的技术

1）起跑

起跑的任务是使身体迅速摆脱静止状态、尽可能快地获得向前的起动初速度，为起跑后的加速跑和平稳地进入途中跑创造条件。

在短跑中，起跑均采用借助起跑器的蹲踞式起跑。因此，必须了解起跑器的安装，常见的起跑器安装方法有“普通式”和“拉长式”两种，如图 6-1 所示。

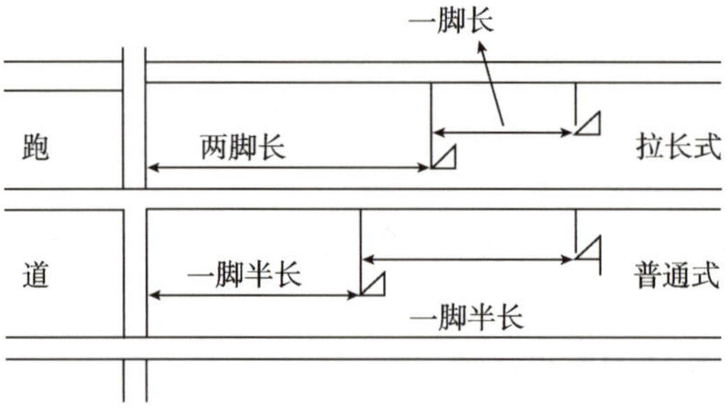

图 6-1　起跑器安装方法

无论普通式或拉长式，前后起跑器的支撑面与地面夹角分别成 45 度左右和 60~80 度，两起跑器的中轴线间隔约 15 厘米。

另外，200 米和 400 米跑是在弯道上起跑，起跑器应安装在跑道的中、外侧，起跑器支撑面正对弯道切点。

当听到“各就位”口令后，做 2~3 次深呼吸，轻快地走到起跑器前，两手撑地，两脚依次踏在前、后起跑器的抵足板上（脚尖应与地面接触），后膝跪地，两手收回并放在紧靠起跑线后沿处，两臂伸直，肩与起跑线平行，两手间隔比肩稍宽，四指并拢与拇指成八字形支撑，身体重心均衡地落在两手、前脚掌与后腿膝关节之间。颈部自然放松。头与躯干保持在一直线上，两眼平视前下方约 40~50 厘米处，呼吸平和，注意听“预备”口令，如图 6-2①所示。

听到“预备”后，平稳抬起臀部，与肩同高或稍高于肩，重心适当前移。肩部稍超出起跑线，身体重心落于两臂和前腿上。前腿大小腿夹角成 90 度~100 度，后腿大小腿夹角为 110 度~130 度，前后小腿趋于平行，构成较好的用力角度。“预备”姿势应该稳定，两脚贴紧起跑器抵足板，高度集中注意力，等待“鸣枪”信号，如图 6-2②所示。

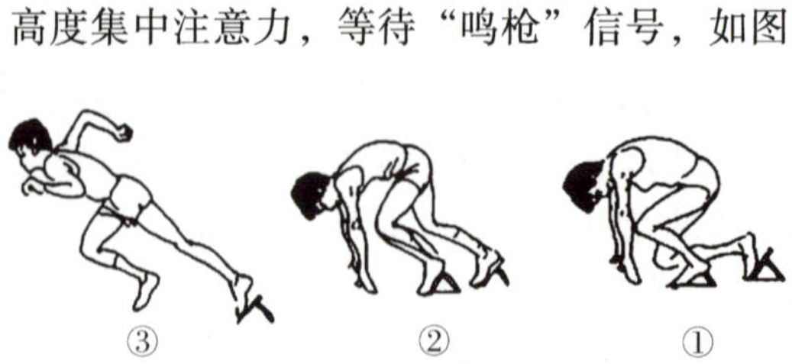

图 6-2　起跑过程

听到“枪声”、两手迅速推离地面，两臂屈肘有力地前后大幅度摆动，两腿迅速蹬离起跑器，使身体向前上方运动，躯干前倾与水平线约成 15 度~20 度，如图 6-2③所示。后腿在蹬离起跑器后，便迅速屈膝向前上方摆出，后腿前摆时，脚掌不应离地面过高，以保证脚掌随后的迅速着地，同时前腿快速有力地蹬伸髋、膝、踝三个关节，后蹬角度约为 42~45 度。

2）起跑后的加速跑

起跑后的加速跑是从后腿蹬离起跑器结束前摆着地，到途中跑开始的一个跑段。其任务是充分利用向前的冲力，在起跑后的加速跑段距离内，尽快地达到接近自己的高速度。当后腿蹬离起跑器并结束前摆后，便积极下压着地。第一步应尽可能快，着地点应尽量靠近身体重心投影点，脚着地后迅速转入后蹬。前腿在蹬离起跑器后，也迅速屈膝向前摆动，摆臂的方向应与人体运动方向一致，如图 6-3 所示。

图 6-3　起跑技术动作

起跑后的加速跑阶段，距离一般约为 25~30 米，男子用 13~15 步，女子用 15~17 步跑完，起跑出发后的第一步不宜过大，以后逐渐渐增大到途中跑的步长。起跑后的最初几步，两脚的着地点是沿着两条相距不宽的直线前进的，随着跑速的增快，两脚的着地点应逐渐靠拢人体中线，形成一条直线。随着步长和跑速的增长，躯干应逐渐抬起直至接近途中跑的姿势，如图 6-4 所示。

图 6-4　加速跑技术动作

3）途中跑

途中跑的任务是继续发挥和保持高速跑。其主要技术特点是：高频率、大步幅、腾起角小、重心平稳。在途中跑时，头部正直微收下颌，上体基本正直或稍前倾，含身收腹，两臂以肩关节为轴前后摆动，正确的摆臂动作，不仅能保持身体的平衡，而且有助于加快动作频率并增大步长，如图 6-5 所示。

图 6-5　途中跑技术动作

4）终点冲刺

终点冲刺的任务是尽力保持高速度通过终点。它包括终点冲刺和撞线两部分。在终点跑阶段（离终点 15~20 米），要尽量保持身体前倾并适当增大前倾。另外，注意加大摆臂的幅度和速度。在终点前一步时，上体快速前倾，用胸部或肩部撞终点线，并跑过终点线后才逐渐减速，如图 6-6 所示。

图 6-6 冲刺技术动作

2. 200 米和 400 米跑的技术特点

（1）起跑时合理利用弯道切线进行起跑，即左手放在起跑线后 5~10 厘米外。

（2）为克服离心力，身体应向里倾斜，右肩高于左肩，左右臂摆动时，左小右大，左脚以脚外侧着地，右脚以脚内侧着地，右膝稍向内摆即可。

（二）中长跑技术分析

中长跑是有氧代谢为主、耐久力运动项目，其技术结构与短跑技术没有本质上的不同，但有如下六点区别。

（1）由于跑速的不同及脚踏地的位置不同（在短跑中，脚前部外侧甚至脚趾首先着地），要求中长跑中，首先是脚跟外部着地，接着脚掌在鞋内滚动直至鞋尖。

（2）摆动腿向前摆时，膝部呈广角（小腿与地面基本平行）。后蹬腿在蹬地阶段，髋、腿及脚的伸展可以完全伸展（中跑时）或不完全伸展（长跑），在跑动过程中，膝部提升位置较低。

（3）臂部摆动要自然、放松，摆幅的大小应随跑速的快慢而有所变化。中跑时摆幅要大，长跑时摆幅要小。

（4）中长跑时应采用站立式进行有效起跑，技术特点为：前脚置于起跑线后，后脚处于前脚侧后方（两脚之间的前后距离为一脚掌），两脚左右间隔约半个脚掌，重心位于前脚上，后脚用前脚掌着地，两腿弯屈，上体前倾，两臂前后放置，异侧臂在体前自然弯屈，同侧臂放在体后。

（5）中长跑的呼吸节奏要因人而异，一般采用两步一呼、两步一吸，三步一呼、三步一吸，一步一呼、一步一吸及两步一呼、一步一吸等。不论何种呼吸方法，都应自然。

（6）“极点”现象：“极点”现象指因为在跑的过程中氧气供应落后于肌肉活动的需要产生了缺氧现象，表现为呼吸困难、节奏紊乱、两腿无力、跑速下降。“极点”是中长跑运动中的一种正常生理反应，当出现“极点”时，要有顽强的意志，坚持跑，此时，应加深呼吸，调整跑速，尽力保持原有跑的节奏，坚持一段距离后，“极点”会克服，呼吸恢复均匀，跑起来又能比较轻松了。

二、跳跃

跳跃是利用人体自身的能力（或借助一定的器材），通过一定的运动方式，跳过尽可能高的横杆或尽可能远的距离的运动。

跳跃项目包括：跳远、三级跳远、跳高和撑竿跳高四项，本书主要介绍跳远技术和背越式跳高技术。

（一）跳远

跳远完整技术是由助跑、起跳、腾空和落地四部分组成。

1. 助跑

助跑的任务就是为了获得高的水平速度，并为准确踏板和起跳做准备，助跑的速度对跳远的成绩起决定因素。跳远的助跑基本同短跑途中跑技术一样，不同的是在最后几步助跑中，在步长相对稳定中，加快步频，提高身体重心。

跳远助跑的起动方式有两种：一是静止状态开始，一般采用“站立式”；二是行进间开始。前者适合跑的稳定性较差或初学者，后者助跑动作放松、自然，较适合长期从事跳远训练者。

2. 起跳

起跳的任务就是利用助跑的速度，创造尽可能大的腾起初速度和合理的腾起脚。起跳是以起跳脚着板至起跳脚离板瞬间为止（约需 0.1 秒左右的时间），起跳动作可分为起跳脚着板、缓冲退让和蹬伸三部分。

3. 腾空

起跳离地后，人体即进入“腾空”阶段，无论跳何种姿势，都要经过“腾空步”这一过程，所谓“腾空步”就是在空中保持跨步姿势，上体约与地面垂直，髋前送，摆动腿保持屈膝高抬，小腿稍向前，起跳腿留于体后。“腾空步”后的空中动作分为“蹲踞式”、“挺身式”和“走步式”三种。

“蹲踞式”空中动作是在“腾空步”的基础上，上体保持正直，摆动大腿继续高抬，两臂向前摆动，起跳腿开始向前上方提举与摆动腿靠拢，形成空中蹲踞姿势。

“挺身式”空中动作是在起跳“腾空步”后，摆动腿下放，伸髋与稍稍顺势前移的起跳腿靠拢。在腾空最高点时，身体充分伸展，形成“挺胸展髋”的姿势。

“走步式”空中动作是在起跳成“腾空步”后，摆动腿以髋为轴开始放下，向后摆动，起跳腿屈膝前摆，在空中完成一个自然换步动作，形成起跳腿在前，摆动腿在后的空中动作。完成一个换步动作，接着便落地的空中动作称之两步半走步式；完成两个换步动作称之为三步半走步式技术，如图 6-7 所示。

4. 落地

落地前，双臂快速向后方摆动，这有利于双腿向上抬起并向前方伸出。尽量减小双腿与地面夹角，以便于足的着地点更靠近身体重心轨迹的落点，增加运动成绩，脚触及沙坑及时屈膝，身体重心尽快移过支撑点，完成落地动作。

5. 易犯错误

（1）助跑最后几步减速。

图 6-7 “走步式”空中动作

（2）盲目追求腾空高度。

（3）“蹲距式”跳远中身体向前旋转。

（4）“挺身式”跳远中挺身过早或以挺腹代替挺身。

（二）背越式跳高

背越式跳高完整技术是由助跑、起跳、过杆和落地依次进行的。其优越性在于能够利用助跑速度提高跳跃的效果，并能合理地利用腾起高度做过杆动作。

1. 助跑

背越式跳高的助跑是为了获得必要的水平速度，在起跳前及时调整动作结构和节奏，取得合理的身体内倾姿势，为正确地进入起跳和顺利过杆创造条件。背越式跳高的助跑路线一般采用“J”字形曲线，前半段直线跑一般 3~5 步，后半段弧线跑一般跑 3~4 步。为了更好地将助跑获得的水平速度与起跳动作很好地结合起来，助跑时，上体稍前倾，大腿快而有力地摆动，两臂摆动较大，进入弧线跑时身体向弧心倾斜（以左脚踏跳为例）。左肩低于右肩，跑进时身体重心高而平稳，助跑应具有明显的加速和节奏感，如图 6-8①所示。

2. 起跳

起跳是背越式跳高技术的关键技术，其任务是迅速地改变人体运动方向，创造尽可能大的垂直速度和合理的腾空角度，并为顺利完成过杆动作创造条件。

助跑最后一步，摆动腿支撑人体重心移过垂直部位后，起跳腿快速迈向起跳点。此时要依靠摆动腿的用力蹬伸，保持身体内倾姿势向前送髋，使起跳腿一侧的髋超越摆动腿一侧的髋，在保持肩轴与横杆几乎垂直的情况下，形成肩轴与髋轴的扭紧状态，髋轴与横杆约成 45 度角，起跳脚要以外侧跟部接触地面，通过脚外侧滚动至全脚掌，脚尖指向助跑弧线的切线方向，随着身体由内倾转入垂直，迅速地完成缓冲和蹬伸动作。蹬伸结束时，髋、膝、踝充分蹬直。最后起跳时摆动腿应屈膝以大腿用力带动小腿向前、向内、向上摆动，达到带动骨盆扭转的目的。两臂同时带动上体大幅度快而有力地向上摆动，如图 6-8②所示。

3. 过杆落地

起跳结束后，由于弧线助跑和起跳获得的旋转力使身体腾起转入背对横杆。摆动腿的膝放松，起跳腿蹬伸离地后自然下垂，肩继续向横杆伸展。当头和肩越过横杆后，及时仰头，倒肩和展体，为了经济地利用身体重心腾起的高度，身体过杆部分和尚未过杆的肢体应尽可能的下垂，形成杆上的背“桥”，当臀部移过横杆后顺势收腹，然后向上举起大腿，当小腿的腘窝处于横杆上方时，应向上踢出小腿，然后以肩背着垫，如图 6-8③所示。

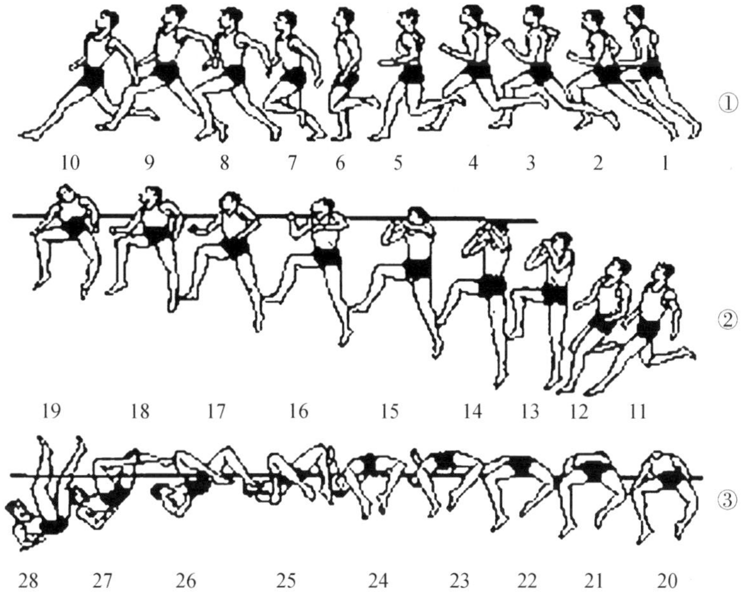

图 6-8 背跃式跳高

4. 易犯错误

（1）起跳前减速或制动。

（2）起跳后过早倒体。

（3）挺髋不充分，造成“坐”杆动作。

三、投掷

田径运动各投掷项目因采用的器械形状不同，故动作的外观差异较大，但合理的投掷技术都遵循着共同的规律，决定投掷远度的因素包括：出手速度（初速度）、出手角度、出手高度、飞行条件等。

投掷项目包括：铅球、铁饼、标枪、链球。本书主要介绍铅球和标枪技术。

（一）铅球

推铅球为速度力量性项目，是一个以力量为基础，以速度为核心的投掷项目。根据推铅球技术的发展状况，可基本分为三种类型：传统的背向滑步推铅球技术、背向滑步短–长步点推铅球技术、旋转推铅球技术。这里详细介绍背向滑步推铅球（以右手投掷为例）。

1. 握、持铅球

手指自然分开，把铅球放在食指、中指、无名指的指根处，大拇指及小指从两侧扶球。握好球后，放在锁骨窝处并紧贴于颈部，右臂屈肘，自然外展，掌心向外，如图 6-9①所示。

图 6-9 握、持铅球姿势

2. 背向滑步前的预备姿势

背向滑步前的预备姿势由低姿势、高姿势及“T”字形姿势三种方法。这里介绍第二种姿势。

背向投掷方向，持球站立，采用平稳从容的动作，上体逐渐前倾，当躯干接近水平位置的同时，左腿向后上方抬起，右腿膝关节微屈，体重均匀地落在整个右脚掌，头部和躯干位置关系没有变化，伴随着左腿的回收，右腿的髋、膝关节主动弯屈，身体各部分都向右腿一侧靠拢，人体呈“团身”状态，并且髋部略向投掷方向移动，为进入滑步阶段做好准备，如图 6-9②所示。

3. 滑步及最后用力

预备姿势完成后，为便于滑步和避免身体重心起伏过大，应将身体重心略向投掷方向移动，使其移离身体的支撑点。接着，左腿以大腿带动小腿迅速向抵趾板方向摆出并外旋，并及时拉收、内旋、两腿摆蹬协调配合，推动身体向投掷方向快速移动，形成最后用力前的良好姿势。

最后用力在滑步后左脚一落地时开始。推球时，右腿迅速用力蹬地，脚跟提起，右膝向内转，同时右髋边转边向前送出，上体逐渐抬起朝着投掷方向转动，右髋先于右肩，当身体左侧接近于地面垂直的一刹那，以左肩为轴，右腿迅速伸直，身体转向投掷方向，挺胸、抬头，左腿支撑，右肩用力向前，投掷臂迅速伸直将球向前上方推出，在推球的同时伸直左腿。推球时手腕要用力，并用手指向右后方拨球。球出手后立即做两脚换位动作，降低重心，维持身体平衡。

4. 易犯错误

（1）滑步距离过短。

（2）滑步后过早抬起上体。

（3）滑步与最后用力衔接不紧。

（4）推球时身体向左倒。

（二）标枪

掷标枪技术包括：握枪、持枪、助跑、最后用力和缓冲。整个技术动作要力求做到自然、连贯、快速、有力。

1. 握枪

握枪是为了将人体运动产生的速度和力量通过握点有效地传递、作用于标枪。

现代握枪方法主要有两种，标枪线把都要斜过掌心，一种方法用拇指和食指握在标枪线把末端第一圈上沿，另一种方法用拇指和中指握在标枪线把末端第一圈上沿，其余手指自然扶枪，握法的选用应因人而异，后一种方法目前采用者较多。

2. 持枪

肩上持枪是较常见的持枪方法，其技术是：右手持枪举至肩上，靠近头右侧上方，高于耳朵部位，枪尖稍向下并向内。

3. 助跑

助跑是为最后用力投掷创造预先速度和有利的动作。掷标枪助跑包括预跑阶段和投掷步阶段。全程一般在 20~35 米，运动员跑 14~18 步。

预跑阶段的跑法是以前脚掌着地有弹性地加速跑，此时左臂自然弯居在胸前，持枪手臂按跑的节奏稍做前后摆动。

投掷步阶段一般都用四步和缓冲的一大步完成的，也称五步交叉步。其目的是为便于向后引枪和最后用力使身体适当向右后倾。投掷步的第一步是当左脚踩上投掷步开始的标记上，身体稍右转，右腿前迈，同时开始引枪，左肩、臂也向右后转动。第二步是紧接着迈左脚，脚掌落地，继续引枪。第三步是以迈出右腿与第一步相似，这是一个非常明显的交叉步。第四步更迅速地迈出左腿，身体形成超越，为最后用力投掷创造较大的工作距离。

投掷步的各步步长主要根据个人特点有利于一步比一步快，不停顿地过渡到较好的最后用力姿势来确定。一般是第一步大些，第二步小些，第三步大些，第四步小些或中等。

4. 最后用力和缓冲

在完整的掷标枪技术中，如图 6-10 所示，最后用力是最重要的。最后用力投掷是投掷步第四步左脚一落地就开始的，此时，右腿蹬伸脚跟提起，右侧髋关节向投掷方向转动，髋轴向前超过肩轴，拉长，拉长躯干肌群，在转右肩时，右手臂仍留在后面，身体正对投掷方向，躯干呈反弓形。这种“满弓”姿势是成功地完成“鞭打”动作的保证。“满弓”后，右胸继续前移，带动投掷臂向前，继而上臂、前臂、手腕和手指相续挥出，完成“鞭打”动作，将标枪掷出（肩上），最后用力顺序为腿、髋、躯干、肩、肘、腕和指组成。

缓冲动作是投出标枪后由于向前投掷的速度和力量使运动员身体继续前移，为使身体不超越投掷线造成犯规，应迅速降低身体重心，顺势以右腿向前跨出一步（也称之投掷步第五步）缓冲身体向前的速度和力量，维持身体平衡，控制住身体向前运动。

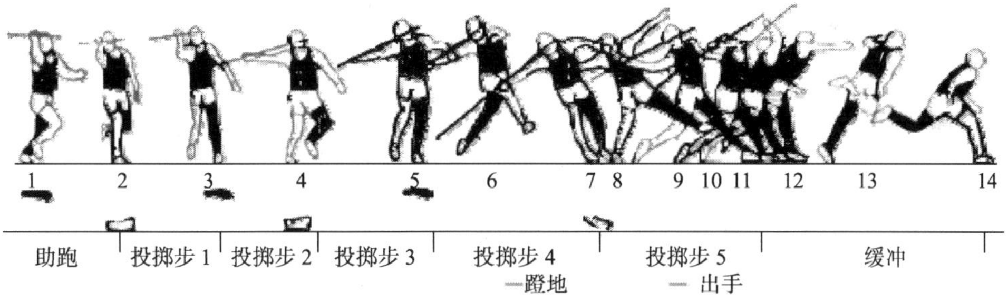

图 6-10 标枪投掷完整过程

5. 易犯错误

（1）鞭打动作不充分。

（2）掷标枪时最后用力不能通过标枪纵轴。

（3）投掷步阶段明显减速。

（4）最后用力顺序不对。

第三节 田径竞赛的基本规则

田径竞赛规则分径赛规则和田赛规则。

一、径赛规则

1. 发令

（1）400 米（含 4 × 400 米接力）以下的项目，必须采用蹲距式起跑，口令是“各就位”、“预备”，然后鸣枪。

（2）部分分道跑和不分道跑的项目，采用站立式起跑，口令是“各就位”，之后鸣枪。

（3）3000 米、5000 米、10000 米在这些项目的比赛中如果运动员人数超过 12 人，则可将他们分成两组同时起跑。大约 65%的运动员为第一组，在常规起跑线处起跑；其余运动员为第二组，在另一弧线起跑线处同时起跑；该起跑线应画在外侧一半跑道上。

（4）对于一次起跑犯规的运动员，必须给予警告。对于两次起跑犯规负有责任的运动员，应取消其该项目的比赛资格。

2. 终点

判定运动员到达终点名次，应以其躯干（不包括头、颈和四肢）任何部位抵达终点线后沿垂直面的顺序为准。

3. 计时

（1）手计时成绩应判读到较差的 1/10 秒，如：11.19 应进位成 11.2。

（2）部分或全部在场外举行的径赛项目，手计时成绩应判读到较差的整秒，如马拉松的时间为 2 : 09 : 44.3，应进位成 2 : 09 : 45。

（3）当手计时成绩相等时应判读到 1/100 秒成绩处理。

4. 检查

（1）跨栏跑运动员在过栏瞬间，其脚或腿低于栏顶水平面或者跨越他人的栏架，应该取消其比赛资格。

（2）在接力赛跑中，运动员交接棒必须在 20 米的接力区完成，以棒为准。

（3）在分道弯道跑过程中，运动员不能踩踏或越过左侧的分道线，若有上述现象，应取消其该项目的比赛资格。

（4）在不分道跑中运动员挤撞或阻挡其他运动员走或跑进时，应取消其该项目的比赛资格。

二、田赛规则

1. 高度

（1）跳高、撑竿跳高一个高度有三次试跳机会。

（2）跳高每轮之后，横杆升高不得少于 2 厘米，撑竿跳高不得少于 5 厘米。

（3）在高度项目中，运动员在某一高度上可以请求免跳，不准在该高度恢复试跳。

（4）允许运动员在某一高度上第一次或第二次试跳，失败后在其第二次或第三次试跳时请求免跳，并在后继的高度上继续试跳。

（5）每一次试跳运动员时限为一分钟。

（6）第一名成绩相等时不能并列，看次优成绩。

2. 远度

（1）以 1 厘米为计量单位，计算远度成绩。

（2）当参加比赛的运动员超过八名时，参加预赛每人试跳（投）三次，取有效成绩最好的前八名可再试跳或试投 3 次。

（3）投掷项目完全落地在落地区角度线内沿以内，视掷方为有效。

（4）铅球、铁饼、链球，必须从静止状态按规则开始试投。试投结束后必须从投掷圈后退出。

（5）所有远度项目第一名，成绩相等时，看次优成绩，若再相等以此类推。

第七章
球 类 运 动

第一节 篮 球

一、篮球运动概述

篮球运动起源于美国，始创于 19 世纪末，距今已有一百多年的历史。当时只是一种供少数人玩乐的户内运动项目，比赛设备很简陋。球篮用盛水果的竹筐做成，挂在离地面三米多的高处，遮板用铁丝网制成，球用足球代替，如投球命中，由一个人爬上专设的梯子将球从筐内取出来。

1892 年，篮球运动的第一个规则开始制定。篮球运动一出现就以它的趣味性、竞争性受到青年学生的喜爱和欢迎。特别是随着比赛规则和方法的不断修改，篮球的传播速度大大加快。愈来愈多的人们加入其中，使得篮球发展成为世界上最受人们欢迎的运动竞赛项目之一。

篮球运动具有技术复杂、对抗性强、竞争激烈的特点。经常参加篮球运动，能促进人的速度、灵敏、力量、耐力、柔韧等身体素质的发展，提高中枢神经系统的灵活性，增强心血管、呼吸、消化系统的机能，促进肌肉和骨骼的生长发育，使身体得到全面的发展。篮球运动能培养积极勇敢、果断顽强的意志品质，激发竞争意识和进取精神。现代篮球富有表现性和较强的观赏性，深受人们的喜爱。

二、篮球的基本技术

（一）移动技术

移动是指在篮球运动中，队员为了改变位置、方向、速度等所采用的各种脚步动作。它包括起动、快速跑、变向跑、侧身跑、急停、转身和滑步等，是通过前、后脚掌蹬地、辗地来实现的。它是篮球运动各项技术的基础，完成脚步动作要具有突然性、快速性、灵活性。

1. 基本站姿

动作要点：两脚左右开立与肩同宽，两膝微屈，上体稍前倾，身体重心位于两脚之间，两手臂自然弯屈于身体侧面，两眼平视前方。

2. 起动和快速跑

起动是由静止状态转向运动状态的一种脚步动作。突然的起动和快速跑结合，是进攻时超越对方、摆脱对方防守的关键。按基本站立姿势，上体前倾或侧转，向跑的方向移动重心，后脚用力蹬地，向前跑出（如两脚平行站立，可用任一脚蹬地）。头两步要小而快，并用前脚掌蹬地，迅速摆臂以提高跑速。

动作要点：移重心、蹬地快、频率快。

难点：重心移动要及时。

3. 变向跑

变向跑是队员在跑动中突然改变方向以摆脱防守或堵截对方进攻的一种方法。变向跑时（以向右变向跑为例），左脚在踏出最后一步时要屈膝，脚尖朝右，身体重心落在左脚上，接着左脚前脚掌的内侧蹬地，上体向右转，同时右脚向右前方跨出一小步，左脚随即向右脚的斜前方跨出一大步，从右侧超越对手。

动作要点：蹬地有力，上下肢协调配合，跨步迅速。

难点：掌握重心，要有突然性。

4. 侧身跑

侧身跑是队员跑动中为了抢位，摆脱防守，接侧向或侧后方传来的球而采用的一种进攻方法。跑动时，头部和上体放松地向球的方向扭转，上体侧肩，脚尖朝着跑动的方向。

动作要点：上体侧转，两脚自然向前跑动。

难点：身体平衡要稳定。

5. 急停

队员快速跑动中突然停住叫急停，可以用来直接摆脱防守，创造更多的进攻机会，急停可以分为跨步急停和跳步急停两种。

（1）跨步急停：由两步构成，也叫两步急停。第一步稍大，上体微后仰，脚跟先着地迅速过渡到全脚抵住地面，同时屈膝降低重心，减缓前进冲力；第二步着地时，脚尖稍向内，两膝深屈，前脚掌内侧用力支撑，重心落在两脚之间。

（2）跳步急停：在近距离速度不太快的跑动中用单脚起跳（离地面不高），两脚同时以全脚掌落地，略比肩宽，两膝弯屈降低重心落于两脚之间。

动作要点：重心移动要低，上下肢协调配合。

难点：脚掌用力和重心起伏不要过大、过高。

6. 转身

转身是队员以一脚为轴（为中枢脚）进行旋转，另一脚蹬地向前后跨步，身体随之转动，改变站立位置和方向，进攻时可用以保护球或摆脱防守，抢占有利位置，创造传球、投篮机会，可分为前转身和后转身。

（1）前转身：移动的脚向自己身前跨步使身体改变方向叫前转身。如向右做前转身时，以右脚的前脚掌为轴（脚跟提起），左脚前脚掌内侧蹬地，身体向右转动。

（2）后转身：移动的脚向自己身后跨步使身体改变方向叫后转身。如向右做后转身时，以左脚前脚掌为轴用力辗地，右脚的前脚掌内侧蹬地，同时用力向右后方转胯、转肩。右脚蹬地迅速从左脚后跨步落地，保持身体平稳。

动作要点：转体蹬跨有力，保持身体平衡。

难点：蹬地迅速，身体重心起伏不大。

7. 滑步

滑步是防守技术的主要动作方法，能有效地堵截对方的进攻路线，可分为侧滑步、前滑步和后滑步。

（1）侧滑步：滑步前，两脚左右开立，两膝微屈，上体稍前倾，两臂向两侧张开，两眼平视对方。向左滑步时，左脚先向左迈出，右脚掌内侧迅速用力蹬地滑动，两脚保持一定距离，重心落于两脚中间，脚下不要擦地也不要离地过高，两脚不要交叉。向右滑步的动作与左滑步动作要领相同，只是方向相反。

（2）前滑步：两脚前后开立，向前滑步时，前脚向前迈出一小步，同时后脚用力蹬地推动身体前移，后脚再迅速跟进，保持身体前后开立姿势。

（3）后滑步：后滑步与前滑步动作相同，只是向侧后方移动。

（二）传接球技术

传接球是学会打篮球最基本的技术之一。在篮球赛场上，比赛首先是通过队员之间的相互递球，来完成彼此配合，从而达到组织进攻的目的。

1. 双手胸前传球

两手五指自然分开，持在球的两侧后上方，两拇指相对呈“八”字形，掌心空出，两肘自然下垂位于体侧，两脚前后（或左右）站立，然后按伸臂、翻肘、拨指的用力顺序将球出手，如图 7-1 所示。

图 7-1　双手胸前传球

2. 单手肩上传球

以右手传球为例，传球时两脚前后开立，左脚在前，左肩侧对传球方向，右手持球于肩上后引。然后右脚蹬地，转身，右臂迅速向前挥摆，用手腕通过手指的力量将球传出，如图 7-2 所示。

3. 双手接球

在接来球时，两臂自然伸出迎球，手指自然分开，两拇指相对成“八”字形，其他手指向前上方成一个半圆形，朝来球方向。手指触球时，两臂迅速后引收回缓冲，把球接住。

图 7-2　单手肩上传球

（三）运球技术

运球是篮球组织进攻的纽带，也是个人进攻的重要手段。持球队员在原地或移动中，用手连续拍按借助地面反弹起来的球，叫运球。

1. 移动中的直线运球

运球时应使球的落点在运球手同侧脚的外侧前方，异侧手、臂、腿和上体前倾护球，目视前方，保持直线移动，按拍球的后上方，使手脚协调配合，如图 7-3 所示。

图 7-3　移动中直线运球

练习要求：

（1）移动速度与球和地面的入射角成反比。

（2）移动速度与按拍球的力量成正比。

练习方法：

（1）沿篮球场的边线与端线做移动中直线运球练习。

（2）沿直线向前运球，再沿直线向后运球。

2. 移动中的变向运球

先用右手运球向一侧移动，然后突然变向将球拍至身体另一侧，同时换左手运球。

练习要求：

（1）自右向左变向时，右脚向左侧方跨出，上体要左转肩。

（2）变向运球时，右手先推拍球的侧上方，换左手运球时应推拍球的后上方。

练习方法：

（1）原地在体前交替用左、右手做变向运球练习。

（2）移动中用右手直线运球，变向后换左手做直线运球练习。

（四）持球突破技术

持球突破是持球队员运用合理的脚步动作与运球技术相结合，快速超越防守队员的一项攻击性很强的进攻技术。在比赛中，及时地把握突破时机，合理地运用突破技术，是直接切入篮下得分的重要手段。持球突破还可打乱对方的防御部署，为同伴创造更多更好的投篮机会。突破若能巧妙地与投篮、传球等结合运用，使突破技术灵活多变，就能更好地发挥突破技术的攻击力。下面主要介绍三种突破技术。

1. 原地同侧步突破

原地持球，以左脚为中枢脚，身体向左侧做假动作，然后右脚向右侧前方跨步，同时向右侧转体，待球离手后，左脚蹬离地面，快速运球向前，如图 7-4 所示。

动作要点：起动要突然，跨步、运球要快速连贯，中枢脚离地前球要离手。

2. 原地交叉步突破

原地持球，以左脚为中枢脚，身体向右侧做假动作，然后右脚蹬地向左侧方迈一大步，同时转身推放球，待球离手，左脚蹬离地面，迅速运球向前。

动作要点：积极蹬地，起动突然；转体探肩应与跨步相连；推按球离手必须在中枢脚离地之前；跨步脚尖指向突破方向。整个动作协调连贯。

3. 后转身突破

以左脚为中枢脚为例，背对篮圈站立，两脚平行或前后开立，两膝弯屈，重心降低，两手持球于腹前。突破时，以左脚为轴转身，右脚向右侧后方跨步，上体右转，脚尖指向侧后方，右手向右脚前方放球，左脚掌内侧迅速蹬地，向右前方跨步，突破防守。

图 7-4　原地同侧步突破

（五）投篮技术

投篮是篮球运动的进攻技术之一，是唯一的得分手段。

1. 原地单手肩上投篮

以右手投篮为例，右手五指自然分开，手心空出，用指根以上部位持球，大拇指和小拇指控制球体，左手扶球的左侧，右手屈肘，肘关节自然弯屈，置球于右肩上方。两脚左右或前后开立，两膝微屈，重心落在两脚上。投篮时，下肢蹬地发力，右臂向前上方伸直，手腕前屈，食、中指用力拨球，通过指端将球投出。球出手的同时，身体随投篮动作向前伸展，如图 7-5 所示。

图 7-5 原地单手肩上投篮

动作要点：上、下肢要协调用力，伸臂充分。

难点：肘关节不要外展，动作不要脱节。

2. 原地跳起单手肩上投篮

以右手投篮为例，双手拿球于胸前，起跳时屏住呼吸，两腿屈膝蹬地向上垂直起跳，双手举球于右肩上，右手托球，左手扶球，保持身体平衡。当身体接近最高点时，迅速向前上方伸直右臂，手腕前屈，用食、中指拨球，通过指端将球投出，如图 7-6 所示。

动作要点：蹬地，举球要充分。

难点：上、下肢动作协调一致。

图 7-6 原地跳起单手肩上投篮

3. 行进间单手肩上投篮

以右手为例，右脚向前跨一大步的同时接球，接着左脚迅速跟上蹬地起跳，右膝提起，右手向上托举球。当身体接近最高点时，手腕上挑，用食指、中指向上拨球，通过指端将球柔和地投出，如图 7-7 所示。

动作要点：跨步同时抱球，举球伸臂、屈腕、拨指的动作连贯。

图 7-7 行进间单手肩上投篮

难点：上、下肢协调一致

4. 行进间单手低手投篮

以右手为例，右脚前跨一大步的同时接球，接着左脚迅速跨出第二步并用力蹬地起跳，双手向前上方举球，身体向球篮方向伸展，右手要充分向球篮的前沿举球，用屈腕、挑指的动作使球由食指和中指指端向前柔和投出。

动作要点：跨步及时、腾空高、伸展远、出手柔和、方向准确。

难点：护好球，正确判断离球篮的距离。

（六）抢篮板球

抢篮板球是关系到攻守转换的一项技术。夺得进攻篮板球，就获得了再次进攻的机会，可以连续进攻或在篮下直接得分；夺得防守篮板球，不但中断了对方的进攻，而且为本队获得了控球权，为发动快攻反击提供了有利条件。

1. 抢进攻篮板球

进攻队员抢篮板球时，应根据场上所处位置，及时地判断球可能反弹的方向，利用快速起动，直接冲向篮下或借助于闪晃的假动作迅速绕过对手，积极主动地去争抢篮板球或补篮。

2. 抢防守篮板球

防守队员在争夺篮板球时，首先挡住对手，同时判断球的反弹方向，牢记“先挡后抢”的原则，阻挡对手的同时冲向篮下争夺篮板球。

防守对手是队员合理地运用防守动作，积极抢占有利位置，破坏和阻挠对手的进攻意图和行动，并以争夺控制球权为目的。防守对手的基本技术有以下两种。

（1）防无球队员：要根据球和对手所处位置，确定和变换自己的防守站位，即防守队员、球和对手按三角形保持相等距离，及时识破对手移动路线，采取封、堵、卡、滑、贴、挤、夹等防守技术，阻截对手空切、溜底线接球。

（2）防有球队员：要根据对手所处位置，站于对手与球篮之间，在前后左右移动中，及时识破对手进攻意图，采取抢球、打球、断球等防守技术，阻截对手突破、投篮和传球。

（七）打球与抢断

1. 打球

防守队员屈膝降臀，两脚做碎步移动。当进攻队员接球的刹那间，暴露球或因观察场上情况而失去保护球的警惕性时，采用由下而上的打球方法，掌心向上，用手指和掌根击球的下部。如进攻队员持球较低（腹部以下），就采用由上而下的方法打球，掌心向下，用手指和手掌外侧打球。

2. 抢球

抢球者首先靠近对手，看准对手持球的空隙部位，动作迅速、突然、果断。当两手手指触球和控制球时用力猛拉。可用手臂后拉、两手转动的方法把球抢过来，也可采用转体的方法把球抢过来。

3. 断球

断球是从接球队员的侧面或后面跃出截获球的动作。断球时，屈膝，降低重心，准备起动。当球刚从对方手中传出的一刹那突然起动，以短而快的助跑，单足或双足用力蹬地跃出，身体伸展，双臂前伸，用单手或双手截获球。

三、篮球的基本战术

（一）防守战术

篮球战术是比赛中队员的个人技术的合理运用和全体队员相互协调配合的组织形式和方法。一切战术的目的都是为了争夺控球权而投篮得分。篮球战术对比赛胜负有重要作用，战术对发挥本队专长、抑制对手之短有积极作用，它可以掌握主动，去争取比赛的胜利。

防守战术基础配合是指在篮球竞赛中，防守队员两三个之间所采用的协同防守配合的方法。下面主要介绍“关门”配合、交换防守配合、半场人盯人防守和区域联防四种战术。

1. “关门”配合

“关门”配合是两名防守队员靠拢，共同防守突破的配合方法。当一名队员运球突破时，防守队员和邻近的同伴移动靠拢，堵住突破者的去路，形成“关门”之势，将突破者堵在“门”外。一般是对方突破能力较强，防守采用联防的情况下运用“关门”配合，成功的“关门”配合，往往会造成对方的失误和违例等。

2. 交换防守配合

交换防守配合又叫“换防”配合，是防守中最常用的配合，是为了破坏进攻队员的掩护配合而采用的防守方法，是防守队员之间及时相互呼应，交换自己所防守的对手的一种配合方法。

3. 半场人盯人防守

半场人盯人防守是篮球比赛中运用最广泛的防守战术。这种战术是在每名防守队员分别防守一名进攻队员的基础上，相互协作的一种全队防守战术。

4. 区域联防

区域联防是指每名防守队员负责防守一定的区域，严密防守进入该区域的球和进攻队员，并以一定的形式把每个防守区域的同伴有机地联系起来的全队防守战术。

（二）进攻战术

进攻战术基础配合是指进攻时两三人之间有组织有目的的协同行动。它包括传切配合、策应配合、突分配合、掩护配合和快攻配合。全队完整的进攻配合必须建立在基础配合之上。熟练地掌握两三人的传切、策应、突分、掩护等基础战术配合及其变化是提高全队进攻战术配合质量的重要保证。下面主要介绍传切配合与掩护配合。

1. 传切配合

传切配合是同队队员之间，利用传球和切入所组成的简单战术配合，常在进攻中采用。传切配合技术主要有一传一切和空切配合两种。

（1）一传一切：指持球队员传球给同伴后，徒手摆脱对方向篮下切入，再接回传球投篮或突破。

（2）空切配合：是指无球队员突然摆脱对手，切向防守空隙区域接球投篮，或做其他进攻动作。

练习要求：

（1）要利用假动作摆脱防守，做到动作突然。

（2）传球要隐蔽，预先用进攻假动作迷惑对手，把握传球时机。

2. 掩护配合

掩护配合是进攻队员用合理的身体动作，挡住防守者的移动路线，为同伴摆脱防守、创造进攻机会的一种配合方法。掩护配合有前掩护和运球掩护两种。

（1）前掩护：掩护队员传球给同伴后，跑至防守者身前为同伴创造摆脱对手的机会。

（2）运球掩护：掩护队员利用运球接近防守者，为同伴摆脱防守创造机会。

练习要求：

（1）掩护队员应站在防守队员必经的路上约半步距离，不得有任何犯规动作。

（2）切入队员要提前做吸引对手的动作，及时借助同伴的掩护摆脱防守。

四、篮球比赛的规则

篮球运动在全世界范围内得到了广泛的普及与深入的发展。为使该项运动永远具有吸引力和生命力，国际篮联在近年来不断地对规则进行修改。

篮球比赛每场由两个队参加，每队出场 5 名队员。每队的目标是将球投入对方篮筐得分，并阻止对方获得控球权或得分。

1. 比赛场地

比赛场地是一块长方形、平坦且无障碍物的表面坚实的区域。从界线地内沿测量，长 28 米，宽 15 米。所有的线条应用相同的颜色（最好白色）画出，线宽 5 厘米，并清晰可见。

2. 端线与边线

端线和边线是由两条端线和两条边线限定出的区域。这些线不是比赛场地的部分。

3. 罚球区

罚球区是限制区加上以罚球线中点为圆心，以 1.80 米为半径向限制区外赛场上所画出的半圆区域。

4. 比赛时间

比赛时间应由四节组成，每节 10 分钟。在第一节和第二节之间、第三节和第四节之间以及每一次决胜期之前应有 2 分钟的休息时间。半场的休息时间为 15 分钟。如果第四节比赛结束时比分相等，需要一个或多个 5 分钟的决胜期来连续比赛，直至分出胜负。

5. 球篮与球队席的选择

对所有的比赛，在秩序册中命名的第一队应有球篮和球队席的选择权。这个选择应在预定的比赛开始前至少 20 分钟告知主裁判员。如果某一球队在场地上准备比赛的队员不足 5 名，比赛不能开始。

6. 跳球

跳球是死球成活球的一种方法。在每半时或决胜期开始时，一名裁判员在中圈，在双方各一名队员之间将球抛起。当球被一名跳球队员合法拍击时比赛正式开始。

7. 违例

违例，即违反规则，指在篮球比赛里，既不属于侵人犯规、违反体育道德的犯规、取消比赛资格的犯规，也不属于技术犯规的违反规则的行为。主要的违例行为有以下 13 种。

1）走步

走步就是球在手上时走两步以上而球未出手的情况。如果运球时出现以下情况都可以吹罚为走步。

（1）单脚跳停时，轴心脚（空中接到球时，哪一脚先落地，该脚即为轴心脚）没有站稳脚步，即为走步。

（2）双脚跳停时，轴心脚（双脚同时落地，哪一只脚先离地，另一脚即为轴心脚）没站稳脚步，即为走步。

（3）快速上篮时，收球后多踏一步。

（4）持球过人时，球未离手前，轴心脚先离地。

（5）在禁区里收球完成后或下球前，轴心脚移动（或双脚移动）。

（6）收球后垫步（刺探步）时，轴心脚步法交代不清楚，例如脚尖拖拉、脚尖与脚跟交换当轴心等。

（7）收球后因故停不住而滑步，也算走步的一种。

（8）当球员持球时跌倒地板上，还控制着球，这时算合法；但是如果球员试图再站起来就算走步。

（9）欲上篮或投篮球员跳起要出手时，防守球员手碰触球，以致球虽离手失去控制但球却没有落地；或者进攻球员要出手投篮或上篮瞬间，被防守球员单手压住球，进而使进攻球员没办法出手，也接连发生该球员双脚落地，皆称走步违例。假如进攻球员要出手投篮或上篮瞬间，被防守球员双手压住球，进而使进攻球员没办法出手，也接连发生该球员双脚落地，判为争球，依球权轮替决定控球权。

（10）运球过高，高过肩膀并继续前进，就算走步。

2）翻球违例

（1）在运球时，球停在手上（或整个手掌向上）又持续运球。

（2）在进攻要过人，变化自己的进攻方向，球却停在手上过人。

3）回场违例

（1）控球的甲方把球带到前场，不经对手触碰后，球回后场时再被后场的队友或自己碰到、捡起等都称回场；假如被对手乙方拨到，而掉回后场或者被乙方抄截，却没成功的让球跑回后场等，甲方再去捡、拾都是好球，而非回场。甚至甲方出手投篮后，双方都没有抢到篮板球的让球滚、弹回后场，甲方再去捡、拾都是好球，而非回场；因为既然已经出手投篮，该次控球权就变成“未知数”，任一方都可以取球。

（2）最后一步从后场离地跳起，并在跨过中线进到前场，人还没落地，或只有单脚落地瞬间接到队友的传球就是违例。

4）篮下 3 秒违例

（1）进攻球员在禁区里待超过 3 秒就是违例。

（2）进攻球员一脚站立在禁区里（包含踩在在线），另一只脚站立在禁区外，也应该计算（要双脚都离开禁区）停留时间。

（3）在后场控球时，前场球员不算篮下 3 秒；但是假如他持续待在禁区里超过 3 秒，并在第 4 秒于禁区里接到球就是 3 秒违例。发界外球时，定时器没启动也不算 3 秒；同理，假如他持续待在禁区里超过 3 秒，并在第 4 秒于禁区里接到球就是 3 秒违例。

5）8 秒违例

甲队全场包夹或压迫防守，乙方在 8 秒内没有办法把球传、运送过前场称之为 8 秒违例。此 8 秒以裁判读秒为主，24 秒定时器为辅。

6）24 秒违例

（1）24 秒钟响球还在控球队甲方的手上，就是违例。甚至甲方控球虽然出手投篮，却还没碰触到篮筐，但是 24 秒定时器响起，即使双方都没有获得控球权，也是甲方违例。

（2）24 秒响起前一刻，甲球队出手投篮，但是球没碰到篮筐，且又被原控球队的队员拿到，就算违例，因为球要碰触篮筐才算完成攻击。

7）脚踢球违例

（1）在持（运）球时，防守方故意用脚去踢球、阻挠传球等就是违例。

（2）不是故意去踢球却碰触到脚，例如，持控球时接不好，球掉到脚上或者运球时碰触到脚上，甚至防守方在对方传导球时，拨、抄球，以致球改变方向碰触到脚等情况，都不算违例。

8）罚球违例

（1）罚球时，主罚球员跟站在 3 分线外的人，要等到球确定碰篮筐后，才能进去抢球。

（2）罚球时，在禁区卡位的 5 位球员，要等到主罚球员球出手（离手）后，才能踏入禁区抢球。

（3）罚球进时，不管哪一队队员进场过早（除主罚球员），分数都算。

9）二次运球

（1）运球前进，经干扰、威胁或吓唬等防守情况，运球者将球收起，再进行第二次运球，称之二次运球。

（2）运球前进收起球准备传导球，或收起球准备攻击瞬间，或者已经做出收球动作，却因故再继续运球，皆称之二次运球。

（3）控球员运球后收球，要攻击或要传导球瞬间，却将球掉落，此时将球捡起，视为好球非二次运球。但是，此后该球员不能做运球，否则就是二次运球。

（4）于传接球过程，在接球瞬间不慎没接妥球以致球掉落，此时将球捡起，掌控球后可以运球，这没有构成二次运球的条件。

10）妨碍中篮

（1）对手投篮或上篮后，当球体已经从上升阶段，变化为下降阶段、且在降落于篮筐附近瞬间，或者球体经过擦板上篮，球体已经碰触篮板后，以上两种情况下的防守方故意去碰、拨篮球，这些都是属于构成影响球体行进举止，称妨碍中篮。

（2）对手投篮或上篮后，防守方故意去碰、拉篮筐，或者防守方故意去碰触篮板、篮网等，这构成了影响球体行进举止，就是违例。

11）球、球员出界

（1）球员自己踩到界外线或底线称球员出界。假如球员已经出界情况且碰触到球，视为该球员将球碰触出界，此则属于对方球。

（2）当球员已经出界，然后从界外跳进场内接球，假如在双脚尚未站定情况碰触到球，此则算是球员出界，该判对方球；假如球员从界外跳进场内，并在双脚站定情况去碰触、抢球等，都属于合法。

（3）双方争球时，如果有一方踩到界外线，那就形成对方球。

（4）球体跳出界外，但是尚处于空中状态、未碰触到场外物，包括尚未碰触到边线、底线、场外的地面等，皆称球尚未出界；但是假如球体碰触到前述任一条件，即为球出界。如碰到边线、碰触底线、碰触到场外椅子、碰触到场外树木、碰触到场外人等，只要碰触瞬间就是球出界。

12）跳球违例

（1）执行跳球的双方球员，在球体尚未上升至最高点，立即拨、点球，判定违例；跳球球员连续拨、点球超过 2 次，在第 3 次拨球即违例，判对方球。

（2）除了跳球的两位球员之外 8 位球员，在跳球球员尚未碰触拨球前，其余 8 位球员移动身体或双脚，要去占据有利位置，亦称违例；在拨、点球后，尚未将球体拨出跳球圈瞬间，其次 8 人立即闯入跳球圈去碰、抢、触球，也是违例。

13）发底线球、发边线球违例

（1）在任一方犯规或违例的发边线、发底线球，执行发球者移动双脚，以走步条件下去执行发球称违例；但是在前述条件下执行发球，则允许前、后移动 2 步。在场地边线、底线和场外物（例如椅子、墙壁等）不足 2 米情况下，裁判应主动要求防守者，退离执行发球者 2 步以上；假如裁判没有提出要求，执行发球的球员可以要求裁判协助驱离防守者保持距离。

（2）犯规或违例的发边线、发底线球虽不能移动；但是在对队得分情况，执行发球球员，可以左、右或者前、后移动任意步数去发球。可是得分后的暂停发边线、发底线球，却不允许左、右或者前后移动任意步数去发球；假如发球员投机故意不拾起球执行发球，裁判应迅速捡起球，然后递交给执行发球员，并立即读秒。

（3）再假如发球员投机，在裁判即将读秒瞬间，将球交给另一队友，然后要求队友跨出场外去执行发边线、发底线球；此时，裁判要立即读秒，不能等待另一发球员捡起球才开始读秒。读秒是 5 秒。

8. 犯规

犯规是对规则的违犯，含有与对方队员的非法的身体接触。无论球是活球还是死球，队员不应通过他的手、臂、肘、肩、腿、膝或脚来拉、阻挡、推、撞、绊以阻止对方队员行进，不应将其身体弯屈成“反常”的姿势，也不应放纵任何粗野或猛烈的动作。

教练员、助理教练员、替补队员或随队人员无礼貌地与裁判员、技术代表、记录台人员或对方队员讲话或接触时，判罚技术犯规。

第二节　排　　球

一、排球运动概述

1895 年美国人威廉·摩根发明了排球，该运动起初是一种游戏项目，1917 年传入欧洲后，发展较快，尤其是苏联和东欧各国具有较高的水平。1947 年国际排联在法国巴黎成立。现在已成为拥有 178 个会员国的体育组织。目前世界性的比赛有：世界排球锦标赛、世界杯排球赛、奥运会排球赛和世界排球联赛。

排球运动的场地设备简单，比赛规则容易掌握，双方没有身体接触，适合不同年龄、水平的人参加。经常参加排球运动能改善身体各器官和系统的机能状况，增强体质，培养积极主动、果断沉着、勇猛顽强的意志品质，使人的身心得到和谐发展。由于排球运动需要同伴间的协调配合，所以它能培养良好的团结协作能力和集体主义精神。

二、排球的基本技术

（一）准备姿势和移动

准备姿势和移动是各项技术战术串联、衔接的基础。

动作要领：以半蹲姿势为例，两脚自然开立，屈膝半蹲（脚尖、膝关节稍内扣），含胸、收腹，重心略前倾，两手置于小腹前，肘微屈，身体放松微动，如图 7-8 所示。然后，练习各种移动，包括并步、滑步、跨步、跨跳步、交叉步、侧身跑、后退跑等。

（二）双手垫球技术

1. 正面垫球

垫球时双臂伸长夹紧，适时插入球的下部，用小臂形成的平面触球，如图 7-9 所示，并利用蹬地、提肩、压腕、顶肘、抬臂将球垫起。

2. 体侧垫球

垫球时身体重心随球侧移，双臂夹紧向右（左）侧伸出，插人球后下方将球平稳垫起。

3. 跨步垫球

垫球时身体向前跨出，屈膝下蹲，上体前倾，两臂夹紧伸直，插入球的下部将球平稳垫起。

图 7-8　准备姿势

图 7-9　正面垫球

4. 背向垫球

垫球时注意判断来球，迅速移动到位，背对垫出方向，两臂夹紧伸直，在高于肩部位置击球的前下部，利用蹬地、抬头挺胸及展腹，将球向后上方垫出。

（三）传球技术

传球是防守、组织战术配合的主要技术。常用的有正面上手传球、背面传球等。

1. 正面上手传球

两膝微屈，抬头看球，两手十指张开成半球形置于额上处，腕后仰、肘微屈适当外展。用蹬地、伸臂、手腕屈伸和手指弹拨的方式将球向前斜上方传出。用拇指的内侧，食指的全部，中指的二、三关节触球。无名指和小指在两侧辅助控制传球方向，如图 7-10 所示。

2. 背面传球

身体基本姿势同正面上手传球。击球点仍在额头上方，腕后仰（掌心向上），以上体后仰展腹、蹬地、伸臂和手掌伴送、手指弹拨的方式将球向后上方传出，如图 7-11 所示。

图 7-10　正面上手传球

图 7-11　背面传球

（四）发球技术

发球是排球的基本技术之一，是排球比赛中一项重要的进攻技术。发球是比赛的开始，也是进攻的开始，准确而有攻击性的发球可以直接得分或破坏敌方的战术组织。发球按照发出球的性能主要可分为发飘球和发旋转球。发飘球主要有正面上手发飘球、勾手发飘球和跳发飘球；发旋转球主要有正面上手发球、勾手大力发球、跳发球、正面下手发球、侧面下手发球、侧旋球和高吊球等。下面主要介绍正面上手发球和侧面下手发球。

1. 正面上手发球

队员面向球网，两脚前后自然开立，左脚在前，左手托球于身前，抬臂用手掌平托上送，将球平稳地垂直抛于右肩前上方，高度适中。在左手抛球的同时，右臂抬起，屈肘后引，肘与肩平，上体稍向右转。击球时，利用蹬地、转体和收腹带动手臂挥动，在右肩前上方伸直手臂的最高点，以全手掌击球的中下部。击球时，手指自然张开吻合球，手腕要迅速主动做推压动作，使击出的球呈上旋飞行，如图 7-12 所示。

图 7-12　正面上手发球

2. 侧面下手发球

侧对网站立，在体前肩对网，两脚左右开立，约与肩同宽，两膝微屈，上体稍前倾，重心落在两脚间。左手将球平稳抛送至胸前，距身体约一臂之远，离手高约 30 厘米。在抛球的同时，右臂摆至右侧后下方，接着利用右脚蹬地向左转体的力量，带动右臂向前上方摆动在腹前用全手掌、掌根或虎口击球的右下方，如图 7-13 所示。

图 7-13　侧面下手发球

（五）扣球技术

扣球是比赛得分的重要手段，常用的有正面扣球、勾手扣球、扣快球等。本书只介绍最基本的正面扣球的技术方法，完整动作示范如图 7-14 所示。

图 7-14　扣球技术

1. 助跑和起跳

两三步助跑，右手扣球时，左脚前迈，右脚再跨出一大步，同时两臂摆至后下方，待左脚迅速跟上再右脚稍前着地，两臂即从体侧上摆，双脚用力蹬地向上跳起。

2. 击球和落地

跳起后抬头挺胸，右臂屈肘向头后拉开，转体收腹挥动手臂，用全掌击球后中上部，手腕快速下甩将球扣在场内。

（六）拦网技术

拦网是防守的第一道防线，因其可以拦死对方的进攻性击球（发球除外）而直接得分，所以具有强烈的攻击性。从技术上讲，可分为单人拦网和集体拦网两种。

动作要领：面对网，两脚左右开立。两膝弯屈，两臂屈肘置于肩侧，离网 30~40 厘米，注视对手动向，判断对手的攻击点后，迅速以并步、交叉步或侧身跑对准对手的进攻位置，接着蹬地、摆臂起跳，双手十指张开伸臂过网，封住来球角度，在对手击球的同时压腕将球拦死、拦回或有效拦起。

三、排球的基本战术

排球基本战术是根据规则和比赛双方技术特点，结合临场变化，采取有意识、有组织、有目的的个人和集体配合，包括阵容配备、进攻战术和防守战术三大类。

（一）阵容配备

排球比赛常用的三种阵容配备如图 7-15 所示。

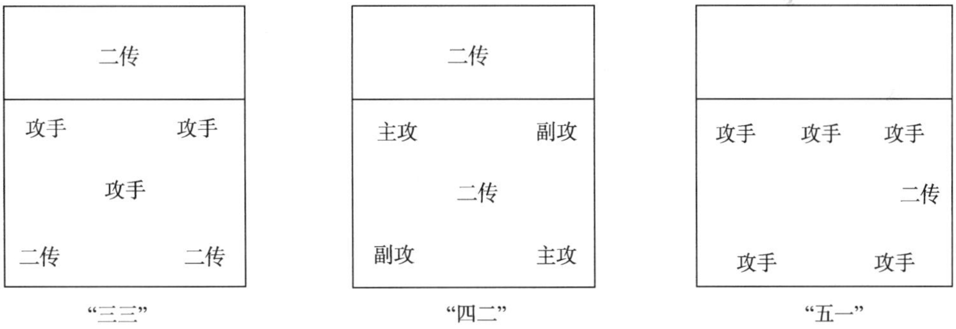

图 7-15 阵容配备

（1）“三三”配备：三个传手，三个攻手。

（2）“四二”配备：两个传手，四个攻手。

（3）“五一”配备：一个二传手，五个攻手，运动水平较高的队多采用这种配备。

（二）进攻战术

进攻战术是通过发、扣、拦和传、垫过来的球组织反击的一种配合，它包括“中一二”、“边一二”、“插上进攻”和二次球等形式。其中以“中一二”和“边一二”为最基本的战术形式。

1. “中一二”进攻战术

“中一二”进攻战术是最基本、最简单的战术形式。该战术由 3 号位队员二传，2、4 号位队员进攻。其特点是比较容易组织，初学者易掌握，但只能两点进攻，变化少，进攻意图易被对方识破，如图 7-16 所示。

2. “边一二”进攻战术

由 2 号位队员担任二传，3、4 号位队员进攻，如由 4 号位队员担任二传，由 3、2 号位队员进攻，称为“边一二”进攻战术。它相比较“中一二”战术变化多些，难度大，战术配合也较复杂。由于两名进攻队员的位置相邻，便于进行互相掩护配合，可以组织更多的战术配合，它的突然性和攻击性程度比“中一二”进攻战术高，如图 7-17 所示。

（三）防守战术

排球的防守战术是组织进攻或反攻或反攻战术的基础，没有严密的防守，进攻就无从组织。而一切防守战术都应从积极为进攻和反攻创造条件的角度进行设计和考虑。这里主要介绍“边跟进”防守战术。

拦网与后排防守的配合是防守成功的关键。比赛中常采用单人、双人和三人拦网。其中双人拦网是常采用的战术。在双人拦网情况下，此种防守方法是：后三名队员要形成面对进攻点的弧形防守区域，并明确各自防守区域和范围。前排两名队员组成拦网，后排 1 号或 5 号位队员跟进到进攻线附近保护，如图 7-18 所示。

图 7-16 “中一二”进攻战术

图 7-17 “边一二”进攻战术

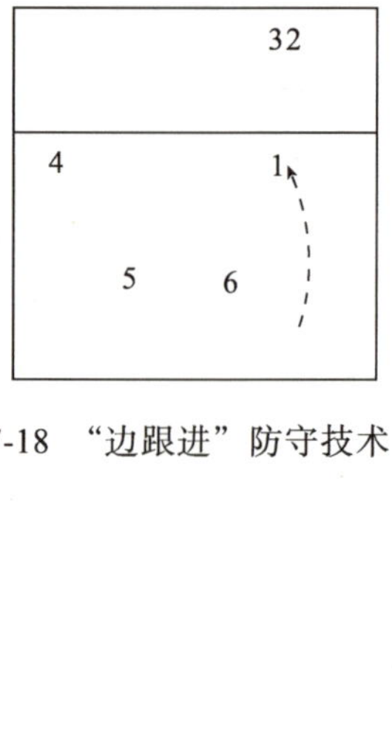

图 7-18 “边跟进”防守技术

四、排球比赛规则与裁判

（一）比赛规则

1. 场地与器材

（1）场地：排球场地为长 18 米，宽 9 米的长方形。

（2）球网：球网为黑色，长 9.50 米，宽 1 米，网孔 10 平方厘米，男子网高 2.43 米，女子网高 2.24 米。

（3）标志杆：长 1. 80 米，直径 10 厘米，高出球网 80 厘米。高出部分每 10 厘米应涂以不同颜色，一般为红、白相间。

（4）球：正式比赛用球应为纯色浅色球或国际排联批准的花色球，圆周为 65~67 厘米，重 260~280 克。

2. 比赛方法与站位

1）比赛方法

每队上场队员各六人，比赛由后排 1 号位队员在发球区发球开始，采用每球得分制。球在规定的网区上空飞过时触网并落在对方场区内，对方失误，则本方得分，并继续发球。如发球失误，或被对方将球击落在本方场区内，则算失分并由对方取得发球权。取得发球权一方应按顺时针方向依次轮转一个位置发球，比赛继续进行。

2）站位

场上队员站位是否正确，是在发球队员击球瞬间，以场内队员脚着地的部分来确定。每一名前排队员一只脚的某部位必须比同列后排队员双脚距中线更近；每一名右边或左边队员一只脚的某部位必须比同排队员的双脚离边线近。待发球结束后，队员可在本场内任何一个位置上。

3. 暂停与换人

当每局比赛到 8 分、16 分时为技术暂停，而在决胜局的比赛中没有技术暂停，但每队有两次 30 秒的暂停机会。比赛成“死球”时，教练员或队长可向裁判员请求暂停两次，并有两次技术暂停，所有的暂停时间都是 60 秒。每队每局比赛只能换 6 人次，每局开赛队员只能退出比赛一次，再上场时，只准换下替换他的队员。

4. 触球和击球

每队在本场区内，最多击球三次（拦网除外），应将球击入对方场内。比赛中队员身体任何部位都可触球，但接触时要短促地将球清晰击出，不得有捞、捧、携带等较长时间停留的现象。一人不得连续两次触球，否则判连击犯规（拦网除外）。

5. 自由人

比赛规定最多有两名自由防守队员（12 名队员之中），比赛时场上只能有一名自由防守队员，服装必须有明显标志，可以自由上、下场，不限制次数，也无需经裁判员同意，但必须在成“死球”时才可以这样做。自由防守队员不能列为正式上场队员，如想要开始上场，应把上场位置表上交后，再请求换人，然后才能上场。规定只能在后排 1、6、5 号位接球，不能参加发球或到进攻区进行专职传球、拦网，并不得在球场任何地区将高于球网上沿的球直接击入对方场区。自由防守队员在进攻区内用上手传出高于球网上沿的球，本方任何队员不得直接将球击入对方场区。

6. 比分

正式比赛，一般采用五局三胜制，即每局比赛某队满 25 分并比对方至少多得 2 分为胜一局。当双方比分为 25 平时，应继续比赛至一队多领先 2 分为止，某队先胜三局即取得该场比赛胜利。

（二）裁判手势

排球比赛的主裁判手势如图 7-19 所示。

名称	执法手势	说明	名称	执法手势	说明
发球		挥手指示 发球方向	延误发球		五指（或三指） 向上伸张
球队发球		向发球一方伸臂	拦网犯规		双臂垂直举， 手掌向前
交换场地		屈肘，环身体 两侧一前一后 交替扭摆	位置或轮 次错误		以食指在腹 前画圈
暂停		一手平举于上， 另一手竖放 （呈丁字）	界内球		伸臂，指向界 内地面
换人		双手前臂平置胸 腹间，相互环绕	界外球		前臂垂直上 举，双掌向 后张开
不当行为警告		出示黄牌或 红牌警告	持球		缓举前臂， 掌向上
驱逐出场		一手出示双牌 判驱逐出场 （该局比赛）	连击		手指示意“二”
取消资格		双手分别出示双 牌，判取消资格	四次击球		四指分开上指
一局或 一场结束		伸手交叉于胸前	触网		以犯规方的手 指向网，并指 出犯规队员的 号码
即行发球		掌心向上，手臂 向前伸直提起	过网击球		一手置于网 上，掌向下
后排球员 过线扣球		手张开，以前臂 做一下屈动作	争球		双手翘起 大拇指

续表

侵入对方场区或球由网下穿过		手指向中线	打手出界		以掌垂直划过另一手
延误警告		持黄牌或红牌指向手腕			

图 7-19 主裁判手势

第三节 足 球

一、足球运动概述

2004 年初，国际足联确认足球起源于中国，“蹴鞠”就是有史料记载的最早的足球活动。《战国策》和《史记》是最早记录蹴鞠的文献典籍，前者描述了 2300 多年前的春秋时期，齐国都城临淄流行蹴鞠活动；后者则记载蹴鞠是当时训练士兵、考察兵将体格的方式。

现代足球诞生于 1863 年 10 月 26 日。这一天，足球史上里程碑式的会议在伦敦皇后大街共济会酒馆召开，来自 11 个伦敦俱乐部和学院的代表们在这里制定规则并创立权威的足球组织，这一天也被公认为现代足球的生日。

足球比赛人数多、场地大、时间长，允许身体接触，可以合理冲撞，技术难度大，战术变化多，胜负难以预测，观赏性强。在正式比赛中，运动员不仅要有强壮的体魄、快速的奔跑能力和顽强的拼搏精神，而且还要具备在高强度的对抗下完成复杂的技术动作和战术配合的综合能力。

经常参加足球运动能有效地锻炼身体素质，增强体质，提高人体各器官系统的生理机能。长期参加足球运动还有助于培养勇敢顽强、机智果断、勇于拼搏、团结互助和热爱集体的优良品质，同时还能提高对足球比赛的欣赏能力和鉴赏水平。

二、足球的基本技术

（一）停球

停球是有目的地用身体的合理部位，把运行中的球停挡住，并使其落在所需的范围内的动作。比赛中常用的停接球方法有：脚内侧停球、脚底停球、脚背正面停球、脚背外侧停球、胸部停球以及用腹部、头部和大腿停球等。

（二）运球

运球是运动员在跑动中，用脚连续推拨球并有目的地将球保持在自己控制范围内的触球动作。运球的方法有脚背正面运球、脚背内侧运球、脚背外侧运球和脚内侧运球。

运球过人是指运动员运用合理的运球动作越过对手，方法有拨球过人、拉球过人、扣球过人和挑球过人等。

（三）踢球

踢球是运动员有目的地用脚的某一部位把球踢向预定目标的动作。它是足球技术中最重要的技术，在比赛中主要用于传球和射门。踢球是比赛中运用得最多的技术。踢球动作要求熟练、灵活、快速、准确、用力适度。

一般踢球动作都是由助跑、支撑脚站住、踢球腿的摆动、脚触球和踢球后的随前动作五个环节组成，主要有脚内侧踢球、脚背正面踢球、脚背内侧踢球、脚背外侧踢球、脚尖踢球、脚跟踢球，本书主要介绍前四种以及射门技术。

1. 脚内侧踢球

脚内侧踢球是用脚内侧部位触击球的一种踢球方法。其特点是脚接触球面积大，出球准确平稳，且易控制触球方向。但由于踢球时要求大腿前摆到一定程度时外展且屈膝，故大腿与小腿的摆动都受到限制，因此出球力量相对较小。该踢法适用于近距离传球配合和射门。

踢定位球时，直线助跑，支撑脚站在球的侧面约 15 厘米处，膝关节微屈，脚尖指向触球方向，踢球腿以髋关节为轴由后向前摆动，在前摆过程中大腿外展，脚底与地面平行，踝关节功能性地紧张使脚型固定，小腿做爆发式前摆，用脚内侧触击球的后中部，如图 7-20①所示。

2. 脚背正面踢球

脚背正面踢球是用脚背正面部位触击球的一种踢球方法。其特点是摆幅相对较大加之用脚背踢球与球接触面相对较大，因而踢球力量也大，准确性也较强。该踢法适用于中长距离传球和射门。比赛中经常使用脚背正面踢定位球、空中球、反弹球及倒钩球。

踢定位球时，直线助跑，最后一步稍大，支撑脚积极着地，在球的侧面 10~15 厘米处，脚尖指向出球方向，膝关节微屈，踢球腿屈膝后摆，支撑脚着地同时，踢球腿以髋关节为轴，大腿带动小腿由后向前摆动。当膝关节摆至接近球的正上方时，小腿做爆发式的摆动，脚趾紧扣，以脚背正面部位击球的后中部，如图 7-20②所示。

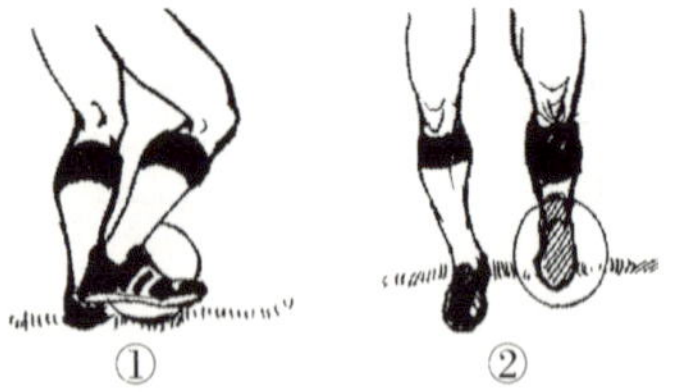
① ②
图 7-20　脚内侧、脚背正面踢球

3. 脚背内侧踢球

这是用脚背内侧部位触击球的一种踢球方法。适用于中、远距离传球和射门。比赛中经常用脚背内侧踢定位球、过顶球或转身踢球。

踢定位球时，斜线助跑，要与出球方向约成 45 度，最后一步稍大，支撑脚积极着地，距球内侧后方约 20~30 厘米处，膝关节微屈，脚尖指向出球方向。支撑脚着地的同时，踢球腿以髋关节为轴，大腿带动小腿由后向前摆动，当大腿摆至与支撑腿接近同一平面时，小腿做爆发式前摆，此时脚尖外转，脚背绷直，脚趾紧扣，脚尖指向斜下方，以脚背内侧触击球的后中下部。击球后踢球腿及身体继续随球向前，如图 7-21 所示。

图 7-21 脚背内侧踢球

4. 脚背外侧踢球

这是用脚背外侧部位触击球的一种踢球方法。这种踢法难度大，但运用范围广，变化多、突然性强，适用于中、短距离传球和射门。

图 7-22

踢定位球时，助跑、支撑脚站位及踢球腿摆动均与脚背正面踢球技术的三个环节相同，只是在踢球的瞬间，摆动腿的膝关节和脚尖内转，脚背绷紧，脚趾紧扣，以脚背外侧触击球的后中下部，如图 7-22 所示。

5. 射门

射门指用踢球、头顶球、铲球等技术将球射向对方球门是进攻的最终目的，也是比赛胜负的关键。射门时要求冷静、机智、果断、有信心，动作快速、准确、有力，并能随机应变。下面是对移动中的射门和定位球射门做简单介绍。

1）移动中射门

（1）突破射门，是指利用个人技术突破最后一名防守队员，与守门员形成一对一时，采取的吊射或推射。

（2）抢点射门，是指预先判断好落点，突然摆脱对手，迅速抢占有利位置后，采取的垫射或头球攻门。

（3）运球射门，是指运球向对方球门推进，趁防守队员尚未逼近，守门员刚想调整位置时，采取的抽射或摆射。

（4）乱中射门，是指在对方门前混战，趁守门员视线被挡时，采取的捅射、冲门或包抄堵射。

2）定位球射门

（1）任意球射门，是指守方队员故意犯规，被判罚由攻方队员在犯规地点用直接任意球射门。由于规则有守方队员须退出的规定，为了避开“人墙”的阻截，攻方多采用弧线球射门。

（2）罚点球射门，是指守方队员在禁区内犯规或违例，被判罚由攻方队员进行的罚点球射门。比赛规则规定：主罚队员须用连贯动作向前射门，不能做不连贯的假动作。

（四）接球

接球是指运动员有目的地用身体的合理部位触球，改变运行中球的力量、方向，将球控制在自己所需要的范围内的技术动作，为传球、运球和射门创造必要的条件。常用的接球技术有：脚内侧接球、脚底接球、脚背外侧接球、脚背正面接球、大腿接球、胸部接球和腹部接球等。

（五）头顶球

头顶球是指运动员有目的地用前额将球击向预定的目标的动作，是处理高空球的最重要手段和一项重要的基本技术。它是进攻与防守的有效手段。因此，必须熟练地掌握头球技术并能灵活运用。它包括前额正面头顶球，前额侧面头顶球、原地顶球、跳起顶球和鱼跃顶球等。

各种头顶球技术都由移动选位、身体的摆动、头触球、触球后的身体平衡四个环节组成。头触球的部位和触球的时间是头球的重要环节，头球时要养成目迎目送的习惯。

（1）前额正面原地顶球。身体正对来球方向，眼睛注视运动中的球，两脚左右开立（或前后开立），膝关节微屈，身体重心置于两脚间（或后脚上），两臂自然张开成保护。当球运行到将垂直于地面的垂线时，两腿用力蹬地，迅速向前摆体，微收下颌，在触球瞬间颈部做爆发式振摆，用前额正面击球中部，上体随球前摆如图 7-23①所示。

（2）前额正面跳起顶球。常用于本方传来或对方传来的高球。两膝弯屈，重心下降，然后两脚用力蹬地起跳，同时两臂屈肘上摆，在身体上升阶段展腹挺胸，两臂自然张开成保护，身体自然成背弓。当球运行至身体额状面时，迅速收腹，上体前摆，触球瞬间颈部做爆发性振摆，用前额正面将球顶出。同时两腿向前做振摆，球顶出后两腿屈膝落地如图 7-23②所示。

（3）前额侧面原地顶球。观察来球的运行速度、运行轨迹，及时移动到位。两脚前后（或左右）开立，出球方向的异侧脚在前，重心逐渐过渡到前脚上，眼睛注视来球，前膝微屈，两臂侧前后自然张开，当球运行至体前上方时，用力蹬地，前脚掌适度旋转，上体随着向出球方向扭摆，同时用力向击球方向甩头，以前额侧面击球的后中部如图 7-23③所示。

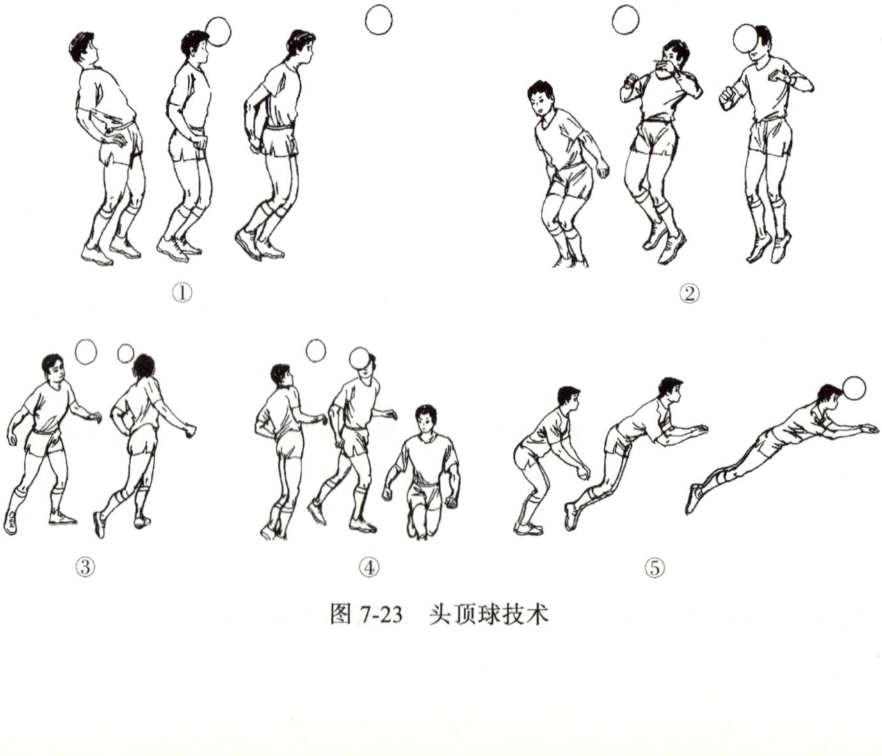

图 7-23　头顶球技术

（4）前额侧面跳起顶球。在起跳后的身体上升阶段，上体向出球的相反方向侧摆，在身体达到最高点时，上体急速向出球方向摆出，颈部扭摆甩头，用前额侧面击来球的后中部，将球击向预定的目标。落地时屈膝以缓冲落地力量并保持身体平衡如图 7-23④所示。

（5）前额正面鱼跃顶球。当离身体较远的低空球来不及移动到位处理，必须抢点击球时（如抢救险球、射门等）可使用鱼跃头顶球技术如图 7-23⑤所示。

（六）抢截球

抢截球技术是指运动员在规则允许的范围内，使用身体的合理部位将对手的控球权夺过来或破坏掉。它是转守为攻的积极手段，是防守技术的综合体现。

抢截球的方法有：抢球、截球、封堵、铲球。

1. 抢球

1）正面跨步堵抢

抢球者两脚前后开立，面向对手，两膝微屈，身体重心下降并置于两脚间，当运球者与抢球者间的距离缩小到一定范围（即抢球者上前跨一大步可能触及球），运球者脚触球即将着地或刚刚着地时，抢球者后脚用力蹬地并跨步向前，以脚内侧去堵截球，抢球者应将另一只脚迅速前移做支撑脚。例如，双方脚同时触球时，抢球脚要迅速向上提拉，使球从对手脚面滚过，身体重心也迅速跟上并将球控制住，如图 7-24 所示。

图 7-24　正面跨步堵抢

2）合理冲撞抢球

在与对方带球队员并肩跑动时，防守者身体重心稍下降，靠近对方一侧的手臂紧贴身体，利用对方同侧脚离地的过程，用肩以下、肘关节以上的部位，以适当的力量去冲撞对手相应的部位，使对手身体失去平衡而离开球，并迅速将球控制在自己脚下，如图 7-25 所示。

图 7-25　合理冲撞抢球

2. 截球

截球是把对方队员之间传出的球（空间运行或地面滚动）抢截下来或破坏掉。选择恰当的位置和时间，从对方侧后方突然插上，果断、快速地利用踢、顶、铲球或接球等技术动作完成。

3. 封堵

封堵是在没有把握抢截球的情况下运用的一种手段。在比赛中应采用“照应”的方法先判断传球角度，然后边判断边封堵，看准时机出脚抢球。两脚前后开立，两膝稍弯屈，身体重心下降并位于两腿之间，面向对手，两眼注视对手的下肢动作，随球的变化，迅速调整防守重心。

4. 铲球

铲球是倒地抢球的一种技术。常用于对手接球前或带球过程中，来不及用其他方法抢球时采用。

当对方拨出球的一刹那或在对方接球时，左脚用力蹬地成跨步，以抢球脚（右脚）的外侧沿地面向前内侧滑出，用脚掌将球蹬出，或者用脚背或脚尖将球踢或捅出。然后小腿外侧、大腿外侧和臀部依次着地，如图 7-26 所示。

图 7-26 铲球技术

（七）掷界外球

由于掷界外球时接球人不受越位规则的约束，因此，不仅用于恢复比赛，而且可以为进攻创造有利条件。尤其是在前场 30 米内掷界外球，将球直接掷入门前，可以给对方造成很大威胁。掷界外球包括原地掷界外球和助跑掷界外球。

1. 原地掷界外球

面向出球方向，两脚前后或左右开立，站立在边线上。膝关节弯屈，上体后仰成背弓，重心移到后脚上（左右开立时，重心在两脚间），两手自然张开，拇指相对，手持球的侧后部，屈肘将球置于头后。掷球时，后脚用力蹬地（或两脚用力蹬地），两腿迅速伸直，身体重心由后脚移到前脚，收腹屈体，同时两臂急速前摆。当球摆到头上时用力甩腕将球掷入场内。掷球时，后脚可沿地面向前滑动，两脚均不得离地。

2. 助跑掷界外球

两手持球放在胸前，在助跑迈出最后一步时，上体后仰成背弓，同时将球上举至头后，掷球时的动作与原地掷界外球动作相同。将球掷出后，后脚可在地面上向前滑行，但不得离地。

（八）假动作

假动作就是指进攻者或防守者在比赛中，为了隐蔽自己的真正动作意图，迷惑或调动对手所做的一些虚假动作。假动作具有较强的战术因素，可渗透在传球、停球、顶球、运球、运球过人、抢截、射门、跑位、接应和穿插等技术、战术配合中。

做假动作要给对手逼真的感觉，这样才容易使对方真假难分，防不胜防。假动作与真动作的衔接要快，假动作必须在接近对手时灵活运用才能奏效，要注意身体平衡和动作协调。

三、足球的基本战术

（一）比赛阵型

一般比赛常采用的阵型有“四三三”、“四四二”、“三五二”和“五三二”等，如图 7-27 所示。

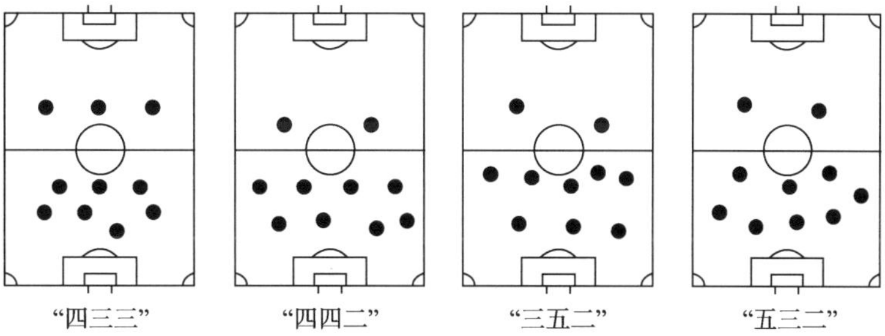

图 7-27 足球比赛阵型

（二）局部战术练习

局部战术是全队整体战术的基础，局部战术练习主要服务于局部配合能力的发展，练习中队员应进行攻防素质锻炼，增强攻防意识。

1. “二过一”

“二过一”是指两个进攻队员通过传球与跑位配合，突破一个防守队员的防守。比赛经常用斜传直插、直传斜插和交叉掩护等“二过一”方式。

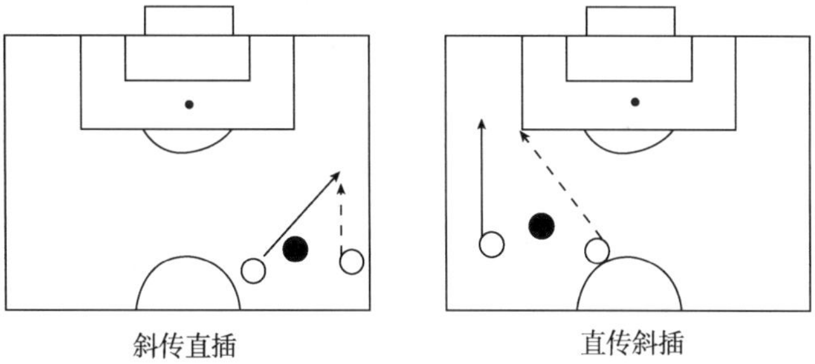

图 7-28 “二过一”战术

斜传直插和直传斜插“二过一”都是只通过一次传球和穿插就越过一名防守队员，如图 7-28 所示。配合十分简捷和实用。在进行配合时，两名进攻队员要保持适当的距离。控球队员可采用运球或其他动作，诱使防守者上前阻截。插入的队员必须突然、快速起动，但应避免越位。

2. 保护与补位

保护与补位是局部地区集体防守的基础。其中保护是补位的前提，没有保护不可能有效地补位。队员之间距离适当，斜线站位要能及时弥补位置上出现的漏洞。

3. 快速反攻

练习方法：防守队在抢下球以后以尽可能少的触球次数通过中场。在射门前的传球次数不能超过 6 次，控球队员每次运球触球次数不得超过 3 次，否则就将球交与对方进攻。

练习要领：进攻队在快速反击中应有大量同伴随行跑位，力争为控球者创造更多的传球点，控球队员在控球中应注意观察全场并敢于冒险。

防守队在回撤中临近球的队员应延缓进攻速度，回撤到位时应注意保持位置间的适当距离和相互保护，并随时准备抢下球后发起快速反攻。

四、足球比赛规则

（一）比赛场地

1. 场地尺寸

比赛场地必须是长方形，边线的长度必须长于球门线的长度。

（1）基本尺寸为长 90~120 米，宽 45~90 米；

（2）国际比赛规定长 100~110 米，宽 64~75 米；

（3）世界杯采用的长度是 105 米，宽度是 68 米。

2. 场地标记

比赛场地是用线来标明的，这些线作为场内各个区域的边界线应包括在区域之内。

两条较长的边界线叫边线，两条较短的边界线叫球门线。所有线的宽度不超过 12 厘米，比赛场地被划分为两个半场。在场地中线的中点处做一个中心标记，以距中心标记 9.15 米为半径画一个圆圈。

3. 球门区

在距每个球门柱内侧 5.5 米处，画两条垂直于球门线的线。这些线伸向比赛场地内 5.5 米，与一条平行于球门线的线相连接。由这些线和球门线组成的区域范围是球门区。

4. 罚球区

在距每个球门柱内侧 16.5 米处，画两条垂直于球门线的线。这些线伸向比赛场地内 16.5 米，与一条平行于球门线的线相连接。由这些线和球门线组成的区域范围是罚球区。

在每个罚球区内距球门柱之间等距离的中点 11 米处设置一个罚球点。在罚球区外，以距每个罚球点 9.15 米为半径画一段弧。

5. 旗杆

在场地每个角上各竖一根不低于 1.5 米的平顶旗杆，上系一面小旗。

6. 角球弧

在比赛场地内，以距每个角旗杆 1 米为半径的一个四分之一圆。

7. 球门

两根柱子之间的距离是 7.32 米，从横梁的下沿至地面的距离是 2.44 米。

（二）球

足球比赛用球要求圆周不长于 70 厘米、不短于 68 厘米，重量在比赛开始时不多于 450 克、不小于 410 克，压力在海平面上等于 0.6~1.1 个大气压。

（三）队员人数

一场比赛应有两队参加，每队上场队员不得多于 11 名，其中必须有 1 名守门员。如果任何一队少于 7 人则比赛不能开始。在由国际足联、洲际联合会或国家协会主办的正式比赛中，每场比赛最多可以使用 3 名替补队员。被替补下场的队员不得两次参加该场比赛。替补队员只能在比赛停止时从中线处进场。

（四）比赛时间

比赛分为两个上下半场，每半场 45 分钟，中场休息 15 分钟。

（五）场地选择

通过掷币，猜中的队决定上半场比赛的进攻方向。另一队开球开始比赛。猜中的队在下半场开球开始比赛。下半场比赛两队交换比赛场地。

（六）计胜方法

1. 得分

当球的整体从球门柱间及横梁下越过球门线，而此前未违反竞赛规则，即为进球得分。

2. 获胜

在比赛中进球数较多的队为获胜者。如两队进球数相等或均未进球，则比赛为平局。

3. 加时赛

规定时间内未分出胜负而又必须分出胜负，采取的上下半场各 15 分钟的比赛。上下半场间没休息时间，交换场地后继续比赛。在加时比赛中，任何一方先进球就为胜方，即为金球制胜法。

4. 点球制胜

在规定时间和加时赛后仍未分出胜负时，采取互罚点球法决胜。先由每队各派 5 人依次罚完点球，如还未分出胜负，每队各派一人罚球，依次进行，直至分出胜负。任何场上队员不得在对方队员未罚完点球前连续罚第二次。

（七）越位

1. 越位位置

越位位置指比赛中队员处于对方半场、较球更接近于对方球门线的位置或者在该队员与对方球门线之间，对方队员不足两人时的位置。不存在越位的三种情况是球门球（当球的整体不论从地面或空中越过球门柱以外的球门，而最后触球者为攻方队员、掷界外球及角球。

2. 如何判罚

当裁判员认为处于越位位置的队员，在其同队队员踢球的一刹那，该队员干扰比赛或干扰对方，或企图从越位位置取得利益时，应判罚该队员越位。如果队员处在越位位置时，直接接到同队队员的球门球、角球、界外球时，则不判该队员越位。

（八）踢球门球

由防守方从球门区内的任何一点踢球，对方应在罚球区外直至比赛进行，踢球队员在其他队员触球前不得再次触球，当球被直接踢出罚球区，防守方队员才能碰球。

（九）掷界外球

面向比赛场地内的掷球方向，任何一只脚的部分站在边线上或站在边线外的地上，使用双手将球从头后经头上掷出，在其他队员触球前不得再次触球。

（十）罚点球

防守方守门员留在本方球门柱间的球门线上，面对主罚队员，直至球被踢出；除主罚队员外的队员处于比赛场地内、罚球区外、罚球点后，距罚球点至少 9.15 米。

（十一）犯规与不正当行为

1. 判罚直接任意球

出现以下 10 种情况时将判罚直接任意球。

（1）踢对方队员。

（2）绊摔对方球员。

（3）跳向对方球员。

（4）冲撞对方球员。

（5）打或企图打对方球员。

（6）推对方球员。

（7）为了得到对球的控制而抢截对方球时，于触球前触及对方球员。

（8）拉扯对方球员。

（9）向方球员吐唾沫。

（10）故意手球（不包括守门员在本方罚球区内）。

2. 判罚间接任意球

出现以下 8 种情况时将判罚间接任意球。

（1）守门员用手控制球后，在发出球之前持球超过 6 秒。

（2）守门员在发出球之后未经其他队员触及，再次用手触及球。

（3）守门员用手触及同队队员故意踢给他的球。

（4）守门员用手触及同队队员直接掷入的界外球。

（5）队员动作具有危险性。

（6）队员阻挡对方球员。

（7）队员阻挡对方守门员从其手中发球。

（8）违反以前未提及的任何其他规则，而停止比赛被警告或罚令出场。

3. 被警告并出示黄牌

出现以下 7 种情况时将被警告并出示黄牌。

（1）犯有非体育行为。

（2）以语言或行动表示异议。

（3）持续违反规则。

（4）延误比赛重新开始。
（5）当以角球或任意球重新开始比赛时，不退出规定的距离。
（6）未得到裁判员许可进入或重新进入比赛场地。
（7）未得到裁判员许可故意离开比赛场地。

4. 被罚令出场并出示红牌

出现以下 7 种情况时将被罚令出场并出示红牌。
（1）严重犯规。
（2）暴力行为。
（3）向对方或其他任何人吐唾沫，与判罚直接任意球的第 9 条基本相同。
（4）用故意手球破坏对方的进球或明显的进球机会（不包括守门员在本方罚球区内）。
（5）用可判为任意球或点球的犯规破坏对方向本方球门移动着的明显的进球得分机会。
（6）使用无礼的、侮辱的或辱骂的语言及动作。
（7）在同一场比赛中得到第二张黄牌。

第四节 网 球

一、网球运动概述

（一）网球的起源

网球是世界上最流行的运动项目之一。现代网球或草地网球是在球场上使用球拍和球进行的一项球类运动，起源于爱尔兰。早在10 世纪，网球是由用手掌击球的游戏（爱尔兰手球）演变而来。另一种说法是这项运动起源于12 世纪法国年轻传教士们所玩的一种游戏。他们在教堂的四廊做用手掌击打一个小球，使其在院墙上反弹回来的游戏。14 世纪中叶，这种消遣活动从法国传到英国。16~17 世纪是法国和英国宫廷内从事网球活动的兴盛时期。近代网球的兴起应追溯到 1873 年，会打室内网球的英国少校温菲尔德，在羽毛球迅速发展的启示下，设计了一种适用于户外的、男女都可以从事的网球的拍击的运动。他把古代网球和羽毛球的有些部分结合起来，创造了草地网球。网球运动所用的球是用皮布裹着毛发制成的，而裹球的皮布，来自埃及的坦尼斯镇，故名为 tennis，这个名字一直沿用至今。1881 年，英国草地网球协会成立，制定了一系列规则，使网球成为有章可循的体育运动，并列为体育比赛项目。

（二）我国的网球运动

网球运动是在19 世纪后期，由英、美、法等国的商人、传教士随西方近代体育的传播而进入我国的，但当时只在上海、广州、北京等城市的教会中出现打网球的活动。旧中国举行的第一届全运会上，男子网球被列为正式比赛项目，而女子网球比赛是从第三届全运会开始。

目前，全国网球等级联赛定期举行，并实行升降级制度，还定期举办全国网球单项比赛、全国硬地网球冠军赛、全国青少年网球比赛。近年来又开展了巡回赛，尤其是 2002 年 12 月，在上海成功地举办了由当今世界男子顶尖高手参加的“大师杯”赛。第一个获得

WTA 巡回赛单打冠军的中国运动员李娜，在 2011 年获得法国网球公开赛女单冠军，成为中国乃至亚洲在网球四大满足贯赛事上夺得的第一个单打冠军。不容忽视的是，近来国内老年网球赛、高校赛、青少年网球赛也蓬勃开展，这些竞赛对促进我国网球技术水平起到了积极的推动作用。

（三）网球组织结构及主要赛事

1. 组织结构

1912 年，国际网球联合会成立总部设在英国伦敦。

1881 年，美国全国草地网球协会成立。

1888 年，英国草地网球协会成立。

1904 年，澳大利亚草地网球协会成立。

1913 年，法国成立了世界网球最高组织——国际网球联合会。

1953 年，中国网球协会成立。中国网球协会在 1980 年被国际联合会接纳为正式会员。

2. 国际网联正式承认的网球公开赛

四大网球公开赛都是每年一届，共名为“大满贯”网球锦标赛。任何一名网球选手均将获得这四大比赛的桂冠视为最高荣誉。另外，每年还举行一次团体赛，男子团体为“戴维斯”杯，女子团体为“联合会”杯。

1）温布尔顿网球锦标赛

温布尔顿网球锦标赛是现代网球史上最早的比赛，由全英俱乐部和英国草地网球协会于 1877 年创办。首次正式比赛于 1877 年 7 月 9 日在温布尔顿总部举行。到 2000 年，温布尔顿网球锦标赛已举办了114 届，其中由于两次世界大战停赛 10 年。该赛定于每年 6 月最后一周至 7 月初举行。

2）美国网球公开赛

美国网球公开赛具有新大陆独有的品质——疯狂。第 1 届于 1881 年在美国罗德岛新港举行，以后在每年的 8 月底到 9 月初举行，开始名为“全美网球冠军赛”。1915 年移至纽约林山国立网球中心进行比赛，1968 年被列为四大公开赛之一，1970 年改为“全美网球公开赛”，是一年中最后举行的大赛。美国网球公开赛以奖金最多而闻名。

3）法国网球公开赛

法国网球公开赛是与温布尔顿网球锦标赛一样在世界网坛上享有盛名的传统比赛，它始于 1891 年，通常于每年的 5 月下旬至 6 月上旬在法国巴黎西部一座叫罗兰–卡洛斯的大型体育馆内进行比赛，它是继澳大利亚网球公开赛之后当年第二个“大满贯”赛事。比赛规定每场采用五盘三胜制。1989 年，17 岁的美籍华人张德培成为该赛事有史以来最年轻的男单冠军，也是第一位亚洲血统的选手获此殊荣。

4）澳大利亚网球公开赛

澳大利亚网球公开赛是四大公开赛中最迟创建的赛事。它创建于1905 年，赛地在墨尔本，安排在 1~2 月举行，是每年最早开赛的赛事。1968 年，国际网球职业化后它被列为四大公开赛之一，其身价才有所提高。澳大利亚网球公开赛创办后很长一段时间，本地人几乎包揽了所有男、女单打冠军，而进入 80 年代后却没有一名本地人有幸获此殊荣。

5）戴维斯杯网球公开赛

戴维斯杯是国际网联主办的国际男子网球团体赛。由美国人戴维斯倡议举办。1900 年在美国波士顿举办第一届，仅英美两国参加。随后国家数量增加，分洲进行预选赛，优胜者获决赛权。由于参赛国越来越多，国际网联决定从 1981 年开始采用两级升降级比赛制。戴维斯杯比赛采用淘汰赛，每年举办一届，至 2002 年已举办了 91 届。

1949 年以前，中国自 1928 年始曾先后六次参加戴维斯杯赛。中华人民共和国成立后，在 1983 年 3 月组成戴维斯杯中国网球队，开始参加这项比赛。在历届比赛中，中国队均未能进入第一级比赛。

6）联合会杯网球公开赛

联合杯也称为联邦杯或协会杯，是国际网联主办的国际女子网球团体赛。1963 年为纪念国际网联成立 50 周年而举办。之后每年举办一届，至今已举办了 39 届。

第一届联合杯在英国伦敦举办，由 16 个国家组队参加，采用淘汰赛。现在规定参赛队超过 32 个队，须进行预选赛。正式比赛按 32 个队抽签，采用淘汰赛。

中国 1981 年首次组成联合杯中国网球队，参加第 19 届联合杯赛，第二轮败于澳大利亚，之后参赛均未取得突出成绩。

3. 现代网球运动的发展

进入 20 世纪 90 年代，现代网球运动的发展有以下几个特点：一是普及，据有关资料显示，在国际网球联合会注册的国家有 200 多个；二是水平高，争夺激烈；三是随着器材的改革，尤其是球拍的研制，网球将向着力量速度型的方向发展；四是随着网球各种大赛奖金的不断提高，网球的职业化、商业化程度会越来越高。

总之，作为世界第二大运动的网球运动将以其无比的魅力和不断发展的技术赢得越来越多的爱好者和观众，将成为全世界人民生活中不可缺少的一部分。

二、网球运动的基本技术及练习方法

（一）基本技术

1. 握拍

握拍分东方式、西方式、大陆式和双手握拍四种。目前，国内外专家一致公认东方式握拍为最好的握拍法。东方式握拍分为正手握拍和反手握拍两种。

（1）正手握拍法：将大拇指与食指间所形成的“V”字形对准拍柄右上斜面，手掌和第二掌指关节紧贴右垂直面，五指包绕拍柄，食指稍离中指，掌根基本与拍柄底部平齐。

（2）反手握拍法：“V”字形需向左移动，对准拍柄左上斜面上缘，拇指直伸紧贴左垂直面，第二掌指关节紧贴右上斜面。

2. 击球

（1）正手击球。正手击球的机会比较多，因而是网球运动中最基本、最主要的击球方式。其击球动作深长、有力，速度较快，也是最容易取胜的重要击球技术。正手和反手击球均有平击、切削和上旋等几种打法。平击球的速度快、力量大，球被击出后飞行弧线偏直， 在地面反弹时较低，易于控制球路和球速。上旋的球飞行弧度高，下落快，反弹后跳的高，不易触网。下旋球产生下旋并向前飘行，落地后反弹很低。

（2）反手击球。反手击球是在底线附近回击来球和进攻对方必须掌握的基本技术。可分为单手和双手。

3. 发球

发球是现代网球运动最重要的技术之一。基本上分为平击发球、切削发球和旋转发球三类。有效的发球应具有攻击性，并在速度、力量、旋转和落点方面有所变化。切削发球带有侧旋的特点，安全率较高，是一般选手常用的发球技术，它可用于第一发球或第二发球，也可用于单打或双打。平击发球几乎没有旋转，球速快、力量大，直线飞行，常用于第一发球，成功率虽然低，但一旦成功往往能直接得分。旋转发球带有侧上旋的特点，飞行弧度大，落地弹跳高，但技术难度相对较大，一般适用于高水平运动员的第二发球。

4. 接发球

接发球是网球运动中较难掌握的技术之一。这是因为接球员处于防守地位，球一发出，就需对发来的各种不同球速、落点和旋转的球作出快速的判断和反应，并且要选择各种适当的击球技术来完成接发球动作，而这些技术的运用，要比一般来回击球的难度要高。

5. 截击球

截击球是网前进行的一种攻击性击球方法，即在球落地之前，便将来球击回对方场地。它回击速度快、力量重、威力大，使对方难以应付，是迅速取胜的一种有效手段。截击球分为正手截击和反手截击两种。

6. 高压球

高压球同截击球一样，属于上网击球技术，是用以对付对方挑高球的，其动作类似发球，在头部上空用扣杀动作还击来球，堪称击球中的一门“重炮”，是迅速制胜的锐利武器。采用高压球，合适的步法是扣杀动作前提，击球时不要迟疑。

7. 挑高球

挑高球技术在高水平的网球比赛中较少见，而在一般水平的网球比赛中运用较多。当一方在比赛中处于被动地位，而对手高压球水平也不很高的情况下，用挑高球来破坏对方的进攻节奏，使自己赢得时间回到有利的位置；或者挑球过顶，迫使对方退回底线救球，使自己上到网前，反守为攻。因此业余选手掌握此技术很有必要。

8. 随机球

随机球是一种上网前的综合击球技术。对方遇到浅球，即球的落点一般在发球线附近时，就得上前击球，并随球上网。因此说随机球是上网前的一板，击球位置一般在发球线与端线之间。打好随机球，对于上网抢攻得分是至关重要的。

9. 放短球

放短球就是把球刚好“吊”过网。短球放得好，可迫使疲劳的对手从底线上网，而又够不着球。放短球要求多采用手腕动作，带有削击的特点。在一般情况下，放短球有一定的危险性，因此，应用放短球技术要谨慎。

10. 反弹球

反弹球技术是一种难度大的击球技术。比赛中，通常是对方将球击到另一方的脚下，这是既不能向前击凌空球，又来不及退后打落的球，必须在离地面很近处在球刚刚弹起时击球。因此反弹球往往是在万不得已的情况下运用的一项高难技术。反弹球节奏快，借力大，球速快，掌握此项技术，往往能在比赛中变被动为主动，使对方因仓促还击而失分。打反弹球注意力要更多集中在击球的时机上，后摆稍短，身体重心要低些。

（二）练习方法

1. 场地外的练习方法

根据所学的基本技术特点，利用场地外的条件进行练习，达到掌握技术、提高技术的目的所采用的练习手段，故称场外的练习方法。提高网球技术的最好方法，是经常在场上和同伴一起训练。但是如果没有场地，或者又没有别人跟你一起练习，可用以下几项简单的场外练习方法来提高自己的技术水平，如果每天能花几分钟在球场外做这些练习方法中的一种或几种，很快就会发现自己的球技提高得很快。

1）徒手模仿正确动作，进行挥空拍练习

用意念方法，在大脑默念正确的动作，按照动作的要求，边默念，边做动作，在挥击，时，设想确有其球，保持正确的位置和准确的击球点，由慢到快地反复做徒手挥拍动作的练习，直到动作被熟练、自如地掌握，达到动作定型。

2）对着镜子检查挥拍动作

站在一面大镜子前，挥拍时可看到自己的全身，通过镜子检查自己后摆时球拍的最远位置、击球点位置以及挥拍动作完成的位置。重复做挥拍击球动作，直到头脑里对正确的击球动作有了概念。在球场上，当击球动作不对时，要回想这些概念，就会有助于作出正确的挥拍动作。观察镜子里自己的击球姿势，并纠正那些不正确的动作。例如，许多运动正拍击球时后摆过高，可以在镜子里看着自己的球拍向后拉到什么位置，如果太高了，则自行调整并继续在镜子前练习，直到获得正确的姿势。

3）练习抛球的稳定性

抛球不稳定会影响发球的稳定性。练习抛球的方法是找一间高天花板的房间， 或在户外靠近建筑物的地方，或者在网球场周围的围栏处练习抛球，用拍子伸向前方来确定一个点或线，并注意这个点或线与参照物的关系，然后进行反复练习抛球，使球总能抛到那点或线上。当把球每次抛到这个位置上时，即可挥动球拍，但不是去击球，目的是帮助改进发球节奏。同时，球抛起后，可让它直接落地，以检查是否抛在身体的前侧方。

4）对墙练习使击球动作定型

对墙练习是练习基本功的最好方法，墙是理想的陪打者。不但初学者要进行对墙练习，即使职业选手也常对墙练习，以达到"学而时习之"的目的。对墙练习比赛更能集中思想。几乎所有击球技术都能对着墙练。但是，对墙击球不能太用力。有人喜欢猛力击球，结果球回来得太快，以致没有时间作好下次击球的预备姿势。练习落地球时，应站在离墙 9 米处，手握拍充分后扬，做完挥拍动作，目的是练习击球的稳定性，在墙上作一个记号，记下命中的次数。也可以和同伴一起对墙练习，两个人打，用近似于网球比赛的节奏，并且在击球后像比赛一样移动，不像一个人打墙时，总在同一位置上。对墙进行连续击球时，要注意掌握节奏，不断增加正确击球的次数，一旦失去节奏就停下来，重新开始。

5）连续拍球来提高控制能力

任何时候只要手里有一把球拍，都可以进行简单的拍球练习。用球拍对空中或地面拍球来提高手、眼的配合。可以做这样的游戏：记录自己不丢球能够连续弹拍的次数，这个练习看似简单，但做起来确比想象的要难得多，因为获得稳定总是不容易的。这个拍球练习还可提高球感。如果想提高连续拍球的感觉，就练习把球抛入空中，再用球拍接住它，并尽量不让球弹起。

6）用“影子练习”加快技术水平提高

“影子练习”是在球场外，带拍而不带球的挥拍和步法想象练习，可在家中或空地上，也可在场外作此项练习。设想着打各种球，并在移动时大声说出来。例如，可以从发球开始，跟随发球上网，稍停一停，准备第一次截击，再向前移动，作第二次截击，后退打高，压球，最后向前截击得分。用小步和侧部或踮步尽快移动，但动作要完整，并且要在身体前面击想象中的球，同时也可以请同伴喊出击球动作，自己照着做，这样练习可使重心真正保持向前。

7）背靠墙，纠正截击动作

许多网球初学者因为挥拍太长而不能干脆利落地截击空中球，截击时后摆太长，球会快速打在还未向前挥动的球拍上，其结果不是打不好就是失误。矫正的方法是背靠墙作截击动作，这面墙可以阻止球拍在后摆时超过肩膀，然后用一个短促的撞击动作，向前击想象中的球。做这种练习只要几分钟便可以，在家中或在场地旁背对着铁丝围栏都可以做。

2. 场地内的练习方法

1）与同伴配合练习

在练习某一项特定技术时，可以和同伴商量，相互配合训练。如果能找到一位对某一项技术也感兴趣的伙伴，同他一起练习是再好不过的了，练习时最好有 6~12 个球。例如：甲想练习发球，乙可以练习接发球，预先告诉乙，甲要打他的正拍还是反拍，使乙可以集中注意力，击好球。然后两人交换，使双方都可以练习发球和接发球技术。甲以正确动作发球 5~10 次，乙以正确动作接发球 5~10 次，回击给甲方，争取多打几个回合。完成数次后，双方交换，改为甲接发球，乙发球，再换其他技术的练习。完成 5~10 次以后，以同样的方法两人还可以一起练习挑高球、高压球、正拍球、反拍球、落地球和截击球等技术。但训练时，一定要有足够的球，使动作稳定连续地进行。

2）用计数提高击球稳定性

许多初学者网球击球时来回打不多。下面介绍的方法可以使他们用竞争的方法来提高击球的稳定性，增加来回的次数。看看自己能多少次不失误地把球击过网，记下数字并努力打破自己的纪录。起初，可能只可以打上三四个来回，但是，照这样练习，很快就可以打到十几或几十次。然后，也许甚至还会打到一百次。开始时，可以在移动中打正、反拍斜线球。然后，试试前、后、左、右地调动对方。倾力于早作准备。用力实实在在地击球，还要做好挥动动作。不要“打死”对方，而要坚定、持续地练习在比赛中可以使用的击球方法。

3）练习薄弱技术

在练习的过程中，练习的重点应该放在自己的薄弱技术上。例如，许多网球初学者的高压球技术不行，他们往往让球在地上弹起后，打落地球。那么，就请同伴挑一些容易打的近网高球，连续送出较慢且容易截击的球，使自己能够较快地掌握截击球技术。练习自己的薄弱技术时，也不能放弃特长训练，否则长处也会变成短处。

4）在半个场地练习，提高准确性

有许多半个场地的训练方法能够提高水平，这里介绍其中的一种方法：让一名队员站在发球区的截击位置上，另外一名队员站在对面端线的角上。网前运动员应该力求把所有的球都深深地打在角上，而端线运动员则尽量“破网”。

三、网球比赛规则

（一）发球

1. 发球前的规定

发球员在发球前应先站在端线后、中点和边线的假定延长线之间的区域里，用手将球向空中任何方向抛起，在球接触地面以前，用球拍击球（仅能用一只手的运动员，可用球拍将球抛起）。球拍与球接触时，就算完成球的发送。

2. 发球时的规定

发球员在整个发球动作中，不得通过行走或跑动改变原站地位置，两脚只准站在规定位置，不得触及其他区域。

3. 发球员的位置

（1）每局开始，先从右区端线后发球，得或失一分后，应换到左区发球。

（2）发出的球应从网上越过，落到对角的对方发球区内，或其周围的线上。

4. 发球失误

（1）属于发球失误的情况是未击中球，发出的球在落地前触及固定物（球网、中心带和网边白布除外），违反发球站位规定。

（2）发球员第一次发球失误后，应在原发球位置上进行第二次发球。

5. 发球无效

属于发球无效的情况有：发球触网后，仍然落到对方发球区内；接球员未作好接球准备，均应重新发球。

6. 交换发球

第一局比赛终了，接球员成为发球员，发球员成为接球员。以后每局终了，均依次互相交换角色，直至比赛结束。

（二）通则

1. 交换场地

双方应在每盘的第 1、3、5 等单局数结束后，以及每盘结束后双方局数之和为单数时，交换场地。

2. 失分

发生下列任何一种情况，均判失分。

（1）在球第二次着地前，未能还击过网。

（2）还击的球触及对方场区界线以外的地面、固定物或其他物件。

（3）还击空中球失败。

（4）故意用球拍触球超过一次。

（5）运动员的身体、球拍，在发球期间触及球网。

（6）过网击球。

（7）抛拍击球。

3. 压线球

压线球指落在线上的球。这种情况都算界内球。

（三）双打

1. 双打发球次序

每盘第一局开始时，由发球方决定由何人首先发球，对方则同样地在第 2 局开始时，决定由何人首先发球。第 3 局由第 1 局发球方的另一球员发球。第 4 局由第 2 局发球方的另一球员发球。以下各局均按此秩序发球。

2. 双打接球次序

先接球的一方，应在第 1 局开始时，决定由何人先接发球，并在这盘单数局，继续先接发球。双方同样应在第 2 局开始时，决定由何人接发球，并在这盘双数局继续先接发球。他们的同伴应在每局中轮流接发球。

3. 双打还击

接发球后，双方应轮流由其中任何一名队员还击。如运动员在其同队队员击球后，再以球拍触球，则判对方得分。

（四）计分方法

1. 一局

（1）每胜 1 球得 1 分，先胜 4 分者胜 1 局。

（2）双方各得 3 分时为平分，平分后，净胜两分为胜 1 局。

2. 一盘

（1）一方先胜 6 局为胜 1 盘。

（2）双方各胜 5 局时，一方净胜两局为胜 1 盘

3. 决胜局计分制

在每盘的局数为 6 平时，有以下两种计分制。

（1）长盘制：一方净胜两局为胜 1 盘。

（2）短盘制（抢七）：决胜盘除外，除非赛前另有规定，一般应按以下办法执行。

①先得 7 分者胜该局及该盘（若分数为 6 平时，一方须连赢两分）。

②首先发球员发第 1 分球，对方发第 2、3 分球，然后轮流发两分球，直到比赛结束。

③第 1 分球在右区发，第 2 分球在左区发，第 3 分球在右区发。

④每 6 分球和决胜局结束都要交换场地。

4. 短盘制的计分

（1）第1个球（0 : 0），发球员八发1分球，1分球之后换发球。

（2）第2、3个球（报1 : 0或0 : 1，不报15 : 0或0 : 15）由B发球，B连发两分球后换发球，先从左区发球。

（3）第4、5个球（报3 : 0或1 : 2，2 : 1，不报40 : 0或15 : 30，30 : 15），由A发球，A连发两球后换发球，先从左区发球。

（4）第6、7个球（报3 : 3或2 : 4，4 : 2或1 : 5，5 : 1或6 : 0，0 : 6），由B发1分球之后交换场地，若比赛未结束，B继续发第7个球。

（5）比分打到 5 : 5，6 : 6，7 : 7，8 : 8……时，需连胜两分才能决定谁为胜方。但在记分表上则统一写为7 : 6。

（6）决胜局打完之后，双方队员交换场地。

5. 赛制

网球比赛实行淘汰赛。一场比赛中，男子比赛除大满贯赛事和部分大师系列赛决赛采用五盘三胜制以外，均使用三盘两胜制。女子比赛全部采用三盘两胜制。

（五）场地规则

1. 球场

网球比赛的球场应为长23.77米、宽8.23米的矩形。中间由一条挂在最大直径为0.8厘米粗的绳索或钢丝绳上的球网分开。

2. 球网

球网粗绳索或钢丝绳最大直径为0.8厘米，网的两端应附着或挂在两个网柱顶端，网柱应为边长不超过15厘米的正方形方柱或直径为15厘米的圆柱。网柱不能超过网绳顶端2.5厘米。每侧网柱的中点应距场地0.914米，网柱的高度应使网绳或钢丝绳顶端距地面的垂直距离为1.07米。在单双打两用场地上悬挂双打球网而进行单打比赛时，球网应该由两根高度为1.07米的“单打支杆”支撑，该支杆截面应是边长小于7.5厘米的正方形方柱或直径小于7.5厘米的圆柱。每侧单打支杆的中点应距单打边线0.914米。球网需要充分拉开，以便能够有效填补两根支柱之间的空间，并有效打开所有网孔，网孔大小以能防止球从球网中间穿过为标准。球网中点的高度应该是0.914米，并且用不超过5厘米宽的完全是白色的网带向下绷紧固定。球网上端的网绳或钢丝绳要用一条白色的网带包裹住，每一面的宽度介于5厘米到6.35厘米之间。在球网、网带及单打支杆上都不能有广告。

3. 球场线

球场两端的界线叫底线，两边的界线叫边线。在距离球网两侧6.4米的地方各画一条与球网平行的线，为发球钱。球网与每一边的发球线和边线组成的场地再被发球中线分为两个相等的区域，为发球区，发球中线是一条连接两条发球线中点并与边线平行的线，线宽须为5厘米。每一条底线都被一条长10厘米、宽5厘米的发球中线的假定延长线分为相等的两个部分，由一条短线分隔，该短线为“中点”，它与所处的底线呈直角相连，自底线向场内画。除了底线的最大宽度可以不超过10厘米以外，所有其他线的宽度均应在2

厘米到 5 厘米之间。所有的测量都应以线的外沿为准。

4. 永久固定物

网球场地上的永久固定物不只包括球网、网柱、单打支杆、网绳、钢丝绳、中心带及网带，还有一些也算永久固定物，如球场四侧的挡板、看台、环绕球场固定或可移动的椅子、观众，以及所有场地周围和上方的配套设施，还有出于各自预定位置的裁判、司网裁判、脚误裁判、司线员和球童。

如果广告位于球场后侧司线的椅子后面，则广告中不能包括白色或黄色。浅色只有在不干扰球员视线的情况下才允许使用。

（六）设备规则

1. 球

球外部需要由纺织材料统一包裹，颜色为白色或黄色，接缝处需无缝线痕迹。用球的直径介于 6.35~6.67 厘米之间，重量介于 56.7~58.5 克之间。在从 254 厘米的高度向混凝土地面做自由落体运动时,反弹的高度应该介于 134.62~147.32 厘米之间。当在球上施加 8.165 公斤的压力时，向内发生弹性形变应该介于 0.559~0.737 厘米之间，压缩后反弹形变的范围应该介于 0.8~1.08 厘米之间。这两种形变数据应该是以球的三个轴测试后得到的平均值。在每一种情况下任何两个数据之间的差异不能大于 0.076 厘米。

如果在海拔 1219 米的高度进行比赛，就需要采用另外两种特殊用球。第一种是除弹跳高度要介于 121.92~134.62 厘米之间外，还要使球的内压大于外部气压，其他方面则与上面的描述完全相同，这种球通常被称为增压球；第二种球除弹跳高度要在 134.62~147.32 厘米之间外，还要使球的内压大约等于外部的气压，并且能在指定的比赛场地的海拔高度保持 60 天以上，其他方面则与上面的描述完全相同，这种球通常被称为零压球或无压球。

国际网球联合会将对任何关于某种球或样品是否符合上述标准，或是否可以被批准用于比赛的问题进行裁决。这种裁决有可能是国际网联本身主动进行的行为，也可以依据所有真正感兴趣的人或包括任何选手、器材生产厂商或国家网球协会，以及她们的会员的申请来进行。这类申请与裁决应该按照国际网联的审查与听证程序来进行。

2. 球拍

比赛时使用的球拍必须符合下列要求。

（1）球拍的击球面应该是平坦的，由连接在球拍框上的拍弦组成统一规则，拍弦在交叉的地方应该是相互交织或相互结合的；拍弦所组成的试样应该大体一致，中央的密度特别不能小于其他区域的密度。球拍的设计和穿弦应使球拍正反两侧在击球时性质大体保持一致。

（2）从 1997 年1月1日起，在职业比赛中使用的球拍拍框的总长度（包括拍柄）不能超过 73. 66 厘米。从 2000 年1月1日起，在非职业比赛中使用的球拍拍框的总长度（包括拍柄）不能超过 73.66 厘米。在此之前，非职业比赛中使用的球拍的最大长度为 81.28 厘米。拍框的总宽度不能超过 31.75 厘米。穿弦平面的总长度不能超过 39.37 厘米，总宽度不能超过 29.21 厘米。

（3）拍框、拍线包括拍柄都不能有附属物和装置，除非该附属物仅仅并且非常明确的是用来限制和防止球拍磨损、破裂、振动或是用来调整重量分布的，而且它的尺寸以及位置也必须是合理的。

第五节 羽 毛 球

一、羽毛球运动概述

（一）产生

1. 起源于日本

相传羽毛球最早出现于14~15世纪时的日本，球拍是木制的，球是用樱桃核插上羽毛制成。这种球由于球托是樱桃核，太重，球飞行速度太快，使球的羽毛极易损坏，加之球的造价太高，所以该项运动流行了一阵子就慢慢消失了。

2. 再现于印度

大约在 18 世纪时，印度的普那出现了一种与早年日本的羽毛球极相似的游戏，球用直径约6厘米的圆形硬纸板，中间插羽毛球制成（类似我国的毽子），板是木质的，玩法是两人相对站着，手执木板来回击球。

3. 诞生于英国

现代羽毛球运动诞生于英国，大约在 1800 年左右，由网球派生而来（现今的羽毛球场地和网球场地仍非常相似）。1870年，出现了用羽毛、软木做的球和穿弦的球拍。1873年，英国公爵鲍弗特在格拉斯哥郡伯明顿镇的庄园里进行了一次羽毛球游戏表演。从此，羽毛球运动便逐渐开展起来，“伯明顿”即成了羽毛球的名字，英文的写法是“Badminton”。

（二）发展

1. 规则的演变

羽毛球游戏刚兴起时，没有人数、分数和场地的限制，练习者只需要互相对击。现代羽毛球从伯明顿庄园开始，有了一定的分数、场地、人数限制。1875年，第一本写羽毛球规则的书在英国问世。当时的规则很简单，规定了场地呈长方形，中间挂网的高度，双方对击的要求，并没有单打、双打的区别。随着人们观赏水平的提高及技术、战术的发展，规则也随之变化，出现了单、双打场地区别及发球区的规定，发球得分及发球得分后的换区等规则，为了使比赛激烈、精彩，又规定了双方打满13平、14平（女子单打打成9平、10平）时要进行加分比赛。国际羽毛球联合会正在制定新的规则，特别是对决胜局的比赛时间加以限制，力求使羽毛球比赛更加紧张激烈、精彩纷呈。

羽毛球运动设备也是从原始的低级阶段向高级阶段发展的。羽毛球从开始时的硬纸板和绒线团到木托用皮包起来，再发展到用14~16根高级羽毛插在软木托口；羽毛球拍从木板发展成椭圆形穿弦木拍。后来，规则规定球拍重 95~120 克，拍框长 25~25.5 厘米，宽20~20.5厘米，拍柄长39.5~40厘米，其制作材料也发展成木框钢管拍、铝合金拍、碳素纤维拍。选择球拍时，应以较轻、牢固而有弹性、握在手里舒适为原则。

2. 世界羽毛球运动组织

1875年，第一个军人羽毛球俱乐部在英国成立。1893年，英国已有14个羽毛球俱乐部，他们举行会议，正式成立了英国羽毛球协会。当时，英国羽毛球协会对羽毛球运动的开展、提高和传播起了积极的推动作用。这项运动首先在欧洲传播，然后发展到美洲、亚洲和大洋洲。20世纪二三十年代，加拿大、丹麦、马来西亚等国也相继成立了羽毛球协会。

为了推动世界羽毛球运动的发展，1934年，由英格兰、法国、爱尔兰、苏格兰、荷兰、加拿大、丹麦、新西兰和威尔士 9个羽毛球协会共同协商成立了国际羽毛球联合会（简称国际羽联）。第一任主席是汤姆斯，总部设在伦敦。

国际羽联的成立对羽毛球技术、战术的发展起了促进作用，除了传统的“全英羽毛球锦标赛”照常举行外，在1948年增设了汤姆斯杯赛（世界男子团体锦标赛），1956年增设了尤伯杯赛（世界女子团体锦标赛），并相继举办了世界羽毛球锦标赛、世界杯赛等，使世界羽毛球运动又向前迈进了一大步。

1978年，在中国香港成立了世界羽毛球联合会（简称世界羽联，总部设在曼谷），先后举办了两届世界羽毛球锦标赛，我国共荣获8项冠军，表明我国羽毛球运动已达到世界最高水平。为了推动世界羽毛球运动健康、稳步地发展，经过许多国家羽毛球界的共同努力，1981年，国际羽联和世界羽联正式合并，组成了新的国际羽毛球联合会（简称国际羽联），使世界羽毛球运动产生了新的飞跃，出现了欣欣向荣的景象。目前，国际羽联已有96个国家和地区参加，1992年，国际奥委会已把羽毛球比赛列入奥运会的正式比赛项目，羽毛球运动出现了前所未有的最佳发展时机。

3. 技术与战术的发展

羽毛球运动从开创至今，技术与战术的发展从简单到全面，从全面到快速灵活，从快速灵活到多变，其中产生了几次飞跃。

第一次飞跃是在开创时期，这一时期英国选手垄断整个世界羽坛，虽然他们的技术比较单一，打法陈旧，几乎没有战术变化，但是他们的技术水平一直处于领先地位，为羽毛球运动传播到全世界立下了头功。直到1939年，丹麦、加拿大等国选手以良好的体力和进攻型战术向英国选手发起了挑战，这才打破了英国选手称霸羽坛的局面，在第36届全英锦标赛上，英国选手仅获一枚混双金牌；第37、38届全英锦标赛冠军全部被丹麦选手囊括。

第二次飞跃是在20世纪50年代至60年代中期，这是羽毛球的技术与战术全面发展的时期，男子技术优势从欧洲全面转向亚洲，形成了亚洲人在世界羽坛上称雄的局面。50年代，以马来西亚、印度尼西亚为代表，他们主要以拉、吊式打法来控制球的落点，主要代表人物是马来西亚的王炳顺、庄友明。他们使马来西亚接连3次获得汤姆斯杯赛冠军，包揽了1950~1957年8届全英羽毛球锦标赛单打冠军和1951~1954年4届双打冠军。从1958年开始，羽毛球技术开始向快速、灵活的方向发展，以印度尼西亚的陈友福为代表，以较快的速度运用下压抢网和加强扣杀上网的打法打败了以技术性为代表的打法，从此开创了印度尼西亚控制世界羽坛的局面。从1958~1979年，印度尼西亚共7次荣获汤姆斯杯。

在这一时期，中国虽然没有正式参加世界比赛，但技术与战术水平提高很快，达到了世界先进水平，以汤仙虎、侯加昌为代表的中国选手体现了快攻打法特点。快攻打法除了脚步移动快，还表现在后场跳起扣杀后快速上网高点击球、两边起跳突击、发球抢攻等方面，特别是他们“快、狠、准、活”的技术风格，以绝对优势压倒了印度尼西亚队和欧洲队，为推动世界羽毛球运动发展作出了巨大贡献。从此，中国的快攻技术开始被国际羽坛所接受。到 20 世纪 60 年代末 70 年代初，在研究中国技术特点的基础上，世界羽坛注重了速度和进攻，发展了新技术，出现了以印度尼西亚梁海量为代表的劈杀技术，以林水镜为代表的双脚起跳扣球技术，使世界羽毛球技术水平迅速提高。

第三次飞跃是 20 世纪 80 年代，世界羽坛技术与战术向快速进攻、全面、多变的方向发展，以中国、印度尼西亚、印度、丹麦、马来西亚、韩国为代表的各国选手打法更全面，变化更多，速度更快，特长更突出，攻守兼备，技术已达到炉火纯青的地步，羽毛球运动进入了史上的巅峰期。

世界女子羽毛球运动起步较晚，它的技术也是随着男子的技术提高而提高的。20 世纪 40 年代末期至 50 年代初期，丹麦女选手的技术更胜一筹，她们获得全英羽毛球锦标赛 7 项单打冠军、5 次双打冠军。到了 20 世纪 50 年代中期至 60 年代中期，美国女选手汲取了男子快攻、打吊等羽毛球打法，竞技实力显著增强，从 1954 年至 1967 年 14 届全英锦标赛，她们获得了 13 次女单冠军，并获 3 届尤伯杯赛冠军。60 年代末期，日本女队在进攻的基础上加强了防守，以严密的防守寻找进攻机会，从而显示了相当的优势。她们从 1965~1981 年接连 5 次获得尤伯杯冠军，6 次获全英锦标赛女单、女双冠军。

中国女子羽毛球从 50 年代起步，60 年代达到世界先进水平。当时以陈王娘、梁小牧、梁秋霞为代表的中国女选手，学习男子技术动作，以快攻、灵巧的技术在各种场合击败过世界冠军。到了 80 年代，中国女子羽毛球队和男子队一样，全面走向世界，以张爱玲、韩爱萍、李玲蔚等为代表的中国女队，技术全面、打法多变。主动积极、快速突击性强，开创了世界女子羽毛球技术与战术的全盛时期。我国羽毛球队多次在世界大赛上夺得尤伯杯、汤姆斯杯、苏迪曼杯，目前处于世界领先水平。

二、羽毛球的基本技术

（一）握拍方法

在羽毛球各项基本技术中，握拍是最简单但又最易被初学者疏忽的一项技术。看起来，握拍很容易，谁都能抓起球拍挥舞几下，但要想提高球技，打起球来得心应手，就非得从握拍这最简单、最基本的一环学起，掌握适合自己的握拍方法。握拍方法总体分正手握拍和反手握拍两种。

1. 正手握拍

正确的握拍方法是先用左手拿住球拍杆，使拍面与地面垂直，然后张开右手，使手掌下部靠在球拍打握柄的底托，虎口对着球拍柄窄的一面，小指、无名指、中指自然地并拢，食指与中指稍稍分开，自然地弯屈并贴在球拍柄上，如图 7-29①所示。在击球之前，握拍一定要放松、自然，在击球的一刹那才紧握球拍。

2. 反手握拍

一般说来，反手握拍有两种：一种是在正手握拍的基础上，把球拍框往外转，拇指伸直贴在拍柄的宽面上，食指、中指、无名指、小指并拢；另一种是正手握拍将球拍框外转，拇指贴在球拍柄的棱上，食指、中指、无名指、小指并拢，如图 7-29②所示。反手握拍时，手心与球柄之间要留有空隙，这样握拍有利于手腕力量和手指力量的灵活运用。

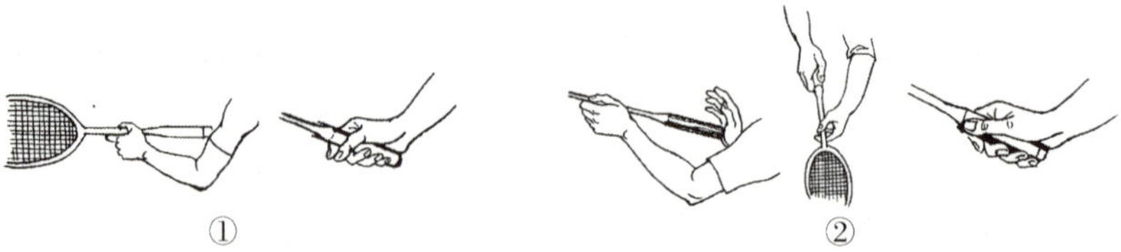

图 7-29 握拍方法

（二）步法

1. 上网步法

根据来球的远近，可采用两步、三步或一步上网击球。最后一步要求与握拍那只手同侧的脚在前，身体重心落在前脚上。上网步法可分跨步上网、垫步上网和蹬步上网等。

2. 后退法

不论哪种后退步法，后退时都不得先迈右脚，最后一步右脚在后，重心在右脚上。按后退以后的击球方法，后退分为正手后退（侧身仰步后退和交叉后退入头顶交叉步后退和反手后退等。

3. 两侧移动步法

为了接对方击向身体左右两半侧的球，要掌握两侧移动步法。向右侧移动时，左脚掌内侧用力起动，右脚同时向右侧转跨步，向左侧移动时则反之。

（三）发球

发球是羽毛球基本技术之一。羽毛球发球虽不能像乒乓球发球那样使球产生各种旋转，但它可以通过不同的发球手法，发出不同弧度、不同落点的球来控制对方，为本方创造进攻得分的机会。

发球可分为正手发球和反手发球。一般来说，发网前球、平快球、平高球均可以用正手发球或反手发球的技术来完成，而发高远球，则须采用正手发球。

1. 正手发球

发球站位：单打发球在中线附近，站在离前发球线约 1 米左右的位置。双打发球站位可靠近前发球线。

准备姿势：身体左肩侧对球网，左脚在前，右脚在后，重心在右脚上，右手持拍向右后侧举起，肘部放松微屈，左手拇指、食指和中指夹住球，举在胸腹间。发球时，身体重心由右脚移至左脚，如图 7-30 所示。

下面分别介绍用正手发球动作发出四种不同弧线的球的技术动作。

1）高远球

球的运行轨迹又高又远、下落时与地面垂直、落点在对方场区底线附近的球叫高远球。单打比赛时，常采用这种发球迫使对方退到最远的底线去接发球。

发球时，左手把球举在身体的右前方并自然放下，使球下落，右手同时持拍由大臂带动小臂，从右后方沿着身体向前并向左上方挥动。当球落到右手臂向前下方伸直能触到球的一刹那，握紧球拍，并利用手腕的力量向前上方发力击球。击球之后，球拍顺势向左上方挥动缓冲。

2）平高球

平高球是一种比高远球低、速度较高远球快并具有一定攻击性的球。发球前准备姿势同发高远球。发球的动作过程大致同发高远球，只是在击球的一刹那，小臂加速带动手腕向前上方挥动，拍面要向前上方倾斜，以向前用力为主。发平高球时要注意发出球的弧线以对方接球时伸拍打不着球的高度为宜，并应发到对方场区底线。

3）平快球

平快球比平高球的弧线还要低、速度还要快。在对方是反应较慢、站位较前、动作幅度较大的对手或是初学者时，效果往往很好。准备姿势亦同发高远球。站位比发平高球稍后些（以防对方很快回到本方后场），充分利用前臂带动手腕爆发力向前方用力，球直接从对方的肩稍上高度越过，直攻对方后场。

4）网前球

发网前球是在双打中主要采用的发球技术。单打比赛时，如发高球，怕遭到对方球速较快的直接攻击时；或为了主动改变发球方式借以调动对方时采用。准备姿势同发高远球。击球时，握拍要放松，大臂动作要小，主要靠小臂带动手腕向前切送，用力要轻。发网前球时应注意手腕不能有上挑动作。另外，落点要在前发球线附近，发出的球要贴网而过，这样可以免遭对方扑杀。

2. 反手发球

反手发球的特点是动作小、出球快、对方不易判断。在双打比赛中多采用此发球技术。

1）发球站位

站在前发球线后10~50厘米及发球区中线的附近，也可以站在前发球线及场地边线附近的地方（双打比赛中，从右场区发球时可以看到）。

2）准备姿势

面向球网，两脚前后站立（左脚或右脚在前均可），上体稍前倾，身体重心在前脚上。右手反手握拍，左手拇指、食指和中指捏住球的二三根羽毛，球托明显朝下（避免犯规），球体与拍面平行或球托对准拍面放在拍面前方，如图7-31所示。

图7-30 正手发球

图7-31 反手发球

3）动作要领

击球时，小臂带动手腕朝前横切推送。发网前球时，用力要轻，主要靠“切”送；发平快球时，发力要突然，击球时拍面要有“反压”动作。

（四）接发球

发球与接发球是一对矛盾体。发球方想方设法发出各种不同弧线的球，以此来控制对方；而接发球方则后发制人，来达到反控制的目的。

1. 接发球站位

不论是单打还是双打，都应选择一个合理的接发球站位。一般情况下，单打的接发球站位处离前发球线约 1.5 米。在右发球区应站在靠中线的位置，在左发球区则站在中间稍偏边线的位置，主要防备对方发球攻击反手部位。双打接发球时站位可靠近前发球线，因双打的后发球线距前发球线比单打短 0.76 米，发高远球易被扣杀。所以，双打接发球主要精力应用在对付发网前球上。

2. 接发球准备姿势

单打接发球应左脚在前，右脚在后，侧身对网，重心在前脚，后脚脚跟稍提起，收腹含胸，持拍于右身前，两眼注视对方。双打接发球准备姿势基本同单打，但重心可随意放在任何移动的一只脚上，球拍高举在肩上，注意力要高度集中。

接发球是克敌制胜的重要环节。接发球时，对于高远球和平高球，用平高球吊球或杀球还击；对于网前球，用平高球还击；对于高远球、放网前球，可以平推还击；平高球用手推球、平高球还击，以快制快。

（五）击球

击球是羽毛球运动的一项重要技术，只有熟练地掌握击球技术，才能积极主动地控制球速和落点，充分发挥击球的威力。

1. 后场击球技术

（1）正手高球。首先判断准确来球的方向和落点。击球时，将球拍后引至头部，上臂带动前臂快速向前上方甩腕，在手臂伸直的最高点击球，如图 7-32 所示。

（2）反手高球。首先判断好对方来球的方向和落点。右脚向左跨一步，使球处在身体右上方。球拍举至右肩上，击球时手臂前摆，带动手腕击球，如图 7-33 所示。

（3）正手吊球。击球时击球点比击高远球稍前，手臂做快速切削压动作，击球托的后部和侧后部。

图 7-32　正手高球

图 7-33　反手吊球

（4）正手杀球。与正手击高远球基本相同，击球点在肩的前上方，击球瞬间闪腕发力杀球，球拍和击球方向水平间夹角小于 90 度，使球直线下行。

（5）反手杀球。在移动过程中，由正手握拍改成反手握拍，动作要领基本同反手高球，只是在最后发力时，握紧拍子快速闪腕，挥拍杀球击球托的后部。

2. 前场网上击球技术

网上击球是调动对方、寻找战机的重要手段，并可直接得分。因它的技术动作轻松，运用力量要求控制适度，所以在学习网上击球时，除了要注意动作规范之外，还应细心体会击球时手腕、手指的细小感觉。

准备姿势：侧身对网，右脚跨步成弓箭步，左脚在后自然拉开，上体略有前倾，右手持拍，前伸约与肩平，肘关节微屈。注意握拍要放松。

网上击球常用技术如下。

（1）搓球。击球时，拍面稍前倾，利用手腕和手指的力量向前“切削”球托底部或向后“提拉”，使球击出后旋转或滚动过网。搓球一般在对方来球较靠近网上时运用。正反手搓球除握拍不同外，其他要领相同。

（2）放网前球。击球时，拍面稍朝前下方倾斜，前臂带动手腕和手指用前送动作球托底部。

（3）勾对角球。在网前把来球回击到对角线网前叫勾对角球。准备姿势同上。击球时，拍面斜向对方右（左）网前。正手勾对角线时击球托的右侧，手腕和手指带动球拍向左内勾动；反手勾对角时，击球托的左侧，同时向右内勾动。

（4）推球。在网上将来球用较平的弧线快速推到对方场区底线叫推球。准备姿势同上。击球时拍面前倾几乎与网平行。利用前臂带动手腕和手指的快速"闪动"将球击出。正手推球多用食指力量，反手推球多用拇指的力量。

（5）扑球。在网上把高于网的来球迅速扑压下去叫扑球。击球时，拍面前倾，前臂带动手腕和手指的快速闪动发力，击球后立即收拍，以免触网犯规。扑球时要求判断准、上步快、抢点高、动作小。正反手均可。

三、羽毛球的基本战术

（一）单打战术

1. 发球抢攻战术

发球抢攻战术是指利用发球使对方陷入被动，为自己创造进攻的一种战术。这种战术一般用发网前低球结合平快球、平高球，争取第三拍的主动进攻，也可在比赛进入关键时刻实施此战术突袭对手，以打乱其接发球的准备，争取主动权。

2. 攻后场战术

攻后场战术一般通过击高球，重复压对方底线两角，造成对方被动，然后寻找机会进攻。此战术一般用于对付初学者或技术不熟练、后场还击能力不强、后退步法较慢和急于上网的对手。

3. 攻前击后战术

攻前击后战术是先以吊球、放网前球、搓球吸引对方到网前，然后用推球、平高球或杀球突击对方的后场底线。它一般用于对付上网步法较慢或网前球技术较差的对手。采用此战术，要求运动员首先具有较好的网前击球技术。

（二）双打战术

双打比赛不仅仅是比赛双方在技术、战术、体力上的较量，同时也是同伴间相互配合默契程度的较量。

1. 攻人战术

攻人战术即“二打一”或避强击弱战术。双打比赛中，双方两个队员的技术水平一般是不均衡的，集中力量攻击对方较弱的队员，迫使对方的特长得不到发挥，充分暴露对方的弱点，是此战术的目的。

2. 攻中路战术

当对方队员分边站位时，要尽可能地将球攻到对方两人之间的空隙区，以造成对方争夺回击或相互让球而出现失误。这是对付配合较差的对手的有效办法。攻半场战术是攻中路战术的另一种方式。当对方成前后站位时，将球还击到两人之间靠边线的位置上。这是对付配合欠佳，动作不灵活，接半场球技术较差的对手的有效战术。

四、羽毛球的比赛规则

（一）比赛的项目

羽毛球比赛的项目有男子单打、女子单打、男子双打、女子双打、混合双打、男子团体、女子团体。

（二）比赛的计分方法及规则

（1）类似曾经的乒乓球记分方法，采用21分制，即双方分数先达21分者胜，3局2 胜。每局双方打到20平后，一方领先2分即算该局获胜；若双方打成29平后，一方领先1分，即算该局取胜。

（2）新制度中每球得分，并且除特殊情况（比如地板湿了、球打坏了）球员不可提出中断比赛的要求。但是，每局一方以 11 分领先时，比赛进行 1 分钟的技术暂停，让比赛双方进行擦汗、喝水等。

（3）得分者方有发球权，如果本方得单数分，从左边发球；得双数分，从右边发球。取消（单打）后发球线。在第三局或只进行一局的比赛中，当一方分数首先到达11分时，双方交换场区。

（三）比赛中的站位

1. 单打

（1）发球员的分数为0或双数时，双方运动员均应在各自的右发球区发球或接发球。

（2）发球员的分数为单数时，双方运动员均应在各自的左发球区发球或接发球。

（3）如“再赛”，发球员应以该局的总的分数来确定站位。若总分为15分（单数），双方运动员均应在各自的左发球区发球或接发球；若总分为 16 分（双数），双方运动员均应在各自的右发球区发球或接发球。

（4）球发出后，双方运动员就不再受发球区的限制而自由击到对方场区的任何位置，运动员的站位也可以在自己这方场区的界内或界外。

2. 双打

（1）一局比赛开始和获得发球局的一方，都应从右发球区开始发球。

（2）只有接发球员才能接发球；如果他（她）的同伴去接球或被球触及，发球方得1分。

①每局开始首先发球的运动员，在该局本方得分为0或双数时，都必须在右发球区发球或接发球；得分为单数时，则应在左发球区发球或接发球。

②每局开始首先接发球的运动员，在该局本方得分为0或双数时，都必须在右发球区接发球或发球；得分为单数时，则应在左发球区接发球或发球。

③上述两条相反形式的站位适用于他们的同伴。

（3）任何一局的本方发球员失去发球权后，由该局首先发球员发球，然后首先发球员的同伴发球，接着由他们的对手之一发球，然后再由另一对手发球，如此传递发球权。

（4）运动员不得有发球错误和接发球的错误，或在同一局比赛中有两次发球。

（5）一局胜方的任一运动员可在下一局先发球，负方中任一运动员可先接发球。

（6）球发出后就不再受发球区的限制了。运动员可在本方场区自由站位和将球击到对方场区的任何位置。

（四）比赛规则

1. 交换场区

（1）出现以下三种情况运动员应交换场区。

①第一局结束。

②第三局开始。

③第三局中或只进行一局的比赛进行至一方达到11分时。

（2）运动员未按以上规则交换场区，一经发现立即交换，以得分数有效。

2. 合法发球

合法发球需符合以下标准。

（1）发球时任何一方都不允许非法延误发球。

（2）发球员和接发球员都必须站在斜对角线发球区内发球和接发球，脚不能触及发球区的界限；两脚必须都有一部分与地面接触，不得移动，直至将球发出。

（3）发球员的球拍必须先击中球托，与此同时整个球必须低于发球员的腰部。

（4）击球瞬间球杆应指向下放，从而使整个球明显低于发球员的整个握拍手部。

（5）发球开始后，发球员的球拍必须连续向前挥动，直至将球发出。

（6）发出的球必须向上飞行过网，如果不受拦截，应落人接发球员的发球区。

3. 羽毛球的违例

出现以下情况属于违例。

（1）发球不合法违例。

（2）发球员发球时未击中球。

（3）发球时，球过网后挂在网上或停在网顶。

（4）比赛时：

①球落在球场边线外。

②球从网孔或从网下穿过。

③球不过网。

④球碰屋顶、天花板或四周墙壁。

⑤球碰到运动员的身体或衣服。

⑥球碰到场地外其他人或物体（由于建筑物的结构问题，必要时地方羽毛球组织可以制定羽毛球触及建筑物的临时规定，但有关组织有否决权）。

（5）比赛时，球拍或球的最初接触点不在击球者的这一方（击球者击球后，球拍可以，随球过网）。

（6）比赛进行中：运动员球拍、身体或衣服触及网或网的支持物。运动员的球拍或身体，以任何程度侵人对方场区。妨碍对手，如阻挡对方紧靠球网的合法击球。

4. 重发球

出现以下情况时要重发球。

（1）与不能预见或意外的情况，应重发球。

（2）除发球外，球挂在网上或停在网顶，应重发球。

（3）发球时，发球员和接发球员同时违例，应重发球。

（4）发球员在接发球员未做好准备时发球，应重发球。

（5）比赛进行中，球托与球的其他部分完全分离，应重发球。

（6）司线员未看清球的落点，裁判员也不能做出决定时，应重发球。

（7）重发球时，最后一次发球无效，原发球员重发球。

5. 死球

出现以下情况即为死球。

（1）球撞网并挂在网上，或停在网顶上。

（2）球撞网或网柱后落回在击球这一方的地面。

（3）球触及地面。

（4）违例或重发球。

6. 发球区错误及裁判方法

1）发生以下情况属于发球区错误。

（1）发球顺序错误。

（2）从错误的发球区发球。

（3）在错误的发球区准备接发球，且对方球已发出。

2）发球区错误的裁判方法

（1）如果错误在下一次发球击出前发现，应重发球；只有一方错误并输了这一回合，则错误不予纠正。

（2）如果错误在下一次发球击出前未被发现，则错误不予纠正。

（3）如果因发球区错误而重发球，则该回合无效，纠正错误重发球。

（4）如果发球区错误未被纠正，比赛也应继续进行，并且不改变运动员的新发球区和新发球顺序。

第六节 乒乓球

一、乒乓球运动概述

（一）起源

乒乓球起源于英国，由网球运动派生而来。19 世纪后期，英国一些大学生在室内以桌为台、书为网、酒瓶软木塞为球，在桌上推来挡去，形成“桌上网球”游戏。1890 年左右英格兰著名越野跑运动员吉布从美国带回空心赛璐络球，代替软木塞。因赛璐络球击在木板拍上发出乒乓声响，故称“乒乓球”。1891 年英国的巴克斯特申请了乒乓球商业专利。

1990 年 2 月英国在伦敦举行有 300 余人参加的乒乓球比赛。1902 年日本东京高等师范学校教授坪井玄道将乒乓球活动引入日本，1904 年上海四马路一家文具店的经理王道平从日本购买了 10 套乒乓球器材，将乒乓球活动介绍到中国来。20 世纪 20 年代，乒乓球逐渐在欧洲、美洲和亚洲各国广泛开展。1903 年英国的古德发明胶皮球拍，随即旋转削球的打法问世。1926 年起举办世界乒乓球锦标赛。20 世纪 50 年代日本使用海绵贴面球拍，推出弧圈球、发球抢攻的打法。60 年代中国首创近台快攻打法。

乒乓球台面长 2.74 米，宽 1.525 米，离地 0.76 米，中央有一垂直的球网将台面分为两个大小相等的台区。球拍大小、形状、重量不限，但板面覆盖的颗粒胶厚度至多 2 毫米。每场比赛采用三局两胜或五局三胜制。每局比赛先得 21 分者为胜，如 20 平后，则先多得 2 分者为胜。乒乓球比赛分男、女团体，男、女单打，男、女双打和男女混合双打 7 个项目。

（二）中国历届奥运乒乓球冠军

1. 1988 年第 24 届汉城奥运会

陈龙灿/韦晴光：男子双打

陈静：女子单打

2. 1992 年第 25 届巴塞罗那奥运会

邓亚萍：女子单打

邓亚萍/乔红：女子双打

王涛/吕林：男子双打

3. 1996 年第 26 届亚特兰大奥运会

刘国梁：男子单打

孔令辉/刘国梁：男子双打

邓亚萍：女子单打

邓亚萍/乔红：女子双打

4. 2000 年第 27 届悉尼奥运会

孔令辉：男子单打

王励勤/阎森：男子双打

王楠：女子单打

王楠/李菊：女子双打

5. 2004 年第 28 届雅典奥运会

王楠/张怡宁：女子双打

马琳/陈玘：男子双打

张怡宁：女子单打

6. 2008 年第 29 届北京奥运会

中国乒乓球男队（马琳、王皓、王励勤）：男子团体

中国乒乓球女队（王楠、张怡宁、郭跃）：女子团体

马琳：男子单打

张怡宁：女子单打

7. 2012 年第 30 届伦敦奥运会

中国乒乓球男队（张继科、王皓、马龙）：男子团体

中国乒乓球女队（李晓霞、丁宁、郭跃）：女子团体

张继科：男子单打

李晓霞：女子单打

二、乒乓球基本技术及练习方法

（一）持拍方法

世界上流行的握拍方法主要分为直拍和横拍两种。直拍的握法手指运用较灵活，在发球变化、处理不出台近网球和追身球方面较横握拍容易。横握拍的手指、手掌接触拍柄、拍面的面积比直拍大，所以它的稳定性比直拍好。

1. 直拍握法

用食指第二关节和拇指第二关节扣住拍的正面，虎口贴柄。其余 3 指弯屈贴于拍后 1/3 处，如图 7-34 所示。

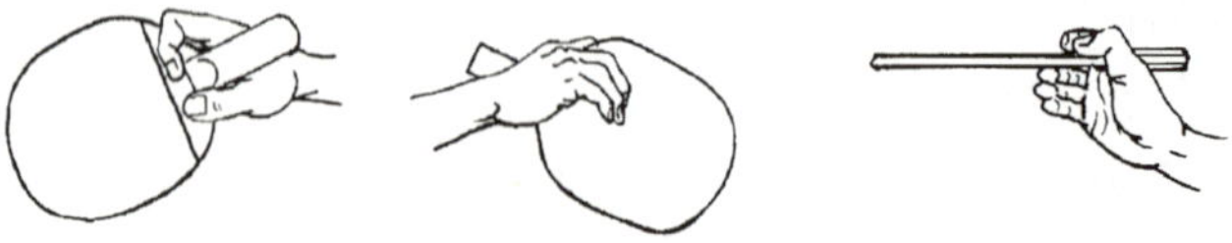

图 7-34　直拍握法

2. 横拍握法

虎口贴拍肩，拇指紧捏拍面，食指斜伸在拍的另一面，如图 7-35 所示。

图 7-35 横拍握法

（二）准备姿势

两脚平行站立比肩稍宽，两膝微屈稍内扣，前脚掌内侧着地，上体略前倾，收腹、含胸，重心置于两脚之间，两眼注视来球。持拍手臂自然弯屈，置于腹前。

练习方法：

（1）分成 2~4 排在老师的示范领作下练习准备姿势。

（2）结合步伐练习准备姿势。

（三）基本步法

1. 步法种类

灵活的步伐是抢占合理击球位置、熟练运用各种手法的前提，步伐训练不能忽视。常见的移动步伐有 6 种。

（1）单步。以一脚前掌为轴，另一脚向各个方向移动一步，如图 7-36①所示。

（2）换步。以一脚向来球方向移动，另一脚随着移动一步，如图 7-36②所示。

（3）跳步。以一脚蹬地，两脚同时离地向前后左右跳动，如图 7-36③所示。

（4）侧身步。以来球同侧脚向来球方向跨出一步，另一脚跟着向后移动一步。

（5）交叉步。以来球的异侧脚向来球一侧移动并超过另一脚，接着另一脚向来球一侧移动。

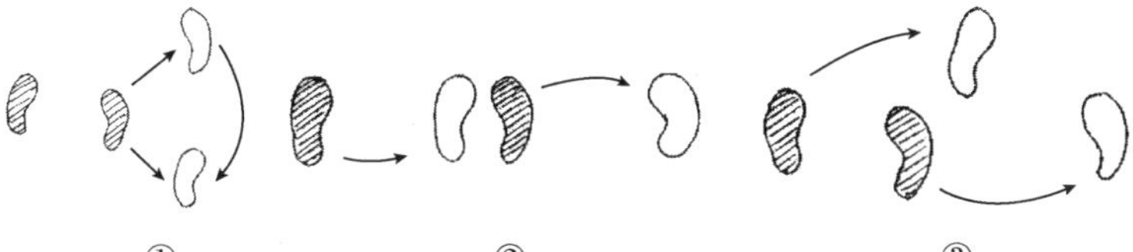

① ② ③

图 7-36 步法种类

2. 练习方法

（1）听口令或看手势进行步伐练习。

（2）在素质练习中进行步伐练习。

（四）发球

1. 发球种类

（1）正手平击发球。左脚在前，身体稍右转，左手掌心托球，抛球后，待下落时前臂由后向前挥动，拍面稍前倾，击球中部。

（2）反手平击发球。右脚在前，球抛起后，右手持拍从身体左后方向前挥动，拍面稍前倾，击球中上部。

（3）正手发左侧上（下）旋球。右手持拍向右上方引拍，球下落时，手.臂迅速向左下方挥动，触球瞬间手腕向左上方转动，使球向左投影上旋。如手腕向左下方转动，出球便向左下侧下旋。

（4）反手发右侧上（下）旋球。触球瞬间手腕向右上方转动摩擦球的中部，出球向右上旋。反之，则出球成右下旋。

2. 练习方法

（1）模仿发球动作，进行持拍摆臂练习。

（2）在球台上进行完整发球练习。

（3）用多球进行发球练习。

（4）在台上着重做第一落点的各种发球的击球练习。

（五）接发球

1. 信息分析

接发球判断的正确与否，直接影响接发球的方式和接发球的成败。为了判断发球的旋转性质、旋转强度及来球线路落点，应利用各种信息进行综合分析。

（1）站位的选择：对方在左角发球，应站在台中偏左；对方在右角发球应站在台中偏右。

（2）旋转和落点判断：首先注意对方球拍运动方向，判准来球旋转性能、速度和落点并回击球。

（3）接发球一般方法：接下旋球，用搓、拉削的方法；接上旋球，用搓或攻的方法；接不旋转球，用推或攻的方法回接球。

2. 练习方法

（1）双方对练发球并与接发球相结合练习。

（2）记分比赛，五球一换或一局一换。发球方专练发球，接发球一方专练接发球。

（3）先用固定技术接单一发球，再用不同技术接不同发球。

（4）两人一组一人配套发球，另一人用多种技术接发球，交换进行。

3. 提示

（1）发球的重点与难点是发球手法，发球的力量和准确的第一落点。

（2）接发球的重点与难点是正确判断来球的旋转性能、飞行弧度和落点。

（六）推挡球

推挡球技术特点是站位近，动作小，击球早，球速快，变化多。推挡包括挡球、快推、加力推、减力推等技术。

1. 挡球

1）特点与应用

挡球的特点是球速慢，力量轻，动作较简单，初学者容易掌握。它可以帮助初学者熟悉球性，认识乒乓球的击球规律，提高控制球的能力。

2）要点

（1）挡球是推挡球技术的基础，初学者应形成正确的动作手法。

（2）引拍时，上臂应靠近身体。前臂前伸近球，手腕手指调节拍形，食指用力，拇指放松。

2. 快推

1）特点与应用

快推的特点是站位近，动作小，借力还击，速度快，线路变化多。适用于回击一般的拉球、推挡球和中等力量的攻球；在相持中能发挥回球速度快的优势，推压两大角或袭击对方空当，为自己的进攻创造条件。它是推挡球最常用的一项技术，如图 7-37 所示。

图 7-37 快推动作

2）要点

（1）击球前靠近身体，前臂适当后撤来居上。

（2）在前臂向前推送的过程中，完成外旋动作。

（3）转腕动作不宜过大，关键是时机要恰当。

3. 加力推

1）特点与应用

加力推的特点是回球力量重，速度快，击球点较高，充分发挥手臂的推压力量。比赛中运用加力推可迫使对方离台，陷于被动局面（如侧身正手攻前一板，加力推底线或大角度），与减力挡搭配使用，能有效地调动对方，获得主动。它适用于对付速度较慢、旋转较弱的上旋球或力量较轻、着台后弹起比网稍高的来球，如图 7-38 所示。

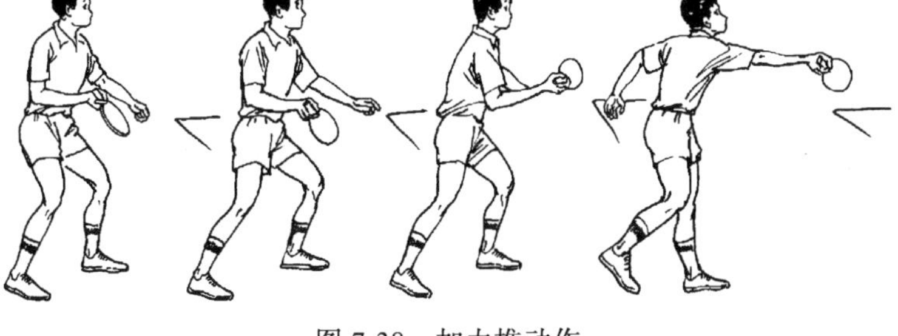

图 7-38 加力推动作

2）要点

（1）球拍后撤上引是为了增大用力距离。

（2）击球点适当窝身体远一点。

（3）击球时间不宜过早或过迟。

（4）要有效地把身体各部分的力集中在击球的一瞬间。

4. 减力挡

1）特点与应用

减力挡的特点是回球弧线低，落点低，力量轻。回接对方的大力扣杀或加力推挡时能减弱回球的力量，如与加力推结合运用，可以前后调动对方，是对付两面拉或两面攻打法的有效战术，它还常用于接加转弧圈球，如图 7-39 所示。

图 7-39　减力挡

2）要点

（1）击球前身体重心略升高，稍屈前臂，球拍保持合适的前倾角度。

（2）触球瞬间，有意识地做手臂和手腕后收的动作。

（3）削弱来球反弹力的同时，借来球的力量将球挡过去，回球速度快。

3）练习方法

（1）持拍徒手模仿推挡动作

（2）用推挡接；手平击发球.并进行左方斜线对推练习.先右脚稍前，再右脚稍后；先慢后快；先轻后重。

（3）先对推斜线，再对推直线；从 1 点推 2 点到推不同落点。

（4）一人攻球或推挡侧身攻，另一人推挡，2 人轮换。

4）提示

（1）先学习挡球，再学习快推、加力推、减力推等技术

（2）推挡球时，肘关节要贴近身体。

（七）攻球

攻球在比赛中是争取主动和取胜的重要技术，分正手和反手球两类，这里只介绍正手攻球技术。

1. 正手快抽

左脚在前，持拍呈半横状并向前倾，当球弹起上升时，手臂和手腕向前上方挥动，同时内旋转腕击球中上部，击球后挥拍至头部，如图 7-40 所示。

2. 正手拉抽

左脚步在前，身体离台稍远，击球前，向右后引拍使拍稍后仰，当球下落时，上臂由

后向前加速挥动提拉，同时配合手腕作向上摩擦击球中下部，击球后挥拍至前额，如图 7-41 所示。

图 7-40 正手快抽

图 7-41 正手拉抽

3. 练习方法

（1）徒手模仿练习。

（2）一人发平击球，另一人进行攻球练习，反复多次。

（八）搓球

搓球是近台还击下旋球的一种基本技术，搓可分为反手搓球和正手搓球，还分为慢搓和快搓，加转搓球和搓不转球等。

动作要领：站位离球台约 50 厘米，右脚稍前，上体垂直，重心居中。击球前，手臂拍至左肩处，屈肘成 80 度角，手腕内收，拍面稍后仰。击球时，以肘关节为轴，前臂发力带动手腕迅速向前下方挥拍，同时伸肘，前臂略内旋和上翘手腕，往左胸前一臂距离处，在球下降后期，击球中下部，并向底部摩擦。击球后，手臂肌肉放松，并随即收回还原，准备下次击球

1. 慢搓

1）特点与应用

慢搓动作幅度大，在来球的下降期击球，回球速度慢，但有利于增加搓球的旋转强度。慢搓一般适用于回接旋转较强、线路稍长的来球。在对搓中，快慢搓结合起来，可以变化击球节奏，牵制对方。

2）要点

（1）应根据来球的具体情况，控制好拍面的后仰角度。

（2）击球时，前臂用力为主，转腕动作不宜过大。

（3）搓加转球，在向下用力的同时，应增加前送的幅度。

2. 快搓

1）特点与应用

动作幅度小，回球速度快，借球的前进力将球搓回，常用于接发球或削过来的近网下旋球，在对搓中，利用快搓变化击球节奏，缩短对方回球的准备时间。

2）要点

（1）身体重心前移，身体靠近来球。

（2）前臂主动前伸插向球的中下部。

（3）快搓一般借力还击，若来球下旋弱可用力下切。

3. 搓转与不转球

1）特点与应用

用相似的手法搓出转与不转球（相对而言），使对方判断错误而直接得分，或为抢攻创造条件。在对搓中，把旋转变化与落点变化巧妙地结合起来，可以获得更多的进攻机会，在对付削球时，能使自己从被控制的局面中解脱出来。

2）要点

（1）加转是前提，转与不转间差异越大越有威力。

（2）搓加转时，手腕爆发式用力为主。

（3）搓不转时，要注意回球的弧线。

4. 练习方法

（1）摆臂模仿练习。

（2）接下旋发球。

（3）规定左方斜线对搓。

（4）搓球变直线与正手快拉球衔接。

5. 提示

（1）学习按照先学反手、再正手，先慢搓、再快搓的顺序。

（2）搓球动作不宜太大，要充分利用前臂和手腕转动的力量。

三、乒乓球的基本战术

不同的打法有不同的战术，如快攻型打法的战术以充分发挥近台快攻的快速凶狠、灵活多变特点为主；弧圈型打法的战术以充分发挥弧圈球主动进攻、强烈旋转，并结合大力扣杀的特点为主；削攻结合打法的战术以发挥削球的旋转多变和攻球的凶狠、快速特点为主。因此，为使战术能够更好地发挥技术特长，各种不同打法的运动员应采用不同的技术以组合成适合自己的战术。

1. 对攻战术

对攻战术主要运用正手攻球和反手推球的速度和力量，并结合落点变化和节奏变化压制和调动奢对方，以争取主动得分。常用的对攻战术有：紧压反手，结合变线，寻机抢攻。对攻战术是左推右攻打法对付攻击型打法的常用战术，两面攻运动员和攻削结合运动员等也时常使用反手推挡型打法。

2. 发球抢攻战术

发球抢攻战术是快攻类打法利用发球力争主动、先发制人的一种主要战术，是得分的重要手段。

3. 接发球强攻战术

接发球强攻战术由某一单项攻球技术所形成，进攻性强，可将接发球的不利地位转变为主动地位，也可直接得分，是乒乓球运动各种打法特别是进攻型打法的主要战术。

4. 拉攻战术

连续用正手快拉找出进攻的机会，然后采用突击和扣杀作为得分手段。拉攻战术是快攻打法对付削球类打法的主要战术。

5. 搓攻战术

搓攻战术主要运用“转、低、快、变”的搓球控制对方，以寻找战机然后采用低突、快点或快拉等技术展开攻势进行连续攻击；在搓球中遇到机会球时进行扣杀，常常带有突然性，往往直接得分。搓攻战术是快攻类打法对付攻球和削球打法的辅助战术，是乒乓球各种打法不可或缺的战术。

6. 削中反攻战术

削中反攻战术由削球和攻球结合而成。常以远角加转削球为主，伺机反攻，以从中寻找机会，予以反攻是攻削结合打法的主要战术。

四、乒乓球比赛规则

（一）基本规则

（1）发球时将球置于手心，垂直抛起 16 厘米，球从最高点下落时方可击球。

（2）发球时，发球人应在台面以上和端线左边延长线以内。

（3）发球时，每人轮换发两个球，11 分为一局，五局三胜制或七局四胜制。

（4）双打比赛发球时应从右半台发到对方右半台，轮换发球时要换人接发球。一局中首先发球的一方，在该场下一局应先接发球，在决胜局的比赛中，当一方先得 5 分时，双方应交换方位。

（5）团体赛采用的比赛顺序为第一场 A—X，第二场 B—Y，第三场 C—Z，第四场 A—Y，第五场 B—X，先胜三场者为胜方。

（二）后期变化

1. 小球改大球

1996 年 5 月，国际乒联开始改换大球的试验，但是直到 2000 年 2 月 23 日，国际乒联特别大会和代表大会才在吉隆坡通过了 40 毫米大球改革方案，悉尼奥运会之后，乒乓球比赛使用直径 40 毫米、重量 2.7 克的大球，以取代直径 38 毫米的小球。

2. 每局 11 分

2001 年 9 月 1 日，乒乓球比赛由每局 21 分制改为每局 11 分制。国际乒联采用 11 分赛制的初衷是缩短每局比赛的时间，原来打 3 局的时间，11 分制可以打 5 局，这样比赛就会变得更加激烈精彩。不过，真正能够使比赛精彩的根本原因是提高了结果的偶然性。

3. 无遮挡发球

2002 年 9 月 1 日，国际乒联正式在各国乒协推行无遮挡发球。发球时，尤其是在侧身正手发球时，不能用身体和抛球的手、手臂及衣服遮挡对方球员的视线。国际乒联主席沙拉拉称："实行无遮挡发球，并无意刁难中国队，只是想使比赛更加透明，这样才显得更加公平，使比赛的回合增多，观赏性增强。"

4. 双打改团体

2005 年 10 月 27 日，国际奥委会执委会在瑞士洛桑宣布了对 2008 年北京奥运会 28 个大项下小项的新增和调整决定，对中国影响最大的是乒乓球项目的男女双打被确认调整为男女团体。奥运会乒乓球男女团体比赛将取消 1/4 决赛。团体小组赛中，只有 4 个小组的头名才能出线并入围半决赛，从而争夺最后的冠军。

第七节 太极柔力球

一、太极柔力球运动概述

1. 概述

太极柔力球运动是一项新兴的、具有民族特色的体育运动项目，借鉴网球、羽毛球的场地、规则等要素，并融入了太极精髓，"提炼"形成了这项运动。它是由运动者手持一种特制的拍子，该拍子是由一个拍柄和一个拍框组成，类似于羽毛球比赛用的拍子，主要不同在于柔力球球拍的击球面不是网状结构，而是带风孔的橡胶软面，且印有太极图案（图 7-42）；球却像网球，由外层的皮和里面的细沙组成。这项运动可以两人对抛、单人独练、几人互传或隔网竞技。

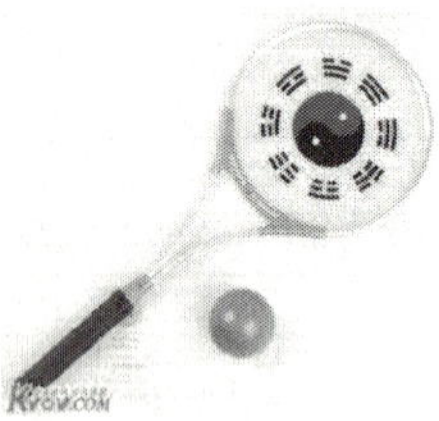
图 7-42

太极柔力球之"太极"是这项运动的根本和生命。太极柔力球圆弧轻划，看似软弱无力、轻松自在，然而力度拿捏、方位掌握均耗损巨大，一场球下来，轻则汗流浃背，重则腰酸腿软。太极柔力球将太极运动完整连贯、圆润柔和、自然流畅、连绵不断的特点充分体现出来。柔、圆、退、整是太极柔力球运动的四大特点。迎、引、抛是太极柔力球运动的三大要素。所以这项运动技术性要求比较高，讲究柔缓、顺遂、刚柔相济、细腻悠长。

如今，这项运动已经在多个城市开展起来了，主要受众群是社区的老人。目前，全国已有数十所高校在教学中开展了此项目，许多学生开始接触并喜欢上这项运动。

2. 诞生与发展

毕业于山西大学体育系的山西晋中卫校教师白榕副教授在日常的体育教学中尝试把太极拳的一些动作与网球、羽毛球的技术相结合，形成了一种太极式的球类运动——太极柔力球。1991 年开始向全社会推出该项运动。 1994 年，太极柔力球运动通过了国家教委评审小组的评审和肯定。2000 年被中国老年体协列为推广的新项目。

目前，全国已有 22 个省市自治区的老年体协正式开始了太极柔力球运动的推广和普及。其余的近十个省市也在准备推广这项运动。据不完全统计，全国有近 30 万人经常投身于太极柔力球的锻炼当中。

3. 对世界的影响

对于一项新兴的民族体育项目而言，民族的也是世界的，世界上很多国家都对太极柔力球产生了浓厚的兴趣。2006 年 5 月 22 日，国务院总理温家宝在北京菖蒲河公园向正在中国进行正式访问的德国总理默克尔介绍太极柔力球的玩法。如今，已经有日本、匈牙利、德国、墨西哥、新加坡、俄罗斯等 20 多个国家和地区开展了这项运动，成立了相应的专业协会。2006 年 9 月和 2007 年 10 月在日本大阪举办了两届全国比赛，德国和奥地利也举办了两届欧洲太极柔力球锦标赛。

二、太极柔力球运动特色

太极柔力球是太极化的球类体育项目。在运动理念和运动形式上，无不体现太极思想和太极运动的内涵。所以，太极是这项运动的根本和生命。我们应当将太极运动的核心思想，以柔克刚、以退为进、顺敌之势、化敌之力、引进合出、借力打力和太极运动完整连贯、圆润柔和、连绵不断的动作特点，在太极柔力球运动中充分体现出来。

我们在学习太极柔力球技术之前，应当首先把握这项运动的风格和特色。

1. 太极柔力球运动特点

（1）柔。柔是太极柔力球的灵魂。有了柔才能化力克刚，御敌制胜。柔也是这项运动的最大特色和魅力所在。

（2）圆。太极柔力球所有的技术动作都是以圆为核心。它是化解力量和聚集力量以及使动作美观自然的关键。

（3）退。太极柔力球每一个动作的完成都是以退为前提。只有退的时机、方向、力量恰到好处我们才可能顺利地完成技术动作。

（4）整。太极柔力球最根本还是要体现完整运力的特点。在完成每一个动作时都要周身协调，上下相随，浑圆一体，一气呵成。贯彻太极运动“一动全身皆动”的主导思想，打出太极柔力球特有的风格和韵味。

2. 文化意义

太极柔力球是应时而生的一项太极化的球类运动，体现中华民族博大精深的“太极”文化，以柔克刚，以退为进，以巧击蛮，以小胜大，以及和平圆满的战略思想，它保留了太极思想和太极运动中所有的精华，同时又加入了现代元素，并且使两者很好地融合在一起。它一改硬性击球方式，而以将球纳入球拍后的弧形引化过程为主要技术特征，这一特点成为其与网球、羽毛球和乒乓球等其他架网相隔、持拍对打的球类运动的主要区别。在运动中，每一次的收力、发力、接球、送球都是一次对心理的修炼，使每一参与者都能享受到自由自在、随心所欲、无拘无束的境界和氛围及酣畅自如的肢体运动所带给的快乐。

3. 健身功效

太极柔力球运动是一种全身性的运动，它可以使颈、肩、腰、腿得到均衡全面的发展。特别是由于圆形动作的变化比较复杂，随机多样，对训练中枢神经系统机能和发展多向思维都具有良好的作用。正确的弧形引化动作要求以肩为轴，肩、肘、腕保持一个弧形，因此整个上肢都不是紧张的，这有助于静脉血的回流，保护了心脏的安全。

它又是一种运动量可以灵活调节的运动。体力差的可以以逸待劳，以不变应万变；体力好的可以左奔右突，前后变幻；初学者可以高接低抛，和平过渡；娴熟者可以四处封杀，各展雄风。运动时圆灵轻活、闪展腾挪，人拍合一、心球合一，轻如燕子抄水、凤凰展翅，重如狮子摇头、豹虎归山，精神振奋、心情愉悦。运动量完全由锻炼者自我掌握。太极柔力球也可以作为一项隔网竞赛项目。为了比赛的胜利，参赛者在遵守规则的前提下，努力钻研，锐意进取，不断创新。

4. 练习者要求

（1）要练好身体，必须实行体育运动与卫生相结合，光练不行，还需要和饮食起居、生活习惯等各个方面配合起来，例如：吸烟对人体有害应该忌掉，酒也不宜多喝。

（2）饭后一小时内，不宜锻炼，以免影响呼吸和消化，运动时服装要宽松，以免妨碍动作。

（3）运动时间和次数要因人、因时、因地制宜，量力而行。

（4）运动时要全身放松，然后轻缓用力做动作要松中有紧，柔中有刚切不可用僵力。

三、太极柔力球基本技术训练

1. 太极柔力球弧形引化过程和正确的拍弧对应关系

弧形引化过程是这项运动区别于其他持拍运动的要点所在。其要素如下所述。

（1）迎球。当球飞来时，对向来球的方向主动伸拍迎球，球拍与来球是相对运动的，这样就获得了充分的缓冲距离和入球时间。

（2）引球。在球快入球拍时球拍顺球的运动方向和轨迹相向运动。当球拍与来球的速度接近时，使球从球拍的边框处柔和的切入球拍。

（3）抛球。抛球过程是身体带动持拍臂和球拍进行一个同半径、同转轴、同平面的匀变速圆弧运动。在离心力和向心力的作用下球与球拍和为一体，当球拍挥旋停止和减速时，在旋转惯性的作用下（惯性离心力）球从球拍引化方向的边缘沿着弧形引化的切线方向飞出。

迎球、引球、抛球作为弧形引化过程的三个阶段，既要准确反映各个环节的不同特点，又要在整体动作中融会贯通，连为一体，在抛球过程中，球拍的横截面应始终处于抛球圆弧的切线上。球拍触球面在弧形引化轨迹中应始终对准弧内圆心方向并与引化圆弧的半径相垂直（图 7-43）。

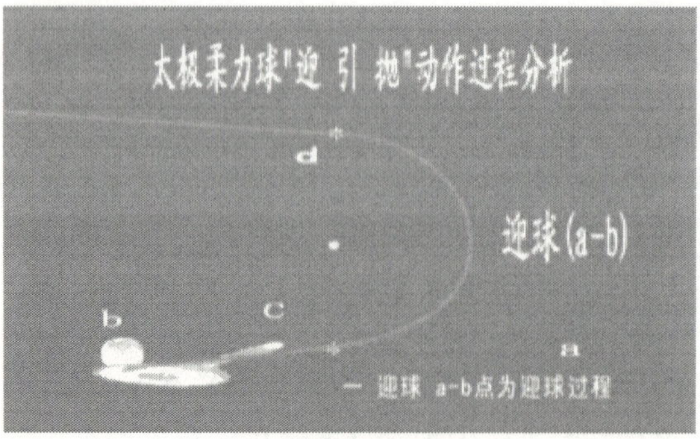

图 7-43

抛球过程的用力是在抛球的初始阶段，球拍与球在抛球弧线中是匀加速或匀减速运动。在抛球过程开始后，不得出现第二次突然用力和改变原有弧线轨迹。在球出球拍的瞬间，出球点的拍框外缘应与出球方向保持一致。

鉴于上述的拍弧对应关系，在弧形引化过程中的任意一点上引化技术动作出现停顿，二次加力，折向以后的推、压、挑、扣等可见现象时，均应视为错误接抛球。

2. 专项辅助训练

（1）双臂抱圆。两臂自然微曲前举抱圆，使手臂和肩带的肌群都处于自然放松状态（图 7-44）。在以后的所有技术动作中，手臂的微曲抱圆是这项运动贯彻始终的技术要求。所以在这个练习中大家一定要找到适合自己身体的抱圆弧度，并要不断地加以巩固和定型，为以后的学习打好基础。

（2）抱圆挥转。双臂体前抱圆，以肩关节为轴向前挥旋和向后挥旋（图 7-45）。切忌在挥旋时，手臂的抱圆不要打开，一定要保持手臂的曲度，动作要放松自然。

（3）双手下抱圆蹬转。双臂向下围绕身体的纵轴抱圆，运用身体的整体合力带动手臂围绕身体的纵轴转动，转动时上下肢用力要协调，完整（图 7-46）。

（4）双手上抱圆蹬转。双臂向上抱圆，两手心对向身体的纵轴，在左右脚的蹬转和腿腰的整体带动下，使双臂围绕身体的纵轴转动，转动时重心要平稳，上体转动时要保持正直，不要偏离了身体的纵轴（图 7-47）。

图 7-44

图 7-45

图 7-46

图 7-47

（5）持拍“8”字挥旋。这项练习是将正手的高球和低球及反手的高球低球所运行的线路连接起来设计的动作（图 7-48）。它对体会最基本的接抛球技术有着很好的辅助作用。在挥旋时要把腿和腰的力量带入动作之中，使整个动作完整连贯。

（6）原地左右水平旋。双臂向上抱圆，右脚向右跨步，脚尖向右转，左脚蹬地，以右脚的前脚掌为支撑使身体向右水平旋转 360° 后回位（图 7-49）。同样，左脚向左跨步，脚尖向左传，右脚蹬地，以左脚的前脚掌为支撑，向左旋转 360° 后回位。使运动者体会接抛球时旋转的感觉。

（7）滑步左右水平旋。以原地水平旋为基础，向右或向左滑出两步后再完成旋转，使练习动作更加趋向于实用。

（8）原地左右侧旋。身体正手站位，球拍置于身体右侧下方 45° ，在身体的整体带动下，向右作侧旋至身体左侧上方，在经体前回到右侧起点处（图 7-50）。

左侧旋同样，将球拍置于身体左侧下方 45° ，全身整体用力使持拍臂在向左后侧旋一周后回到起点处。要切记，在侧旋时圆心和半径要固定，划出的圆要在一个平面上。

（9）滑步右左侧旋。正手基本站位。两脚向右后侧 45° 方向滑出两步，然后完成右侧旋动作。注意重心要平稳，球拍旋转要到位（图 7-51）。

左侧旋是反手基本站位。两脚向左后 45° 方向滑出两步，紧接着完成左侧旋动作。注意动作要连贯舒展，拍框的外缘要始终对向旋转方向。

图 7-48

图 7-49

图 7-50

图 7-51

（10）迎引球练习。在初学者开始练习时，左手持球右手持拍，左手将球向上抛起，右手持拍主动向上迎球，使球拍的边框对向来球，根据球的下落速度顺势引拍，使球柔和的切入球拍，然后带球在体前划弧（图 7-52），体会球入球拍时的感觉。

（11）正手自抛球练习。左手将球抛向身体的左上方，右手持拍在体前左上方伸拍迎球，在球入球拍后，在体前完成低入高抛的弧形引化，将球抛回左手（图 7-53），体会弧形引化迎、引、抛的全过程。

（12）反手自抛球练习。右手反握球拍，左手将球抛向身体的右上方，右手持拍向右上方伸拍迎球，在球入球拍后经体前由右向左弧形引化，在球运行到身体的左前上方时将球顺势向左上方抛出（图 7-54）。通过这个练习，加强反手侧接抛球的技术。

（13）正反迎引抛球练习。正握拍，带球由身体的右侧经体前下方向左侧上方划弧，并将球抛出，球出球拍后迅速捻转手中的球拍成反握拍，然后迎球入拍，向下向右再向上将球向右上方抛出，手中的球拍再转换成正握拍迎球（图 7-55）。通过这样的练习使运动者掌握正反手握拍的方法和换握时机。

图 7-52

图 7-53

图 7-54

图 7-55

（14）带球左右水平旋练习。这项练习主要是体会身体的旋转以及球拍对球离心力的控制，要求人、拍、球合为一体，旋转圆润自然协调完整，为以后学习太极柔力球的高级技术打下良好的基础。

练习时，左手拿球右手持拍，左手将球向右抛入右手的球拍，右脚向右跨步，身体以右脚前脚掌为支撑，顺势带球向右旋转约 360°后回位（图 7-56）。

向左旋时，左手由内向左抛球，右手持拍向左侧上方迎球入拍，左脚向左跨步，以左脚的前脚掌支撑，右脚蹬地使身体向左旋转 360°后回位。

（15）带球右侧、左侧旋抛球练习。右侧旋是以正手站位，左手将球轻轻的抛入右手的球拍，身体以右侧旋动作带动球拍和拍内的球，由身体的右侧下方向右后侧旋，在旋至身体的左侧上方时将球沿着旋转圆弧的切线方向甩出球拍（图 7-57），出球的方向和落点要准确。

左侧旋抛球是反手站位，左手将球抛入在左侧下方的球拍，身体以左侧旋动作，向左后侧旋，当球拍旋至身体的右侧上方时，将球沿着旋转圆弧的切线方向甩出球拍，在球出球拍的瞬间，出球点的拍框外缘一定要与出球方向保持一致。

通过专项辅助训练，我们可以更快的体会到太极柔力球的技术要领，掌握规范正确的技术动作。它是提高技术水平的关键一环。在我们的学习中一定要重视对它的训练，应当在每次训练前作为准备活动长期坚持练习。

3. 太极柔力球基本技术

（1）正手基本站位。正手基本站位是指运动员正握球拍，接抛身体右侧来球的站位方法。要求面向对方，左脚在前右脚在后，两脚自然开立，略宽于肩，两膝弯曲略内扣，重心在两脚之间，脚跟微微提起，以脚的前脚掌着地，髋关节放松，含胸，收腹，上体略向前，平视前方，右手持拍自然于身体的右上方（图 7-58）。

图 7-56

图 7-57

图 7-58

（2）反手基本站位。反手基本站位是指运动员反握球拍，接抛身体左侧来球的方法。要求面向对方，右脚在前左脚在后，两脚自然开立，略宽于肩，两膝弯曲略内扣，重心在两脚之间，脚跟微微提起，以脚的前脚掌着地，髋关节放松，含胸，收腹，上体略向前，平视前方，右手持拍自然置于身体的左前上方（图 7-59）。

（3）正手接抛高球。接抛球时根据来球的方向，速度及时地调整站位，将接球点置于身体右侧前上方，持拍臂向右前上方伸拍迎球，当球触及球拍后，顺势向后，向下再向前做弧形引化，从右前下方将球向前抛出（图 7-60）。注意上体要正，腿和腰要带上力量。

（4）正手接抛低球。接球队员正握球拍，将接球点置于身体右侧前下方，持拍臂要以肩为轴向右前下方伸出迎球，当球触及球拍后迅速顺势向右后 45 度方向作弧形引化经右前上方将球抛出（图 7-61）。

（5）反手正握接抛高球。接球队员以正握拍的方法，将接球点置于身体左侧前上方，持拍臂要以肩为轴，手臂外旋，向左前上方伸出迎球，球拍的边框要对向来球方向，当球触及球拍后，迅速顺势向左侧后下方做弧形引化将球由左前下方向前抛出（图 7-62）。

图 7-59

图 7-60

图 7-61

（6）反手正握接抛低球。接球队员以正握拍方法，根据来球的方向，速度，及时地调整站位，持拍手的拇指在上，四指在下，将接球点置于身体的左侧前下方，持拍臂以肩为轴，当球触及球拍后迅速顺势向左后上方做弧形引化，将球从左前上方向前抛出（图 7-63）。

（7）反手反握接抛高球。接球队员反手站位，反握球拍，手臂外旋，向左侧上方伸拍迎球，在球入球拍后，向左侧后下方做弧形引化，将球从左前下方向前抛出（图 7-64）。

（8）反手反握接抛低球。接球队员反手握拍，手臂内旋，持拍手的手背向上，持拍臂以肩为轴，当球触及球拍后迅速顺势向左后上方做弧形引化，将球由左前上方向前抛出（图 7-65）。

图 7-62

图 7-63

图 7-64

图 7-65

（9）正拍右拉球。接球队员正握球拍，将接球点置于体前偏左侧，小臂外旋，向左前下方伸拍迎球，出拍时，拍面要与地面垂直，当球入球拍后迅速在体前向右侧做水平弧形引化，并将球在身体的右侧择向抛出（图 7-66）。

（10）正拍左拉球。接抛球队员正握球拍，将接球点置于体前偏右侧，小臂内旋向右前下方伸拍迎球，，拍面要与地面垂直，拍头侧对地面，当球入球拍后迅速在体前向左侧做弧形引化，并将球在身体的左侧择向抛出（图 7-67）。

（11）反拍右拉球。接球队员发握球拍，将接球点置于体前偏左侧，小臂外旋，向左前下方伸拍迎球，拍头向下，当球入球拍后迅速在体前向右侧做水平弧形引化，并将球在身体右侧择向抛出（图 7-68）。

（12）反拍左拉球。接球队员反握球拍，将接球点置于体前偏右侧，小臂内旋，向右前下方伸拍迎球，拍面要与地面垂直，当球入球拍后迅速在体前左侧作水平弧形引化，并将球在身体左侧择向抛出（图 7-69）。

图 7-66

图 7-67

图 7-68

图 7-69

（13）体前平拉球。是指接球队员在体前用水平弧形引化方法的接抛球技术。体前平拉球可以用正握拍也可以用反握拍，由于它的引化动作是有支撑点无实体轴的运动。虽然动作缺少力量，但是变化非常丰富，落点准确，是竞技比赛中前场常用的小球技法（图 7-70）。

4. 太极柔力球隐蔽技术

（1）提右腿接抛球。接球队员正握球拍，接抛球时将接球点置于右侧前方，持拍臂在出拍迎球的同时左脚先上半步成支撑腿，右腿上提，将引入球拍的球经右腿外侧做弧形引化至右腿下抛出（图 7-71）。

（2）提左腿接抛球。接球队员正握球拍，接抛球时将接球点置于右侧前方，持拍臂在伸拍迎球的同时右腿先上半步成支撑，左腿提起，并顺势将引入球拍的球经左腿内侧，做弧形引化至腿下抛出（图 7-72）。

（3）背后接抛球。接球队员将接球点置于身体右侧前下方，接球时拍头向下，球入球拍后，腿，腰整体蹬转，带动持拍臂围绕身体的纵轴转动，使球拍经体后至身体左侧将球抛出（图 7-73）。做引化动作时，拍头应微微翘起，以免球失控脱落。

图 7-70

图 7-71

图 7-72

图 7-73

（4）腋下接抛球。接球队员正握球拍，接抛球时将接球点置于身体左侧，持拍臂在引球入拍的同时，右脚向左前跨上半步，身体向左转体约 90 度，侧对进攻方向，左臂曲肘上抬，引球入拍后顺势向左后方向引化，经身后使球从身体的左腋下抛出（图 7-74）。

（5）右侧头后球。接球队员正握球拍，将接球点置于头部右侧位，两腿和腰同时蹬转，带动球拍围绕头部转动，在球拍转到头部左侧时将拍内的球向前抛出（图 7-75）。

（6）左侧头后球。接球队员正握球拍，接抛球时将接球点置于头部左侧位，持拍臂小臂外旋，引球入拍后，顺势向头后作水平弧形引化，右脚向左前跨上半步，，身体侧转，将球从右侧肩上抛出（图 7-76）。

（7）肩后球。接球队员正握球拍，将接球点置于身体的右侧前方，持拍臂在引球入拍后，在身体的整体带动下，向右后旋转约 180 度将球从身体左侧肩后抛出（图 7-77）。

太极柔力球的隐蔽技术变化丰富，动作逼真，出球巧妙，美观实用，是场上有效的进攻手段，特别是前场攻小球和防守快速进攻球时，都有不可替代的作用。

图 7-74

图 7-75

图 7-76

图 7-77

5. 太极柔力球高级技术

（1）水平右旋球。正手基本站位，当球向身体右侧上方飞来时，右手持拍向右前侧上方伸拍迎球，同时以右脚为支撑，左脚迅速蹬地，以身体的纵轴为中心向右水平旋转，在旋转至身体的左侧时将球抛出，在球出球拍的瞬间，出球点的拍框外缘要与出球方向保持一致（图 7-78）。

（2）水平左旋球。反手基本站位，当球向身体的左侧上方飞来时，右手持拍向左前上方伸拍迎球，同时以左脚为支撑，右脚迅速蹬地，使身体围绕纵轴水平旋转，在旋至身体右侧时将球抛出，在旋转过程中头部要稍领先于身体的旋转，提前观察对方的站位情况，有目的将球攻入对方场区（图 7-79）。

（3）原地右侧旋球。正手基本站位，当球向身体的右下方飞来时，右手持拍向右前下方伸拍迎球，同时右脚后撤，脚前掌外展为支撑，左脚迅速蹬地，在身体合力的带动下，持拍臂由右下方侧旋至身体的左上方将球沿旋转圆弧的切线方向甩出球拍（图 7-80）。

（4）原地左侧旋球。反手基本站位，当球向身体的左侧下方飞来时，右手持拍向左前下方伸拍迎球，同时左脚后撤，脚前掌外转成支撑，右脚迅速蹬地，在身体合力的带动下，持拍臂从身体的左前下方侧旋至右侧上方，将球沿旋转圆弧的切线方向甩出球拍（图 7-81）。

图 7-78

图 7-79

图 7-80

图 7-81

（5）腾空右侧旋球。正手站位，当球向身体的右侧下方飞来时，右手持拍向右前下方伸拍迎球，同时滑步调整站位，当球入球拍后，右脚蹬地起跳或双脚同时向右后上方蹬地起跳，使身体腾空并获得在空中向右后侧旋的力量，带动持拍臂侧旋至身体的左侧上方，沿旋转圆弧的切线方向甩出球拍（图 7-82）。

（6）腾空左侧旋球。反手站位，当球向身体的左侧下方飞来时，右手持拍向左前下方伸拍迎球，同时滑步调整站位，当球入球拍后，以左脚起跳，使身体在空中向左后侧旋，在身体的右侧上方将球甩出，在旋转过程中，头部要领先于身体的旋转，提前观察对方的站位情况，有目的将球攻入对方场区的空当（图 7-83）。

（7）正手高点球。正手基本站位，当球向身体的右侧飞来时，右手持拍向右侧前下方伸拍迎球，同时双脚蹬地，使身体原地向上展开，持拍臂在身体的整体带动下，以肩为轴，从右前下向右后，向上再向前划出一个完整的弧线，将球在球拍旋到最高点时，沿弧线的切线方向甩出球拍（图 7-84）。

（8）腾空水平旋球。正手基本站位，当球快速地从身体右侧上方飞来时，双脚迅速蹬地，使身体获得腾空和水平旋转的力量，在腾空旋转的同时持拍臂向右侧上方迎球，球入球拍后，以身体旋转的力量带动持拍臂使球从身体的左侧甩出球拍，在球出球拍的瞬间，出球点的拍框外缘，要对向出球方向（图 7-85）。

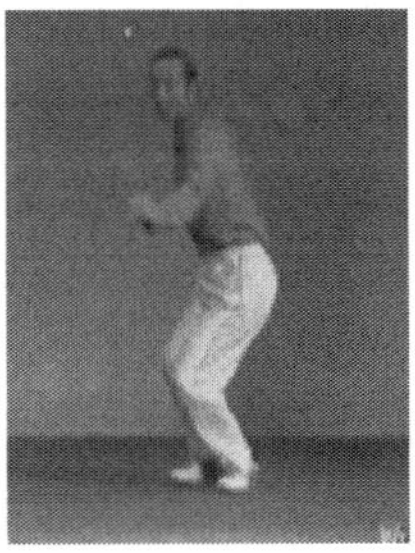

图 7-82

图 7-83

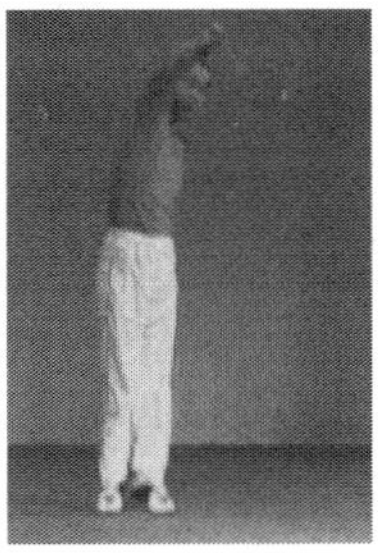

图 7-84

图 7-85

第八章 塑身运动

第一节 瑜 伽

瑜伽（yoga）这个词来自梵语词根 yuj，意为联合、加入、结合和束缚，即把人的注意力集中起来加以引导、运用和实施，也有结合或交融的意思。它是人的意志与神的意志的真正结合。摩诃迪瓦 ·德赛(Mahadev Desal)在《甘地谈薄伽梵歌》(Gitaaccording to Gandhi ）一书的序言中曾这样写道：“它（瑜伽）意味着将身、心、灵的所有力量与神结合；它也意味着对人类的智力、大脑、情感、意志的规范；它还意味着内在宁静，从而使一个人能够均衡地审视生活的所有方面。”同时，瑜伽也被描述为在纷繁事务中所具有的工作智慧或生活艺术，一种和谐相处、适可而止的智慧。

一、瑜伽的历史渊源

瑜伽的渊源古老而久远。几乎所有的学者都认为诸如《薄伽梵歌》、《薄伽瓦谭》等瑜伽的古老文献是从不可追忆的远古时代就以师徒间口耳相传的方式代代相传下来，在五千多年前被编纂成书。在人类文化历史极早的时期，瑜伽的雏形可能只是人们试着掌握所谓咒法的一种手段。在印度约公元前 2500 年的古代文化遗址出土的文物中就有刻着类似瑜伽姿势图案的制品。古印度圣哲，编《吠陀经书》（吠陀，梵文写作意为真正的知识），内有四部，既有宗教仪轨之学，以悦自然界诸神；复有养生之学，以调体息；更有奥义书，以讲求智慧，启悟自性。这些经书，决定了印度哲学的方向，日后一切瑜伽经典，也莫能离吠陀之经义。

1. 瑜伽体位法的来历

我们熟知的瑜伽体位法的产生比较流行的说法就是在传说中很多雪山上修行的圣哲，在冥想的间隙，参照自然万物生灵的特征所创的静态姿势。大家知道，中国著名的华佗的五禽戏就是这样发明的。在《哈他瑜伽导论》等古梵文版本书中，只出现了 84 个体位，而现今坊间流传的姿势据说多达 840 万个，实则多为后人的演绎。另有一流传甚广的传说认为，瑜伽的创立者是伟大的圣徒和圣人瑞施斯和马哈希斯。他们通过集中精神的力量看到了生命最奥秘的真理，于是他们向大众提供了自身体验的理性解释，使得人们能获得一种实用、科学的训练方法，让大家沿着真正的生活道路前进，实现最终的目标——天人合一。

19 世纪，“印度的现代瑜伽之父”克须那摩却那（Krishnamachajya）为了吸引人们对瑜伽的兴趣，开始表演一些瑜伽杂技，后来其弟子将瑜伽带入西方世界，成了西方世界风靡一时的健身运动。此后，又出现了以祛病治痛为目的的艾杨格瑜伽。

今天，瑜伽已经完全融入了人类的生活之中，许多印度瑜伽师为发扬瑜伽思想而漂洋过海，向全世界传播这一古老的东方文化和修持技术，使得瑜伽在世界范围内广泛兴起。

2. 瑜伽进入中国的时间

追踪溯源，佛学在东汉年间进入中国时，“瑜伽”这个词已经进入中国，只是当时所有佛经将瑜伽意译为“相印”。

瑜伽的体位练习确实可以保健强身，瑜伽的冥想也可以保健心灵，却和现代健身运动有显著区别，瑜伽的目的是梵我合一，追求心灵境界的修炼，而健身和体操舞蹈的最终目的是强身健体，心灵修持倒在其次。

二、瑜伽的基本动作与练习

瑜伽的修习给予练习者最基本的对身心的调协与均衡，是一项理想的预防身体和精神疾病的运动技巧。它可以全面保护身体，逐步培养人的自信和自立。珍爱生命、保持耐心、遵循真理以及坚定意志是修习者练习不可缺少的品质。因此，修行瑜伽需要全身心的投入，真正的练习者和好的练习方法，绝对不是体式上的机械重复和口头上的说教，从本质上说是对身体每时每刻生命力的实践。

（一）经典热身——拜日式（向太阳致敬式）

正如名字一样，拜日式特别适合在清晨太阳升起的时候，就对着朝阳练习，它会给人带来新的充满活力的一天。这也是深受人们喜爱的瑜伽姿势之一。

体位练习过程：祈祷式→展臂式→前屈式→新月式→平板式→八体投地式→眼镜蛇式→下犬式→新月式→前屈式→展臂式→祈祷式。

练习方法：

（1）挺身直立，两脚并拢，两掌在胸前合十，全身保持正直，目视前方，自然呼吸。

（2）缓慢而深长的吸气，双臂上举，同时两手食指相触，掌心向前，手抬向顶部时，吸气结束，两臂和背部自腰部起向后方弯下。在此过程中，两腿、两臂都保持伸直。

（3）呼气，直臂带动身体向前，沿弧形向地面弯屈，同时双手保持平行。用双掌或两手手指触及地板（不要弯屈双膝），尽量使头部靠近双膝当两掌放在地面时，呼气结束。

（4）吸气，抬头，弯屈双膝双掌贴地。呼气，右脚一步向后跨出，膝盖和脚背贴地。吸气，抬头带动身体直立起来，尽可能地将胯部向下压，呼气，身体向后，注意保持好身体的平衡。吸气，抬头带动身体回正。

（5）呼气，双手放回到脚的两侧，吸气，左脚一步向后跨出与右脚并拢，吸气，抬头，放低臀部，让我们的身体成斜板状，不要耸肩，呼气，眼睛平视前方。

（6）吸气，抬头。呼气，弯屈双膝，双腿的膝盖和脚背贴地，上身自然地向前向下，额头点低，放松全身，保持平稳地腹式呼吸。吸气，抬头，抬高臀部，弯屈双肘，用下颚和胸部依次摩擦地面，身体缓缓地向前移动，直到腹部、大腿依次触及地面。呼气，将腹部完全的贴到地板上。

（7）吸气，先用头部的力量带动上身向上，再伸直手臂。呼气，头部向后。注意要双脚并拢，夹紧臀部，不要耸肩。

（8）呼气，臀部向后上方拱起，双脚并拢，脚跟尽量压向地面，两臂、两腿保持伸直，两掌和双脚支撑地面，使身体如同一个三角形。

（9）吸气，右脚一步向前跨出，到两手之间。吸气，抬头带动上身直立，双手可以重叠扶住右腿膝盖，呼气，上身、双臂及头部向后。

（10）吸气，抬头带动身体回正，双手放回到脚的两侧，吸气，左脚一步向前跨出，与右脚并拢，呼气，双手扶住脚跟，用上身去贴近大腿面。

（11）同第（2）步。

（12）吸气，抬头，向前延伸双臂，再用手臂带动身体回正，呼气，上身及头部向后，吸气，抬头，将身体回正，呼气，弯屈双臂双手回落胸前，调息。

功效：向太阳致敬式（拜日式）是最好的暖身动作，是一组非常完整、连续、全面的身心练习，配合流畅的呼吸，可以伸展、按摩、加强、放松身体所有关节、肌肉和内脏，促进血液循环，增强抵抗力，调节神经系统，强化心肺功能，彻底消除疲劳、解除压力，使体内产生能量，更具活力。

（二）坐的姿势

1. 至善坐

练习方法如下所述。

（1）坐在地面上，双腿向前伸直。

（2）弯屈左膝，用双手抓住左脚，把左脚脚后跟贴近会阴，左脚脚底抵着右大腿。

（3）再弯屈右腿，把右脚放在左踝上，右脚脚后跟抵着耻骨。把右脚脚底放在左腿大腿和小腿之间，不要把身体放在脚后跟上。

（4）双臂向前伸，手背放在两膝上，使手掌朝上。拇指和食指并拢，颈部和头部挺直，视线向内仿佛在注视着自己的鼻尖。

（5）尽你所能保持这个体式，保持背部、颈部和头部挺直，视线向内仿佛在注视着自己的鼻尖。

（6）松开双脚，放松一会。然后重复这个体式，保持同样的时间。这次先把右脚脚跟贴近会阴，然后再把左脚放在右脚脚踝上。

功效：这个体式使耻骨区域保持健康。如莲花式一样，它是所有体式中最为放松的一种。处于坐姿的身体得到了休息，与此同时交叉的双腿和挺直的后背使大脑保持警醒。

这个体式也推荐作为呼吸控制和冥想时的体式。从纯身体的角度来看，这个体式对于治疗膝部和踝关节僵硬很有好处 在这个体式中，血液得以在腰部和腹部循环，从而增强了脊柱下部区域和腹部器官。

2. 莲花式

练习方法如下所述。

（1）坐在地面上，两腿伸直，直角坐。

（2）弯屈右膝，用手抓住右脚使其尽量靠近左大腿的根部，从而使右脚脚跟靠近脐部。

（3）再弯屈左腿，用手抓住左脚放在右大腿上尽量靠近右大腿根部，脚跟靠近脐部，脚心翻转向上，这是最基本的莲花式。

（4）从身体底部到颈部，记住应该始终保持挺直，手臂可以向外伸展，双手放在双膝上，弯屈双手食指和拇指相合，另一种手的放法是在中间，双腿相交处把一手掌叠放在另一手掌上图。

（5）通过把左脚放在右大腿上，右脚放在左大腿上交换腿部位置，将有助于腿部均衡发展。

功效：在克服了最初的膝部疼痛之后，就会感觉到莲花式也是比较放松的体式之一。此时身体处于坐姿，在获得休息的同时身体却没有感觉到慵懒。在莲花式中，交叉的双腿和挺直的背部是大脑始终保持专注与警醒。因此，这也是练习呼吸控制时的推荐体式之一。

单纯从身体角度来讲，这个体式对于治疗膝盖和踝关节僵硬都有好处。由于促进了腰部和腹部区域的血液循环，因此脊柱和腹部器官也得到增强。

3. 束脚式

练习方法如下所述。

（1）坐在地面上，两腿向前伸直，直角坐。

（2）弯屈膝盖，使双脚贴近躯干。双脚脚跟、脚掌相合，用手抓住双脚脚趾，脚后跟靠近会阴。大腿分开，膝盖放低，直到膝部接触地面。

（3）手指相扣，牢牢抓住脚趾，脊柱挺直，双眼注视前方或者内视鼻尖，尽可能保持这个体式。

（4）把肘部抵住大腿下压。呼气，身体前屈，依次把头、鼻子、下巴放在地面上。保持这个体式 30 秒~1 分钟，保持正常呼吸。吸气，躯干从地面抬起，回到第 4 部。然后松开双脚，伸直双腿，放松。

功效：这个体式尤其推荐给小便失调的人练习。骨盆和腹部以及背部得到充分的血液供给，并得到刺激。这个体式可以使肾脏、前列腺和膀胱保持健康。

（三）站的姿势

1. 山式

这个体式是要像山一样牢固地站立不动。这是一个基本的站立姿势。瑜伽的任何一个站立的体式都可以从双臂放在体侧的山式开始。

练习方法如下所述。

（1）双脚并拢站立，双脚脚跟和大拇指相互触碰，跖骨头接触地面，伸展所有脚趾平放于地面。

（2）膝部绷直，膝盖向上提升，收缩臀部，提拉大腿后部肌肉。收腹、挺胸，脊椎骨向上伸展，颈部挺直。

（3）不要把身体的重量只放在脚跟或者脚趾处，而要把身体的重量均匀分布在脚跟和脚趾上。

（4）山式的理想姿势是双臂伸展过头顶，但是为了方便，也可以把双臂放在体侧。

功效：人们很少去关注正确的站立姿势。一些人在站立时，身体重量完全放在一条腿上，或者完全把一条腿放到一边，还有些人则把身体重量放在脚跟上，或者放在脚的内侧或外侧。这些都可以通过观察人们穿过的鞋子从鞋底或鞋跟处的磨损程度看出来。由于错误的站立方式，没有把身体的重量均匀地分布在两脚上，因此导致身体的某种畸形，从而影响脊柱的弹性。即使两脚分开的时候，也最好让脚跟和脚趾与身体中心面平行，而不是成一个角度。通过这种方法，臀部收缩、腹部收紧、胸部挺直。此时人们会感觉身体轻盈，精神敏捷和活跃。假如我们在站立时，身体重量都集中在脚跟上，将感到重力的变化；这样臀部变得下垂，腹部突出，身体向后倒，脊椎骨感到紧张，随之而来的是，我们很快感觉疲劳，大脑也变得迟钝。因此掌握正确的站立姿势至关重要。

2. 树式第一式

练习方法如下所述。

（1）以山式站立。

（2）弯屈右腿，把右脚脚跟放在左大腿的根部。脚掌放于左大腿上，脚趾朝下。

（3）以左腿保持平衡，双掌合拢，伸直手臂举过头顶。

（4）保持这个体式上几秒钟，深长的呼吸，然后放低手臂，分开双掌，伸直右腿，回到山式站立。

（5）重复这一动作，以右腿站立，把左脚脚跟放在右大腿的根部，两侧保持相同的时间，然后回到山式站立，放松。

功效：这个体式增强腿部肌肉和平衡感。

3. 幻椅式

这个体式如同坐在一把假想的椅子上。

练习方法如下所述。

（1）以山式站立。伸直手臂过头，双掌相合。

（2）呼气，屈膝，放低躯干直到大腿与地面平行。身体不要向前弯屈，胸部尽量向后挺，正常地呼吸。

（3）保持这个体式数秒钟，30 秒就足够了。在这个体式上保持平衡有难度。

（4）吸气，伸直双腿，手臂放下，回到山式，放松。

功效：这个体式缓解肩部僵硬，纠正腿部任何细微的畸形。踝骨日益强壮，腿部肌肉也得到均衡的发展。提升横膈膜，心脏也得到轻柔的按摩。增强腹部器官和背部，完全扩展了胸部。

4. 手抓脚趾站立伸展式

练习方法如下所述。

（1）以山式站立。两腿分开。

（2）呼气，身体前屈，以双手大拇指及食指和中指紧紧夹住双脚大脚趾，双掌相向。头部向上，把横膈膜向胸部拉伸，背部尽量下压。背部下压是从骨盆区域开始弯屈，而不是从肩部向下。

（3）保持腿部绷直。不要放松对膝部和大脚趾的控制。伸展肩胛骨，在这个体式上进行一到两次呼吸。

（4）呼气，通过绷紧膝部。伸展脚趾但不要让它们离开地面，把头部放在两膝之间。保持这个体式 20 秒，正常呼吸。

（5）吸气，回到第（2）步。松开脚趾站起来。回到山式。

（四）跪的姿势

1. 猫伸展式

练习方法如下所述。

（1）跪坐在地面上，双手放在大腿上，行自然呼吸。

（2）抬起臀部，两手掌于膝盖前方着地，双膝和小腿也着地，成动物爬行的姿态。

（3）吸气，抬头，臀部上拱，双臂直撑于地，收缩背部肌肉，保持这个姿势 5 秒钟。

（4）呼气，小腹后缩，垂下头，背部拱成圆形，再保持这个姿势 5 秒钟。

（5）两臂伸直，垂直于地面，恢复到先前动物爬行的姿态，再重复做这个练习 4~8 次。

功效：猫伸展式活化整个脊柱，放松肩部和颈部，收紧腹肌，它还有助于消除腰、腹部四周多余的脂肪，使身材更苗条。

注意：开始时不能塌腰，手臂伸直，但切记重心不能全压在手臂上，要求肩下沉。

2. 骆驼式

练习方法如下所述。

（1）跪在地面上，两大腿和两脚靠拢。脚趾朝后放在地面上。

（2）手掌放在臀上。伸展大腿，脊柱后弯，肋骨延展。

（3）呼气，把右手手掌放在右脚跟上，左手手掌放在左脚跟上，如果可能，把双手手掌尽量放在脚底上。手掌下压脚底，使头部向后，脊柱尽量向大腿方向推同时大腿应该始终与地面保持垂直。

（4）收缩臀部，进一步伸展背部脊柱和尾骨区域，颈部始终向后伸展。保持这个体式半分钟，正常地呼吸。

（5）依次把双手重新放在臀部，然后坐在地板上，放松。

功效：那些肩部下垂以及背有些驼的人将得益于这个体式。整个脊柱都得到充分的向后伸展和增强，这个体式即使对于那些年龄大一些，甚至脊椎受过伤的人也可以很方便地练习。

3. 眼镜蛇式

这个体式需要脸朝下平躺在地面上，身体从躯干向上抬起，头部尽量向后，如同一条正准备进攻的毒蛇。

练习方法如下所述。

（1）脸朝下平躺在地面上。伸直双腿，双脚相靠。膝盖绷直，脚趾指向后。手掌放在骨盆区域附近。

（2）吸气，用手使劲按压地面，抬起躯干。停留 2 个呼吸。

（3）吸气，从躯干向上抬身体，直到耻骨接触地面，停留在这个体式，把身体重量放在两腿和两掌上。收紧肛门和臀部，大腿绷紧。

（4）保持这个体式 20 秒，正常地呼吸。

（5）呼气，肘部弯屈，躯干重新放回地面上。重复这个体式两到三次，然后放松。

功效：这个体式对于那些脊椎曾受过伤的人几乎是万能药，另外，椎间盘轻微移位的人通过练习这个体式使椎间盘逐步恢复到原来的位置。脊椎得到增强，胸部也得到完全的扩展。

4. 弓式

在这个体式中，手臂就像是弓弦，向上拉起头部、躯干和腿部，这个体式就像一张拉开的弓。

练习方法如下所述。

（1）脸朝下。腹部贴地，俯卧。

（2）呼气，屈膝。两臂向后伸展，左手抓住左脚踝，右手抓住右脚踝。保持两个呼吸。

（3）现在完全地呼气，抬双膝离地，拉动双腿向上离地，同时带动胸部离地。手臂和手的动作犹如一根弓弦拉紧身体成弓形。

（4）抬头，尽可能地向后仰。不要把肋骨或骨盆放在地面上。只有腹部支撑身体的全部重量。

（5）抬腿部的同时双膝不要并拢，因为如果膝部靠在一起的话，就无法使双腿抬到足够的高度。当腿部已经完全向上伸展后，再把左右大腿、膝盖和脚踝并拢。

（6）由于腹部伸展，呼吸将加快，但是不要担心。在这个体式尽你所能保持 20~60 秒。

（7）然后，呼气，松开脚踝，双腿伸直，头部和腿重新回到地面，然后放松。

功效：这个体式使脊椎向后得到充分的伸展。上了年纪的人由于不常做这个体式，因此脊椎很僵硬。这个体式可以使脊椎重新恢复弹性，并增强腹部器官。

5. 下犬式

这个体式像一只狗，头部和前腿朝下，后腿向上，伸展身体，因此而得名。

练习方法如下所述。

（1）脸朝下，腹部贴地，躺在地面上。双脚分开约 30 厘米。

（2）双掌放于胸侧，手指伸直，指向头部的方向。

（3）呼气，身体从地面抬起。手臂伸直，头部向内，朝着脚的方向移动，头顶着地。肘部伸直，伸展背部。

（4）腿部绷直，膝盖不要弯屈，脚后跟下压，脚后跟和脚底应该完全放在地面上。双脚平行，脚趾朝向前方。

（5）保持这个体式一分钟，深长地呼吸。然后呼气的同时头部离开地面，躯干前伸，放低身体轻柔地回到地面上，放松。

功效：当一个人感到精疲力竭时，这个保持更长时间体式可以消除疲乏，恢复失去的精力。这个体式对于那些刚刚跑完一场比赛感到疲乏的跑步者尤其有好处。这个体式有助于赛跑选手腿部轻盈，提高速度。这个体式还可以缓解脚跟的僵硬和疼痛，帮助软化脚后跟的跟骨刺。可以增强脚踝，使腿部更匀称。练习这个体式有助于根除肩胛骨区域的僵硬。肩关节的炎症也会得到缓解。腹部肌肉被向脊椎方向牵拉而得到增强。由于横膈膜被提升到胸腔，因此心跳速度减缓。这是一个令人愉快的体式。

那些不敢尝试头倒立式的人可以很方便地练习这个体式。躯干在这个体式中被放低而得到完全的伸展，健康的血液被输送到这个区域，而且对心脏没有造成任何压力。这个体式可以通过减轻疲乏，恢复脑细胞和脑部的活力。那些患有高血压的人也可以练习这个体式。

（五）力量技巧型动作

1. 鹤蝉式

练习方法如下所述。

（1）双脚并拢，蹲在地面上，脚底和脚跟完全放在地面上，双膝向两侧分开，躯干向前弯屈。

（2）呼气，双臂绕过弯屈的双膝，双手手掌放在地面上；弯屈双肘，脚后跟离地，躯干进一步向前弯屈，把胫骨靠在上臂后部，靠近腋窝附近，配合两次或三次呼吸。

（3）呼气，身体前倾脚趾离开地面抬起，双臂尽可能伸直，整个身体靠双手保持平衡。保持这个体式 20~30 秒，正常地呼吸。

（4）呼气，弯屈双肘，躯干放低，放松双腿，蹲坐在地面上放松。

功效：这个体式强健双臂和腹部器官，因为腹部器官在这个体式中得到收缩。

2. 肩倒立第一式

练习方法如下所述。

（1）仰卧，双腿双臂伸展，掌心向下。

（2）呼气，同时抬双腿与身体成直角。

（3）呼气，手掌轻压地面，抬高臀部和背部。

（4）双手支撑在腰部后侧，继续抬高整个腿部和躯干，只有头的后部、颈部、肩部以及上臂后部放在地面上。身体其他部位成一条直线，并与地面垂直。

（5）保持体式 5 分钟，逐步增加到 15 分钟。

（6）松开双手，身体回到地面，平躺，放松。

功效：肩倒立式的重要性怎么强调也不为过。肩倒立式是所有瑜伽体式之母，是大多数普通疾病的万能药。它使颈部所有的腺体充满活力，对于神经系统和甲状腺有很好的保养和激活作用，生殖腺体，也在此练习中保持健康。同时，内脏器官放松，血液回流顺畅，静脉曲张，内脏移位，痔疮等疾患也得以缓解，身体所受压力得以释放，失眠、抑郁、情绪亢奋等状况好转。

（六）放松的姿势

1. 仰卧放松

仰卧放松也称“尸体式”或“挺尸式”，也就是说，在练习这个姿势时，整个身体应做到像尸体一样虚静无为。

练习方法如下所述。

（1）背部贴地仰卧，两手放在身体两侧，手心向上，两脚舒适地分开。

（2）闭上双眼，全身放松，自然而规律地呼吸，将意识集中在呼吸上，保持这个姿势 15~20 分钟。

功效：仰卧放松功消除全身的疲劳和紧张，有助于使交感神经和副交感神经保持平衡，为身体带来新的活力。仰卧放松功也是一个很好的睡眠姿势，对缓解消化不良、失眠等症都有好处。

注意：初练这个姿势时，思想很容易开小差，可以随时将意识继续放在呼吸上。

2. 鱼扑式

鱼扑式是一个极佳的放松姿势，练习者在静止时，看上去就像一尾扑动的鱼，因此而得名。

练习方法如下所述。

（1）俯卧在地，头部转向右侧，十指交叉，放在头部下方。

（2）右腿自膝盖处弯屈，膝盖尽力贴近胸部。

（3）转动两臂，左肘指向前方，右肘放在右大腿之上，头部枕在左臂弯屈处。自然呼吸，尽可能地保持这个姿势。可在左右两侧做这个练习。

功效：鱼扑式通过伸展肠脏，刺激消化道的蠕动，有助于缓解便秘症状。这个姿势可消除腰身的过多脂肪，放松两腿神经，从而缓解坐骨神经痛。此外，采用鱼扑式的睡姿，有利于恢复精力。

三、瑜伽的呼吸法

瑜伽的呼吸是瑜伽练习的重要部分，也是瑜伽练习能否收到效果的关键所在。呼吸是联系人和生理与精神的纽带，正确的瑜伽练习必须先从呼吸的练习开始而不应先从体位法开始。

在进行呼吸法时，意识必须集中呼吸。在进行瑜伽呼吸法之前，必须通过体位法来锻炼肺、横膈膜、肋间肌和膈肌，以便进行有韵律的呼吸。呼吸变得正确而有韵律之前，意识始终同呼吸成为一体。意识的作用就在于把内在的自我同呼吸、身体连接起来。

1）吸气

在吸气过程中，练功者把自己的脑改变为接受和分配能量流的器官。吸气的时候，不要使腹部鼓起，否则，肺就不能完全扩张。吸气和呼气都不能勉强进行，也不能太快，否则，会加重心脏的负担，引发脑部障碍。

（1）以自己最舒服的姿势坐定。把胸、浮肋和肚脐提起，伸直脊骨。尽量向下低头，使颈部变柔软，然后进行下颌收束法。

（2）在吸气过程中，胸部向上方和两侧扩张时，切勿向前、后和左右倾斜。不能使横膈膜出现紧张。要把空气深深吸入横膈膜的底部。可以想象从浮肋下、腰的周围开始吸气，这是深吸气的秘诀。

（3）为了顺利地接受吸入的能量，使预先处于一种被动的状态是重要的。特别是要使肺内侧的节律与进入空气的流动同步。在肺脏完全发挥机能之前，必须小心翼翼地、一点点地提高肺的肺活量。

（4）吸气过程中，不能提肩，否则上肺部就得不到完全扩张，后颈部也会出现紧张。假如仔细观察一下，则会发现，肩被提起后，是立刻就落下的。为了不使肩提起，可以预先抬起胸部。松弛喉部，把舌平放在下颚上，但不能抵到齿牙。要闭眼，使之松弛。要预先使眼敏感，以便使它能内视吸气时，眼球总是习惯朝上转动，对此要注意。耳部、脸部的肌肉、前额的皮肤，也要预先松弛。

2）呼气

所谓呼气（吐气），就是把不纯的空气（二氧化碳）排出体外。呼气时，有意识地提起上胸部，慢慢地、有韵律地排出气体。

（1）调整姿势，其方法参照吸气的（1）~（4）点。呼气要缓慢地进行。为此，不能让吸气时抬起的肋间肌和浮肋松弛。否则，很难做到呼气顺畅和缓。

（2）呼气的动作从上胸部开始。因此不要使这部分收回。慢慢地呼气，直到肚脐收缩，气完全呼尽。呼气前，要把脊柱及其左右两侧提起，使全身像扎根于地的树木那样稳固。不能晃动身体，否则会扰乱神经和精神的活动。不要收回胸部，慢慢地、顺畅地呼气。假如气息变得粗而急，那是因为胸部和脊背回落以及没有注意观察气息的流动。

（3）在吸气过程中，上半身的皮肤趋于紧张。但在呼气过程中，要松弛上半身的皮肤。不过不要使背部的内侧沉落。

第二节 健 美 操

一、健美操运动概述

健美操是一项风靡世界的集体操、舞蹈、音乐、健身、娱乐、美学于一体的新兴的体育项目，以其独特的魅力在短短的20多年时间里迅速在世界各地兴起，成为人们进行健身活动的主要形式之一。

健美操是属于有氧运动（Aerobics）的范畴，国外称为“有氧体操”。纵观健美操的发展和理论研究的加强，健美操的概念可以归纳为：健美操是融体操、音乐、舞蹈、健美为一体，以有氧练习为基础，以健、力、美为特征的，在音乐的伴奏下，进行身体操练的体育运动项目。根据不同的目的任务，健美操运动可分为健身性健美操、表演性健美操和竞技性健美操三大类。

（一）健美操运动的起源和发展

健美体操的发展源远流长，随着人类社会的发展而不断发展演变。起源于人们对健康与健美的追求，是体操、音乐、舞蹈发展融合的产物。

现代健美操是近几十年来，随着遍及全球的健身热潮和娱乐体育的发展，健美操以其强大的生命力迅速在全世界范围内开展起来。美国是现代健美操发展具有较大影响的国家，首先兴起了健身操、健力舞等各种健身形式，并逐步发展到现今流行的Aerobics有氧体操。

世界性的健美操热，传入我国是在70年代末80年代初。当时北京、上海、广州等地纷纷举办了各种健美操培训班，培养出了一批骨干。接着各种新闻媒介介绍了国外各种类型的健美操，逐步地推动了健美操运动在我国的广泛开展。1984年原北京体育学院成立了健美操研究室，接着上海体育学院成立了健美操教研室，率先开设了健美操课程。一些大中专院校也根据国家教委对高校体育教学的要求，逐步开设健美操的普修或选修课。目前健美操已经被列入我国学校体育教学大纲，成为学校体育教学的重要内容之一，并深受广大师生和各界群众喜爱的运动项目。

1983 年美国举行了全国性的健美韵律体操锦标赛，将健美操的发展推向竞技阶段。

1986 年 4 月 6~7 日在广州举行的全国女子健美操邀请赛,拉开我国健美操比赛的序幕。

1987 年 5 月在北京举办我国首届正式的竞技健美操比赛——长城杯健美操邀请赛。

从 1991 年 10 月在北京举行了首届全国大学生健美操、艺术体操大奖赛至今，已举办 11 届比赛。

1992 年 2 月中国大学生健美操、艺术体操协会在北京成立。

1992 年 9 月中国健美操协会在北京成立。

1992 年 6 月在广东佛山举行的第六届全国长城杯健美操锦标赛,正式使用了国家体委审定的我国第一部健美操比赛规则。

1996 年国家体委总结国内历届健美操比赛的基础上审定出版了新的《健美操竞赛规则裁判法》。

1997 年起国内的健美操比赛正式开始执行《1997–2000 国际体操联合会竞技健美操竞赛规则》。

现今适用的是《2005–2008 最新国际体操联合会竞技健美操竞赛规则》。

（二）健美操的主要赛事

（1）国际三大赛事：健美操世界杯赛、世界健美操冠军赛、世界健美操锦标赛。

（2）国内重要赛事：全国健美操锦标赛、全国健美操冠军赛、全国健美操精英赛为三大比赛，其他还有全国健美操青少年锦标赛、全国健美操阳光沙滩争霸赛、全国万人健美操大众锻炼标准电视大赛、全国健身俱乐部挑战赛、全国健美操形象大使大赛、全国健身先生、健身小姐大赛、全国大学生健美操艺术体操比赛等以及各类邀请赛、通讯赛、友谊赛、对抗赛、选拔赛、表演赛、教学比赛等。

二、健美操运动的基本动作

（一）基本姿态

1. 站立

站立时要做到头正直、肩下沉、胸挺起、背直立、腹收回、胯提起、臀夹紧、腿上收。常见动作见表 8-1。

表 8-1 常见站立动作

动作名称	动作解释
直立	头颈、躯干和脚纵轴保持在一条直线上
开立	两脚左右分开与肩同宽或略宽于肩
点地立	一腿直立（重心在站立脚上），另一腿向各方向伸直，脚尖点地，包括前、侧、后点立
弓步	两腿前后或左右开立，一腿绷直，另一腿弯屈，屈腿的膝部与脚尖垂直，包括前、侧、后弓步
跪立	大腿与小腿成直角的跪姿，包括双腿跪立、单腿跪立

2. 手型

健美操中有多种手型，是从爵士舞、芭蕾舞、西班牙舞、迪斯科、武术等项目中吸收和发展的。手型的选用可以使两臂动作更加丰富多彩、生动活泼。常见的手型见表 8-2。

表 8-2 常见手型

手型	动作
五指并拢式	五指伸直，相互并拢
五指分开式	五指用力伸直，充分张开
推掌势	手掌用力上屈，五指自然弯屈
西班牙舞式	五指分开，小指内旋、拇指稍内收
芭蕾舞式	五指微屈，后三指并拢，稍内收，拇指内扣
剑指	拇指与无名指、小指相叠，中指与食指并拢伸直
响指	拇指与中指摩擦与食指打响，无名指、小指屈握
拳	握拳，拇指第一关节扣住中指的第二关节处

（二）基本动作

健美操的基本动作是根据人体的基本结构与特征来选择的，它展现了人体各部位的基本动作姿态。

1. 头颈动作

（1）屈，指头颈关节角度的弯屈，包括：前屈、后屈、侧屈；

（2）转，指头颈部绕身体垂直轴的转动，包括左转、右转；

（3）绕，指头以颈为轴做不大于 360 度的弧形动作，包括左绕、右绕；

（4）绕环，指头从一侧屈开始，做绕前、侧、后、还原的 360 度环绕动作，有向左绕环和向右绕环两种；

（5）平移。①头向前平移，还原；②头向后平移，还原；③头向侧平移，还原。

要求：上体保持正直，头颈移动的方向要准确，颈部肌肉充分伸展。

2. 肩部动作

（1）提，指启部肌群向上收缩的运动，包括单肩提、双肩同时提和依次提肩。

（2）沉，指肩胛肌做向下的运动，包括单肩沉、双肩同时沉和依次沉肩。

（3）绕，单肩或双肩以肩关节为轴向前或向后做 360 度以内的圆周动作。

（4）绕环，单肩或双肩以肩关节为轴向前或向后做 360 度以上的圆周动作。

（5）收肩、展肩。收肩：两肩同时向内收，稍含胸；展肩：两肩同时向外展，挺胸。

3. 上肢动作

（1）举，指以肩为轴，臂的运动不超过 180 度，包括前、后、侧上、侧下举；

（2）屈，指肘关节有一定的弯屈，包括胸前平屈、肩侧屈、肩上侧屈、肩下侧屈、肩上前屈；

（3）绕，指双臂或单臂向内、外、前、后做 180 度以上、360 度以下的弧形运动；

（4）绕环，指以肩关节为轴、双臂或单臂向前、向后、向内外的绕环及旋转。

4. 胸部动作

（1）含胸，指胸肌向内收，背尽力向后弓起，缩小胸腔。

（2）挺胸，指两肩外展，尽力向后，同时扩大胸部。

（3）振胸，指胸肌借助手臂向前、后有弹性地振动胸部。

5. 腰部动作

（1）屈，指下肢不动，上体沿矢状轴和水平轴的运动，包括前、后、左、右侧屈。

（2）转，指下肢不动，上体沿垂直轴的扭转，包括左、右转。

（3）绕、绕环，指下肢不动，上体沿垂直轴做弧形、圆形运动。

6. 髋部动作

（1）顶髋，指髋关节做急速的水平移动，包括左、右顶髋和前、后顶髋；

（2）提髋，指髋关节急速向侧上提的动作，包括左、右提髋；

（3）绕和绕环，指髋关节做弧形、圆形运动，包括左绕、右绕和绕环；动作要求：髋关节做顶、提、绕和绕环时，要突出髋部运动，力求平衡、协调、要有弹性。

7. 下肢动作

（1）腿的弹性屈伸，膝关节由直到屈再由屈到直的动作，常见的动作有并腿屈伸、分腿屈伸和移动屈伸。

（2）抬腿，一腿支撑，另一腿屈膝高抬，常见的动作包括向前高抬腿向侧高抬腿、吸腿、屈膝高抬腿等。

（3）踢腿，一腿支撑，另一腿向各个方向做由下向上的加速摆腿动作，常见的动作包括踢腿、侧踢腿、向前弹踢腿、向侧弹踢腿、向后弹踢腿、屈膝后路腿等。

8. 基本步法

（1）踏步，两腿交替拾起，落地时膝关节自然变屈，有弹性；落地时由前脚掌着地过渡到全脚掌着地。动作时躯干伸直，两臂自然摆动，除原地踏步之外，还有不同方向的踏步，如行进踏步、向侧踏步、踏步点地等；

（2）弓步点地，一腿屈膝成弓步，另一班伸直向不同方向点地，包括弓步前点地、弓步侧点地、弓步后点地等。

（3）交叉步，一脚向另一脚前或后交叉行进，包括四步一交叉、连续前后交叉、“L”交叉等。

（4）“V”字步，四拍完成一个“V”字步，1 拍左脚向左前方一步，2 拍右脚向右前方一步，3 拍左脚后退一步，4 拍右脚并左脚。

（5）跑步，两脚交替跑步。有短暂腾空动作，可在原地做或在行进中完成。

（6）前踢腿跑，两脚交替进行，跑向前踢腿。

（7）后踢腿跑，两脚交替进行，跑时小腿主动后踢。

（8）开合跳，屈膝蹬跳成升立，再出开立跳成并扩，此外还有前后开合跳、弓步开合跳等。

（9）弹踢跳，腿蹬跳，另一腿经微屈向前、侧、后弹踢。

三、成套动作范例

1. 预备姿势：直立

2. 第一节

1）第一个 8 拍

1~8 拍左脚开始原地踏步，两臂前后自然摆。

2）第二个 8 拍

1~4“一”字步

1 拍左脚向前迈步，同时左臂胸前屈肘；
2 拍右脚向前迈步并至左脚旁，同时左臂不动，右臂胸前屈肘与左臂同高；
3 拍左脚后撤回原位，同时两手击掌一次；
4 拍右脚后撤回左脚旁，同时两手击掌一次。
5~8 “一”字步，动作同 1~4 拍方向相反。
3）第三个 8 拍
1~8 并步左右各 4 次：
1 拍左脚向左侧迈一步成开立起踵，同时两臂胸前平屈；
2 拍右脚点并与左脚内侧，两腿微屈，同时两臂下压至体侧；
3 拍右脚向右侧迈一步成开立起踵，同时两臂胸前平屈；
4 拍右脚点并与左脚内侧，两腿微屈，同时两臂下压至体侧；
5~8 拍同 1~4 拍。
4）第四个 8 拍
1~8 侧并步两次左右各一次
1 拍左脚向左侧迈一步成开立起踵，同时两臂侧平举；
2 拍右脚点并与左脚内侧，两腿微屈，同时两臂体前交叉；
3 拍左脚向左侧迈一步成开立起踵，同时两臂侧平举；
4 拍右脚点并与左脚内侧，两腿微屈，同时两臂体前交叉；
5~8 拍同 1~4 拍方向相反。
3. 第二节
1）第一个 8 拍
1~8 拍迈步后屈腿左右各两次
1 拍左脚向左侧迈步，比肩稍宽，同时两臂前平举，手掌成开掌；
2 拍右腿向后屈腿，同时两臂屈肘收回腰间，两手握拳；
3 拍右脚向右侧迈步，比肩稍宽，同时两臂前平举，手掌成开掌；
4 拍左腿向后屈腿，同时两臂屈肘收回腰间，两手握拳；
5~8 拍同 1~4 拍。
2）第二个 8 拍
1~4 拍“V”字步
1 拍左脚向左前方 45 度迈步，同时两手合掌上举；
2 拍右脚向右前方 45 度迈步，同时两手合掌上举；
3 拍左脚向右后方撤步回到原位，同时两臂侧平举；
4 拍右脚向左后方撤步并至左脚旁，两臂放至体侧；
5~8 拍左脚开始并步两次
3）第三个 8 拍
1~4 拍向前走 4 步，1、3 拍手臂头上方各击掌一次；
5~8 拍向后退 4 步，手臂动作同 1~4 拍。
4）第四个 8 拍

1~4“A”字步
1 拍左脚向左后方 45 度撤步，手臂胸前屈肘交叉；
2 拍右脚向右后方 45 度撤步，手臂同 1 拍动作；
3 拍左脚向右前方上步回到原位，手臂放至体侧；
4 拍右脚向左前方上步并至左脚旁，手臂同 3 拍动作；
5~6 拍左脚侧点地，此动作做两拍，同时左臂侧前平举；
7~8 拍并脚小跳两次，同时手击掌两次。

4. 第三节

1）第一个 8 拍
1~4 后交叉步屈腿接转体 90 度
1 拍左脚向左侧迈步，同时左臂侧平举，右臂胸前平屈；
2 拍右脚向左侧迈步至左腿后方与其交叉，两腿微屈，手臂同 1 拍动作；
3 拍左脚向左侧迈步成开立，手臂同 1 拍；
4 拍右腿后屈同时上体左转 90 度，手臂放至体侧；
5~8 拍左右并步各一次，第 8 拍上体右转 90 度，5、7 拍手臂上举，6 拍手臂侧平举，第 8 拍手臂放回至体侧。
2）第二个 8 拍
1~4 左侧并步两次；
5~8 右侧并步两次。
3）第三个 8 拍
1~4 拍迈步前吸腿两次
1 拍左脚向左前方 45 度上步，同时两臂斜上举；
2 拍右腿前吸腿，同时两臂斜下举，左臂屈肘；
3 拍右脚后撤回原位，手臂同 1 拍动作；
4 拍右腿前吸腿，同时两臂斜下举，左臂屈肘；
5~8 拍同 1~4 拍方向相反。
4）第四个 8 拍
1~4 拍左脚开始后撤并步小跳左右各一次
1 左脚向左后方 45 度撤步，手臂自然摆动；
2 右脚并向左脚同时并步小跳，两手击掌；
3 右脚向右后方 45 度撤步，手臂自然摆动；
4 左脚并向右脚同时并步小跳，两手击掌；
5~8 拍同 1~4 拍动作。

5. 第四节

1）第一个 8 拍
1~3 左腿开始向前走 3 步，手臂自然前后摆动；
4 拍右腿吸腿，同时手臂头顶击掌；
5~8“十”字步（此 4 拍手臂自然前后摆动）

5 拍左脚向右前方上步；
6 拍右脚向左脚前方步，此时两腿交叉；
7 拍左脚向左后方撤步；
8 拍右撤回左脚旁。
2）第二个 8 拍
1~4 侧点并腿左右各一次
1 拍右脚向右侧点地，同时右臂侧平举；
2 拍左脚并回右脚旁同时小跳，右臂放回体侧；
3 拍左脚向左面侧点地，同时左臂侧平举；
4 拍右脚并回左脚旁同时小跳，左臂放回体侧；
5~8 拍同 1~4 拍动作。
3）第三个 8 拍
1~4 迈步前吸腿
1 拍左脚向左前方 45 度上步，同时左臂斜上举；
2 拍右腿前吸腿，同时左臂屈肘斜下举；
3 右腿后撤至原位，手臂同 1 拍动作；
4 拍右腿前吸腿，同时左臂屈肘斜下举；
5~8 拍同 1~4 拍动作，方向相反。
4）第四个 8 拍
1~3 拍左脚开始向右后方退三步，同时手臂由上向下划弧；
4 拍并腿跳，同时手臂胸前击掌；
5~8 拍同 1~4 拍动作，方向相反。
6. 第五节
1）第一个 8 拍
1~2 拍 1/2 漫步
1 拍左脚向右前方迈步，同时上体右转，左臂前平举，右臂上举两臂成 90 度；
2 拍右脚原地点地一次，手臂不动。
3~4 并步跳
3 拍左撤回左侧成开立，同时两臂侧平举；
4 拍右腿并向左腿并腿跳一次，手臂动作不变；
5~8 拍同 1~4 拍动作，方向相反。
2）第二个 8 拍
1~4 左脚左前方上步后屈腿
1 拍左脚向左前方上 45 度上步，同时两臂经体侧成前平举；
2 右腿后屈腿，同时手臂屈肘收回腰间；
3 拍右腿后撤回原位，手臂动作同 1 拍；
4 拍左脚撤回原位，成直立，手臂收回至体侧；
5~8 拍同 1~4 拍方向相反。

3）第三个 8 拍

1~4 拍开合跳

此动作两拍一动，1~2 拍两臂侧平举，3~4 拍两臂体前交叉；

5~8 拍开合跳 2 次

4）第四个 8 拍

1~4 弹踏腿 2 次

1 拍右腿支撑小跳，左腿弹踢，同时两臂前平举；

2 拍左腿收回至右腿侧现时并腿小跳一次，两臂收回至体侧；

3~4 拍同 1~2 拍方向相反

5~8 拍同 1~4 拍。

7. 第六节

1）第一个 8 拍

1~8 拍左脚开始左前方跑跳步，1、3、5、7 拍两臂头顶上方击掌，2、4、6、8 拍两臂同时自然下摆。

2）第二个 8 拍

1~2 拍侧提膝

1 拍左腿支撑小跳，右腿侧提膝，同时两臂上举；

2 拍右腿落下至左腿旁同时小跳，两臂收回胸前屈肘；

3~4 拍侧踢腿

3 拍左腿支撑小跳，右腿侧踢腿，手臂动作同 1 拍动作

4 拍右腿落下收回至左腿旁同时小跳，手臂动作同 2 拍动作；

5~8 拍同 1~4 拍动作，方向相反。

3）第三个 8 拍

1~6 拍左脚开始脚跟前点地跳 6 次，两臂自然前后摆动；

7~8 拍并脚小跳 2 次，同时手臂击掌两次。

4）第四个 8 拍

1~4 拍提膝前点地

1 拍左腿支撑小跳右腿提膝，两臂斜 45 度下举，两手握拳；

2 拍左脚继续小跳一次，右脚在左脚前方点地一次，两臂斜 45 度下举，两手握拳；

3 拍左腿支撑小跳右腿提膝，两臂斜 45 度下举，两手握拳；

4 拍右脚收回至左脚旁，还原成直立，手臂动作同上拍不变；

5~8 拍同 1~4 拍动作，方向相反。

四、形体训练

美学家认为，人体美是世界万物中最协调、最均衡的一种美。人体美包括健康美、体型美、姿态美、动作美、气质美。形体训练是一种以徒手体操和舞蹈基础动作及力量柔韧素质为基础的综合性练习方式，是进行美育教育，培养正确姿态、塑造优美形体，陶冶美的情操的训练过程，是以改变人的形体动作的原始形态，提高灵活性，增强可塑性为目的

的训练。

形体训练对人体的健康大有好处，健康是美的基础。它不同于球类、游泳等运动，也与健美、技巧、体育舞蹈等项目有区别。它一方面能锻炼身体，另一方面又可以有重点地雕塑人体的形态，培养良好的姿态。它使练习者在掌握形体锻炼的基本知识、技能和技术的同时，提高形体的美感，培养良好的气质。因此，在形体训练中，练习者一定要遵循：全面锻炼身体的原则，适宜负荷、循序渐进的原则，培养良好形态的原则，科学的针对性原则，练习内容多样化、理论结合实践的原则等。另外，在形体训练的前后一定要做好准备活动和整理运动，注意预防运动损伤，避免过度的疲劳，给肌肉充分的休息时间。同时，由于音乐可以丰富人的想象力和表现力，使那些枯燥单调的身体练习变得有趣，所以形体训练离不开音乐。人们可以通过不同风格的乐曲，创造出更有特色的形体动作，增加形体表演的感染力，愉悦身心，陶冶情操。音乐是形体训练的灵魂，艺术性是形体训练不变的主题。

（一）基本姿态与练习

基本姿态是人体最基本的姿势，包括站姿、坐姿、走姿等。形体训练就应该从最基本的姿态开始。

1. 站姿

两腿伸直并立，两脚自然成小八字，头颈、躯干、腿在一条直线上，直颈、挺胸、立腰、收腹、夹臀、提气，两肩放松下沉，两臂自然下垂，目视前方，显示出人体的曲线美和高雅的气质。

练习方法：

（1）靠墙站立：保持站立姿势，脚跟、腿、臀部、肩胛骨和头部紧靠墙。此练习是借助墙的平面来培养和训练站立时上体挺拔，头、躯干和腿在一条垂直线上的良好习惯。

（2）分腿站立：保持正确站立姿势，两腿在小八字站立的基础上分开与肩同宽，双手叉腰，双肘微向前扣。此练习主要是训练臀部、腹部及上体的正确感觉，夹臀与收腹协同紧张。

（3）单腿站立：保持正确站立姿势，双手叉腰，一腿支撑，另一腿屈膝上抬，绷脚贴于支撑腿上，此练习是训练腿的挺直及控制力。

2. 坐姿

身体重心落在臀部上，挺胸收腹，提腰立气，肋骨上提，头颈向前伸，微收下颌，肩放松、四肢摆放要注意规范、端正。

练习方法：

（1）盘腿坐，保持正确坐姿，两腿弯屈，两脚脚心相对盘于腹前，双肘放松，手腕搭于膝关节上，也可双手背于身后。

（2）正步坐，两脚并拢，脚尖正对前方，两膝稍稍分开，两臂自然弯屈，两手自然扶于大腿处，上体正直，微向前倾，肩放松下沉，立腰，头、肩、臀在一条直线上。

（3）侧坐，保持正确坐姿，上体微向侧转，两臂自然放松扶于大腿处，两腿弯屈并拢，双膝稍移向一边，靠外侧的腿略在前，这样可使臀部和大腿看起来比较美观。

（4）双腿交叠坐，保持正确坐姿，上体端正，一腿垂直于地面，另一腿重叠在其膝的上方，脚尖绷直，两手交叉于腹前。

3. 走姿

两脚在一条直线的左、右侧交替前移，膝关节正对前方，身体保持站立时的正确姿态，步幅适度，重心移动平稳，头正，双肩下沉稍外展，两臂前后自然摆动。

练习方法：

（1）步幅步频控制练习：在行走过程中，保持正确站立姿势，对步幅步频进行控制，女生步幅约 30 厘米，步频为 120 步/分钟，可根据自身条件适当调整，通过口令或音乐反复练习。

（2）提踵走：保持正确站立姿势，提脚跟，用前脚掌行走。此练习可提高身体在行进过程中的稳定性及控制力，避免出现摇晃、拧转、弓腰等不良姿态。

（二）徒手练习

徒手练习是进行形体训练的重要手段之一，加强此练习可发展柔韧、力量、提高身体的协调性，使体形匀称健美、姿态端正。

1. 手形

手的基本形态是五指并拢，自然伸长，拇指和中指向下，其余手指向上翘起，五指间有空隙。

2. 芭蕾七位手

（1）一位手：两臂微屈成弧形置于体前，与身体约距离 10~20 厘米，掌心向内，指尖相对。

（2）二位手：两臂成弧形前举，稍低于肩的位置，掌心向内。

（3）三位手：两臂成弧形上举至额头上方（稍抬下颚，用眼的余光可以看到手），掌心向下。

（4）四位手：两臂成弧形，一臂保持三位不动，另一臂由三位下落至二位。

（5）五位手：一臂保持三位不动，只一臂由二位向侧打开至侧举，掌心向前。

（6）六位手：侧举的手臂不动，另一臂由三位下落至二位。

（7）七位手：侧举的手臂不动，另一臂向侧打开至侧举，掌心向前。

动作要点：手臂保持弧形，身体要挺拔，眼睛看手，头部要配合手臂的变换有规律的转动。

3. 脚的基本位置

（1）一位脚：脚跟靠拢，两脚尖向内侧打开成“一”字，两腿内侧夹紧，重心在两脚上。

（2）二位脚：在一位的基础上，重心移至一脚，另一脚向侧擦地，约一脚距离，脚跟落下，重心在两脚上。

（3）三位脚：在二位的基础上，一脚保持不动，另一脚向内擦地收回，使前脚在后脚弓处成平行半重叠站立，重心在两脚上。

（4）四位脚：在三位的基础上，后脚不动，前脚向前擦地，约一脚距离，使前脚尖与后脚跟平行站立，重心在两脚上。

（5）五位脚：在四位的基础上，前脚擦地收回，使两脚前后重叠平行相靠，重心在两脚上。

动作要点：五个站立脚位都要保持上体直立，肩部放松，胯打开，膝盖伸直。

4. 站立姿势

（1）小“八”字步。动作做法：两脚跟靠拢，两脚尖向外侧分开成。

（2）正步。动作做法：两脚跟靠拢，脚尖向前，重心在两脚上。

（3）“丁”字步。动作做法：两脚尖对斜前方，前脚跟靠在后脚心成垂直状态。

动作要点：所有的站立姿势要保持身体挺拔、两腿夹紧、收腹直立腰、梗头、两肩自然放松。

5. 形体操组合训练

（1）组合一 。

第 1 个 8 拍（1~4），一位站好，两手成二位。

第 1 个 8 拍（5~8），二位向旁打开成七位，左脚擦地出去。

第 2 个 8 拍（1~8），左于成三位，右手还原成一位，并向右 L 下旁腰，右肩放松。

第 3 个 8 拍（1~8），两手还原成七位。

第 4 个 8 拍（1~8），两手还原成一位，保持手形、臂形，左脚擦地收回。

（2）组合二。

第 1 个 8 拍（1~2），身体向右转 45 度，一位站立，左脚向前擦地出去；

（3~4），半蹲；

（5~8），移重心，重心在左腿，右脚点地；右手前延伸，左右向旁延伸。

第 2 个 8 拍（1~4），抬起右腿成 45 度，阿拉贝斯；

（5~8），右腿还原点地。

第 3 个 8 拍（1~8），移动重心：重心在右腿，左脚点地，手成五位。

第 4 个 8 拍（1~2），手成六位；

（3~4），手成七位；

（5~8），手还原成一位，脚还原成一位。

（3）组合（三）：

第 1 个 8 拍（1~4），身体向有转 45 度，右腿向后擦出去，手打开成七位；

（5~8），右脚擦地回来成一位，手还原成一位。

第 2 个 8 拍（1~4），右脚向后擦地，手成二位；

（5~8），移动重心至两腿之间。

第 3 个 8 拍（1~8），移动重心至右腿，左脚点地，两臂同时打开。右手向下延伸，左手斜向上 45 度延伸，上身稍前倾，身体稍向左拧。

第 4 个 8 拍（1~4），右腿向上直立，左脚点地，手成七位；

（5~8），左脚擦地收回，手还原成一位。

（三）把杆练习

把杆练习是辅助身体形态练习的一种训练手段，初学者可借助把杆保持身体平衡，以便更快地正确掌握动作技术及要领。

把杆方法：一是双手把杆，身体离把杆约一个前臂长的距离，面对把杆站立，双手距离与肩同宽，屈臂肘部下垂，手心向下轻扶把杆；二是单手把杆，身体离把杆约一个前臂长的距离，侧对把杆站立，内侧手臂外展轻拉把杆。

把杆练习包括擦地、小踢腿、蹲、移亏心、乐鹏、大踢腿、波浪等动作，通过练习可以改进身体姿势和形态，有助于发展和改善身体的柔韧性和平衡能力，增强腰部和腿部力量，同时也是徒手练习的基础。

五、健美操与健身

（一）健美操运动的营养与保健

1. 健美操运动的营养特点

健美操运动的代谢特点是热能与各种营养物质的消耗大，能量代谢以有氧氧化为主。运动时，肌糖原消耗增加，蛋白质的分解加强，氨基酸转变为葡萄糖的速度加快，主要靠脂肪供能。因此，参加健美操练习的人对各种营养素的需要量均较高。

健美操锻炼者在进行力量练习时应注意力量性运动的营养特点。力量性运动的热量消耗较大，对蛋白质与维生素 B_2 的需要量更高，特别是练习初期，要供给充足的蛋白质。

2. 健美操运动的保健措施

1）运动前

（1）应进行全面的身体检查，重点检查心血管系统的机能。感冒、发烧和心脏病、高血压等疾病患者不宜参加运动。

（2）环境卫生要求：如果是在室内锻炼，应保持光线明亮，最好是自然光，通风要好，并保持一定的温度和湿度。地面平整洁净使人感觉非常清爽、舒服。如果是在室外，最好选择绿色植物较多、没有污染、噪声小的地方，不宜在水泥地或柏油场地上进行。

（3）着装要求：尽可能选用有足够弹性、纯棉质地、柔软的服装，保持美观、整洁，每次锻炼后及时清洗；鞋子要选用大小合适、具有一定的弹性及通透性好的运动鞋。切忌穿高跟鞋、厚底鞋、体操鞋、凉鞋等进行健美操运动，经常保持鞋内清洁、干爽；袜子应以纯棉为好，不宜穿尼龙或丝袜甚至不穿袜子参加运动。

（4）发型与装饰要求：较长的头发要盘、扎起来，最好系上发带，可防止汗水流入眼睛。在锻炼时最好不要戴手表、手镯、项链、戒指、假发等，以免损伤皮肤或丢失。

（5）饮食要求：一般运动前 1~2 小时不可进食，最少也在进食 30 分钟以后才可进行轻微活动，原则上运动前的一餐食量不宜过多，而且应吃易于消化、含有较多糖、维生素和磷的食物，尽量少吃脂肪、纤维素含量高及有刺激性、过敏的食物。一般在开始运动前 10~15 分钟，可饮水 400~600 毫升，以增加体内水的临时储备。

2）运动中

在健美操锻炼过程中练习者应依据排汗量的多少适当补充水分，以保证机体的正常需要。补水的方法是少量多次，运动中每 15~20 分钟饮水 100~200 毫升。

3）运动后

健美操锻炼后应及时清洁皮肤，将汗水擦干，以免感冒。有条件的最好能洗个热水澡，既能清洁皮肤，又能减轻和消除疲劳，但时间也不宜过长。运动后至少 30 分钟以后才能进食，还要采用少量多次的方法进行补水。

（二）当今社会流行的健身健美操形式介绍

1. 冲击力有氧操

（1）低冲击力有氧操是在地板上进行的没有跳跃的有氧健美操运动（不包括踏板操）。它也包括一些哑铃练习或地面垫上运动。比较适合中老年练习者和初级健美操爱好者。

（2）高冲击力有氧操有难度，音乐速度快一些，可增加有腾空和跳跃的动作（双脚可以同时离地）高强度有氧操能量消耗更大些。

（3）综合有氧健身（20/20/20）指一次课中通常结合两种或多种的健美操内容。（20/20/20）表示时间各占 20 分钟，总共 60 分钟。比如高低强度健美操、踏板操、搏击有氧操。

2. 伸展课程

伸展课程结合伸展、力量和平衡等内容。能使人形体更健美，伸展也能减轻人的紧张和压力。

3. 踏板操基础课程

踏板操基础课程指以学习简单的踏板动作为主的有氧踏板操。

4. 踏板哑铃课程

踏板哑铃课程指在做踏板练习时，同时手持哑铃，增加手臂的运动强度和总体强度。

5. 有氧舞蹈

有氧舞蹈分 Aerobic Dance、Hip-Hop、Funk、Salsa 等。而有氧舞蹈在中国又出现了扇子舞等许多风格，是中低强度的有氧运动。

6. 有氧热舞

有氧热舞或方克有氧舞是中等强度的有氧舞蹈课程，课程运用流行现代方克音乐、选择许多带有方克舞特点的动作。

7. 功率自行车课程

在健身教练的指导下进行室内的有氧自行车练习，通过调节自行车，使人产生如上山坡、平地、下坡等的感觉。

8. 搏击健美操课程

搏击健美操课程指在音乐伴奏下，结合健美操、拳击和自由搏击的技术而形成的有氧操。如各种步伐、各种踢腿、刺拳、冲拳、勾拳等。

9. 瑜伽健身课程

结合呼吸的瑜伽伸展课程，使人身心完全得到伸展，放松、精神得到恢复。高级水平的瑜伽，对柔韧要求更高，练习者需要有一定的瑜伽初级水平。

10. 孕妇健身操

孕妇健身操指适应孕妇或产妇的健身操。内容主要有简单的有氧运动内容、肌力的恢复、柔韧等内容。

11. 水中有氧运动

水中有氧运动一般在齐腰、齐胸或深水（在深水中要用浮漂）中进行。在一些课程中还运用浮板、浮标等增加浮力和阻力等各种健身设备等。一般典型的水中有氧操课程时间在40~50分钟，课程可以包括暖身、伸展、有氧操、力量、灵敏、柔韧和放松等练习。

12. 健美课程

健美课程主要以锻炼肌肉力量、肌肉线条的器械健美课程。在鼓动性极强的教练、节奏强劲的音乐下，练习者不分水平高低、 使用杠铃，进行适合自己的集体的以杠铃组合练习为主的课程。

13. 芭蕾形体课程

芭蕾形体课程有三种级别。

（1）芭蕾形体初级：着重于提高身体基本素质和调整基本姿态。

（2）芭蕾形体中级：着重于训练基本舞姿与培养乐感。

（3）芭蕾形体高级：着重于训练舞蹈的感觉和对音乐的感悟。

14. 健身球课程

健身球有不同的大小，直径从45~75厘米。制健身球的材料由PVC材料，可进行力量、柔韧、平衡能力的训练，可持球练习和球上的身体练习。

15. 舍宾运动体系

舍宾的思潮在于美国，而真正的"SHAPING人体美化工程系统"产生于俄罗斯。通过形体训练，力量练习，以及有氧运动（主要指健身健美操）的形式来改善人体的健康状况与外形。

16. 方克与街舞

方克、街舞是带有自由舞和黑人舞风格的有氧舞蹈。动作放松、自由多变，是一种结合了舞蹈动作的低冲击力有氧舞蹈。

第三节 体育舞蹈

体育舞蹈（国际标准交谊舞）是一项健与美有机结合，集舞蹈、音乐、服装、风度和形体美于一体，具有健身、竞技性质和兼有文化娱乐内涵的运动。这是因为，体育和舞蹈均以运动为最大的特征，所以舞者的身体总要在空间里划出优美的轨迹，在时间里显出鲜明的节奏，于是便会产生一种强烈吸引力的动感。可以说，体育舞蹈是继花样滑冰、花样游泳、艺术体操项目之后，又一项体育与艺术有机结合的运动。

体育舞蹈按舞蹈的风格和技术结构分为摩登舞（标准舞）和拉丁舞两大类。按竞赛项目可分成三类，即摩登舞（标准舞）、拉丁舞和团体舞。摩登舞包括华尔兹、维也纳华尔兹、探戈、狐步和快步舞；拉丁舞包括伦巴、恰恰恰、桑巴、斗牛和牛仔舞；团体舞是摩登舞或拉丁舞的混合舞，通常由8对选手组成，借助音乐、舞姿、队形、图案和选手们的和谐配合融为一体，以达到完美的统一。

经常参加体育舞蹈锻炼，可以对人的形体进行"生物学"改造，能够减肥瘦身，保持健美的体型和良好的体态；能使人调整身心，促进人际交往，逐步消除情绪障碍，以取得心态平衡，保持乐观的心情；且能强筋健骨，延缓衰老，增强食欲，提高睡眠质量，改善人体心血管系统、呼吸系统等机能，改善神经系统的调节机制，促使心理健康，以达到健美、健身、健心、健脑的最佳效果。

一、体育舞蹈的起源与发展

12 世纪，在以宫廷文化为中心的欧洲封建王朝时期，贵族们已倦于单方面注重身体的保养，开始逐渐地把肉体与艺术精神上的重要性等同起来，他们汲取了民间舞蹈的精华并对其加以规范，形成了在宫中流行的“宫廷舞”。当时的宫廷舞不仅强调规范的舞步，而且也不断地要求一些新的技能，再加上礼节的约束，使得宫廷舞不同于民间舞那自由活泼的风格。它只在宫廷盛行，专供贵族们习跳和欣赏。这就是“体育舞蹈”的开端。

体育舞蹈经历了数百年的演变过程，从劳动人民的文化中汲取营养，经过一代又一代人的加工创造而逐渐形成现代各种形式的交际舞。体育舞蹈的发展过程经历了原始舞蹈—巫舞—民间舞—宫廷舞—社交舞—新旧国际标准舞等发展阶段。体育舞蹈的前身就是社交舞，也称交际舞或交谊舞。

社交舞，亦名舞厅舞，起源于 14~15 世纪的意大利。16~17 世纪流传到欧美各国，在法国得到较快发展。18 世纪下半叶，随着法国大革命的到来，宫廷解体，资产阶级在欧洲一些国家纷纷登上历史舞台，宫廷舞也因此销声匿迹，华尔兹成了 19 世纪中叶主要的舞会交际舞。19 世纪末 20 世纪初，北美和南美一些国家出现了交际舞的慢华尔兹，以及受黑人音乐影响较深的慢四步、狐步、快步、伦巴、桑巴等舞种，推动了交际舞的发展。从 1920 年开始，一直到 1924 年，英国皇家舞蹈教师协会在英国伦敦发起，欧美舞蹈界人士，在广泛研究传统宫廷舞、交谊舞及拉美国家的各式土风舞的基础上，对各种舞最优秀的舞姿、舞步、技法进行了规范，统一了标准，形成了当时的国际标准舞。1925 年又正式颁布了华尔兹、探戈、狐步、快步四种舞的步伐，统称摩登舞。并将此种舞蹈首先在西欧推广并进行了比赛，继而又推广到世界各国，受到了许多国家的欢迎和喜爱。1950 年，在英国著名的海滨娱乐小镇——黑池，由职业舞蹈协会“世界国际标准舞竞技总会主办了首届世界性的大赛“Blackpool Dance Festival 1950”（“黑池舞蹈节”），并把规范后的舞蹈命名为国际标准交谊舞，以后每年的五月底，在英国的“黑池”举办一届最盛大的世界性大赛。随着此种舞蹈在世界的不断推广，自身也逐渐得到了良好发展，后来摩登舞中又增加了维也纳华尔兹。

1960 年，非洲和拉美一些国家的民间舞经过了规范加工后又增加了拉丁舞的比赛。摩登舞和拉丁舞风格迥异。1964 年，体育舞蹈又增加了新的表演和比赛项目——团体舞，使体育舞蹈 10 个舞种的风格特点得到更为鲜明的体现。

摩登舞、拉丁舞、团体舞被称为“现代国际标准舞”，它们不仅兼有文化娱乐的内涵和体育竞技的双重特点，而且还有很强的表演观赏性和技艺性，因此西方舞蹈界称它为“体育舞蹈”，很多国家将它纳入竞技体育范畴（体育舞蹈已被列入 2010 年广州亚运会的正式比赛项目），继而成立了各种体育舞蹈组织，并共同致力于促进世界体育舞蹈事业的发展。

目前国际上有两个国际体育舞蹈组织：一是 WDC（World Dance Council），即“世界舞蹈总会”，它是一个代表职业舞蹈（体育舞蹈）的世界性组织，由世界体育舞蹈委员会（World Dance Sport Committee）和世界交谊舞委员会（World Social Dance Committee）组成。另一个是“国际体育舞蹈联合会”（International Dance Sport Federation），简称“IDSF”，是管理业余体育舞蹈事务和比赛的国际组织。

二、体育舞蹈的风格和特色

体育舞蹈每一舞种的风格都是与发源地的历史条件、地理环境、生产方式、民俗风情、审美观念密切联系的，是受其传统文化影响而形成的。在学习体育舞蹈时，要掌握两类舞蹈在风格上的区别和十种不同舞种的特色，这样才有助于加深理解和跳得更好。

就表现形式而言，两类舞蹈的区别在于，摩登舞为男女舞伴交手共舞，并按逆时针方向行进，动作端庄典雅，气派大方，起伏有序，细腻严谨，音乐节奏清晰。拉丁舞男女舞伴则是时交时分，若交若离，除桑巴和斗牛为行进间舞动外，其他三个舞种基本在原地舞动，动作豪放粗犷，别致多变，充满激情，具有热情、奔放、浪漫的风格特点。

三、体育舞蹈基本技术简介

（一）摩登舞（标准舞）基本功

1. 华尔兹

“华尔兹”一词最初来自德文“walzel”，意思是“滚动”、“旋转”或“滑动”。它的音乐优美动听，舞者在起伏倾斜中旋转，并配有优美的造型，在音乐中表现婉转多变、飘逸优美、文静柔和、庄重典雅的舞蹈风格，被誉为“舞中之王”。华尔兹音乐是3/4拍，每小节3拍，每分钟30小节。

华尔兹有以下五种基本步法。

（1）左足并换步（由左转步到右转步）。

预备姿势：男女闭式位置（男士面向斜壁，女士背向斜壁）。

（2）右足并换步（由右转步到左转步）。

预备姿势：男女闭式位置（男士面向斜中央，女士背向中央）。

动作说明：①摩登舞向前出脚时由脚跟先着地逐渐过渡到脚尖，向后出脚时则由脚尖先着地逐渐过渡到脚跟。②当向旁侧出步时，均以前脚掌内缘着地滑行，同时，身体重心逐渐上升。③并步时，身体重心升至最高点时，两膝盖微屈，然后在最后一拍的后半拍下降，并及时交换重心。

（3）左转步。

预备姿势：男女闭式位置（男士面向斜中央开始，结束在面向斜墙壁的位置；女士背向斜中央开始，结束在背向斜墙壁的位置）。

（4）右转步。

预备姿势：男女闭式位置（男士面向斜墙壁开始，结束在面向斜中央的位置；女士背向斜中央开始，结束在背向斜中央的位置）

动作说明：①转体时以脚踝为轴转动。②向侧滑步时，移动脚一定要经过另一脚的旁侧再出脚。③男女转体形成内转圈和外转圈，前进者为外，步幅要大，后退者为内，步幅要小。

（5）拂步。拂步又称叉形步，是一个优美的舞步，它的优势是较容易引导，女士可以协助男士使其更有魅力。它引进了摩登舞另外一种位置——拂步位置。此舞步经常用于完整的左转步之后。

预备姿势：男女闭式位置（男士面向斜墙壁开始，女士背向斜墙壁开始）。

动作说明：①在第 1 步时，男士必须施加右手的压力于女士的左侧，转动女士到侧行位置，②进行第 3 步时，应注意重心不要向后。

2. 探戈

探戈舞是最早被英国皇家舞蹈教师协会认可并加以规范的四个标准舞之一，它综合了各种探戈舞的精华，形成了刚劲有力、动静交织、潇洒奔放的独特风格。探戈音乐为 4/4 拍，每小节 4 拍，可运行两个慢步或者四个快步，第 1、2 拍都为重拍，每分钟 33 至 34 小节，基本节奏为 SSQQ 或 SQQS（“S”表示 slow，慢拍；“Q”表示 quick，快拍），每一个“慢”节奏等于一拍，每一个“快”节奏等于 1/2 拍。

探戈的基本步法有以下五种。

（1）常步。常步是最具猫步蟹行的舞步，在音乐允许范围要尽量延迟后脚的运行，然后迅速将后脚定位。音乐节奏为 SS，按照不同的需要，可只用一步，也可连用两步，但不能连用三步，节奏形式是 S。

预备姿势：探戈闭式舞姿（男士起步面对斜墙壁，女士起步背对斜墙壁）。

动作难点与要点：保持反身位置，走弧线。

（2）直行侧步。直行侧步可以认为是第二步向侧的一个快速走步，这个舞步可以在任何前进方向运用，并应稍微向左曲转。

预备姿势：闭式舞姿（男士起步面对斜墙壁，女士起步背对斜墙壁）。

动作说明：①尽管男士的第 2 步相对于身体向侧并稍向后，但如果舞步转动，则右脚沿舞程线的前进将远于左脚。此步伐运用脚内侧缘，要迅速快捷。在直行侧步重复使用前可以运行一或三个走步。②当女士第 2 步置于左脚掌内侧缘时，左脚跟应相当接近地板，如果左脚脚跟伸起太高将会出现“弹起”动作。

（3）直行串步。对于初学者来说尽管由走步形成侧行位置会容易一些，但直行串步是形成侧行舞步的最为流行的前导步。

预备姿势：闭式舞姿（男士面对斜墙壁，女士背对斜墙壁）。

动作说明：①运行第 2 步时，男士应使身体的右侧稍微向后，同时转动女士形成侧行位置。第 2 步步幅稍小。②女士第 2 步尽管被描述为“向侧并稍后退”，但应注意是相对于身体和右脚的位置，实际上是位于与第 1 步相同的舞程线上。③直行串步可以衔接在右脚走步、并式滑行步或任何并式结束步之后，也可以直接跟随在滑行串步之后。

（4）并式滑行步。并式滑行步可以向侧沿舞程线或沿斜中央方向运行。首先应指出的是在侧行舞步时，男士右侧与女士的左侧紧密帖位，此时相对一侧的胯部和肩部分开，使身体形成“V”形。

预备姿势：男女开式舞姿（男士面对斜墙壁，女士面对斜中央）。

动作说明：①第 1 步男女侧行位置前进时，在这一拍的后半拍出脚；出脚时要靠主力腿推出。②男士注意第 1 步步幅要相当大，第 3 步动作要干脆，位于左脚内侧缘，而且在全脚接受重心之前左腿膝关节内转。当右脚并拢时，左侧将稍向后。③女士第 1 步步幅也应相当大，在第 2 步交叉运行时，身体不要过于向外转。女士第 3 步时相对男士转 1/4 转，在下降脚跟前此步位于右脚脚掌的内侧缘，但并没有升高，此时右腿膝关节内转。

（5）基本左转步。尽管初学者会觉得在引导上会有一些困难，但基本左转步还是比较容易掌握的。此舞步转动的第 2 部分是一个并式结束，也可以用分式结束替代。

预备姿势：男女闭式舞姿位置（男士面对斜中央，女士背向斜中央）。

动作说明：①男士第 2 步时脚尖应内转。衔接左脚走步或直行侧步。②女士第 2 步脚尖必须指向舞程线的方向，第 3 步并拢时没有旋转动作，在第 5 步保持右胯朝向舞伴。

（二）拉丁舞基本功

1. 伦巴

伦巴起源于古巴，与西班牙和非洲的舞蹈有着密切的联系。伦巴在音乐上缠绵深情，舞步上婀娜多姿，风格上柔媚抒情，使舞蹈充满了浪漫情调，令人陶醉，因此伦巴舞素有“拉丁舞之灵魂”之美誉，是所有拉丁舞蹈的经典。

伦巴舞是非行进式的舞蹈，不强调大幅度的移位，基本步法的特点是臂、胯、膝、足的有机配合。伦巴舞大都由女性展现肢体语言，强调女伴夸张的胯部动作，留意跟随男伴，同时尝试支配男伴；而男伴除了有具体胯部动作，最关键的却是其手部、身体与意态上的引导；另外还有舞伴间的面部表情与眼神的交流，加上表现出“他要她”的感觉，影响女伴动作方向与时间点，以便女伴及时加强表现，使女伴成为表现的焦点。

（1）基本动作。基本动作是伦巴舞的最基本的舞步，以后很多的舞步都是在此基础上发展的。

预备姿势：男女闭式舞姿位置。

动作说明：①1~6 步开始到结束都是闭式舞姿。②向前抑制步时，身体先向前运动，通过主力腿的拧动带动动力腿快速向前。主力腿的膝盖紧紧贴在动力腿的腘窝处，脚跟内压，上体保持直立。③男士通过身体重心的移动引带女士，而女士则主动快速反馈信息。

（2）扇形步。扇形步是男女舞伴向左右打开，形成扇形面的舞姿，它有多种衔接法，一般是做完基本步的前半部后由男伴引导做扇形步。

预备姿势：男女闭式舞姿位置。

动作说明：①女士第 1 步不要超出男士两脚之间，第 2 步在这一拍的后半拍转体。②结束位置成扇形位置，两人身体成 90 度，左右距离大约为两人小臂长度之和。

（3）曲棍球步。曲棍球步是由于女伴右转时的步子路线形似曲棍球棒而得名。一般从扇形步连接，后接开式扭胯步，节拍 2 小节 6 步。

预备姿势：男女闭式舞姿位置。

动作说明：①女士原地换重心时要快，第 3 步男女手位形成一个小窗口，男女对视交流，女士的右脚不能超出男士脚的位置，尽量贴近男士向前移动。②第 4 步时，男士右脚后退步子要小（有时也可不落脚跟）；第 5 步时左脚前进步子稍大，并引带女士转体。

（4）手拉手、手接手。

预备姿势：男女面对位置。

动作说明：①标准姿势站立。②第 1 步时左脚向右后方撤出，同时重心到左脚。③第 2 步时身体面对原位置左手的方向，即逆时针旋转 90 度，然后“&”时向前迈出左脚，重心跟随。④第 3 步时身体顺时针旋转 180 度。第 4 步完成时中心到达右脚。

2. 恰恰恰

恰恰恰最早也是由非洲黑人传入拉丁美洲的，后来在古巴发展起来。它的音乐节奏欢快，乐曲中有邦戈斯鼓和沙球交替奏出的沙沙声，与舞蹈中的恰恰恰相互吻合，因此，恰恰恰跳起来非常欢快有趣，舞步干脆利落，明朗轻快，成为世界上最受欢迎的拉丁舞。恰恰恰的音乐节拍是 4/4 拍，每分钟 30~32 小节，4 拍走 5 步，不可有起伏。

恰恰恰原是仿效企鹅姿态而创造出来的。跳舞时好比两只企鹅，喜欢时相对而舞。如果女伴不悦，会转身而去，男伴则赶紧追到女伴面前以求和解，这是恰恰恰一反交谊舞常规，由女子引导的原因。

恰恰恰是一种踏步式的舞步，强调支撑腿跳舞，每一个舞步都应在脚掌上施加压力，当重心放在脚上时，脚跟要放低，膝关节要伸直，如同伦巴那样，先用脚掌着地，随着重心的转移而直膝落踵并扭胯。但伦巴是用轻擦地面的拖步来表现情感的缠绵，恰恰恰则是用稍离地面的踏步来表现心情的欢快。向后退步时，脚跟下落要比前进时晚，要想着脚往地下踩，以免重心一下子失去太多而影响回重心的速度。正确的舞姿、稳定有力的腿部和足部动作是完成恰恰舞步的必要条件。

第四节 排 舞

排舞属于全球化舞蹈类别的一个分支，英文叫 Line dance。Line 就是排和线的意思，dance 是舞蹈，翻译过来就是排成排跳的舞蹈。它是一种舞步多元，风格创新，简单易学，既可以独舞，又可以团体共舞的新型舞蹈。排舞被公认为是一种能够有效提高人体心肺能和身体协调性，同时又可以舒缓情绪、缓解压力、娱乐身心的时尚运动。

一、排舞的形成与发展

排舞的舞步源自欧洲皇室的宫廷舞，当时的舞风绅士且拘谨，属于贵族间的舞蹈，后来流传至民间改造成轻松的舞步，并随着欧洲移民到了美国，成为美国 20 世纪初期流行的社交舞。由于社交舞蹈必须由男女结伴才能起舞，这极大地限制了喜欢跳舞却没有舞伴的人群。因此，当时美国的一些社交舞俱乐部就尝试着让大家站成一排排的队形跳舞，而不用按照方块或圆形的站位形式男女结伴跳舞。受此启发，美国的一些 DISCO 俱乐部和西部乡村民间舞蹈俱乐部也纷纷效仿，派生出各种不同风格的排舞。其中美国西部乡村民间舞的传播与发展，形成了现代排舞最为典型的一种风格形式，西部牛仔装扮至今仍被保留。

目前，国际上经过国际排舞协会认证的排舞就有 3000 多支，其内容不仅涵盖所有的国标舞蹈，同时还包括舞厅舞、爵士舞、爱尔兰舞蹈、街舞及各国各具民族风格的特色舞蹈， 每一支舞曲都有自己独一无二的舞步。新舞曲的编制，必须经过国际排舞协会的认证才能够在全球发行推广。所以，同一支舞曲，全世界的跳法都是统一的。在这个一致的舞蹈标准下，排舞的舞者可以在世界各地享受以舞会友的乐趣。每当有新的舞曲时，经过排舞协会认证的专业排舞教练可以根据新的舞步来传授给学员。由于不断有新的舞步和舞曲出现，跳排舞始终有新鲜感。排舞协会还会在全世界举行比赛，参加的人数经常打破吉尼斯世界纪录。这也是排舞在全世界广泛传播的原因之一。

2002 年排舞传入我国，很快在北京、广州、上海风行。一些体育主管部门还将排舞作为全民健身项目在本地区进行推广和普及。资料显示，从 2004 年至今，北京市每年都会在全民健身节和奥林匹克文化节活动期间进行排舞表演和竞赛活动。广州、香港、澳门三地每年都要举办排舞的交流活动，上海还建立了国际排舞的专业委员会网站，内容涵盖排舞的所有资讯。

二、排舞的项目特点

1. 舞步的统一性与身体动作的自由性

排舞的每支舞曲都有固定的名称和独一无二的舞码（节拍数）。因此，同一支舞曲，排舞的舞步全世界完全统一，由国际排舞协会确定和认证，将相应内容公布在官方网站上，便于爱好者学习。虽然排舞的舞步动作要求全世界统一，但是排舞对舞者的身体及手臂的动作并无统一要求，可以根据个人喜好自编动作。因此，每一位舞者对同一支舞曲的排舞可以有各自不同的表达方式，表现的形式不拘一格，没有条条框框的约束，动作随韵律的变化而不断改变，练习者可以尽情发挥，充分展示自己的风格。相比其他的一些健身休闲项目，跳排舞更具趣味性和挑战性。

2. 舞蹈和音乐风格的多样化

从排舞的产生与发展我们知道，排舞最初来源于方块舞、圆圈舞、欧洲宫廷舞和当时流行的 DISCO 舞蹈，以及美国西部乡村的民族、民间舞蹈。随着时代的发展，排舞融入了越来越多时尚的舞蹈和音乐元素，在多种舞蹈和音乐元素组合、变化和不断创新之下形成了丰富多样的排舞风格。具有流行性质全世界最好听、最流行的歌曲几乎都被编成排舞。

3. 参与形式的灵活性

从排舞最初的产生可以看到，排舞摆脱了舞伴的束缚，既可以和舞伴跳，也可以单独跳；可以数十人集体跳，也可以成千上万人齐跳，参与形式非常灵活。多地以齐跳排舞而多次打破吉尼斯世界纪录。此外，排舞对场地的要求不高，只要有一块空地即可，即使没有音乐，还可以用拍手或吉他伴奏的形式进行起舞，非常便于普及和推广。

4. 不断创新性

由于排舞的包容性强，风格多样，因此，任何具有一定创编水平的排舞爱好者，都可以根据自己的喜好，创编自己喜欢的排舞作品。每年，国际排舞协会也会聘请专业人员进行舞曲的创作和舞蹈的创编。这些创编的作品经过国际排舞协会的选择和认证，作为正式排舞在全球进行推广，并及时将这些新创作的排舞作品公布在协会网站上。因此，排舞不断会有新的舞曲和舞蹈涌现。对于爱好者来说，跳排舞始终具有新鲜感。

三、排舞的价值

1. 健体价值

排舞具有体育锻炼的价值，经常进行排舞练习，心血管和呼吸系统都能得到良好的锻炼，改善心肺功能，加速新陈代谢过程，促进消化，消除大脑疲劳和精神紧张，从而达到增强体质，增进健康，延缓衰退，提高人体的活动能力等良好的健身作用。

2. 健心价值

从心理学的角度来分析，人的注意力是心理活动对一定对象的指向和集中，也就是说注意是受指向制约的，在翩翩起舞的过程中，其注意力必然都集中在欣赏优雅的舞曲音乐，并沿着节奏将内心情感抒发在舞姿上，由于注意力的转移，就能使身体其他部分的机能得到调整和充分休息，所以参加排舞这项运动能消除紧张的情绪和缓解压力，练习者在优美动听的音乐、美妙的舞姿中，消除疲劳、陶冶心灵，感受到愉快的情绪，从而达到最佳的心理状态。

3. 健脑价值

记忆，就是过去的经验在人脑中的反映。它包括识记、保持、再现和回忆四个基本过程。其形式有形象记忆、概念记忆、逻辑记忆、情绪记忆、运动记忆等。在排舞的练习过程中不仅要运用形象记忆、概念记忆，而且还要运用情绪记忆和运动记忆，而随着年龄的不断增长，记忆力会以很慢的速度减退，这是自然规律，也是正常现象。通过排舞练习以及对大脑神经的不断刺激，来减缓记忆力减退的生理现象，达到良好的健脑效果。

4. 健美价值

排舞的练习是在优美动听的音乐旋律中，用心灵共舞，把细腻的情感注入舞姿中，并以高超的舞蹈技艺形神一致地表现出各种动与静的姿态，塑造出各种美妙的意境组合，体现出美的姿态、美的造型，创设出体育与艺术、健与力高度结合的意境，给人们艺术熏陶和美的享受。因此，排舞练习对形态、姿态、健康等方面都有较高的要求，经常参加排舞练习是一项很好的形体训练，提高人体的协调能力，强健身体的各个部位的肌肉群，以及增加骨骼的骨密度，具有十分积极的健美作用。

5. 终身锻炼价值

排舞运动适合各个年龄层次，学练的门槛较低，“凡是会走路的人都会跳排舞”这句话说明了即使没有舞蹈基础，也能进行排舞练习。在3000多个舞曲中，包含了多种舞蹈和音乐风格，每一个舞曲都有精心设计的动作规范。针对不同性别、年龄层次的人群都有较为适合的运动量和强度。青年人比较喜欢热情奔放、激情洋溢的舞曲和舞蹈类型，就可以选择拉丁舞、爵士舞、街舞、舞厅舞等舞蹈风格；中老年人则可以选择舒缓、柔情的华尔兹、恰恰等舞蹈风格。总之、排舞是将健身性、娱乐性、观赏性、趣味性和群众性等融为一体的运动形式，并与现代生活方式密切相关，目前这项运动在世界上已被列为最具健身性项目的首位。

四、排舞运动的类型

（1）根据排舞舞蹈的段落和音乐的旋律进行分类，分为以下四种类型（表8-3）。

表 8-3 排舞的类型 a

类型	特点	技术难度
规型排舞	有明显的固定舞步组合，从音乐的开始到结束都反复的重复着同一固定的舞步组合，动作难度相对较简单。	初级
段型排舞	从音乐的开始到结束，在两段舞步当中加入间舞（tag）的舞步，或者某一段落 的舞步还没跳完，紧接着又从头开始跳，这被称作中断（short wall），　这种类型的排舞在学习时相对较难记忆。	中级
合型排舞	它是由三个或者三个以上的段落组合而成，它不按照一定的规律进行循环，有一些段落重复，有一些段落并不重复。对于不同舞曲的旋律，作者可以充分自由的发挥，对排舞进行自由的组合和编 排。	中、高级
演性排舞	变化多端，舞步花哨，舞步的组合较为复杂，没有固定的规律性，从音乐的开始到结束，中间可以加入别的音乐或者舞步，适用于表演。	高级

（2）根据身体方向的变化可以分为以下三种类型（表 8-4）。

表 8-4 排舞的类型 b

类型	特点	技术难度
无方向	整个舞蹈的段落中，不管脚步的（没有方向的变化） 动作方向如何变化，段落在结束的时候应保持开始时的方向。	初级
两个方向	排舞在段落与段落之间有着一次方（有两个方向的变化）向的变化。一般情况下，方向的变化是相反的。	中级
四个方向	每次重复舞蹈段落，都在一个新的 （有四个方向的变化）方向上开始。	初、中、高级

在大多数情况下，以上三种类型排舞的身体变化方向都是具有一定规律性的，就类似与健美操训练时的八个方位的变化。

五、成套舞范例

（一）《唐伯虎点秋香》（8 个 8 拍）

第一节：1-4 右脚旁点 2 次，右脚后交叉、左脚横、右脚前交叉；5-8 同前，方向相反。

第二节：右脚前曼波、左脚后曼波；右脚右曼波、左脚左曼波。（同时双手绕圈）。

第三节：1-4 右脚进、左脚踏，右脚进恰恰；（左手叉腰、右手由下指向前）；5-8 同前，方向相反。

第四节：右脚进、左脚踏，右脚右转 180° 进恰恰；左脚右转 180° 退恰恰，右脚退、左脚踏。

第五节：1 右脚横、2-3 左脚后交叉、右脚横、左脚前交叉，4 右脚横；5-6 左脚前交叉、右脚踏、左脚横，7-8 右脚前交叉、左脚踏、右脚横。

第六节：同第五节、方向相反。

第七节：1-4 右脚左踢、右踢、退并前；5-8 左脚右踢、左踢、退并前。

第八节：右脚大前交叉、左脚跟，右脚右转 90° 踏、左脚并；右脚大前交叉、左脚跟，右脚回、左脚并。

3 个间奏，1 至 4 拍（拍手），第 6 遍开始只跳第 7、8 两个 8 拍

（二）《永恒的记忆》（4 个 8 拍）

第一节：1 左脚横，2 和 3 右脚后交叉、左脚横、右脚前交叉，4 和 5 左脚踏、右脚右转 180° 左脚进，6 和 7 右脚跟、左脚进恰恰，8 和 1：右脚前曼波。

第二节：2 和 3 左脚右转 90° 退、右脚横、左脚前交叉，4 和 5 右脚横、左脚跟、右脚前交叉，6 和 7 左脚横、右脚跟、左脚前交叉，8 和 1 向右摇摆向左摇摆。

第三节：2 和 3 右脚后交叉、左脚踏、右脚横，4 和 5 左脚后交叉、右脚踏、左脚左转 90° 进，6 和 7 右脚上左转 180° 进，8 和 1 左脚进、右脚并、左脚再进。

第四节：2 和 3 右脚进、左脚踏、右脚右转 90° 踏， 4 和 5 左脚前交叉、右脚横、左脚左转 180° ， 6、7、8 向左、向右、向左摇摆 3 次回。

第 2、4 遍：只跳前 2 个 8 拍

中间无音乐：停 4 拍

（三）《芒果树下》（4 个 8 拍）

第一节：右脚进、左脚跟点（拍手）；左脚退、右脚跟点（拍手）；右脚右转 180° 进、左脚跟点（拍手）；左脚退、右脚跟点（拍手）；

第二节：右脚横、左脚踢；左脚后交叉、右脚横；左脚横、右脚踢；右脚后交叉、左脚横；

第三节：右脚进 2 拍、左脚进 2 拍；右脚 2 次左转 90° 旁点扭胯。

第四节：右脚进、左脚踏，右脚右转 90° 踏、左脚开；右脚并、左脚进，右脚踏、左脚并。

（四）《真酷》（8 个 8 拍）

第一节：1 和 2 右脚进左脚踏；3 和 4 右脚退左脚踏；5 和 6、7 和 8 右脚上左转扭胯 90° 2 次。

第二节：1 和 2 右脚前交叉，左脚旁点；3 和 4 左脚前交叉，右脚旁点；5 右脚前交叉，6 后踏；7、8 左脚退、右脚并。

第三节：同第一节。

第四节：同第二节。

第五节：1-4 右脚开始进 3 步、左脚踮；5-8 从前到后扭左胯 2 次。

第六节：1-4 左脚开始退 3 步、右脚踮；5-8 从前到后扭右胯 2 次。

第七节：1、2 右脚前交叉、左脚横；3、4 右脚后交叉、左脚左转 90° 进；5 和 6 右脚上左转 90° ；7 和 8 右脚前交叉停 1 拍。

第八节：1、2 左脚横右脚并；3、4 左脚进右脚并；5、6 右脚横左脚并；7、8 右脚进左脚进。

（五）《西班牙恰恰》（4个8拍）

第一节：向右4个恰恰长步。

第二节：同上方向相反。

第三节：右脚进左脚踏，右脚退左脚踏；右脚上点踏，左脚上点踏。

第四节：右脚进左脚踏，右脚退左脚踏；右脚上左转扭胯90° 2次。

（六）《美丽的神话》（4个8拍）

第一节：1和2右脚横，左脚后交叉、右脚踏，3和4左脚上右转90° 加360°，5和6右脚退并前，7和8左脚进恰恰。

第二节：1、2右脚前交叉、左脚退、右脚横；3至6左脚前交叉、右脚踏、左脚左转90° 进，右脚进、右脚上右转180° 进；7、8右脚上左转360° 进。

第三节：1、2右脚后交叉、左脚横、右脚前交叉；3、4左脚向左摇摆右转90° 进；5、6右脚上左转270° 进，7、8右脚横向左扭胯、向右扭胯。

第四节：1、2：左脚左转90° 退并前；3、4：右脚进、左脚踏、右脚右转180° 进；5、6左脚进、右脚跟、左脚进、右脚左转90° 向后抬起；7、8右脚落地前交叉、左脚横、右脚后交叉、左脚左转90° 进。

（第4遍跳2个8拍后朝正前方）

（七）《甜心恰恰》（4个8拍）

第一节：左脚前交叉，右脚踏，左脚横恰恰；同上方向相反。

第二节：左脚进，右脚踏，左脚退恰恰；右脚退，左脚踏，右脚进恰恰。

第三节：左脚左前进恰恰，右脚右前进恰恰；左脚进，右脚踏，左脚退恰恰。

第四节：右脚开始向后绕4步；右脚右转90° 退，左脚踏，右脚进恰恰。

六、排舞运动的比赛规则

2009年3月，国家体育总局体操运动管理中心、中国健美操协会、中华全国总工会、中国职工文化体育协会及北京市体操运动协会排舞委员会组织有关专家、有比赛经验和排舞推广的骨干研讨编写了《全国排舞比赛评分规则》。本规则适用于全国排舞比赛及各行业、地区、系统及基层单位的排舞比赛。

1. 比赛项目、参赛人数及比赛分组

团体赛每队的参赛人数不得低于16人，上不封顶。每队异性的比例最低要占到全队总人数的四分之一。比赛项目分为团体（16人以上）、青年混双、中年混双、男女单人。比赛分组有儿童组（学龄前）、小学组（6~12岁）、中学组（13~17岁）、大学组（18~30岁）、青年组（18~34岁）、中年组（35~49岁）、老年组（50岁以上）、国际友人组。

2. 组队名称规范、出场顺序、成套比赛时间

组队名称为地区 + 队名。出场顺序按照抽签的顺序进行。成套动作时间从音乐响起开始到最后结束为标准，自选串烧曲目的时间不得超过6分钟。

3. 上场与退场、比赛成绩、服装与服饰、场地与设备以及相关安全规定

上场时可选择动态上场也可选择立定造型开始。比赛成绩以最后的决赛成绩 进行判定。比赛用服装、服饰、鞋、帽等需要符合舞蹈的风格，搭配，其中裙装 不得遮住脚踝。比赛场地不得小于 16×16 平方米。在排舞的编排动作中不得出 现翻腾、抛接、叠罗汉等危险性动作或者类似于竞技健美操或者啦啦操中的难度类动作。

4. 成套动作的评分标准

（1）动作的完成（3 分）：动作与标准舞码的一致性，动作与音乐节拍的吻合性。

（2）编排设计部分（3 分）：创新性、队形变化、流畅性及音乐风格的把握。

（3）舞曲风格及表现力（2 分）：把握风格，面部表情展露自信、自然，有音乐感染力。

（4）服装服饰妆容（1 分）：风格吻合、色彩及整体视觉效果协调。

（5）总体完整性（1 分）：整齐度、视觉效果、团队精神以及全部表演整体的总评价。

第五节 健 美

一、健美运动概述

健美运动是一项根据人体结构、生理特点和美学原理，针对不同性别、年龄、体质状况和体型特点的人，通过徒手或利用各种器械，运用专门器械和专门的动作方式和方法进行锻炼，以增强体质、增长体力、发达肌肉、改善体型、培养优美人体姿势的身体锻炼项目。

健美运动通常采用徒手和器械进行锻炼，如徒手的健美操、韵律操、形体操，以及各种自抗力动作。运动器械更是丰富多彩。因此，只要运用各种行之有效的动作方式方法来锻炼身体度将取得显著的效果。健美运动的动作方式多种多样，常见的有各种适用与女子健美训练的徒手或持轻器械的操，对于减肥、控制体重和改善形体形态，都有好处。对发达肌肉的训练，如采用器械做各种动作时，在器械的轻重、动作的形式、次数组数速度间歇等方面都有特殊的要求，不同的组合都能达到不同的练习效果。

现代健美运动的创始人是德国体育家山道，他生于 1868 年，18 世纪末 19 世纪初的山道，经常在伦敦的公共场所表演各种力的技巧和一些健美动作造型。出生于 1890 年的医学专家列戴民是美国健美运动创始人，他大约在 1920 年开始传授健美方法，并运用医学知识积极从事健身运动价值和作用理论的研究，他两本最有名的著作《肌肉发达法》和《力之秘诀》无论在理论水平，还是在指导实践上都有精辟的论述。特别是《力之秘诀》一书中还采用了大量的健美照片，起到了指导和鼓励青年从事体格锻炼的积极作用。二十世纪三十年代，提倡健美运动影响最大的要算美国《体育》杂志主编麦克法登，他潜心研究健美运动的理论，并进行实践，他的健身著作有 50 余种，他首创健美比赛，评选后由他亲自发奖。他还开办了一所体育学校专门为青少年提供免费学习的机会。由于他对健美运动做出了巨大贡献，所以人们尊称他为美国“健美运动之父”。

二十世纪中期，加拿大人本·韦德和他的胞弟裘·韦德自费到 97 个国家讲学，宣传健美运动，并在 1946 年创建国际健美联合会。 本·韦德制定健美比赛国际规则，举办正

式国际业余健美锦标赛，从而使健美运动进入健全和完善阶段。由于本·韦德的卓越贡献，人们推选他为国际健身联合会终身主席。

我国的健美运动在上世纪 30 年代传入，其开创人是赵竹光先生。赵竹光先生 1930 年从广东考入上海沪江大学，他和曾维琪组织成立了“沪江大学健美会”。该组织是健美运动在中国最早的健美组织。1940 年该组织规模不断扩大，又改为“上海健身学院”。1944 年，举办新中国成立前唯一一次健美比赛。上世纪 50 年代，这项运动被称为资产阶级体育而一度被扼杀，直到 80 年代才恢复。从 1983 年开始，我国先后在上海、广州、北京等多个城市举办了全国“力士杯”健美比赛。在前两届比赛中，只进行了男子个人比赛，从第三届开始增加了男女混双表演。1986 年第四届比赛开始正式增加了女子个人和男女混双比赛，女运动员第一次按照国际健美比赛规则的规定穿“比基尼”泳装参加。自此我国每年都要举行全国健美比赛。1985 年 11 月，在瑞典哥德堡举行的第三十九届国际健美联合会年会上，正式接纳我国为国际健美联合会的第 128 个会员国。

二、健美运动的分类

健美运动内容很多，按其性质和作用分为大众健美和竞技健美两大类。其中大众健美包括徒手练习、器械练习、矫正练习；竞技健美包括肌肉竞技、健身小姐竞赛。具体见表 8-5。

表 8-5　健美运动分类

健美运动	大众健美	徒手练习	单个动作
			组合动作
		器械练习	轻器械练习
			重器械练习
			综合器械练习
		矫正练习	主动矫正
			被动矫正
	竞技健美	肌肉竞赛	个人项目
			双人项目
			表演项目
			特设项目
		健身小姐竞赛	健美形体
			激情表演
			健美知识问答

三、健美运动的健身特点及作用

健美运动作为一个运动项目，除了具有一般体育活动所共有的能锻炼身体、增进健康、增强体质的作用外，还特别能发达全身各部位的肌肉，增长体力，改善体形体态，以及陶冶美好的情操。它不仅强调“健”，而且强调“美”，把体育和美育融为一体。健美运动不仅包括以比赛为目的的竞技健美,也包括以减肥或改善体形体。健美运动是一项有着自己健身特点的体育活动。长期进行健美锻炼，能够发达肌肉、增长力量；增进健康、增强体质；改善体形体态、矫正畸形；调节心理活动，陶冶美好情操；提高神经系统机能，培养顽强意志品质。

（一）发达肌肉，增长力量

健美运动的一个突出作用是可以有效地发达全身肌肉，增长力量。在人体中，由肌肉、骨骼、关节和韧带等共同组成了运动器官，使有机体得以进行各种各样复杂精细的运动，而一切运动的原动力就是那些大大小小的肌肉。由于健美比赛中评分的主要标准之一是肌肉的发达程度，所以，健美训练中要经常采用各种各样的杠铃、哑铃等负重动作，对全身各部位肌肉进行锻炼，特别是每次练习几乎都是极限练习，因此能够使肌肉得到强烈的刺激，从而使肌纤维增粗，肌肉中的毛细血管网增多，肌肉的生理横断面增大，肌肉变得丰满结实而发达，也就是通常所说的肌肉块头增大了。在力量训练的影响下，肌细胞内的肌动蛋白和肌球蛋白等收缩物质含量的增加；脂肪的减少，从而使肌肉的黏滞性减小。所有这些变化的结果，导致了肌肉力量的很大增长。特别是某些局部肌肉群的力量，能达到相当高的水平。

（二）增进健康，增强体质

经常从事健美锻炼，能对心血管系统、呼吸系统和消化系统等各内脏器官的功能产生良好的影响。健美锻炼可使心肌增强，心脏容量增大，血管弹性增强，从而提高心脏的收缩力和血管的舒张能力，使心搏有力，心输出量增加。由于心脏的工作能力和储备能力都提高了，这就能承受更大的负荷。健美锻炼还能使血液中的红细胞、白细胞和血红蛋白增加，从而提高身体的营养水平、代谢能力和对疾病的抵抗能力。健美锻炼对呼吸系统的机能也有良好的影响，它能提高呼吸深度。增加每次呼吸时的气体交换量，这既有利于呼吸肌的休息，又可提高呼吸系统的功能储备，从而保证在激烈运动时满足气体交换的需要，提高机能水平。健美锻炼还能提高消化系统的机能，因为肌肉活动时要消耗大量的营养物质，同时，肌肉的活动可促使胃肠的蠕动增强，消化液分泌增多，使消化和吸收能力得到提高，食欲增加。健美运动能有效地增进人体的健康水平，增强体质。

（三）改善体形体态，矫正畸形

矫正畸形体形主要是指全身各部位的比例是否匀称、协调、平衡和谐，以及主要肌肉群是否具有优美的线条。体态主要是指整个身体及各主要部位的姿态是否端正优美。如果长时间不注意体态端正，就可能影响某些骨骼的正常生长和发育，产生畸形，影响体态美。健美运动的各种动作能给予身体某些部位的生长发育以巨大的影响，促使骨骼的正常生长和肌肉的良好发展。科学的训练还可减少肌肉中的脂肪含量，达到消脂减肥的目的。这些变化都能够有效地改善人的体形体态。

（四）调节心理活动，陶冶美好情操

人的心理活动，其本质乃是大脑对外界客观事物的反映。现代生活的紧张节奏，会使人产生紧迫感、压抑感，而紧张的体力劳动和脑力劳动又会使人产生疲劳感。而健美运动

则能起到这方面的缓解作用。通过一段时间锻炼后，肌肉增长了，多余的脂肪减掉了，体形健美了，人在心理上就会产生一种满足用通过优美明快的音乐，节奏鲜明而又活泼愉快的形体练习，来调节人的心理活动，松弛一下紧张的神经，转移和消除人的疲劳感、压抑感，使大脑得到积极的休息。一般的体育活动主要增进健康，增强体质，而健美运动则不完全相同，健美训练所带来的形体美、姿态美的良好变化，使人变得活泼开朗、朝气蓬勃。所以，健美运动是一种青春常在的运动，它可以调节人的心理活动，陶冶人的美好情操。

（五）提高神经系统机能，培养顽强意志品质

中枢神经系统由脑和脊髓构成，而共最高指挥机关则是大脑皮层。它一方面担负着管理和调节人体内部各器官系统的活动，保持人体内部环境的平衡，另一方面则维持人体与外部环境的平衡。健美运动是在中枢神经系统的支配调节下进行的。反过来，进行健美运动也能提高中枢神经系统的机能水平。它能够提高神经过程的强度和集中能力，提高均衡性和灵活性，从而提高有机体对内外环境的适应能力。健美训练中，肌肉经常要工作到极限，运动员要经常克服由于大运动量训练所带来的肌肉酸疼等疲劳感觉和各种困难，长期的刻苦训练，持之以恒，坚持不懈，就可以培养顽强的毅力，培养不怕苦、不怕累的顽强意志品质。

四、人体各部位肌群的锻炼方法

（一）颈部肌肉的锻炼方法

1. 单手侧压颈屈伸

一手按头右侧，另一手叉在左侧腰间，坐立均可。按在头右侧的手用力把头向左侧推压，而颈部则用力顶住，不让其轻易被压倒，但逐渐被压倒。然后，颈部用力把头向上向右抬起，而右手则用力压住头部，不让其轻易抬起，但逐渐完全竖直。如此反复多次，直到颈部感到酸胀。练完一侧，换练另一侧。

（1）呼吸方法：一手用力侧压头部时吸气，压到底时呼气。

（2）注意事项：不要用过大、过猛的抗力，前几次用力要小些，再逐渐加大，以避免颈部扭伤。切勿让颈部有任何旋转，而只是屈伸。

2. 双手正压颈屈伸

双手十指交叉，按在脑后，用力压头部，使其向前下屈，颈部则用力顶住，不让其轻易下压，使下巴逐渐被压到颈部触及锁骨柄；然后，颈部用力把头向上抬起，而两手则用力压住头部，不让其轻易抬起，但逐渐抬到原位。

（1） 呼吸方法：两手用力压头时吸气，压到底时呼气，头部上抬时吸气，抬到原位时呼气。

（2） 注意事项：头部屈伸时，身体不要前俯后仰，其他同单手侧压颈屈伸。

3. 头压杠铃片颈屈伸

（1） 动作要领：俯卧长凳上，两手握一杠铃片压在头后，头部下垂，颈部用力把头抬到可能的最高点。颈部放松，让头部徐徐下垂到原位置。

（2） 呼吸方法：头部上抬时吸气，下垂时呼气。头部上抬时，目光尽量上视；下垂头部时，目光尽量下视。

（二）肩部肌肉的锻炼方法

1. 三角肌前部前平举

（1） 动作要领：两腿直立，挺胸收腹，两手正握哑铃或杠铃，两臂下垂于腿前。直臂持铃经前向上举起，至稍高于肩，静止 1 秒钟，再将两臂经前徐徐放下，还原至腿前。如用哑铃，可左右手各 1 次，连续交替做。

（2） 呼吸方法：上举时吸气，下落时呼气。

2. 三角肌中部侧平举

（1） 动作要领：两脚自然开立，两手握哑铃，下垂于身体两侧，收缩三角肌，直臂向侧上方举起，直到略高于肩，静止 1 秒钟，再让两臂徐徐放下到下垂位置。

（2） 呼吸方法：上举时吸气，静止时呼气；下降时吸气，完全落下时呼气。

3. 三角肌中部单臂侧平拉

（1） 动作要领：全身直立，一脚踩套住拉力器的一个握柄或胶皮条的一端，收缩三角肌，同侧一手将拉力器或胶皮条向侧上方拉到与肩齐高，另一手用力叉按同侧腰间以保持平衡；上拉到最高点后，静止 1 秒钟，然后，在三角肌继续用力控制下，让弹簧或胶皮条徐徐收缩到开始位置。重复练至一肩无力上拉后，换另一肩练习。

（2） 呼吸方法：上拉时吸气，到达顶点后呼气；下落时吸气，落到底点后呼气。

（3） 注意事项：上拉时，身体不要摇摆借劲。这一动作也可用侧卧姿势来做。

4. 三角肌后部俯身侧平举

（1） 动作要领：两脚开立，向前屈体 90°，两手握哑铃，两臂下垂。收缩三角肌后部，直臂从两侧平举起哑铃，直到与地面平行；静止 1 秒钟，再让两臂徐徐放下。

（2） 呼吸方法：上举时吸气，下落时呼气。

（3） 注意事项：上举和下放哑铃时，全身保持稳定，不要摇摆，意念集中在三角肌后部。上举前，要彻底放松，到达最高点时，要彻底收缩。这一动作也可俯卧在长条凳上做。

5. 三角肌后部直立推举

（1） 动作要领：把杠铃从地面上拉到胸上，全身直立，两臂向上直推至完全伸直，静止 1 秒钟，让杠铃慢慢下落到胸上。

（2） 呼吸方法：上举时吸气，下落时呼气。

（3） 注意事项：上举和下放杠铃时，身体不要摆动。该动作对上臂三头肌也有较大的锻炼作用；如将杠铃下落到颈后肩上，则对三角肌后部有更大的锻炼作用，称为颈后推举。胸前和颈后的推举，也可坐在凳上做，还可用哑铃，左右两臂同时做交替的上推和下落，如此做，则可在上推和下落时吸气，静止时呼气。

6. 胸部肌肉平卧举

（1） 动作要领：仰卧到长凳上，将杠铃放在胸部上方，垂直上举至两臂完全伸直，胸肌彻底收缩，静止 1 秒钟，慢慢下落。

（2） 呼吸方法：上举时吸气，下落时呼气。

（3） 注意事项：上举时背部、臀部要平贴凳面，两脚尽量少用力。

7. 上斜卧举

（1） 动作要领：头朝上斜卧在长凳上，与地面的夹角为30°~60°，两手正握杠铃置于胸部上方。把杠铃垂直上举至两臂完全伸直，静止1秒钟，然后慢慢下落至原位。

（2） 呼吸方法：上举时吸气，静止时呼气；徐徐下落时吸气，落到原位时呼气。

8. 下斜卧举

（1） 动作要领：头朝下斜卧在长凳上，两手正握杠铃置于胸部下方。把杠铃垂直上举至两臂完全伸直，静止1秒钟，慢慢下落至原位。

（2） 呼吸方法：上举时吸气，静止时呼气。徐徐下落时吸气，落到原位时呼气。

9. 仰卧飞鸟

该动作直接锻炼胸肌，可采用平卧、上斜卧和下斜卧。仰卧在长凳上，两手拳心相对，持哑铃，两臂与地面垂直，两脚平踏地面。

（1） 动作要领：两手向两侧分开下落，两肘微屈，直到不能再低时止；静止1秒钟，让胸大肌完全伸展，然后将两臂从两侧上举，回收到开始位置。

（2） 呼吸方法：两臂拉开时吸气，恢复时呼气。

（3） 注意事项：两手不要紧握，分臂时，背部肌肉要收紧，意念集中在胸大肌的收缩和伸展上。

10. 卧式直臂上拉

仰卧在长凳上，两手正握哑铃或杠铃，两臂直伸，与地面平行。两脚平踏在地面或长凳上。

（1） 动作要领：两臂保持平伸，把哑铃或杠铃向上向后拉，并下落到可能的最低点，静止1秒钟，让胸大肌尽量拉伸。然后，收缩胸大肌，把两臂向上、向前拉，直至下落到腿侧开始位置。

（2） 呼吸方法：向上向后拉时吸气，向上向前收回时呼气。

（3） 注意事项：后拉时，让两臂充分向后直伸；前拉时，让两臂充分向前直伸。该动作也可两手并握一较重的哑铃来做，因两手握距较窄，重量集中在杠中央，对发展胸大肌靠近人体中线的边沿部分有较大的作用。

（三）臂部肌肉的锻炼方法

1. 上臂三头肌臂屈伸

两手正握或反握杠铃或两手合握一个哑铃，将其高举过顶后，屈肘，让前臂向后下垂，全身直立或坐在凳上。

（1） 动作要领：两上臂贴近两耳，保持竖直，不摇动，收缩三头肌，逐渐伸展肘关节，把前臂向上延伸，直到臂部完全伸直，三头肌彻底收紧；静止1秒钟，再屈肘，让前臂徐徐下垂到开始位置，使三头肌尽量伸展。

（2） 呼吸方法：挺伸前臂时吸气，屈降时呼气。

2. 上臂三头肌俯身臂屈伸

向前屈体，单手握哑铃，另一手撑开或一手扶左膝盖上，让握铃的上臂贴靠于体侧，与上体平行；屈肘，让前臂自然下垂。

（1） 动作要领：上体和上臂保持不动，收缩三头肌，把前臂向后上方挺伸，直到臂部完全伸直，同时彻底收缩三头肌；静止 1 秒钟，再屈肘，让前臂徐徐下垂到开始位置。呼吸方法：挺伸前臂时吸气，下垂时呼气。

（2） 注意事项：挺伸前臂时尽可能地不使上臂上下摆动，臂部完全挺直后，还要把手腕往上抬，使三头肌收缩得更彻底。

3. 上臂三头肌卧式臂屈伸

平卧在长凳上，两手反握或正握杠铃，向上举起，两臂和地面垂直后，屈肘，下垂前臂。

（1） 动作要领：保持上臂不摆动，收缩三头肌，把前臂向上延伸，直到臂部完全伸直，静止 1 秒钟，彻底收缩三头肌，然后屈肘，有控制地让前臂徐徐下垂到开始位置，充分伸展三头肌。

（2） 呼吸方法：挺伸前臂时吸气，下垂时呼气。

4. 上臂三头肌直臂后抬

身体直立，两手反握或正握杠铃，置于身后。

（1） 动作要领：保持两臂伸直，将杠铃尽量向后上方抬起；最后，向上屈转手腕，并尽力收缩三头肌，静止 1 秒钟，下降杠铃到原位，放松三头肌。

（2） 呼吸方法：臂部后抬时吸气，回降时呼气。

（3） 注意事项：抬臂时，身体不可晃动，抬到可能的最高点后屈转手腕，才能使三头肌彻底收缩。

5. 双臂胸前压棍屈伸

两手在胸前握一根连接拉力条的弯把，握距与肩同宽或稍窄或合紧，上臂贴靠两肋，屈肘，弯起前臂。

（1） 动作要领：保持上臂不动，收缩三头肌和前臂的肌肉，将弯把用力下压到臂部完全伸直；静止 1 秒钟，尽力收缩三头肌，屈肘，让弯把徐徐回到原位。

（2） 呼吸方法：弯把下压时吸气，缩回时呼气。

（3） 注意事项：弯把下压时，务必低到两臂完全伸直，上臂要固定不动；虽然前臂也需用力，但意念要集中到三头肌的伸缩上。

6. 上臂二头肌两臂弯举

全身直立，两手仰握杠铃，两臂下垂。

（1） 动作要领：上臂尽量保持不摆动，屈肘，弯起前臂到可能的最高点，同时收缩二头肌，静止 1 秒钟；松展肘关节，让前臂徐徐下落到两臂完全伸直。

（2） 呼吸方法：弯起前臂时吸气，回落时呼气。

（3） 注意事项：要依靠二头肌的力量使前臂向上弯起，在前臂弯起到最高点时，彻底收缩二头肌 1 秒钟，而不是立即放松它。不要在弯起前臂时让两肘随之向前上方摆动来使前臂上弯得更高。

7. 上臂二头肌单臂蹲坐弯举

蹲在地上或坐在凳上，一手握哑铃，让上臂贴在大腿内侧，前臂向下直垂。另一只手扶压在另一大腿上。

（1） 动作要领：收缩握铃一臂的二头肌将前臂向上弯起，到最高点时，彻底收缩二头肌 1 秒钟，然后伸展肘关节，让哑铃徐徐下落到开始位置。练完一侧，换练另一侧。

（2） 呼吸方法：弯起前臂时吸气，下垂时呼气。

（3） 注意事项：要依靠二头肌的力量使前臂向上弯起，到最高点后，保持静止收缩一秒钟。

8. 上臂二头肌两臂斜板弯举

立在斜板上，两手握杠铃，手心向上，将整个臂部或是上臂平贴在斜板上。

（1） 动作要领：收缩二头肌，将前臂向上弯起，直到可能的最高点时，彻底收缩二头肌 1 秒钟，然后慢慢松展肘关节，让杠铃徐徐回落到板上。

（2） 呼吸方法：弯起前臂时吸气，落下时呼气。

（3） 注意事项：平贴在斜板上的臂，先要尽量向下伸直。上弯前臂时，肩部丝毫不可上缩。

9. 前臂腕弯举

两手反握杠铃，蹲坐下来，将前臂贴放在大腿上，把手腕向前伸出，垂于膝盖前，两手也可正握杠。反握主练前臂内侧肌肉，正握主练前臂外侧肌肉。也可把上臂贴靠在平板或斜板上做或用哑铃左右轮流做。

（1） 动作要领：前臂平贴大腿，只把手腕尽力向上、向内屈转（收缩屈指肌），直到不能再屈转时，静止 1 秒钟；放松前臂肌肉，让手腕向前回落。

（2） 呼吸方法：屈转手腕时吸气，回落时呼气。

（3） 注意事项：屈转到最后时，一定要尽力收缩前臂肌肉（屈指肌）1 秒钟，再逐渐放松。

（四）背部肌肉的锻炼方法

1. 上背部立式耸肩

身体直立，两手用正（俯）握法握杠铃或哑铃，握距稍宽于肩。

（1） 动作要领：先让肩部尽量下倾，两臂完全不使劲，然后耸起两肩（主要是收缩斜方肌），静止 1 秒钟，松下肩，重复再做。

（2） 呼吸方法：耸起肩部时吸气，松下时呼气。

（3） 注意事项：耸起肩部把杠铃稍稍上提要完全靠收缩斜方肌所产生的力量，两肘不能丝毫弯曲。

2. 上背部直立划船

两脚自然开立，两手用上握法握杠，握距比肩狭窄（可窄到两拳在杠中央相接）。

（1） 动作要领：把杠铃徐徐向上拉起，直到横杠几乎触及颏部；静止 1 秒钟，让杠铃徐徐下垂到两臂完全伸直，重复再做。

（2） 呼吸方法：杠铃上拉时吸气，下垂时呼气。

（3） 注意事项：上拉时要让横杠尽量贴近身体，如握把较宽，杠铃上提时让两肘尖向上。上拉时身体不要摆动，下垂时杠铃要徐徐而行，最后要让杠铃尽量下垂到最低点。

3. 背阔肌引体向上

两手用宽握距正握（掌心向前）单杠，两脚离地，两臂、身体自然下垂伸直。

（1） 动作要领：用背阔肌的收缩力量将身体往上拉起，直到单杠触及或接近胸部；静止 1 秒钟，使背阔肌彻底收缩，然后逐渐放松背阔肌，让身体徐徐下降，直到恢复完全下垂，重复再做。

（2） 呼吸方法：将身体往上拉时吸气，下垂时呼气。

（3） 注意事项：上拉时意念集中在背阔肌，把身体尽可能的拉高。上拉时不要让身体摆动，下垂时脚不能触及地面，可在腰上钩挂杠铃片来加重。

4. 背阔肌坐式下拉吊棍

坐在凳上，两手用宽握距向上伸直，正握（掌心向前）吊棍。

（1） 动作要领：收缩背阔肌，将吊棍尽力往下拉，直到触及颈后肩背部或前胸，然后慢慢放松背阔肌，让吊棍缩回到两臂伸直拉住的高度。

（2） 呼吸方法：将吊棍下拉时吸气，松回时呼气。

（3） 注意事项：应将意念集中在背阔肌收缩和放松的控制上。若坐着的高度不合适，可立着做或跪着做。

5. 背阔肌俯身划船

屈膝，上体前倾，两臂直垂握杠，应使杠铃稍离地面，头不要低垂。

（1） 动作要领：收缩背阔肌，将上臂上拉，把杠铃尽量拉高；静止 1 秒钟，让杠铃徐徐下降到两臂完全伸直下垂。

（2） 呼吸方法：上拉杠铃时吸气，放下时呼气。

（3） 注意事项：上拉时要想着让主要力量来自背阔肌的收缩，而不是臂部。上拉时，腰要收紧，上体尽量不摇动，腿部用力，臀部后移，以保持平衡。如做单臂划船，另一手可撑扶在膝上或凳上。

（五）腹腰部肌肉的锻炼方法

1. 仰卧起腿

仰卧平垫上或头朝上仰卧在斜板上，两手握住头后方的固定物件，全身挺直。

（1） 动作要领：收缩腹肌，将保持伸直的两腿向上弯起，直到达到最大程度的收缩；保持 1 秒钟，再让两腿徐徐回落。

（2） 呼吸方法：向上弯起两腿时吸气，回落时呼气。

2. 仰卧抬腿蜷缩上体

平卧在床上或地上，两膝弯曲，抬起小腿，勿使下降，两手抱头。

（1） 动作要领：在保持小腿不下放的姿势中，尽力把上体向前蜷缩，身体实际上不会上抬很高。

（2） 呼吸方法：向前蜷缩时吸气，回落时呼气。

3. 坐式缩腿

坐在凳边，两手向后撑在凳上，两腿向前直伸。

（1） 动作要领：屈膝缩起小腿到可能的最高点，彻底收缩腹直肌 1 秒钟，然后徐徐降落小腿，直到完全伸直。

（2） 呼吸方法：缩起小腿时吸气，降落时呼气。

（3） 注意事项：本动作较简易，其作用大小全在膝部上提的高低和动作的快慢上，愈高愈快则效果愈大，反之愈小。

（六）腿部肌肉的锻炼方法

1. 股四头肌后蹲

站在深蹲架前，屈膝，两手握住深蹲架上的杠铃并担负在颈后肩上，向前走两步，两脚开立，略宽于肩，足趾稍向外撇，身体挺直。

（1） 动作要领：屈膝下蹲到大腿与地面平行或稍低，静止 1 秒钟，大腿和臀部用力使两脚蹬地，使身体恢复到直立，完成后，退回几步，把杠铃放回深蹲架上。按规定次数和组数重复再做。

（2） 呼吸方法：下蹲时呼气，起立时吸气。

（3） 注意事项：在做整个动作的过程中，背部要平直，上体勿前倾，臀部不要后突，后腰要下塌，动作要稳定，腿部快伸直时，用力挺直膝关节。

2. 股四头肌前蹲

站在深蹲架前，屈膝，两手握住深蹲架上的杠铃托在胸前肩上，向前走两步，两脚开立，略宽于肩，足趾稍向外撇，身体挺直。

（1） 动作要领：屈膝下蹲到大腿与地面平行或稍低，静止 1 秒钟，大腿和臀部用力，使两脚蹬地，身体恢复到直立；完成后，退回几步，把杠铃放回深蹲架上。按规定次数和组数重复再做。

（2） 呼吸方法：下蹲时呼气，起立时吸气。

（3） 注意事项：在做整个动作的过程中，背部要平直，上体勿前倾，臀部不要后突，后腰要下塌，动作要稳定。腿部快伸直时，用力挺直膝关节。

3. 股四头肌腿举

仰卧在“腿举架”的底板上，蜷缩双腿让整个脚底顶住加重板的底面。

（1） 动作要领：两腿用力向上蹬板，直到两腿完全伸直，同时尽力收缩股四头肌，静止 1 秒钟，屈膝，让加重板慢慢下降到预先卡定的高度，重复再做。

（2） 呼吸方法：用力蹬板时吸气，回降时呼气。

（3） 注意事项：仰卧时，臀部正对加重板的中心下方，蹬板时，整个脚底平贴住板底。

4. 股四头肌坐式腿屈伸

坐在专用的长凳上，在滚轴的另一边加上所要重量的杠铃片，两脚钩住滚轴，小腿与大腿成 90°。

（1） 动作要领：两腿用力收缩股四头肌，伸直膝关节，使小腿向上挺直，静止 1 秒钟，垂下小腿，重复再做。

（2） 呼吸方法：用力蹬板时吸气，回降时呼气。

5. 股二头肌立式腿弯举

站在一高木块或矮凳上，一脚系一哑铃，自然直悬在木块外，另一腿支撑体重，一手或两手扶墙或木条。

（1）动作要领：屈膝，小腿用力、尽量向后弯起，静止 1 秒钟，同时尽力收缩股二头肌，然后自然垂下到原来位置，重复再做。

（2）呼吸方法：弯起小腿时吸气，下垂时呼气。

6. 股二头肌俯卧腿弯举

俯卧在专用的长凳上，两脚踝伸钩在滚轴下面，滚轴另一面加上所要重量的杠铃片。

（1）动作要领：屈膝，小腿向后弯起，到最高点时尽力收缩股二头肌，静止 1 秒钟，伸直小腿到原来位置，重复再做。

（2）呼吸方法：弯起小腿时吸气，放下时呼气。

（3）注意事项：弯起小腿时，大腿平贴凳面。如没有专用的腿弯举凳，可俯卧在普通的长凳上，脚系哑铃、杠铃片做。

7. 小腿站立提踵

将杠铃放在颈后肩上，两脚开立，脚尖稍向里扣或外撇，脚掌站在垫木上，脚跟露在垫木外。

（1）动作要领：收缩小腿肌肉群，使脚跟尽量提高，使腓肠肌彻底收紧，静止 1 秒钟，放下脚跟，还原，重复再做。

（2）呼吸方法：提起脚跟时吸气，放下时呼气。

（3）注意事项：脚跟上提和下降时要注意保持重心稳定，身体踮高时，前额要领先上提，下降时，要让脚跟低于垫木面。

五、健美的标准

人体美是健、力、美三者的有机结合，它包含了肌肉、骨骼的发育情况、机体的完善程度和人体的外形美及人体的精神气质。

（一）男子健美的标准

早在古希腊人们就崇尚人体美，他们认为，健美的人体应具有宽阔的胸部、灵活而强壮的脖子。著名雕刻大师米隆所创造的“掷铁饼者”以其精湛的技艺塑造了人体健美的外形。诗人马雅可夫斯基曾经说过：“世界上没有更美的衣裳像结实的肌肉与新鲜的皮肤一样”，可见发达的肌肉和健壮的体魄是人体美的重要因素。随着竞技健美运动的发展，人们对人体肌肉的发展越加重视，要求也越来越高。

对于健美的体型，不同国家、不同民族、不同的人，会有不同的看法，但有一点是共同的，就是经常从事体育锻炼能使体型更匀称更健美。为了研究人体，以脂肪所占比例和肌肉发达程度并参照肩宽和臀围的比例划分体型，可分为胖型、肌型（运动型）和瘦型三类。肌型一般为标准体型，经常从事各项体育活动的人，特别是运动员，多为肌型。知道了体型分类，就可通过健美锻炼来改变自己的体型。

（1）胖型。其特点是上（肩宽、胸围）、下（腰围、臀围）一般粗，腰围很大，腹壁脂肪很厚，胸部脂肪多下坠，体重超标。

（2）肌型（运动型）。其特点是肩宽、背阔、腰细、体型呈“V”型，腹壁肌肉垒块明显，四肢匀称，肌肉发达，体重在标准体重加减 5%以内。

（3）瘦型。其特点与胖型相反，腰围小，但因胸腔小而上下一般细，肩窄、胸平、四肢细长、肌肉不丰富、脂肪极少，体重小于标准体重25%~35%。

（二）女子健美的标准

女子的身高与体重，四肢与躯干等部位的比例为多少才合乎健美的标准呢？在这方面，有关专家、学者进行了大量的研究，总结出一套较适合女子健美的测量标准。

（1）上、下身比例：以肚脐为界，上下身比例应为5:8，符合“黄金分割”定律。

（2）胸围：由腋下沿胸部的上方最丰满处测量胸围，应为身高的一半。

（3）腰围：在正常情况下，量腰的最细部位。腰围较胸围小20厘米。

（4）髋围：在体前耻骨平行于臀部最大部位。髋围较胸围大4厘米。

（5）大腿围：在大腿的最上部位，臀折线下。大腿围较腰围小10厘米。

（6）小腿围：在小腿最丰满处。小腿围较大腿围小20厘米。

（7）足颈围：在足颈的最细部位。足颈围较小腿围小10厘米。

（8）上臂围：在肩关节与肘关节之间的中部。上臂围等于大腿围的一半。

（9）颈围：在颈的中部最细处。颈围与小腿围相等。

（10）肩宽：两肩峰之间的距离。肩宽等于胸围的一半减4厘米。

（11）骨骼美在于匀称、适度。即站立时头颈、躯干和脚的纵轴在同一垂直线上；肩稍宽，头、躯干、四肢的比例以及头、颈、胸的连接适度。

六、健美与营养

（一）营养原则

营养对于每个人都是必不可少的，从事健美训练的人更需要充足的营养。初学者往往将全部精力投入训练而忽视了营养。其实，没有适宜的营养任何训练都是无效的，因此初学健美的人要注意以下五大健美营养原则。

（1）补充足够的热能：肌肉生长是要消耗能量的，没有足够的热量，就不可能保证肌肉的正常生长。

（2）补充足够的碳水化合物：健美训练时能量主要由糖原提供，摄入的碳水化合物可以补充糖原，供给能量，并防止训练造成的肌肉分解。

（3）补充优质蛋白原料：蛋白质是肌肉构成的基石，也是肌肉生长的基础，因此每天必须摄入优质蛋白质以构建肌肉。

（4）促进合成、减少分解：当肌肉的合成大于分解时，肌肉增长，反之则缩小。因此健美人群要注意抗肌肉分解，促进蛋白合成。

（5）保持适宜激素水平：人体内的生长激素、胰岛素和睾丸酮对肌肉蛋白的合成至关重要。通过饮食与营养补充品可调控激素水平，刺激肌肉的生长。

（二）营养策略

1. 晚餐高蛋白

发达的肌肉可通过有规律的负重训练，高蛋白饮食，以及睡眠来获得。 日本运动营养学家铃木胜茂研究发现，促进肌肉生长的生长激素是在人睡眠过程中分泌的。生长激素能将血液中的氨基酸导向肌肉组织，使其造出新的肌细胞并修复受到损伤的肌细胞。因此，健美运动员应在晚餐中进食高蛋白食品，或者在睡前服用氨基酸，以使上述肌肉生长过程更有效地进行，从而获得更强大的肌肉块。

2. 训练后进食高蛋白

科学研究表明，负重训练也能促进生长激素的分泌。因为负重训练的用力对肌纤维所造成的细微损伤能激发体内的修复机能，促使生长激素的分泌和氨基酸的合成。负重训练后，生长激素的分泌大约能维持两小时左右。饭后的一两个小时又是蛋白质吸收的高峰阶段。训练后进食高蛋白食品，就可使由于负重训练而引起的生长激素分泌高峰与蛋白质吸收的高峰一致，因而更有利于肌肉生长。而睡眠时肌肉组织的静止状态又可使上述效果得到进一步的强化，从而收到事半功倍的训练效果。许多健美冠军成功地运用了这一策略，他们一天训练两次，即午饭（含午睡）前一次和晚饭（含晚睡）前一次。这样，他们在一天之内就为生长激素的分泌和肌肉生长提供了两次机会，难怪能获得成功。

第九章
武术与搏击运动

第一节　初级拳（初级长拳　第三路）

一、预备动作

预备姿势：两脚并步站立，两臂垂于身体两侧，五指并拢贴靠大腿外侧，两眼向前平视。

要点：头要端正，颌微收、挺胸、塌腰、收腹。

1. 虚步亮掌

（1）右脚向右后方撤步成左弓步。右掌向右、向上划弧，掌心向上；左臂屈肘，左掌提至腰侧，掌心向上。目视右掌。

（2）右腿微屈，重心后移。左掌经胸前从左臂上向前穿出伸直；右臂屈肘，右掌收至腰侧，掌心向上。目视左掌。

（3）重心继续后移，左脚稍向右移，脚尖点地，成左虚步。左臂内旋向左、向后划弧成勾手，勾尖向上；右手从身后向右、向前划弧，屈肘抖腕，在头前上方成亮掌（即横掌），掌心向前，掌指向左。目视左方。

要点：三个动作必须连贯。成虚步时，重心落于右腿上，右大腿与地面平行。左腿微屈，脚尖点地。

2. 并步对拳

（1）右腿蹬直，左腿提膝，脚尖内扣，上肢姿势不变。

（2）左脚向前落步，重心前移。左臂屈肘，左勾手变掌经左肋前伸；右臂外旋向前落下于左掌右侧，两掌同高，掌心均向上。

（3）右脚向前上一步，两臂下垂后摆。

（4）左脚向右脚并步，两臂向外向上经胸前屈肘下按，两掌变拳，拳心向下，停于小腹前。目视左侧。

二、第一段

1. 弓步冲拳

（1）左脚向左上一步，脚尖向斜前方；右腿微屈，成半马步。左臂向上、向左格打，拳眼向右，拳与肩同高；右拳收至腰侧，拳心向上。目视左拳。

（2）右腿蹬直成左弓步。左拳收至腰侧，拳心向上；右拳向前冲出，高与肩平，拳眼向上。目视右拳。

要点：成弓步时，右腿充分蹬直，脚跟不要离地。冲拳时，尽量转腰送肩。

2. 弹腿冲拳

重心移至左腿，右腿屈膝提起，脚面绷直，猛力向前弹出伸直，高与腰平。右拳收至腰侧；左拳向前冲出。目视前方。

要点：弹出的腿要用爆发力，力点达于脚尖。弹腿和冲拳要协调，同时完成。

3. 马步冲拳

右脚向前落步。脚尖里扣，上体左转。左拳收至腰侧，两腿下蹲成马步；右拳向前冲出。目视右拳。

要点：成马步时，大腿要平，两腿平行，脚跟外蹬、挺胸、塌腰。

4. 弓步冲拳

（1）右转 90 度，右脚尖外撇向斜前方，成半马步。右臂屈肘向右格打，拳眼向后。目视右拳。

（2）左腿蹬直成右弓步。右拳收至腰侧；左拳向前冲出。目视左拳。

要点：与本段的马步冲拳相同，唯左右相反。

5. 弹腿冲拳

重心前移至右脚，左腿屈膝提起，脚面绷直，猛力向前弹出伸直，高与腰平。左拳收至腰侧，右拳向前冲出。目视前方。

要点：与本段的弹腿冲拳相同。

6. 跃步前穿

（1）左腿屈膝。右拳变掌内旋，以手心向下挂至左膝外侧，左拳由腰至后方成勾手上体前倾。目视右手。

（2）左脚向前落步，两腿微屈。右掌继续向后挂，左勾手变掌，向后向下伸直。目视右掌。

（3）左腿屈膝向后提起。左腿立即猛力蹬地向前跃出。两掌向前、向上划弧摆起。目视右掌。

（4）右腿落地全蹲，左腿随即落地向前铲出成仆步。右掌变拳抱于腰侧，左掌由上向右、向下划弧成立掌，停于右胸前。目视左脚。

要点：跃步要远，落地要轻，整个动作要协调连贯完成。

7. 弓步推掌

右腿蹬直成左弓步。左掌经左脚面向后划弧至身后成勾手，左臂伸直，勾尖向上；右拳由腰侧变掌向前推出，掌指向上，掌外侧向前。目视右掌。

8. 马步架掌

（1）重心移至两腿中间，左脚脚尖内扣成马步，上体右转。右臂向左侧平摆，稍屈肘；同时左勾手变掌由后经左腰前从右臂内向前上穿出，掌指均朝上。目视左手。

（2）右掌立于左胸前，左臂向左上屈肘抖腕亮掌于头部上方，掌心向上。目右转视前方。

要点：抖腕和甩头要同时。马步的要求同前。

三、第二段

1. 虚步栽拳

（1）右脚蹬地，屈膝提起；左腿伸直，以前脚掌为轴向右后转体 180 度；右掌由左胸前向下经右腿外侧向后划弧成勾手；左臂随体转动并外旋，使掌心朝右。目视右手。

（2）右脚向右落地，重心移至右腿上，下蹲成左虚步；左掌变拳下落于左膝上，拳眼向内；右勾手变拳，屈肘上架于头右上方，拳心向前。目视左方。

要点：落步、架拳、栽拳、转头要同时完成。

2. 提膝穿掌

（1）右腿稍伸直。右拳收至腰侧，拳心向上；左拳变掌由下向左向上划弧盖压于体前方，掌心向前。

（2）右腿蹬直，左腿屈膝提起，脚尖内扣。右拳变掌从腰侧经左臂内向右前上方穿出，掌心向上；左掌收至右胸前成立掌。目视右掌。

要点：支撑腿与右臂充分伸直。

3. 仆步穿掌

右腿全蹲，左腿向左侧铲出成左仆步。右臂不动，左掌由右胸前向下经左腿内侧，向左脚面穿出。目随左掌转视。

4. 虚步挑掌

（1）右腿蹬直，重心前移至左腿成左弓步。右掌稍下降，左掌随重心前移向前挑起。

（2）右脚向左前方上步，左腿半蹲，成右虚步。上体随上步左转 180 度。在右脚上步的同时，左掌由前向上向后划成立掌，右掌由后向下向前上方挑起成立掌，指尖与眼平。目视右掌。

5. 马步推掌

（1）右脚落实，脚尖外撇，重心稍升高并右移，左掌变拳收至腰侧；右掌俯掌向外搂手。

（2）左脚向前上一步，以右脚为轴向后转体 180 度，两腿下蹲成马步。左掌从右臂上成立掌向左侧击出；右掌变拳收至腰侧。目视左掌。

要点：右搂手时，先使臂内旋、腕伸直，手掌向下、向外转；接着臂外旋，掌心经下向上翻转，同时抓握成拳。收拳和击掌动作要同时进行。

6. 插步双摆掌

（1）重心稍右移，同时两掌向下、向右摆，掌指向上。目视右掌。

（2）右脚向左腿后插步，前脚掌着地。两臂继续由右向上、向左摆，停于身体左侧。

均成侧立掌，右掌停于左肘窝处。眼随手动。

要点：两臂要划立圆，幅度要大，摆掌与后插步配合一致。

7. 弓步推掌

（1）转体 90 度。成左弓步。左掌收至腰侧，掌心向上；右掌向前划弧推出，掌心向前。

（2）左腿后撤一步，右掌向下，向后伸直摆动，成勾手，勾尖向上，左掌成立掌向前推出。目视左掌。

8. 马步盘肘

（1）两脚以前脚掌为轴向后转体 180 度。在转体的同时，左臂向上、向前划半立圆，右臂向下、向后划半圆。

（2）上动不停，右臂由后向上、向前划半立圆，左臂由前向下、向后划半立圆，成勾手，勾尖向上。

（3）上动不停，右臂向下、向身后成反臂勾手，勾尖向上；左臂向上成亮掌，掌心向前上方；右腿伸直，脚尖勾起，向前正踢。

（4）右脚向前落地，脚、尖内扣。右手不动，左臂屈肘下落至胸前，左掌心向下。

（5）上体左转 90 度，两腿下蹲成马步。同时左掌向前、向左平掳变拳收至腰侧，右勾手变拳，右臂伸直，由体后向右向前平摆，至体前时屈肘，肘尖向前，高与肩平，拳心向下。目视前方。

要点：两臂抡动时要划立圆，动作连贯。盘肘时要快速有力，右臂前送。

四、第三段

1. 歇步抡砸

（1）重心稍升高，右脚尖外撇，右臂由胸前向上、向右抡直；左拳向下、向左，使臂抡直。目视右拳。

（2）上动不停，两脚以前脚掌为轴，向右后转体 180 度，右臂向下、向后抡摆，左臂向上、向前随身体转动。

（3）紧接上动，两腿全蹲成歇步，左臂在身体下蹲的同时左拳向下平砸，拳心向上，臂部微屈；右臂伸直向上举起。目视左拳。

要点：抡臂动作要连贯完成，划成立圆。歇步要两腿交叉全蹲，左腿的大、小腿靠紧。臀部贴于小腿外侧，膝关节在右小腿外侧，脚跟提起；右脚尖外撇，全脚着地。

2. 仆步亮掌

（1）左脚由右腿后抽出上前一步，左腿蹬直，右腿半蹲，成右弓步。上体微向右转。左拳收至腰侧，右拳变掌向下经胸前向右横击掌。目视右掌。

（2）右脚蹬地屈膝提起，上体右转。左拳变掌从右掌上向前穿出，掌心向上。右掌平收至左肘下。

（3）右脚向右落步、屈膝下蹲，左腿伸直，成仆步。左掌向下、向后划弧成勾手。勾尖向上；右掌向右、向上划弧微屈，抖腕成亮掌，掌心向前。头随右手转动，成亮掌时。目视左方。

要点：落步下蹲时，先成右仆步，然后迅速过渡成左仆步：成仆步时，左腿充分伸直，脚尖内扣，右腿全蹲，两脚掌全部着地。上体挺胸塌腰，稍左转。

3. 弓步劈掌

（1）右腿蹬地立起；左腿收回并向左前方上步。右掌变拳收至腰侧，拳心向上；左勾手变掌由下向前上经胸前向左做掳手。

（2）右腿经过左腿前方向左绕上一步，左腿蹬直成右弓步。左手向左平掳后再向前挥摆，虎口朝前。

（3）在左手平掳的同时，右掌向后平摆，然后再向前、向上做抡臂劈拳，拳高与耳平，拳心向上，左掌外旋接扶右前臂。目视右拳。

要点：左右脚上步稍带弧形。

4. 换跳步弓步冲拳

（1）重心后移，右脚稍向后移动，右拳手臂内旋，向下划弧挂至右膝内侧；左掌背贴靠右肘外侧，掌指向上。目视右拳。

（2）右腿自然上抬，上体稍向左扭转。右拳变掌挂至体左侧，左掌伸向右腋下。目随右掌转视。

（3）右脚以全脚掌用力向下震跺，与此同时，左脚急速离地抬起。右手由左向上、向前掳盖而后变拳收至腰侧；左掌伸直向下、向上、向前屈肘下按，掌心向前。上体右转，目视左掌。

（4）左脚向前落步，右腿蹬直成左弓步。右拳向前冲出，拳眼朝上，拳高与肩平；左掌藏于右腋下，掌背贴靠腋窝，掌指向上。目视右拳。

要点：换跳步动作要连贯、协调。震脚时腿要弯屈，全脚掌着地。左脚离地不要高。

5. 马步冲拳

上体右转 90 度，重心移至两腿中间，成马步。右拳收至腰侧，拳心向上；左掌变拳向左冲出，拳眼向上。目视左拳。

6. 弓步冲拳

右腿蹬直，左腿弯屈，上体稍向左转，成左弓步。左拳变掌向下经胸前向上架于头左上方，掌心向上，右拳自腰侧向左前方冲出。目视右拳。

7. 插步侧踹

（1）上体稍右转。左掌由头下落于右手腕上，右拳变掌，两手交叉成十字。目视双手。

（2）右腿蹬地并向左腿后插步，以前脚掌着地。左掌由胸前向下、向后划弧成勾手，勾尖向上；右掌由前向右、向上划弧亮掌，掌心向上。目视左侧。

（3）重心移至右腿，左腿屈膝提起，向左上方猛力蹬出。上肢姿势不变，目视左侧。

要点：插步时上体稍向右倾斜，腿、臂的动作要一致。侧踹高度不能低于腰，着力点在脚跟。

8. 虚步挑掌

（1）左脚在左侧落地。右掌变拳稍后移，左勾手变拳由体后向左上挑，拳眼向上。

（2）上体左转 180 度，微含胸前俯。左拳继续向前、向上划弧上挑，右拳向下、向前划弧挂至身体右后侧，同时屈膝提起。目视右拳。

（3）右脚向左前方上步，脚尖点地，重心落于左脚，左腿下蹲成右虚步：左拳向后划弧收至腰侧，拳心向上；右拳向前屈臂挑出，拳眼斜向上，拳与肩同高，目视右拳。

五、第四段

1. 弓步顶肘

（1）重心提高，右臂内旋向下划弧以拳背下挂至右膝内侧，左拳不变，目视前下方。

（2）左腿蹬直，右腿屈膝上抬。左拳变掌，右拳不变，两臂向前上划弧摆起。目随右拳转视。

（3）左脚蹬地起跳，身体腾空，两臂继续划弧至头上方。

（4）右脚先落地，右腿屈膝，左脚向前落步，以前脚掌着地。同时两臂向右、向下屈肘停于左胸前，右拳变掌，左掌变拳。右掌心贴靠在左拳面。

（5）左脚向左上一步，左腿屈膝，右腿蹬直成左弓步，右掌推左拳，以肘尖向左顶出，高与肩平。目视左方。

要点：交换步时不要过高，但要快。两臂抡摆时要成圆弧。

2. 转身左拍脚

（1）以两脚前脚掌为轴向右后转体 180 度，左腿蹬直成右弓步。随着转体，右臂向上、向下划弧抡摆，同时左拳变掌向下、向后、向前上抡摆。

（2）重心移至右腿，左腿伸直向前上踢起，脚面绷直，左掌变拳收至腰侧，右掌由后向上、向前拍击左脚面。

要点：右掌拍脚时手掌稍横过来，拍脚要准而响亮。

3. 右拍脚

（1）左脚向前落地，左拳变掌向下向后摆，右掌变拳收至腰侧，拳心朝上。

（2）右腿伸直向前上踢起，脚面绷直。左掌由后向上、向前拍击右脚面。

要点：与本段的转身左拍脚相同。

4. 腾空飞脚

（1）右脚落地成弓步，左掌掌心向前。

（2）左脚向前摆起，右脚猛力蹬地跳起，左腿屈膝继续前上摆。同时右拳变掌向前、向上摆起，左掌先上摆而后下降拍击右掌背。

（3）右腿继续上摆，脚面绷直。右受拍击右脚面，左掌由体前向右上举。

要点：蹬地要向上，不要太向前冲，左膝尽量上提。击响要在腾空时完成，右臂伸直成水平。

5. 歇步下冲拳

（1）左、右脚先后相继落地，左掌变拳收至腰侧，拳心朝上。

（2）身体右转 90 度，两腿全蹲成歇步。右掌抓握，外旋变拳收至腰侧；左拳由腰侧向前下方冲出，拳心向下。目视左拳。

6. 仆步抡砸

（1）重心升高，右臂由腰侧向体后伸直，左臂随身体重心升高向上摆起。

（2）以右脚前脚掌为轴，左腿屈膝提起，上体左转 270 度。左拳向前、向后下划立圆一周；右拳由后向下、向前上划立圆一周。

（3）左腿向后落一步，屈膝全蹲，右腿伸直，脚尖里扣成右仆步。右拳由上向下抡劈，拳眼向上；左拳后上举，拳眼向上。目视右拳。

要点：抡臂时一定要划立圆。

7. 提膝挑掌

（1）重心前移成右弓步。同时右拳变掌由下向上抡摆，左拳变勾稍下落，右掌心向左，左手勾尖向上。

（2）左、右臂在垂直面上由前向后各划立圆一周。右臂伸直停于头上，掌心向左，掌指向上；左勾手不动，同时右腿屈膝提起，左腿挺膝伸直独立。目视前方。

要点：抡臂时要划立圆。

8. 弓步冲拳

（1）下肢不动。右掌由上向下猛劈伸直，停于右小腿内侧，用力在小指一侧，掌心向左。左勾手变掌，屈臂向前停于右上臂内侧，掌心向右。目视右掌。

（2）右脚向右侧落地；身体右转 90 度。同时左掌变拳收至腰侧，右臂内旋向右划弧搂手。

（3）上动不停，左腿蹬直成右弓步。右手抓握变拳收至腰侧，左拳由腰侧向左前方冲出，拳眼向上。目视左拳。

六、结束动作

1. 虚步亮掌

（1）左脚扣于右膝后，两拳变掌，两臂右上左下屈肘交叉于体左前。目视前方。

（2）左脚向左前落步，重心后移，右腿半蹲，上体稍右转。同时左掌向上、向右、向下划弧停于右腋下；右掌向左、向上划弧至左臂上方，两手臂左下右上。目视右掌。

（3）左脚尖稍向右移，右腿下蹲成左虚步。左臂伸直向左、向后划弧成反勾手；右臂伸直向下、向右、向上划弧抖腕亮掌，掌心向上。目视左方。

2. 并步对拳

（1）左腿后撤一步，同时两掌从两腰侧向前穿出伸直，掌心向上。

（2）右腿后撤一步，同时两臂分别向体后下摆。

（3）左脚后退半步向右脚并拢。两臂由后向上经体前屈臂下按，两掌变拳，停于腹前，拳心向下，拳面相对。目视左方。

3. 收势

两臂自然下垂。目视正前方。

第二节　太　极　拳

太极拳运动以其松、慢、匀、圆的独特风格和良好的锻炼效果深受不同年龄人群的欢迎；本章主要介绍太极拳的相关知识和 24 式太极拳的基本技术。

一、太极拳概述

太极拳，最初是由我国明末河南温县陈家沟拳师陈玉廷所创编。他之所以取其名为太极拳，是借用了古代的《太极图说》，即“无极而太极，太极动而生阳，动极而静，静而生阴，静极复动，一动一静，互为其根。”太极图分阴阳，而太极拳动作处处分虚实，同时，它吸取内家拳、外家拳的精华，刚柔相济，动静结合，故称之为太极拳。

太极拳是我国传统养生保健法中的一朵奇葩。它巧妙地将古代拳术、吐纳术和导引术融合在一起，并加以创新。经常从事太极拳练习能全面增进人体健康，使各器官系统的功能得到改善。例如，经常练习可促进人体血液循环，调节肺通气，增进心血管系统和呼吸系统功能；能改善胃肠道活动，促进人体的消化与吸收功能；能增进骨骼强度，改善关节性能，使骨骼肌收缩有力，从而增强人体运动的能力；能使神经系统，特别是植物神经系统的功能得到改善，增强人体动作协调性和平衡；能使人体内分泌功能得到增强，促进体内代谢，提高人体免疫力和抵御疾病能力，从而达到增进健康的目的。太极拳的流派较多，按拳式风格特点分有杨氏、陈氏、吴氏、武式、孙氏各种。为方便练习者学习，原国家体委还根据流行最广的杨氏太极拳简化编写了简化太极拳（24 式）、48 式太极拳和 88 式太极拳。限于篇幅，本书只简单介绍 24 式简化太极拳。

二、太极拳的特点

1. 体松心静

太极拳是一种“静中寓动、动中求静”的修炼术。与其他竭尽全力去追求高度、速度、远度的竞技运动截然不同。练习太极拳，首先要使身体充分放松。从头颈部、肩部、胸部、腰部、腿部、上肢和下肢均要充分放松，尤其是肩、髋、肘等几个大关节。身体放松了，才能在运动中保持自然舒展，柔和顺畅，才能做到“心静”。在演练太极拳时，尽管运动不息，但也要做到心里宁静从容。正如《太极拳论》中形容的“一羽不能加，蝇虫不能落”的境界。

2. 柔和缓慢

太极拳的动作柔和缓慢，以柔劲为主，以意识引导动作，用意不用力。动作柔和的好处是用力较少，不使肌肉过于紧张。缓慢的好处是能使呼吸深长，增加吸氧量，并且气沉丹田，意、气、劲三者合一。这样动作才能自然舒展，感觉灵敏，步法稳健，气血调和。太极拳在运动时不用拙力，呼吸深沉自然，动作轻松柔缓，形神合一，虽动犹静。

3. 连绵不断

在练习太极拳的过程中，动作不能忽快忽慢、停顿或断续。要动作连贯，势势相承，动动相连，前后贯穿，绵绵不断，形成有节律的连续运动。

4. 圆活自然

太极拳的动作处处带有弧形。这是因为弧形动作转换灵活，不滞不涩，易于转化，顺乎力学原理，也符合人体各关节自然弯屈的状态。因此，有人称太极拳为“圆的运动”。

5. 协调完整

太极拳是一种需要身心高度协调配合的运动。无论是整个套路，还是单个动作姿势，都必须做到上下相随、协调完整、内外合一，把身体外形的动作与内在的意识完整地统一起来。在单个动作上，腰部一动，上、下肢均动，眼睛亦跟着转动。太极拳动作要求以腰为轴，由腰部带动上、下肢运动，全身上下、左右相互呼应。做到“一动无所不动，一静无所不静”。

三、24 式太极拳的动作名称

第一组：起势、左右野马分鬃、白鹤亮翅。
第二组：左右搂膝拗步、手挥琵琶、左右倒卷肱。
第三组：左揽雀尾、右揽雀尾。
第四组：单鞭、云手、单鞭。
第五组：高探马、右蹬脚、双峰贯耳、转身左蹬脚。
第六组：左下势独立、右下势独立。
第七组：左右穿梭、海底针、闪通臂。
第八组：转身搬拦捶、如封似闭、十字手、收势。

四、24 式太极拳的动作图解

（一）第一组

1. *起势*

（1）身体自然直立，两脚开立，与肩同宽，脚尖向前；两臂自然下垂，两手放在大腿外侧；眼向前平视，如图 9-1①②所示。

要点：头颈挺直，下颌微向后收，不要故意挺胸或收腹。精神要集中（起势由立正姿势开始，然后左脚向左分开，成开立步）。

（2）两臂慢慢向前平举，两手高与肩平，与肩同宽，手心向下，如图 9-1③所示。

（3）上体保持挺直，两腿屈膝下蹲；同时两掌轻轻下按，两肘下垂与两膝相对；眼平视前方，如图 9-1④⑤所示。

要点：两肩下沉，两肘松垂，手指自然微屈。屈膝松腰，臀部不可凸出，身体重心落于两腿中间。两臂下落和身体下蹲的动作要协调一致。

2. *左右野马分鬃*

（1）上体微向右转，身体重心移至右腿上；同时右臂收在胸前平屈，手心向下，左手经体前向右下划弧放在右手下，手心向上，两手心相对成抱球状；左腿随即收到右脚内侧，脚尖点地，如图 9-2①②所示。

（2）上体微向左转，左脚向前方迈出，右脚跟后蹬，右腿自然伸直，成左弓步；同时上体继续向左转，左、右手随转体慢慢分别向左上、右下分开，左手高与眼平（手心斜向上），肘微屈；右手落在右胯旁，肘也微屈，手心向下，指尖向前；眼看左手，如图 9-2③④⑤所示。

（3）上体慢慢后坐，身体重心移至右腿，左脚尖翘起，微向外撇（大约 45~60 度），随后脚掌慢慢踏实，左腿慢慢前弓，身体左转，身体重心再移至左腿；同时左手翻转向下，

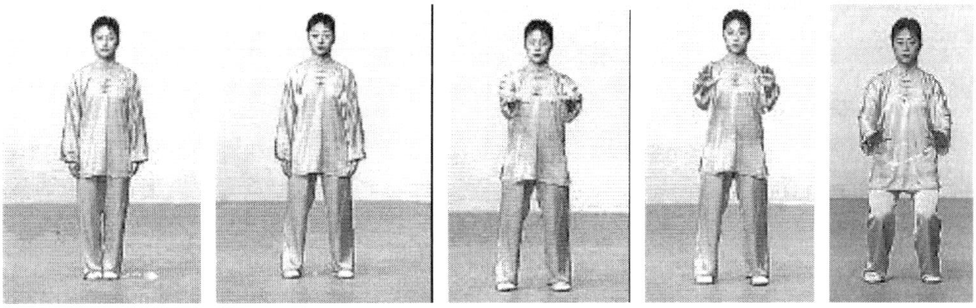

①　②　③　④　⑤

图 9-1　起势

左臂收在胸前平屈，右手向左上划弧放在左手下，两手心相对成抱球状；右腿随即收到左脚内侧，脚尖点地；眼看左手，如图 9-2⑥⑦⑧所示。

（4）右腿向右前方迈出，左腿自然伸直，成右弓步；同时上体右转，左、右手随转分别慢慢向左下、右上分开，右手高与眼平（手心斜向上），肘微屈；左手落在左胯旁，肘也微屈，手心向下，指尖向前；眼看右手，如图 9-2⑨⑩所示。

（5）与（3）解同，只是左右相反，如图 9-2⑪⑫⑬所示。

（6）与（4）解同，只是左右相反，如图 9-2⑭⑮所示。

要点：上体不可前俯后仰，胸部必须宽松舒展：两臂分开时要保持弧形。身体转动时要以腰为轴。弓步动作与分手的速度要均匀一致。做弓步时，迈出的脚先是脚跟着地，然后脚掌慢慢踏实，脚尖向前，膝盖不要超过脚尖；后腿自然伸直；前后脚夹角成 45~60 度

①　②　③　④

⑤　⑥　⑦　⑧

⑨ ⑩ ⑪ ⑫

⑬ ⑭ ⑮

图 9-2　左右野马分鬃

（需要时后脚跟可以后蹬调整）。野马分鬃式的弓步，前后脚的脚跟要分在中轴线两侧，它们之间的横向距离（即以动作行进中的中线为纵轴，其两侧的横向距离为横轴）应该保持在 10~30 厘米。

3. 白鹤亮翅

（1）上体微向左转，左手翻掌向下，左臂平屈胸前，右手向左下划弧，手心转向上，与左手成抱球状；眼看左手，如图 9-3①所示。

（2）右脚跟进半步，上体后坐，身体重心移至右腿，上体先向右转，面向右前方，眼看右手；然后左脚稍向前移，脚尖点地，成左虚步；同时上体再微向左转，面向前方，两手随转体慢慢向右下、左下分开，右手上提停于头右侧，手心向左后方，左手落于左胯前，手心向下，指尖向前，如图 9-3②③所示。

① ② ③

图 9-3　白鹤亮翅

要点：胸部不要挺出，两臂上下要保持半圆形，左膝微屈。身体重心后移和右手上提，左手下按要协调一致。

（二）第二组

1. 左右搂膝拗步

（1）右手从体前下落，由下向后上方划弧至右肩外侧，肘微屈，手与耳同高，手心斜向上；左手由左下向上、向右下方划弧至右胸前；同时上体先微向左再向右转；左脚收至内侧，脚尖点地，眼看右手，如图 9-4①~③所示。

（2）上体左转，左脚向前（偏左）迈出成左弓步；同时右手屈回由耳侧向前推出，高与鼻尖平，左手向下由左膝搂过落于左胯旁，指尖向前；眼看右手手指，如图 9-4④⑤所示。

（3）右腿慢慢屈膝，上体后坐，身体重心移至右腿，左脚尖翘起微向外撇，随后脚掌慢慢踏实，左腿前弓，身体左转，身体重心移至左腿，右脚收到左脚内侧，脚尖点地；同时左手向外翻掌由左后向上划弧至左肩外侧，肘微屈，手与耳同高，手心斜向上；右手随转体向上、向左下划弧落于左胸前，手心斜向下；眼看左手，如图 9-4⑥~⑧所示。

（4）与（2）解同，只是左右相反，如图 9-4⑨⑩所示。

（5）与（3）解同，只是左右相反，如图 9-4⑪~⑬所示。

（6）与（2）解同，如图 9-4⑭⑮所示。

要点：前手推出时，身体不可前俯后仰，要松腰松胯。推掌时要沉肩垂肘，坐腕舒掌，同时须与松腰、弓腰上下协调一致。搂膝拗步成弓步时，两脚跟的横向距离保持约 30 厘米。

①　②　③　④　⑤

⑥　⑦　⑧　⑨　⑩

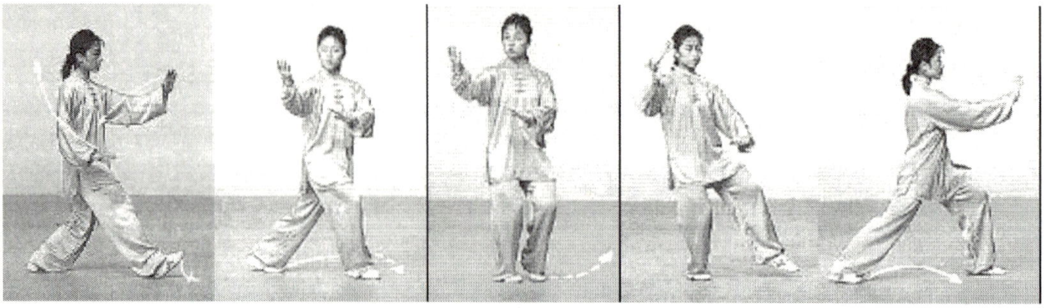

⑪ ⑫ ⑬ ⑭ ⑮

图 9-4 左右搂膝拗步

2. 手挥琵琶

右脚跟进半步，上体后坐，身体重心转至右腿上，上体半面向右转，左脚略提起稍向前移，变成左虚步，脚跟着地，脚尖翘起，膝步微屈；同时左手由左下向上挑举，高于鼻尖，掌心向右，臂微屈；右手收回放在左臂肘部内侧，掌心向左；眼看左手食指，如图 9-5 所示。

要点：身体要平稳自然，沉肩垂肘，胸部放松。左手上举时不要直向上挑，要由左向上、向前，微带弧形。右脚跟进时，脚掌先着地，再全脚踏实。身体重心后移和左手上举、右手回收要协调一致。

图 9-5 手挥琵琶

3. 左右倒卷肱

（1）上体右转，右手翻掌（手心向上）经腹前由下向后上方划弧平举，臂微屈，左手随即翻掌向上，眼的视线随着向右转体先向左看，再转向前方看右手，如图 9-6①②所示。

（2）右臂屈肘折向前，右手由耳前侧向前推出，手心向前，左臂屈肘后撤，手心向上，撤至左肋外侧；同时左腿轻轻提起向后（偏左）退一步，脚掌先着地，然后全脚慢慢踏实，身体重心移至左腿上，成右虚步，右脚随转体以脚掌为轴扭正；眼看右手，如图 9-6③④所示。

（3）上体微向左转，同时左手随转体向后上方划弧平举，手心向上，右手随即翻掌，掌心向上；眼随转体先向左看，再转向前方看右手，如图 9-6⑤所示。

（4）与（3）解同，只是左右相反，如图 9-6⑥⑦所示。

（5）与（3）解同，只是左右相反，如图 9-6⑧所示。

（6）与（2）解同，如图 9-6⑨⑩所示。

（7）与（3）解同，如图 9-6⑪所示。

（8）与（2）解同，只是左右相反，如图 9-6⑫⑬所示。

要点：前推的手不要伸直，后撤手也不可直向回抽，随转体仍走弧线。前推时，要转腰松胯，两手的速度要一致，避免僵硬。退步时，脚掌先着地，再慢慢全脚踏实，同时，前脚随转体以脚掌为轴扭正。退左脚略向左后斜，避免使两脚落在一条直线上。后退时，眼神随转体动作先向右看，然后再转看前手。最后退右脚时，脚尖外撇的角度略大些，便于接做“左揽雀尾”的动作。

图 9-6　左右倒卷肱

（三）第三组

1. 左揽雀尾

（1）上体微向右转，同时右手随转体向后上方划弧平举，手心向上，左手放松，手心向上；眼看左手，如图 9-7①所示。

（2）身体继续向右转，左手翻掌自然下落，再逐渐翻掌经腹前划弧至右肋前，手心向上；右臂屈肘，手心转向下，收至右胸前，两手相对成抱球状；同时身体重心落在右腿上，左脚收到右脚内侧，脚尖点地；眼看右手，如图 9-7②③所示。

（3）上体微向左转，左脚向前方迈出，上体继续向左转，右腿自然蹬直，左腿屈膝，成左弓步；同时左臂向左出（即左臂平屈呈弓形，用前臂外侧和手背向前方推出），高与肩平，手心向内；右手向右下落放于右胯旁，手心向下，指尖向前；眼看前臂，如图 9-7④⑤所示。

要点：出时，两臂前后均保持弧形。分手、松腰、弓腿三者必须协调一致。揽雀尾弓步时，两脚跟横向距离不超过 10 厘米。

图 9-7　左揽雀尾

（4）身体微向左转，左手随即前伸翻掌向下，右手翻掌向上，经腹前向上、向前伸至左前臂下方；然后两手下捋，即上体向右转。两手经腹前向后上方划弧，直至右手手心向上，高于肩齐，左臂平屈于胸前，手心向后；同时身体重心移至右腿；眼看右手，如图 9-7⑥⑦所示。

要点：下捋时，上体不可前倾，臀部不要凸出。两臂下捋须随腰旋转，仍走弧线。

（5）上体微向左转，右臂屈肘折回，右手附于左手腕里侧（相距约 5 厘米），上体继续向左转，双手同时向前挤出，左前臂要保持半圆；同时身体重心逐渐移变成左弓步；眼看左手腕部，如图 9-7⑧⑨所示。

要点：向前挤时，上体要挺直。挤的动作要与松腰，弓腿相一致。

（6）左手翻掌，手心向下，右手经左腕上方向前，向右伸出，高与左手齐，手心向下，两手左右分开，宽与肩同；然后右腿屈膝，上体慢慢后坐，身体重心移至右腿上，左脚尖翘起；同时两手屈肘回收至腹前，手心均向前下方；眼向前平视，如图 9-7⑩~⑬所示。

（7）上式不停，身体重心慢慢前移，同时两手向前、向上按出，掌心向前；左腿成左弓步，目视前方。

要点：向前按时，两手须走弧线，手腕部高与肩平齐。

2. *右揽雀尾*

（1）上体后坐并向右转，身体重心移至右腿，左脚尖内扣；右手向右平行划弧至右侧，然后由右下经腹前向左上划弧至左肋前，手心向上；左臂平屈胸前，左手掌向下与右手成抱球状；同时身体重心再移至左腿上，右脚收至左腿内侧，脚尖点地；眼看左手，如图 9-8①~④所示。

①　②　③　④　⑤

⑥　⑦　⑧　⑨　⑩

⑪ ⑫ ⑬ ⑭

图 9-8 右揽雀尾

（2）同“左揽雀尾”（3）解，只是左右相反，如图 9-8⑤⑥所示。

（3）同“左揽雀尾”（4）解，只是左右相反，如图 9-8⑦⑧所示。

（4）同“左揽雀尾”（5）解，只是左右相反，如图 9-8⑨⑩所示。

（5）同“左揽雀尾”（6）解，只是左右相反，如图 9-8⑪⑫所示。

（6）同“左揽雀尾”（7）解，只是左右相反，如图 9-8⑬⑭所示。

要点：均与“左揽雀尾”相同，只是左右相反。

（四）第四组

1. 单鞭

（1）上体后坐，身体重心逐渐移至左腿上，右脚尖内扣；同时上体左转，两手（左高右低）向左弧形运转，直至左臂平举伸于身体左侧，手心向左，右手经腹前运至左肋前，手心向后上方；眼看左手，如图 9-9①②所示。

① ② ③ ④ ⑤ ⑥

图 9-9 单鞭

（2）身体重心再逐渐移至右腿上，上体右转，左脚向右腿靠拢，脚尖点地；同时右手向右上方划弧（手心由里转向外），至右侧方时变勾手，臂与肩平；左手向下经腹前向右上划弧停于右肩前，手心向里；眼看左手，如图 9-9③④所示。

（3）上体微向左转，左脚向左前侧方迈出，右脚跟后蹬，成左弓步；在身体重心移向左腿的同时，左掌随上体的继续左转慢慢翻转向前推出，手心向前，手指与眼齐平，臂微屈；眼看左手，如图 9-9⑤⑥所示。

要点：上体保持挺直、松腰。完成时，右臂肘部稍下垂，左肘与左膝上下相对，两肩下沉，左手向外翻掌前推时，要随转体边翻边推出，不要翻掌太快或最后突然翻掌。全部过渡动作要协调一致。如面向南起势，单鞭的方向（左脚尖）应向东偏北（大约为 15 度）。

2. 云手

（1）身体重心移至右腿上，身体渐向右转，左脚尖内扣；左手经腹前向右上划弧至右肩前，手心斜向后，同时右手变掌，手心向右前；眼看右手，如图 9-10①②所示。

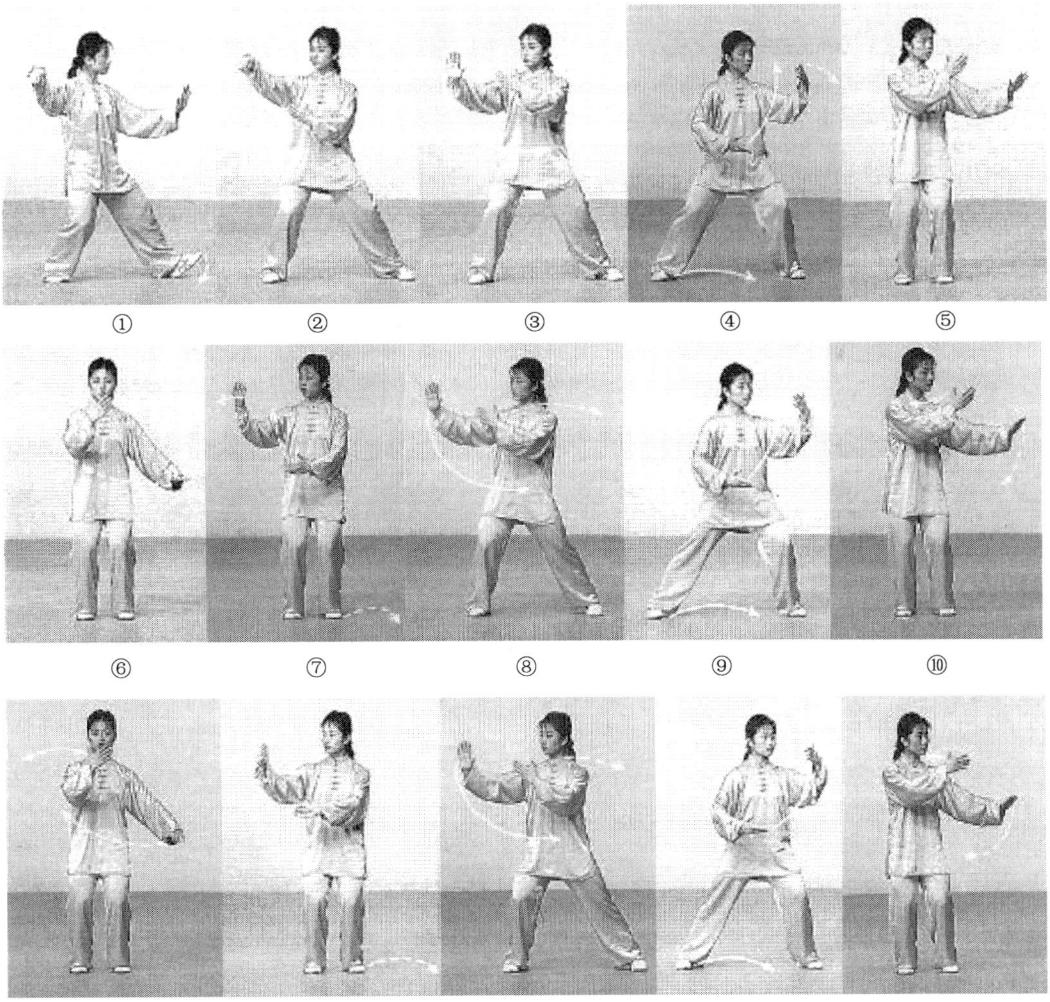

图 9-10　云手

（2）上体慢慢左转，身体重心随之逐渐左移；左手由脸前向左侧运转，手心渐渐向左方；右手由右下经腹前向左上划弧，至左肩前，手心斜向后；同时右脚靠近左脚，成小开立步（两脚距离 10~20）眼看左手，如图 9-10③④所示。

（3）上体再向右转，同时左手经腹前向右上划弧至左肩前，手心斜向后；右手向右侧运转，手心翻转向右；随之左腿向左横跨一步；眼看左手，如图 9-10⑤~⑦所示。

（4）同（2）解，如图 9-10⑧⑨所示。

（5）同（3）解，如图 9-10⑩所示。

（6）同（2）解，如图 9-10⑪~⑮所示。

要点：身体转动要以腰为轴，松腰、松胯，不可忽高忽低。两臂随腰的转动而转动，腰自然圆活，速度要缓慢、均匀。下肢移动时，身体重心稳定，两脚掌先着地再踏实，脚尖向前。眼的视线随左右手而移动。第三个“云手”，右脚最后跟步时，脚尖微向内扣，便于接“单鞭”动作。

3. 单鞭

（1）上体右转，右手随之向右运转，至右侧方时变成勾手；左手经腹前向右上划弧至右肩前，手心向内；身体重心落在右腿上，左脚尖点地；眼看右手，如图 9-11①~③所示。

（2）上体微向左转，左脚向左前方迈出，右脚跟后蹬，成左弓步；在身体重心移向左腿的同时，上体继续左转，左掌慢慢翻转向前推出，成“单鞭”式，如图 9-11④⑤所示。

① ② ③ ④ ⑤

图 9-11 单鞭

（五）第五组

1. 高探马

（1）右脚跟进半步，身体重心逐渐后移至右腿上；右勾手变成掌，两手心翻掌向上，两肘微屈；同时身体微向右转，左脚跟渐渐离地；眼看左前方，如图 9-12①所示。

（2）上体微向左转，面向前方；右掌经右耳旁向前推出，手心向前，手指与眼同高；左手收至左侧腰前，手心向上；同时左脚微向前移，脚尖点地，成左虚步；眼看右手，如图 9-12②所示。

要点：上体自然挺直，双肩要下沉，右肘微下垂。跟步移换重心时，身体不要有起伏。

①　②

图 9-12　高探马

2. *右蹬脚*

（1）左手手心向上，前伸至右手腕背面，两手相互交叉，随即向两侧分开并向下划弧，手心斜向上；同时左脚提起向左前侧方进步（脚尖略外撇）；身体重心前移，右腿自然蹬直，成左弓步；眼看前方，如图 9-13①~③所示。

（2）两手由外圈向里圈划弧，两手交叉合抱于胸前，右手在外，手心均向后；同时右脚向左脚靠拢，脚尖点地；眼平看右前方，如图 9-13④所示。

（3）两臂左右划弧分开平举，肘部微屈，手心均向外；同时右腿屈膝提起，右脚向右前方慢慢蹬出，眼看右手，如图 9-13⑤⑥所示。

要点：身体要稳定，不可前俯后仰。两手分开时，腕部与肩齐平。蹬脚时，左腿微屈，脚尖回勾，劲使在脚跟。分手和蹬脚须协调一致。右臂和右腿上下相对，如面向南起势，蹬脚方向应为正东偏南。

①　②　③　④　⑤　⑥

图 9-13　右蹬脚

3. 双峰贯耳

（1）右腿收回，屈膝平举，左手由后向上，向前下落至体前，两手心均翻转向上，两手同时向下划弧分落于右膝盖两侧；眼看前方，如图 9-14①②所示。

（2）右脚向右前方落下，身体重心渐渐前移，成右弓步，面向右前方；同时两手下落，慢慢变拳，分别从两侧向上、向前划弧至面部前方，呈钳形状，两拳相对，高与耳齐，拳眼都斜向内下（两拳中间距离 10~20 厘米），眼看右拳，如图 9-14③所示。

要点：完成时，头部挺直，松腰松胯、两拳松握、沉肩垂肘，两臂均保持弧形。双峰贯耳式的弓步和身体方向与右蹬脚方向相同。弓步的两脚跟横向距离同“揽雀尾”式。

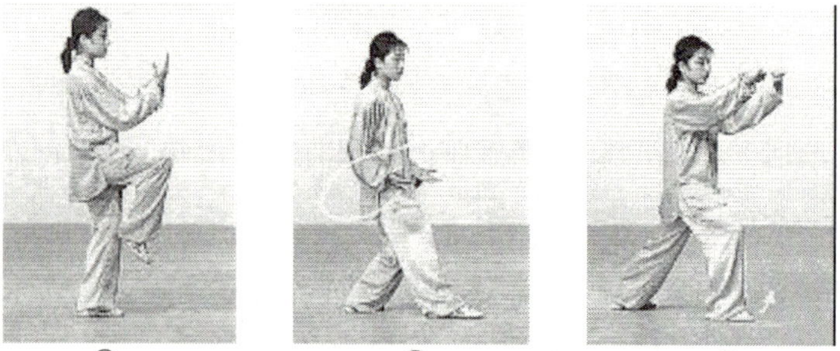

①　②　③

图 9-14　双峰贯耳

4. 转身左蹬脚

（1）左腿屈膝后坐，身体重心移至左腿，上体左转，右脚尖内扣；同时两拳变掌，由上向左右划弧分开平举，手心向前；眼看左手，如图 9-15①②所示。

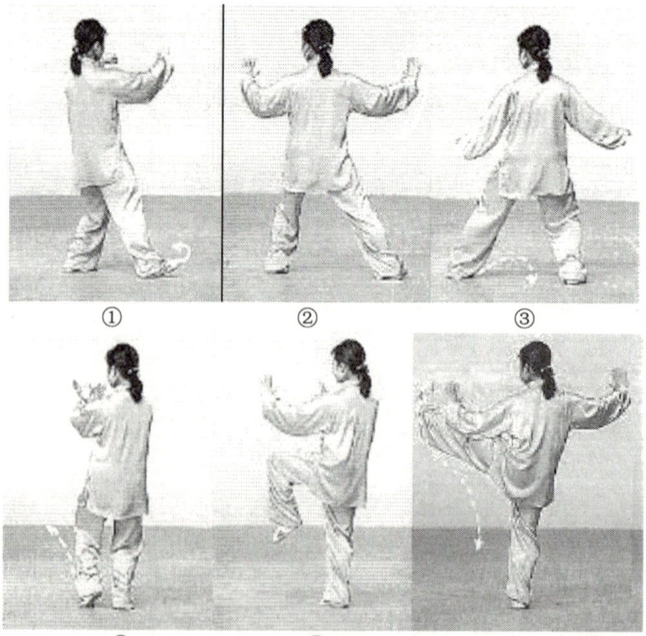

①　②　③

④　⑤　⑥

图 9-15　转身左蹬脚

（2）身体重心再移至右腿，左脚收到右脚内侧，脚尖点地；同时两手由外圈划弧合抱于胸前，左手在外，手心均向后；眼平看左方，如图 9-15③④所示。

（3）两臂左右划弧分开平举，肘部微屈，手心均向外；同时左腿屈膝提起，左脚向前方慢慢蹬出；眼看左手，如图 9-15⑤⑥所示。

要点：与右蹬脚式相同，只是左右相反。左蹬脚方向与右蹬脚成 180 度（即正西偏北，约 30 度）。

（六）第六组

1. 左下势独立

（1）左腿收回平屈，上体右转；右掌变成勾手，左掌向上、向下划弧下落，立于右肩前，掌心斜向后；眼看右手，如图 9-16①②所示。

（2）右腿慢慢屈膝下蹲，左腿由内向左侧（偏后）伸出，成左仆步；左手下落（掌心向外）向左下顺左腿内侧向前穿出；眼看左手，如图 9-16③④所示。

要点：右腿全蹲时，上体不可过于前倾。左腿伸直，左脚尖须向内扣，两脚脚掌全部着地。左脚尖与右脚跟踏在中轴线上。

（3）身体重心前移，左脚跟为轴，脚尖尽量向外撇，左腿前弓，右腿后蹬，右脚尖内扣，上体微向左转并向前起身；同时左臂继续向前伸出（立掌），掌心向右，右勾手下落，勾尖向后；眼看左手，如图 9-16⑤所示。

（4）右腿慢慢提起平屈，成左独立式；同时右勾手变掌，并由右下方顺右腿外侧向前弧形摆出，屈臂立于右腿上方，肘与膝相对，手心向左；左手落于左胯旁，手心向下，指尖向前；眼看右手，如图 9-16⑥⑦所示。

①　②　③　④

⑤　⑥　⑦

图 9-16　左下势独立

要点：上体要挺直，独立的腿要微屈，右腿提起时脚尖自然下垂。

2. *右下势独立*

（1）右脚下落于左脚前，脚掌着地，然后以左脚前掌为轴脚跟转动，身体随之左转；同时左手向后平举变成勾手，右掌随着转体向左侧划弧，立于左肩前，掌心斜向后；眼看左手，如图 9-17①②所示。

（2）同“左下势独立”（2）解，只是方向相反，如图 9-17③④所示。

（3）同“左下势独立”（3）解，只是方向相反，如图 9-17⑤所示。

（4）同“左下势独立”（4）解，只是方向相反，如图 9-17⑥⑦所示。

①　②　③　④

⑤　⑥　⑦

图 9-17　右下势独立

要点：左脚尖触地后必须稍微提起，然后再向下仆腿。其他均与“左下势独立”相同，只是方向相反。

（七）第七组

1. *左右穿梭*

（1）身体微向左转，左脚向前落地，脚尖外撇，右脚跟离地。两腿屈膝成半坐盘式；同时两手在左胸前成抱球状（左上右下）；然后右脚收到左脚的内侧，脚尖点地；眼看前臂，如图 9-18①②所示。

（2）身体右转，右脚向右前方迈出，屈膝弓腿，成右弓步；同时右手由脸前向上举并翻掌停在右额前，手心斜向上；左手先向下再经体前向前推出，高与鼻尖平，手心向前，眼看左手，如图 9-18③~⑤所示。

（3）身体重心略向后移，右脚尖稍向外撇，随即身体重心再移至右腿，左腿跟进，停于右腿内侧，脚尖点地；同时两手在右胸前成抱球状（右上左下）；眼看右前臂，如图 9-18⑥⑦所示。

（4）同（2）解，只是方向相反，如图 9-18⑧~⑩所示。

要点：完成姿势面向斜前方（如面向南起势，左右穿梭方向分别为正西偏北和正西偏南，均约 30 度）。手推出后，上体不可前俯。手向上举时，防止引肩上耸。一手上举一手前推，要与弓腿松腰上下协调一致。做弓步时，两脚跟的横向距离同搂膝拗步，保持在 30 厘米左右。

①　②　③　④　⑤

⑥　⑦　⑧　⑨　⑩

图 9-18　左右穿梭

2. 海底针

右脚向前跟进半步，身体重心移至右腿，左脚稍向前移，脚尖点地，成左虚步；同时身体稍向右转，右手从右耳旁斜下方插出，掌心向左，指尖斜向下；与此同时，左手向前、向下划弧落于左胯旁，手心向下，指尖向前；眼看前下方，如图 9-19 所示。

要点：身体要先向右转，再向左转，完成姿势后，面向正西。上体不可太前倾。避免低头和臀部外凸。左腿要微屈。

3. 闪通臂

上体稍向右转，左脚向前迈出，屈膝弓腿成左弓步；同时右手由体前上提，屈臂上举，停于右额前上方，掌心翻转斜向上，拇指朝下；左手上起经胸前推出，高与鼻尖平，手心向前；眼看左手，如图 9-20 所示。

要点：完成姿势上体自然挺直、松腰、松胯；左臂不要完全伸直，背部肌肉要伸展开。

推掌、举掌和弓腿动作要协调一致。弓步时，两脚跟横向距离同“揽雀尾”式（不超过 10 厘米）。

图 9-19　海底针

图 9-20　闪通臂

（八）第八组

1. 转身搬拦捶

（1）上体后坐，身体重心移至右腿上，左脚尖内扣，身体向右后转。然后身体重心再移至左腿上；与此同时，右手随着转体向右、向下（变拳）经腹前划弧至左侧。拳心向下；左掌上举于头前，掌心斜向上；眼看前方，如图 9-21①~③所示。

（2）向右转体，右拳经胸前向前翻转撇出，拳心向上；左掌落于左胯旁。掌心向下，指尖向前；同时右脚收回后（不要停顿或脚尖点地）即向前迈出，脚尖外撇；眼看右拳，如图 9-21④⑤所示。

（3）身体重心移至右腿上，左脚向前迈一步；左手上起经左侧向前上划弧拦出、掌心向前下方；同时右拳向右划弧收到右腰旁，拳心向上；眼看左手，如图 9-21⑥~⑧所示。

（4）左腿前弓成左弓步，同时右拳向前打出，拳眼向上，高与胸平，左手附于右前臂里侧，眼看右拳，如图 9-21⑨所示。

要点：右拳不要捏得太紧。右拳回收时，前臂要慢慢内旋划弧，然后再外旋停于右腰旁，拳心向上。向前打拳时，右肩随拳略向前引伸，沉臂垂肘，右臂要微屈。弓步时，两脚横向距离同“揽雀尾”式。

① ② ③ ④ ⑤

⑥ ⑦ ⑧ ⑨

图 9-21 转身搬拦锤

2. 如封似闭

（1）左手由右腕下向前伸出，右拳变掌，两手手心逐渐翻转向上慢慢分开回收；同时身体后坐，左脚尖翘起，身体重心移至右腿；眼看前方，如图 9-22①~③所示。

（2）两手在胸前翻掌，向下经腹前再向上、向前推出。腕部与肩平，手心向前；同时左腿前弓成左弓步；眼看前方，如图 9-22④⑤所示。

要点：身体后坐时，避免后仰，臀部不可凸出。两臂随身体回收时，肩、肘部略向外松开，不要直着抽回。两手推出宽度不要超过两肩。

① ② ③ ④ ⑤

图 9-22 如封似闭

3. 十字手

（1）屈膝后坐，身体重心移向右腿，左脚尖内扣，向右转体；右手随着转体动作向右平摆划弧，与左手成两臂侧平举，掌心向前，肘部微屈；同时右脚尖随着转体稍向外撇，成右侧弓步；眼看右手，如图 9-23①~③所示。

（2）身体重心慢慢移至左腿，右脚尖内扣，随即向左收回，两脚距离与肩同宽，两腿逐渐蹬直，成开立步；同时两手向下经腹前向上划弧交叉合抱于胸前，两臂撑圆，腕略高与肩平，右手在外，成十字手，手心均向后；眼看前方，如图 9-23④⑤所示。

要点：两手分开和合抱时，上体不要前俯。站起后，身体自然挺直，头要微微上顶。下颌稍向后收。两臂环抱时须圆满舒适，沉肩垂肘。

① ② ③ ④ ⑤

图 9-23 十字手

4. 收势

两手向外翻掌，手心向下，两臂慢慢下落，停于身体两侧；眼看前方，如图 9-24 所示。

要点：两手左右分开下落时，要注意全身放松，同时气也徐徐下沉（呼气略加长）。呼吸平稳后，把左脚收到右脚旁再走动休息。

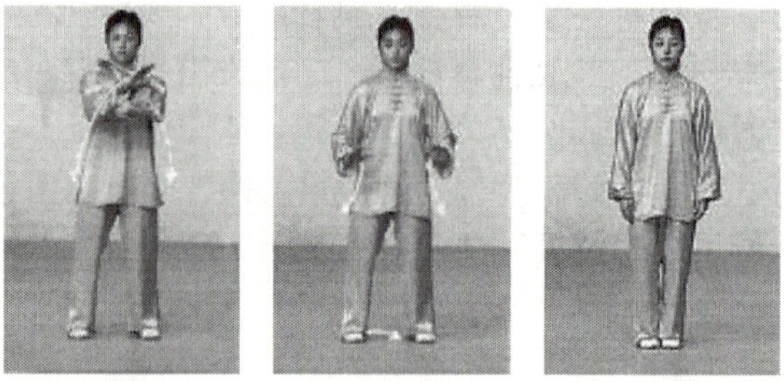

① ② ③

图 9-24 收势

第三节 健身气功·八段锦

一、健身气功概述

健身气功是以自身形体活动、呼吸吐纳、心理调节相结合为主要运动形式的民族传统体育项目，是中华悠久文化的重要组成部分。探讨健身气功的概念不能忽略一个基本前提，即 2003 年 2 月，国家体育总局已将健身气功确立为第 97 个体育运动项目。这个前提意味着有必要在体育运动的范围内探讨这一概念，即健身气功需要体现体育运动的基本精神和目的，需要确定自己独特的运动形式。因为“健身气功”是“健身”和“气功”两个词语结合而成的复合词组，即遵循气功锻炼的固有规律，重视“意”“气”“形”的综合锻炼和体现“天人合一”的思想内涵，又要实现身体健康这一目标。“健身”的含义比较清晰，因为“使身体健康”是一个目标，而实现这一目标，必须落实到某种具体的行为，而与此目标相关的行为首先是各种各样的身体活动。体育运动可以说是各种身体活动的总称，因此，健身与体育运动相关联，不但必然而且自然。健身体现了体育运动的基本精神和主要目的，而丰富多彩的体育运动使健身的目的得以充分落实。“气功”的含义不像“健身”那样明确统一，有较多的争议。这里只引用 1999 年出版的高校教材《中医气功学》里的气功概念。气功是调身、调息、调心合为一体身心锻炼技能。“调身、调息、调心”在气功学里简称为“三调”。这个解释的特点是将气功定性为“三调合一”的操作技能，认为达到三调合一的身心活动就是气功，三调合一的状态或境界即是气功修炼的基本特征。

在“健身气功”这一复合名词中，“健身”与“气功”两个词语互相限定。一方面是“健身”修饰“气功”，将“气功”限定为以健身为目的、有健身意义的气功。另一方面是“气功”规范“健身”，将健身限定为以气功为手段的健身，综上所述，本文提出健身气功的基本概念如下。

健身气功是以健身为目的，以较为和缓的形体活动为基础，身心状态趋向于调身、调息、调心合一的体育运动项目。

目前流行的主要健身气功有九种：易筋经，五禽戏，六字诀，八段锦，十二段锦，大舞，导引养生功十二法，马王堆导引术，太极养生杖。

二、 健身气功·八段锦功法源流

八段锦的“八”字，不是单指段、节和八个动作，而是表示其功法有多种要素，相互制约，相互联系，循环运转。正如明朝高濂在其所著《遵生八笺》中“八段錦导引法”所讲：“子后午前做，造化合乾坤。循环次第转，八卦是良因。”“锦”字，是由“金”“帛”两字组成，以表示其精美华贵。除此之外，“锦”字还可理解为单个导引术式的汇集，如丝锦那样连绵不断，是一套完整的健身方法。

八段锦之名，最早出现在南宋洪迈所著《夷坚志》中：“政和七年，李似矩为起居郎……尝以夜半时起坐，嘘吸按摩，行所谓八段锦者。”说明八段锦在北宋已流传于世，并有坐势和立势之分。

由于立势八段锦更便于群众习练，流传甚广，“健身气功· 八段锦”以立势八段锦为蓝本，进行挖掘整理和创编，因此，本书重点对立势八段锦的源流和有关情况进行分析介绍。

立势八段锦在养生文献上首见于南宋曾慥著《道枢· 众妙篇》：“仰掌上举以治三焦者也；左肝右肺如射雕焉；东西独托，所以安其脾胃矣；返复而顾，所以理其伤劳矣；大小朝天，所以通其五脏矣；咽津补气，左右挑其手；摆鳝之尾，所以祛心之疾矣；左右手以攀其足，所以治其腰矣。”但这一时期的八段锦没有定名，其文字也尚未歌诀化。之后，在南宋陈元靓所编《事林广记· 修真秘旨》中才定名为“吕真人安乐法”，其文已歌诀化：“昂首仰托顺三焦，左肝右肺如射雕；东脾单托兼西胃，五劳回顾七伤调；鳝鱼摆尾通心气，两手搬脚定于腰；大小朝天安五脏，漱津咽纳指双挑。”明清时期，立势八段锦有了很大发展，并得到了广泛传播。清末《新出保身图说• 八段锦》首次以“八段锦”命名，并绘有图像，形成了较完整的动作套路。其歌诀为：“两手托天理三焦，左右开弓似射雕；调理脾胃须单举，五劳七伤往后瞧；摇头摆尾去心火，背后七颠百病消；攒拳怒目增气力，两手攀足固肾腰。”从此，传统八段锦动作被固定下来。

八段锦在流传中出现了许多流派。例如，清朝山阴娄杰述八段锦立功，其歌诀为：“手把碧天擎，雕弓左右鸣；鼎凭单臂举，剑向半肩横；擒纵如猿捷，威严似虎狞；更同飞燕急，立马告功成。”另外，还有《易筋经外经图说• 外壮练力奇验图》、《八段锦体操图（12式）》等。这类八段锦都出于释门，僧人将其作为健身养生的方法和武术基本功来练习。

总的来看，八段锦被分为南北两派。行功时动作柔和，多采用站式动作的，被称为南派，伪托梁世昌所传；动作多马步，以刚为主的，被称为北派，附会为岳飞所传。从文献和动作上考察，不论是南派还是北派，都同出一源。其中附会的传人无文字可考证。

八段锦究竟为何人、何时所创，尚无定论。但从湖南长沙马王堆三号墓出土的《导引图》可以看到，至少有四幅图势与八段锦图势中的“调理脾胃须单举”“双手攀足固肾腰”“左右开弓似射雕”“背后七颠百病消”相似。另外，从南北朝时期陶弘景所辑录的《养性延命录》中也可以看到类似的动作图势。例如，“狼距鸱顾，左右自摇曳”与“五劳七伤往后瞧”动作相似；“顿踵三还”与“背后七颠百病消”动作相似；“左右挽弓势”基本与“左右开弓似射雕”动作相同；“左右单托天势”基本与“调理脾胃须单举”动作相同；“两手前筑势”基本与“攒拳怒目增气力”动作相同。这些都说明，八段锦与《导引图》以及《养性延命录》有一定关系。通过对大量文献史料的查阅、考证，对八段锦有以下基本认识。

（1）传统八段锦流传年代应早于宋代，在明清时期有了较大发展。

（2）传统八段锦创编人尚无定论，可以说八段锦是历代养生家和习练者共同创造的知识财富。

（3）清末以前的八段锦主要是一种肢体运动为主的导引术。

（4）八段锦无论是南派还是北派或是文武不同练法，都同出一源，在流传中相互渗透，逐渐趋向一致。

三、健身气功·八段锦功法特点

“健身气功·八段锦”的运动强度和动作的编排次序符合运动学和生理学规律，属于有氧运动，安全可靠。整套功法增加了预备势和收势，使套路更加完整规范。功法动作特点主要体现在以下几个方面。

1. 柔和缓慢，圆活连贯

柔和，是指习练时动作不僵不拘，轻松自如，舒展大方。缓慢，是指习练时身体重心平稳，虚实分明，轻飘徐缓。圆活，是指动作路线带有弧形，不起棱角，不直来直往，符合人体各关节自然弯曲的状态。它是以腰脊为轴带动四肢运动，上下相随，节节贯穿。连贯，是要求动作的虚实变化和姿势的转换衔接，无停顿断续之处。既像行云流水连绵不断，又如春蚕吐丝相连无间，使人神清气爽，体态安详，从而达到疏通经络、畅通气血和强身健体的效果。

2. 松紧结合，动静相兼

松，是指习练时肌肉、关节以及中枢神经系统、内脏器官的放松。在意识的主动支配下，逐步达到呼吸柔和、心静体松，同时松而不懈，保持正确的姿态，并将这种放松程度不断加深。紧，是指习练中适当用力，且缓慢进行，主要体现在前一动作的结束与下一动作的开始之前。“健身气功• 八段锦”中的“双手托天理三焦”的上托、“左右弯弓似射雕”的马步拉弓、“调理脾胃须单举”的上举、“五劳七伤往后瞧”的转头旋臂、“攒拳怒目增气力”的冲拳与抓握、“背后七颠百病消”的脚趾抓地与提肛等，都体现了这一点。紧，在动作中只在一瞬间，而放松须贯穿动作的始终。松紧配合得适度，有助于平稳阴阳、疏通经络、分解黏滞、滑利关节、活血化淤、强筋壮骨、增强体质。

本功法中的动与静主要是指身体动作的外在表现。动，就是在意念的引导下，动作轻灵活泼、节节贯穿、舒适自然。静，是指在动作的节分处做到沉稳，特别是在前面所讲八个动作的缓慢用力之处，在外观上看略有停顿之感，但内劲没有停，肌肉继续用力，保持牵引抻拉。适当的用力和延长作用时间，能够使相应的部位受到一定的强度刺激，有助于提高锻炼效果。

3. 神与形合，气寓其中

神，是指人体的精神状态和正常的意识活动，以及在意识支配下的形体表现。“神为形之主，形乃神之宅”。神与形是相互联系、相互促进的整体。本功法每势动作以及动作之间充满了对称与和谐，体现出内实精神、外示安逸，虚实相生、刚柔相济，做到了意动形随、神形兼备。

气寓其中，是指通过精神的修养和形体的锻炼，促进真气在体内运行，以达到强身健体的功效。习练本功法时，呼吸应顺畅，不可强吸硬呼。

四、健身气功·八段锦习练要领

1. 松静自然

松静自然，是练功的基本要领，也是最根本的法则。

松，是指精神与形体两方面的放松。精神的放松，主要是解除心理和生理上紧张状态；形体上的放松，是指关节、肌肉及脏腑的放松。放松是由内到外、由浅到深的锻炼过程，使形体、呼吸、意念轻松舒适无紧张之感。静，是指思想和情绪要平稳安宁，排除一切杂念。放松与入静是相辅相成的，入静可以促进放松，而放松又有助于入静，二者缺一不可。

自然，是指形体、呼吸、意念都要顺其自然。具体来说，形体自然，要合于法，一动一势要准确规范；呼吸自然，要莫忘莫助，不能强吸硬呼；意念自然，要“似守非守，绵绵若存”，过于用意会造成气滞血淤，导致精神紧张。需要指出的是，这里的“自然”决不能理解为“听其自然”“任其自然”，而是指“道法自然”，需要习练者在练功过程中仔细体会，逐步把握。

2. 准确灵活

准确，主要是指练功时的姿势与方法要正确，合乎规律。在学习初始阶段，基本身形的锻炼最为重要。本功法的基本身形，通过功法的预备势进行站桩锻炼即可，站桩的时间和强度可根据不同人群的不同健康状况灵活掌握。在锻炼身形时，要认真体会身体各部位的要求和要领，克服关节肌肉的酸痛等不良反应，为放松入静创造良好条件，为学习掌握动作打好基础。在学习各式动作时，要对动作的路线、方位、角度、虚实、松紧分辨清楚，做到姿势工整，方法准确。

灵活，是指习练时对动作幅度的大小、姿势的高低、用力的大小、习练的数量、意念的运用、呼吸的调整等，都要根据自身情况灵活掌握，特别是对老年人群和体弱者，更要注意。

3. 练养相兼

练，是指形体运动、呼吸调整与心理调节有机结合的锻炼过程。养，是通过上述练习，身体出现的轻松舒适、呼吸柔和、意守绵绵的静养状态。习练本功法，在求动作姿势工整、方法准确的同时，要根据自己的身体情况，调整好姿势的高低和用力的大小，对有难度的动作，一时做不好的，可逐步完成。对于呼吸的调节，可在学习动作期间采取自然呼吸，待动作熟练后再结合动作的升降、开合与自己的呼吸频率有意识地进行锻炼，最后达到“不调而自调”的效果。对于意念的把握，在初学阶段重点应该放在注意动作的规格和要点上，动作熟练后要遵循似守非守，绵绵若存的原则进行练习。

练与养，是相互并存的，不可截然分开，应做到“练中有养”“养中有练”。特别要合理安排练习的时间、数量，把握好强度，处理好“意”“气”“形”三者的关系。从广义上讲，练养相兼与日常生活也有着密切的关系。能做到“饮食有节、起居有常”，保持积极向上的乐观情绪，将有助于提高练功效果，增进身心健康。

4. 循序渐进

“健身气功・八段锦”对于初学者来说有一定的学习难度和运动强度。因此，在初学阶段，习练者首先要克服由于练功而给身体带来的不适，如肌肉关节酸痛、动作僵硬、紧张、手脚配合不协调、顾此失彼等。只有经过一段时间和数量的习练，才会做到姿势逐渐工整，方法逐步准确，动作的连贯性与控制能力得到提高，对动作要领的体会不断加深，对动作细节更加注意，等等。

在初学阶段，本功法要求习练者采取自然呼吸方法。待动作熟练后，逐步对呼吸提出要求，习练者可采用练功时的常用方法——腹式呼吸。在掌握呼吸方法后，开始注意同动作进行配合。这其中也存在适应和锻炼的过程，不可急于求成。最后，逐渐达到动作、呼吸、意念的有机结合。

由于练功者体质状况及对功法的掌握与习练上存在差异，其练功效果不尽相同。良好的练功效果是在科学练功方法的指导下，随着时间和习练数量的积累而逐步达到的。因此，习练者不要“三天打渔，两天晒网”，应持之以恒，循序渐进，合理安排好运动量。

五、手型、步型

1. 基本手型

（1）拳。大拇指抵掐于无名指根节内侧，其余四指屈拢收于掌心（即握固）。

（2）掌。掌一：五指微屈，稍分开，掌心微含。 掌二：拇指与食指竖直分开八字状，其余三指第一、二指节屈收，掌心微含。

（3）爪。五指并拢，大拇指第一指节，其余四指第一、二指节屈收扣紧，手腕伸直。

2. 基本步型

马步。开步站立，两脚间距约为本人脚长的 2~3 倍，屈膝半蹲，大腿略高于水平。

六、健身气功·八段锦动作详解

预备势

动作一：两脚并步站立；两臂自然垂于体侧；身体中正，目视前方。

动作二：随着松腰沉髋，身体重心移至右腿；左脚向左侧开步，脚尖朝前，约与肩同宽；目视前方。

动作三：两臂内旋，两掌分别向两侧摆起，约与髋同高，掌心向后目视前方。

动作四：上动不停。两腿膝关节稍屈；同时，两臂外旋，向前合抱于腹前呈圆弧形，与脐同高，掌心向内，两掌指间距约 10 厘米；目视前方。

动作要点：

（1）头向上顶，下颏微收，舌抵上腭，双唇轻闭；沉肩坠肘，腋下虚掩；胸部宽舒，腹部松沉；收髋敛臀，上体中正；

（2）呼吸徐缓，气沉丹田，调息 6 ~ 9 次。

易犯错误：

（1）抱球时，大拇指翘，其余四指斜向地面；

（2）塌腰，跪腿，八字脚。

纠正方法：

（1）沉肩，垂肘，指尖相对，大拇指放平；

（2）收髋敛臀，命门穴放松；膝关节不超越脚尖，两脚平行站立。

功理与作用：宁静心神，调整呼吸，内安五脏，端正身形，从精神与肢体上做好练功前的准备。

第一式 两手托天理三焦

动作一：接上式。两臂外旋微下落，两掌五指分开在腹前交叉，掌心向上；目视前方。

动作二：上动不停。两腿徐缓挺膝伸直；同时，两掌上托至胸前，随之两臂内旋向上托起，掌心向上；抬头，目视两掌。

动作三：上动不停。两臂继续上托，肘关节伸直；同时，下颏内收，动作略停；目视前方。

动作四：身体重心缓缓下降；两腿膝关节微屈；同时，十指慢慢分开，两臂分别向身体两侧下落，两掌捧于腹前，掌心向上；目视前方。

本式托举、下落为一遍，共做六遍。

动作要点：

（1）两掌上托要舒胸展体，略有停顿，保持抻拉；

（2）两掌下落，松腰沉髋，沉肩坠肘，松腕舒指，上体中正。

易犯错误：两掌上托时，抬头不够，继续上举时松懈断劲。

纠正方法：两掌上托，舒胸展体缓慢用力，下颏先向上助力，再内收配合两掌上撑，力在掌根。

功理与作用：

（1）通过两手交叉上托，缓慢用力，保持抻拉，可使“三焦”通畅、气血调和；

（2）通过拉长躯干与上肢各关节周围的肌肉、韧带及关节组织，对防治肩部疾患、预防颈椎病等具有良好的作用。

第二式　左右开弓似射雕

动作一：接上式。身体重心右移；左脚向左侧开步站立，两腿膝关节自然伸直；同时，两掌向上交叉于胸前，左掌在外，两掌心向内；目视前方。

动作二：上动不停。两腿徐缓屈膝半蹲成马步；同时，右掌屈指成“爪”，向右拉至肩前；左掌成八字掌，左臂内旋，向左侧推出，与肩同高，坐腕，掌心向左，犹如拉弓射箭之势；动作略停；目视左掌方向。

动作三：身体重心右移；同时，右手五指伸开成掌，向上、向右划弧，与肩同高，指尖朝上，掌心斜向前；左手指伸开成掌，掌心斜向后；目视右掌。

动作四：上动不停。重心继续右移；左脚回收成并步站立；同时，两掌分别由两侧下落，捧于腹前，指尖相对，掌心向上；目视前方。

动作五至动作八：同动作一至动作四，惟左右相反。

本式一左一右为一遍，共做三遍。

第三最后一动时，身体重心继续左移；右脚回收成开步站立，与肩同宽，膝关节微屈；同时，两掌分别由两侧下落，捧于腹前，指尖相对，掌心向上；目视前方。

动作要点：

（1）侧拉之手五指要并拢屈紧，肩臂放平；

（2）八字掌侧撑需沉肩坠肘，屈腕，竖指，掌心涵空；

（3）年老或体弱者可自行调整马步的高度。

易犯错误：端肩，弓腰，八字脚。

纠正方法：沉肩坠肘，上体直立，两脚跟外撑。

功理与作用：

（1）展肩扩胸，可刺激督脉和背部俞穴；同时刺激手三阴三阳经等，可调节手太阴肺经等经脉之气；

（2）可有效发展下肢肌肉力量，提高平衡和协调能力；同时，增加前臂和手部肌肉的力量，提高手腕关节及指关节的灵活性；

（3）有利于矫正不良姿势，如驼背及肩内收，很好地预防肩、颈疾病等。

第三式　调理脾胃须单举

动作一：接上式。两腿徐缓挺膝伸直；同时，左掌上托，左臂外旋上穿经面前，随之臂内旋上举至头左上方，肘关节微屈，力达掌根，掌心向上，掌指向右；同时，右掌微上托，随之臂内旋下按至右髋旁，肘关节微屈，力达掌根，掌心向下，掌指向前，动作略停；

目视前方。

动作二：松腰沉髋，身体重心缓缓下降；两腿膝关节微屈；同时，左臂屈肘外旋，左掌经面前下落于腹前，掌心向上；右臂外旋，右掌向上捧于腹前，两掌指尖相对，相距约10厘米，掌心向上；目视前方。

动作三至动作四：同动作一、二，惟左右相反。

本式一左一右为一遍，共做三遍。

第三遍最后一动时，两腿膝关节微屈；同时，右臂屈肘，右掌下按于右髋旁，掌心向下，掌指向前；目视前方。

动作要点：力在掌根，上撑下按，舒胸展体，拔长腰脊。

易犯错误：掌指方向不正，肘关节没有弯曲度，上体不够舒展。

纠正方法：两掌放平，力在掌根，肘关节稍屈，对拉拔长。

功理与作用：

（1）通过左右上肢一松一紧的上下对拉（静力牵张），可以牵拉腹腔，对脾胃中焦肝胆起到按摩作用；同时可以刺激位于腹、胸肋部的相关经络以及背部俞穴等，达到调理脾胃（肝胆）和脏腑经络的作用；

（2）可使脊柱内各椎骨间的小关节及小肌肉得到锻炼，从而增强脊柱的灵活性，有利于预防和治疗肩、颈疾病等。

第四式　五劳七伤往后瞧

动作一：接上式。两腿徐缓挺膝伸直；同时，两臂内旋，掌心向后，指尖向下，目视前方。然后上动不停。两臂充分外旋，掌心向外；头向左后转，动作略停；目视左斜后方。

动作二：松腰沉髋，身体重心缓缓下降；两腿膝关节微屈；同时，两臂内旋按于髋旁，掌心向下，指尖向前；目视前方。

动作三：同动作一，惟左右相反。

动作四：同动作二。

本式一左一右为一遍，共做三遍。

第三遍最后一动时，两腿膝关节微屈；同时，两掌捧于腹前，指尖相对，掌心向上；目视前方。

动作要点：

（1）头向上顶，肩向下沉；

（2）转头不转体，旋臂，两肩后张。

易犯错误：上体后仰，转头与旋臂不充分或转头速度过快。

纠正方法：下颏内收，转头与旋臂幅度宜大，速度均匀。

功理与作用：

（1）“五劳”指心、肝、脾、肺、肾五脏劳损；“七伤”指喜、怒、悲、忧、恐、惊、思七情伤害。本式动作通过上肢伸直外旋扭转的静力牵张作用，可以扩张牵拉胸腔、腹腔内的脏腑。

（2）本式动作中往后瞧的转头动作，可刺激颈部大椎穴，达到防治“五劳七伤”的目的。

（3）可增加颈部及肩关节周围参与运动群的收缩力，增加颈部运动幅度，活动眼肌，预防眼肌疲劳以及肩、颈与背部等疾患。同时，改善颈部及脑部血液循环，有助于解除中枢神经系统疲劳。

第五式　摇头摆尾去心火

动作一：接上式。身体重心左移；右脚向右开步站立，两腿膝关节自然伸直；同时，两掌上托与胸同高时，两臂内旋，两掌继续上托至头上方，肘关节微屈，掌心向上，指尖相对；目视前方。

动作二：上动不停。两腿徐缓屈膝半蹲成马步；同时，两臂向两侧下落，两掌扶于膝关节上方，肘关节微屈，小指侧向前；目视前方。

动作三：身体重心向上稍升起，而后右移；上体先向右倾，随之偏向右脚面上方；目视前方。

动作四：上动不停。身体重心左移；同时，上体由右向前、向左旋转；目视右脚跟。

动作五：身体重心右移，成马步；同时，头向后摇，上体立起，随之下颏微收；目视前方。

动作六至动作八：同动作三至动作五，惟左右相反。

做完三遍后，身体重心左移，右脚回收成开步站立，与肩同宽；同时，两掌向外经两侧上举，掌心相对；目视前方。随后松腰沉髋，身体重心缓缓至腹前，掌心向下，指尖相对；目视前方。

动作要点：

（1）马步下蹲要疏髋敛臀，上体中正；

（2）摇转时，颈部与尾闾对拉伸长，好似两个轴在相对运转，速度应柔和和缓慢，动作圆活连贯；

（3）年老或体弱者要注意动作幅度，不可强求。

易犯错误：

（1）摇转时颈部僵直，尾闾摇动不圆活，幅度太小；

（2）前倾过大，使整个上身随之摆动。

纠正方法：

（1）上体侧倾与向下俯身时，下颏不要有意内收或上仰，颈椎部肌肉尽量放松伸长；

（2）加大尾闾摆动幅度，应上体左倾尾闾右摆，上体前俯尾闾向后划圆，头不低于水平，使尾闾与颈部对拉拔长，加大旋转幅度。

功理与作用：

（1）心火，即心热火旺的病症，属阳热内盛的病机。通过两腿下蹲，摆动尾闾，可刺激脊柱、督脉等；通过摇头，可刺激大椎穴，从而达到疏经泄热的作用，有助于去除心火；

（2）在摇头摆尾过程中，脊柱腰段、腰腹及臀、股部肌群参与收缩，既增加了颈、腰、髋的关节灵活性，也增强了这些部位的肌力。

第六式　两手攀足固肾腰

动作一：接上式。两腿挺膝伸直站立；同时，两掌指尖向前，两臂向前、向上举起，肘关节伸直，掌心向前；目视前方。

动作二：两臂外旋至掌心相对，屈肘，两掌下按于胸前，掌心向下，指尖相对；目视前方。

动作三：上动不停。两臂外旋，两掌心向上，随之两掌掌指顺腋下向后插；目视前方。

动作四：两掌心向内沿脊柱两侧向下摩运至臀部；随之上体前俯，两掌继续沿腿后向下摩运，经脚两侧置于脚面；抬头，动作略停；目视前下方。

本式一上一下为一遍，共做六遍。

做完六遍后，上体立起；同时，两臂向前、向上举起，肘关节伸直，掌心向前；目视前方。随后松腰沉髋，身体重心缓缓下降；两腿膝关节微屈；同时，两掌向前下按至腹前，掌心向下，指尖向前；目视前方。

动作要点：

（1）反穿摩运要适当用力，至足背时松腰沉肩，两膝挺直，向上起身时手臂主动上举，带动上体立起；

（2）年老或体弱者可根据身体状况自行调整动作幅度，不可强求。

易犯错误：

（1）两手向下摩运时低头，膝关节弯曲；

（2）向上起身时，起身在前，举臂在后。

纠正方法：

（1）两手向下摩运要抬头，膝关节伸直；

（2）向上起身时要以臂带身。

功理与作用：

（1）通过前屈后伸可刺激脊柱、督脉以及命门、阳关、委中等穴，有助于防治生殖泌尿系统方面的慢性病，达到固肾壮腰的作用。

（2）通过脊柱大幅度前屈后伸，可有效发展躯干前、后伸屈脊柱肌群的力量与伸展性，同时对腰部的肾、肾上腺、输尿管等器官有良好的牵拉、按摩作用，可以改善其功能，刺激其活动。

第七势　攒拳怒目增气力

接上式。身体重心右移，左脚向左开步；两腿徐缓屈膝半蹲成马步；同时，两掌握固，抱于腰侧，拳眼朝上；目视前方。

动作一：左拳缓慢用力向前冲出，与肩同高，拳眼朝上；瞪目，视左拳冲出方向。

动作二：左臂内旋，左拳变掌，虎口朝下；目视左掌。左臂外旋，肘关节微屈；同时，左掌向左缠绕，变掌心向上后握固；目视左拳。

动作三：屈肘，回收左拳至腰侧，拳眼朝上；目视前方。

动作四至动作六：同动作一至动作三，惟左右相反。

本式一左一右为一遍，共做三遍。

做完三遍后，身体重心右移，左脚回收成并步站立；同时，两拳变掌，自然垂于体侧；目视前方。

动作要点：

（1）马步的高低可根据自己的腿部力量灵活掌握；

（2）冲拳时要怒目瞪眼，注视冲出之拳，同时脚趾抓地，拧腰顺肩，力达拳面；拳回收时要旋腕，五指用力抓握。

易犯错误：

（1）冲拳时上体前俯，端肩，掀肘；

（2）拳回收时旋腕不明显，抓握无力。

纠正方法：

（1）冲拳时头向上顶，上体立直，肩部松沉，肘关节微屈，前臂贴肋前送，力达拳面；

（2）拳回收时，先五指伸直充分旋腕，再屈指用力抓握。

功理与作用：

（1）中医认为，“肝主筋，开窍于目”。本式中的“怒目瞪眼”可刺激肝经，使肝血充盈，肝气疏泻，有强健筋骨的作用；

（2）两腿下蹲十趾抓地、双手攒拳、旋腕、手指逐节强力抓握等动作，可刺激手、足三阴三阳十二经脉的俞穴和督脉等；同时，使肌肉、筋脉受到静力牵张刺激，长期锻炼可使全身筋肉结实，气力增加。

第八势　背后七颠百病消

动作一：接上式。两脚跟提起；头上顶，动作略停；目视前方。

动作二：两脚跟下落，轻震地面；目视前方。

本式一起一落为一遍，共做七遍。

动作要点：

（1）上提时脚趾要抓地，脚跟尽力抬起，两腿并拢，百会穴上顶，略有停顿，要掌握好平稳；

（2）脚跟下落时，咬牙，轻震地面，动作不要过急；

（3）沉肩舒臂，周身放松。

易犯错误：上提时，端肩，身体重心不稳。

纠正方法：五趾抓住地面，两腿并拢，提肛收腹，肩向下沉，百会穴上顶。

功理与作用：

（1）脚趾为足三阴、足三阳经交会之处，脚十趾抓地，可刺激足部有关经脉，调节相应脏腹的功能，同时，颠足可刺激脊柱与督脉，使全身脏腑经络气血通畅，阴阳平衡；

（2）颠足而立可发展小腿后部肌群力量，拉长足底肌肉、韧带，提高人体的平衡能力；

（3）落地震动可轻度刺激下肢及脊柱各关节内外结构，并使全身肌肉得到放松复位，有助于解除肌肉紧张。

收势

动作一：接上式。两臂内旋，向两侧摆起，与髋同高，掌心向后；目视前方。

动作二：两臂屈肘，两掌相叠置于丹田处（男性左手在内，女性右手在内）；目视前方。

动作三：两臂自然下落，两掌轻贴于腿外侧；目视前方。

动作要点：体态安详，周身放松，呼吸自然，气沉丹田。

易犯错误：收功随意，动作结束后或心浮气躁，或急于走动。

纠正方法：收功时要心平气和，举止稳重。收功后可适当做一些整理活动，如搓手浴面和肢体放松等。

功理与作用：气息归元，放松肢体肌肉，愉悦心情，进一步巩固练功效果，逐步恢复到练功前安静时状态。

第四节　拳击运动

一、拳击运动的起源与发展

拳击运动是风靡世界的六大运动项目之一。拳击是双方运动员佩戴专用拳击手套进行格斗的运动项目，是以在比赛中通过击打对方有效部位获得更多得分来战胜对方或者将对方打倒而结束比赛。与此同时运动员要力图避开对方的打击。拳击被人们称作是“艺术化的搏斗”。职业拳击运动受到了众多拳迷的喜爱。

拳击比赛是在由三条绳围绕的拳击台上进行。一场业余拳击比赛有三回合，每回合三分钟。运动员除要佩戴拳击手套之外。还须拥有其他用具包括：头盔、护齿、运动短裤和护裆。拳击运动员的比赛按体重进行分级。

拳击运动起源于埃及，流传于古希腊和古罗马，发展于英国，大成于美国。

（一）近代拳击运动（18 世纪初~1898 年）

公元 8 世纪，奥斯曼大帝执政，法庭在审判中遇到疑难案件，命令诉讼双方进行决斗，胜利者获胜诉。如果是贵族间的诉讼，就按贵族习俗骑马、穿护身甲胄进行斗剑；而平民间的诉讼，则以拳击决胜负。从此，拳击运动广泛流行。

公元 1200 年，传教士圣倍纳丁看到当时许多青年在斗剑中丧生的悲剧，设法推行拳击代替斗剑。他废止了古罗马拳击的野蛮方法，提倡赤手拳击，使之成为以锻炼身体为原则的体育活动。圣倍纳丁在意大利的西纳开设了一所拳击训练学校，亲自担任教练，并主持拳赛，执行裁判工作。在赛程中遇有可能发生危险的紧急关头，他会及时命令停止比赛，防止不必要的伤害事故发生。这种改良的拳击，逐渐在青年中流行起来。

到了 16 世纪拳击运动越过了多巴海峡，传播到了英国。17 世纪末，拳击在英国发展起来。公元 18 世纪初，在英国出现了有奖的拳击比赛。1719 年产生了被称为现代拳击始祖的第一位英国拳击冠军詹姆斯·菲格（1695~1734），并把冠军保持了 11 年之久。他创立了世界上最早的拳击学校，成为英国拳击运动员的培养摇篮。

菲格死后，他的得意门生约翰·布劳顿（1704~1789）继承了他的拳击事业。为了使拳击减少伤害事故，他组织了拳击俱乐部。为了使拳击更富有体育精神，1743 年推出了新的也是世界上最早的职业拳击运动比赛规则，命名为“布劳顿规则”。规则主要规定不准打击已倒地者和不准打击腰部以下任何部位。同时，布劳顿又发明了第一种软皮手套，以保护脸部皮肤。后来布劳顿还在伦敦建造一所大型竞技场，作为专门教授拳击和组织拳赛的中心。由于布劳顿对拳击运动提出了新的方向，对拳击的健康发展起了重要作用，后人称他为“拳击之父”。

公元 1792 年，英国拳击冠军门道沙为了推广拳击，加入马戏团到英伦三岛各地，做拳击表演，积极宣传拳击。1798 年他写成拳击史上第一本拳击指南，定名为《拳击艺术》，深受人们的欢迎。

1838 年，英国伦敦在布劳顿最初的规则基础上，制定颁布了《伦敦拳击锦标赛规则》，被用在了拳击比赛中。1865 年，英国伦敦业余竞技俱乐部又进一步完善修订了新的拳击规则，在规则中，明确规定了参加拳击比赛的人必须戴拳击手套，比赛的每个回合打满 3 分钟，回合之间休息 1 分钟；比赛中禁止发生搂抱和摔跤现象，否则被判为犯规；一方被打倒后开始数秒，如果 10 秒钟被打倒的人不能站起来，就判定对方胜利等内容。这个规则基本上形成了后来拳击比赛的竞赛框架，为促进拳击的发展指明了方向。

（二）现代拳击运动（1890 年至今）

现代拳击运动于 18 世纪起源于英国，1880 年伦敦成立了英国业余拳击协会，1881 年举行了第 1 次拳击锦标赛。1924 年成立了国际业余拳击联合会。拳击运动分为职业拳击和业余拳击。奥运会和亚运会的拳击比赛都是属于业余拳击。这两种拳击在比赛规则和方法上都有很大的差别。1904 年在圣路易举行的第 3 届奥运会上，拳击第一次被列为正式比赛项目，参加比赛的只有美国 1 个国家的 44 名运动员，美国自然获得了所设 7 个级别的所有冠军。1912 年的斯德哥尔摩第 5 届奥运会由于瑞典人认为拳击运动有损人的健康，没有设此项目。第 6、12、13 届奥运会因为第一、二次世界大战而没有举行。到了 1964 年在日本东京举行的第 18 届奥运会上，就有 56 个国家的 269 名运动员。至 2012 年伦敦奥运会，拳击比赛共参加了 23 届奥运会。

拳击运动进入现代奥运会时，由于竞赛规则和裁判法不完善，很多是借鉴当时职业拳击比赛的规则。比赛的级别是按照当时职业拳赛的 7 个级别进行划分的，并且允许在自己级别夺冠的运动员参加重于自己体重的另一级别的比赛。

1950 年的国际拳击联合会会议中决定，在半决赛当中失利的选手都可以获得铜牌，这个规定一直沿用至今。1984 年洛杉矶奥运会头盔成了运动员强制装备，1992 年为了使裁判的判罚更加公正，又加入了电子计分系统，在一秒钟内，五名裁判中的三名按键得分才有效。从 2012 年开始女子拳击正式成为奥运会比赛项目。

（三）拳击运动在中国的发展

拳击运动在中国的发展我国古代拳击起源与殷商时期，北宋时期须佩戴护具。我国的拳击运动始于 20 世纪 20 年代后期，最初称之为“西洋拳”。1917 年中华书局出版了《西洋拳术》一书，三十年代南京国民党政府的中央国术（武术）馆、国立国术体育专科学校将拳击列为主课之一。培养出许多人才，如武术界老一辈张文光、温敬铭等都是擅长拳击的高手，在三四十年代称雄一时。在抗日战争前，拳击在我国也很盛行，当时教会办（天主教、基督教）中学和大学都把拳击作为体育课之一。我国三十年代的上海拳手郑吉常，由于他的左直拳快而凶，在国外有“远东毒蛇”之称。1953 年，新中国拳击运动逐步发展，在天津举行的全国民族形式体育表演及竞赛大会上就设有拳击比赛项目。1956 年在北京举行了全国拳击、击剑、技巧运动表演赛，1958 年为迎接第一届全运会，各省市纷纷组队，比赛一哄而上，导致伤害事故不断，为此国家体委取消了此次比赛项目并暂停开展拳击运动。直到 1986 年，中断了 20 多年的拳击项目在我国重新开启正式恢复，1987 年 1 月在北京举行了恢复后的第一次拳击比赛，随后在当时良好的拳击氛围下，男拳手的水平稳步上升。1987 年 4 月，中国拳击协会（CBA）正式成立。5 月在南京举办了首届全国拳击锦标赛。1987 年 6 月，中国拳击协会被国际业余拳击联合会（AIBA）正式接纳为第 159 个会员，使中国业余拳击进入世界业余拳击的大家庭当中。近年来，我国拳击运动发展较快，已初具规模，具有参加专业训练的拳击运动员，教练员和裁判队伍，为广泛开展拳击运动打下了良好的基础。

二、拳击运动的特点与作用

（一）拳击运动的特点

拳击是运动员双方通过两只拳头的对抗，进行体能、技术和心理的较量。拳击竞技的具体表现形式，是两人在正方形的绳围比赛场地中，戴着特制的柔软手套，按一定的规则和技术要求，进行攻防对抗。攻防的武器只能是戴上特制手套的两只拳头，攻防的目标只限于对方腰髋以上的身体部位。

拳击运动具有强烈的对抗性和实用的健身性，它既造就了阿里、泰森、霍利菲尔德等一代代拳王，也吸引着数以亿计的不同国度、不同民族、不同肤色的拳击爱好者，特别是吸引着广大青少年爱好者投身于拳击运动之中，也正是拳击需要精湛的技术、多变的战术、充沛的体力、强健的体魄和良好的意志品质，才被人们称作“勇敢者的运动”。

拳击的比赛规则有自己的独特之处。在国际业余拳联自 1997 年开始实行的新规则中，规定业余拳击比赛实行 5 个回合制，每个回合打 2 分钟，回合间休息 1 分钟；职业拳击比赛一般是实行 10~12 回合制，回合中间休息 1 分钟。业余拳击比赛主要靠技术得分来判定胜负，所用拳击手套大而且厚，比赛时运动员要穿背心、短裤、软底拳鞋、戴护头盔。职业拳击比赛主要靠强烈攻击或将对方击倒判定胜负，被击倒一方如果在 10 秒钟内不能站立起来恢复比赛，就判对方获胜；比赛时职业拳手的手套小而且薄，赤裸上身、头部不戴头盔进行比赛。业余拳击比赛设有 12 个级别，职业拳击比赛设有 17 个级别。

拳击的独特之处还在于人们对拳击运动的不同看法。拳击是人对人的竞技项目，因而比赛时表现出来的打和被打以及产生的伤害后果，特别是职业拳击中被打倒不能站起的场面，在许多人的思想上产生极大的异议。有相当一部分人把拳击看做是野蛮、残酷，不讲人道的运动。特别是受商业规律及金钱制约着的职业拳击比赛，由于比赛时缺乏必要的安全保障，并以击倒对方为目的，造成了大量的伤亡事故，更给拳击运动蒙上阴影，这就使得许多人呼吁取消拳击比赛。但是，这种担心和忧虑是没有太大必要的，如果对拳击运动有了深入的认识和了解，人们就不会对拳击持怀疑和反对态度。在拳击比赛中，产生伤害事故的现象主要发生在职业拳击比赛中，即使如此，在开展职业拳击非常普及的美国，职业比赛时运动员头部受伤的比率仅排在所有运动项目受伤率中的第 9 位。国际业余拳联公布的统计结果显示，在世界上的运动项目中，业余拳击的伤害率仅排在第 11 位，远比滑雪、赛车、曲棍球、橄榄球、足球、体操等运动项目低得多。由此可以说明，拳击并不是最危险的运动项目，其伤害率比起其他有些项目要低得多。

由于拳击需要肌肉的强大爆发力，需要完善的技术和战术，所以，拳击是最复杂的竞技运动之一。比赛时面对瞬息万变的赛场情况，要求运动员能在极短的时间内准确地了解对方的基本状况，同时还要迅速作出相应的判断并采取相应的行动，利用强有力的身体和娴熟的技术、多变的战术进行攻击和防守，并且要具有战胜对手的信心和勇敢顽强的意志品质，从而战胜对手。参加拳击比赛必须要经过长期系统的训练，练就强健的体魄，掌握优良的技术，能灵活运用多种战术，还要具有顽强拼搏、勇于争胜的意志品质。这不仅对拳击爱好者和拳击运动员的身体素质和心理素质提出了很高的要求，而且，对增强拳击爱好者和拳击运动员的身心健康具有极大的锻炼价值，这是拳击运动具有的最明显、最优秀的特点。

（二）拳击运动的作用

拳击对人体和社会具有极大的影响作用，这些作用主要表现在以下五个方面。

1. 拳击可以增强人体的力量

拳击比赛时要靠人体的爆发力来完成攻防动作，只有在最短的时间内将最大的力量发挥出来，才能够达到攻防的目的，有效地完成攻防动作，这就要求拳手具有强劲的爆发力。训练有素的拳手肌肉工作时的弹力和出拳时的爆发力，要比一般人高出几倍，据测定世界优秀拳手的出拳力量可达500公斤同时其出拳的速度也会相应增快。经常练习拳击，就可以锻炼拳击爱好者和拳击运动员的爆发力和速度力量。提高拳击爱好者和运动员的肌肉素质。

进行拳击训练和比赛时，需要人体肌肉在高度紧张状态下，持续较长时间的工作，这对人体肌肉和其他功能系统的持续工作能力有较高的要求。特别是拳击比赛时，肌肉活动强度大，动作持续时间长，如果训练水平较差的拳手，要想坚持五个回合的比赛是非常困难的。比赛时拳手的身体肌肉和精神高度集中，容易造成神经系统、呼吸系统、循环系统的疲劳。经常练习拳击，经常参加拳击比赛的拳手和拳击爱好者，可以在练习和比赛中提高肌肉长时间工作能力，提高人体各系统的活动机能，从而增强和提高人的耐久力，使人体能够适应长时间高度紧张状态下的工作、训练和比赛。

拳击还可以增强练习者的绝对力量。在拳击练习，特别是拳击比赛时，拳手必须具有较大的绝对力量，才能达到攻防的目的。也就是说，必须具有重创对方的力量，才能在拳击比赛中占据优势和主动。所以，大部分拳手都十分重视绝对力量的练习，经常做大量的上肢力量以增加进攻时的威力。经测定，世界优秀拳手的发拳力量可以达到500公斤。具有较大力量的拳手在比赛中会使对方心理上产生畏惧，丧失比赛的信心。但要注意，绝对力量是要和速度结合在一起才能发挥作用，只有强大的绝对力量，而速度较慢，就很难打到对方，使力量使去意义。所以，在拳击练习的过程中，一定要注意绝对力量和速度的结合，通过最快的速度发挥最大的力量，是取得拳击比赛胜利的关键条件之一。

2. 拳击可以提高人的灵敏性和反应能力

拳击中最基本、最重要的素质之一，就是要具有高度的灵敏性和快速的反应能力。在拳击比赛和训练时，运动员要熟练地掌握运用各种技术方法，灵活地变化运用各种战术，并且要随机应变地随场上情况及时调整自己的技战术，同时要完成各种技术组合等，所有这一切，都需要拳手具有高度的灵敏性，具有快速的反应能力，否则就会受制于人，处处被动。经常练习拳击和参加拳击比赛的人，他们灵敏性和反应能力就会得到充分锻炼和提高，这种灵敏性和反应能力表现在日常工作和生活中，就会使你觉得生活轻松自如，从而增加人的生活乐趣和情趣。

3. 拳击可以促进人的身心健康发展

拳击运动是手脑并重、全身活动的运动项目，练习拳击或参加拳击比赛时，人一直都是在不停地跳动和运动之中，而且，拳手所采取的每一个行动都是在大脑缜密、快速考虑之后进行的，所以，这对人体的运动器官和大脑的分析反应都有极高的要求，使人体的运动器官和大脑得到充分的锻炼。又由于拳击训练和比赛时，需要在高度紧张状态下进行高强度对抗，所以对拳手的呼吸系统、循环系统、神经系统、运动系统都有非常高的要求和充分的锻炼。据实验测试，拳击比赛时运动员的氧吸收量每分钟达 3000 毫升，脉搏每分钟达 200 次左右。生理测试表明，训练有素的拳击运动员的心脏体积有增大现象，心肌搏动强而有力。拳击运动员的竞技年龄比其他竞技项目的竞技年龄要长得多，一般可保持到 40 岁左右。比如美国拳王阿里 38 岁时，仍在参加职业拳击比赛；美国拳王福尔曼 45 岁时还在参加职业拳击比赛；战胜泰森的美国拳手、新的世界拳王霍利菲尔德，是在 35 岁时第 3 次获得这一殊荣的。所有这一切，都说明拳击运动对人体的良好作用。

拳击既是人体能力的较量，同时也是心理智慧的较量。长期从事拳击运动，会培养人们顽强拼搏、敢打敢拼、百折不挠的意志品质，也培养人们对事业的专注和执著追求的精神。由于拳击运动具有极其强烈竞争的特点，可以锻炼拳手临危时的应急能力，培养拳手在危险状况和高度紧张状况下沉着冷静的心理素质，这不仅对拳击运动有利，而且对于拳手在日常工作和生活中遇到困难时进行冷静处理，有着极大的帮助作用。

4. 拳击是防身自卫的有效手段

拳击作为一种空手格斗技能，学习掌握好拳击技术之后，就可以把它运用于实战之中。拳击的攻防技术比较简单，容易掌握，经过反复训练实践后，作为防身自卫的一种手段是非常有效的。通过拳击的击打和抗击打能力训练，可以提高练习者的防身意识和自卫方法，在打和被打的练习中自然而然地掌握了防身自卫的本领，提高练习者遇到侵犯时自我保护能力。

5. 拳击具有广泛的社会影响作用

拳击运动已经在社会上引起了极大的影响和起到了轰动作用。现在几乎在全世界都知道泰森口咬霍利菲尔德的事情，在社会上引起强烈的社会效应。这件事使人们认识到什么是丑什么是美，不论泰森实力多么强大、曾经创造过什么样的辉煌战绩，但他一口咬掉了他在世人心中的巨大形象，这就是拳击的社会效应，这种效应会促进拳击运动和社会道德的共同进步具有极其重要的社会意义。同时拳击作为勇敢者的运动，可以培养人们勇敢顽强、积极向上的精神，特别是可以引导青少年通过刻苦努力、顽强拼搏和公平竞争，规范他们的做人准则，使他们的行为适应社会公德要求。当然，最主要的还是拳击本身具有的粗犷与野性的魅力，拳击运动表现着较高的力度美、健康美、技艺美，具有强烈的吸引力和刺激性。

三、国际权威拳击组织与拳击赛事

（一）国际职业拳击组织

国际职业拳击组织主要有世界拳击协会、世界拳击理事会、国际拳击联合会和世界拳击组织。除此之外，在国际职业拳坛上比较活跃的职业拳击组织还有美国国家拳击协会、国际拳击组织、国际拳击理事会和世界拳击联盟等职业拳击组织。

拳击组织会安排旗下拳手比赛，每个组织都有自己的金腰带。选手根据体重不同被划分为许多量级，每个级别都有自己的拳王和金腰带。

1. 世界拳击协会（The World Boxing Association，WBA）

世界拳击协会成立于 1967 年，主席是曼多萨。WBA 原是在美国成立的国立拳击运动协会，以对抗纽约州体育运动委员会。它主要是一个美国机构，基本控制着整个美国的拳击比赛。这个组织宣布有他自己的世界拳击冠军，经常与世界拳击理事会发生冲突抵触。阿里、弗雷泽、福尔曼被称为“70 年代重量级拳坛三巨头”，是当之无愧的拳王，他们得到的金腰带都刻有 WBA 字样。

2. 世界拳击理事会（The Word Boxing Council，WBC）

世界拳击理事会成立于 1963 年，总部设在墨西哥城，主席是苏莱曼。该组织由美国大多数民族和国际管理团体组成，并得到了纽约州体育运动委员会的支持，同时联合了欧洲拳联、英国拳联、拉丁美洲拳联、美国部分州的拳协和亚洲、非洲的一些国家拳联。它更倾向为一个世界性的、更具包容性的组织。他们的大部分收入用来促进拳击运动、保护运动员及改善医疗设施上。1979 年，WBC 进行了重建，在世界职业拳击锦标赛上，体重级别的增加，产生了更多的较轻级别。现已成为世界上知名度最高、实力最强的职业拳击组织。其在 1982 年宣布该组织所有赛事时间最长只能达到 12 个回合，而不是以前的 15 个回合，在世界职业拳击锦标赛上具有重大意义。

3. 国际拳击联合会（The International Boxing Federation，IBF）

国际拳击联合会成立于 1983 年，总部设在美国的新泽西州，主席是罗伯特·李。IBF 是一个与 WBC 对立的组织，这个组织成立的目的在于夺取被美国把持的颁奖权利。这个组织的前身是美国拳击协会（USBA，成立于 1976 年），原来两个组织并存，现在又重新合并，称 IBF / USBA，冠军为两个组织所共有。IBF 有一句名言：“一个理想，现在是实现的时候了。”在这一思想指导下，IBF 为国际拳击事业的发展作出了很大贡献。

4. 世界拳击组织（The World Boxing Organization，WBO）

世界拳击组织是 1988 年从世界拳击理事会中分裂出来的一个新的职业拳击组织。它的总部设在波多黎各，但冠军委员会却是在美国佛罗里达州的迈阿密市，现任主席为美国的乔托福斯。到目前为止，WBO 已在世界上每个洲、几乎 20 多个国家进行过冠军赛。

上述四大拳击组织都有各自不同的章程和系统，有自己的比赛和自己的世界冠军，但四个组织之间也有一些联系。比赛一方必须连续 3 次以上战胜对方，才能成为世界公认的拳王。目前三次获得世界拳王称号的拳手有美国的易万德·霍利菲尔德和穆罕默德阿里，还涌现出像泰森、乔·弗雷泽、乔治·福尔曼、雷诺克斯·刘易斯等一批职业拳击运动员。

（二）国际业余拳击组织

世界性业余拳击运动管理机构的名称是：国际业余拳击联合会。1920 年国际业余拳击协会正式成立，由于第二次世界大战爆发，被迫中断长达十年之久。国际业余拳击协会也是名存实亡，被迫解散。1946 年由英、法等 24 个国家的拳击协会倡议重新组建，在伦敦成立了国际业余拳击联合会，简称国际拳联。目前已有 209 个协会成员。总部设在美国。拳击比赛用语有英语、西班牙语、德语、俄语和法语。1993 年国际业余拳联在美国华盛顿州林伍德举行了世界上首次正式的女子拳击比赛。国际业余拳击联合会的主要赛事有：奥运会拳击赛、世界锦标赛、世界杯赛、区域性和洲锦标赛、世界青年锦标赛和国际邀请赛。所有比赛都按国际拳联的规则进行。成年和青年世界锦标赛每四年举行一届，洲锦标赛每两年一届。

四、拳击运动基本技术

（一）站立姿势

正确的姿势能帮助拳手更好地发力，也能使拳手更好地保持身体平衡。这样才能将力量从拳头里释放出来。因为，一个好的姿势不仅能使出拳的速度加快，而且还能够使人承受对手强有力的击打。所以，不论出拳时站得很稳的力量型拳手，还是出拳时善于移动的节奏型拳手，姿势都非常的重要。

正确的站立姿势体重应均匀地分到两脚趾骨基节部位，重心在中间，轻松地上跳，在着地时这时候就是自己的重心，要求上体要弓，如图 9-25 所示。

图 9-25　站立姿势

1. 下半身

（1）首先面对对方，相隔半步，双臂自然下垂站稳。

（2）面向对方，左脚向前出 35~45 厘米。也可以根据自己的身高和习惯来确定距离，一般使自己感到舒适为好。

（3）右脚与左脚呈 45 度角，为了减少一点幅度，右脚跟往右侧开一点，左右分开的距离为 20~30 厘米。这样的站法主要目的是在受到外来打击时，身体保持平衡。假如站成一条横线，受不住从前方来的直拳，容易后倒；站成一条竖线，容易横倒，对攻防两方面都不利。

（4）后脚跟抬起 5 厘米左右，把自己的体重均匀落到前后脚趾骨基节部位。前腿的膝关节微屈，同时，后脚也跟着前脚微屈膝。重心放置在两腿之间，身体不论处于静止还是移动状态，重心投影均不得越出两足以及两足间的支撑面。

上述是对拳击时下半身的基本姿势要求，这样做的主要目的是可以利用膝盖的屈伸力量加强后脚的蹬力，重心移动灵活，但要注意不要右脚跟着地，以免影响脚移动速度。现代拳击最讲究的是速度。两脚距离大，影响速度的发挥，但稳定性好，适用于猛攻型选手；距离小，速度快，但稳定性差，适用于技巧型选手。

2. 上半身

（1）头形。低头收下颌，前额朝向对手，双目注视对手眼睛，上下齿合拢，舌贴上腭，脸部表情自然。一般看对方的眼睛能看出对方的进攻意图。现代美国提倡的一种方法是注视对方的脚法，这样的优点是能看出对方的一举一动，而自己的意图又不易对方发觉。

（2）上半身自然地落在腰部。不能把上身向左、右、前、后歪。上体应斜向对方，微前含胸，左肩略向前，两肩匆过分耸起，也不要下垂。身体向左或向右扭动时，以腰部和髋关节作转动轴。

（3）臂形。左臂在前，右臂在后。左拳略高于肩，同对方的下巴平齐，防护左面颊，左肘屈大于 90 度，下垂防护左肋；右拳置于肩前，防护右面颊，右肘屈小于 90 度，下垂防护右肋，右拳轻轻握紧并对准对方的下巴。为了保护自己的下巴和左耳，左肩向前伸出的同时，稍上提。注意：如果提得过大，就会增加疲劳，影响左手的刺拳速度。上述的上身姿势就是要求在做好保护上体的前提下，尽可能地把身体调整在有利的进攻位置。

（二）握拳方法

正确的握拳可以帮助拳手在出拳时减少手部的受伤。

手指伸展，转动大拇指向外，其余四个手指向掌心弯屈握紧，如图 9-26 所示，再将大拇指压在中指上，使拳面平整而牢固。不要将大拇推进拳头里，否则大拇指很容易受伤。在指关节处缠上绷带，拳头尽可能地握紧，要让指关节感觉到击打的冲击力。食指、中指、

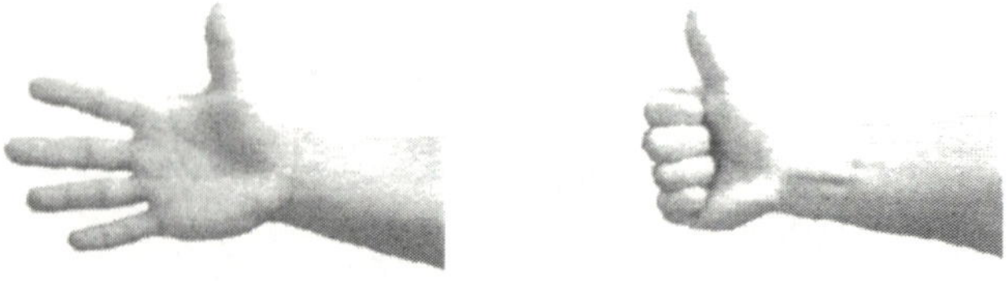

图 9-26　握拳方法

小指和无名指并拢内屈，拇指放在中指和食指的上面，拳头稍内扣，拳面朝着对方。握拳不要大用劲。否则，臂肌会很快疲劳，拳速也会降低。

（三）基本步法

拳击的基本步法是拳击技术的重要双方搏斗时，如何保持身体平衡，灵活地移动身体，使自己始终处于进攻和防御的最佳位置，是一名拳击运动员必须具备的基本素质。

1. 滑步

（1）前沿步。右脚掌蹬地，左脚稍高地面向前滑进 20~30 厘米，后脚轻擦地面跟进。移动的步幅稍大于肩距。两脚以脚掌着地，身体重心始终保持在两腿之间，如图 9-27。

（2）后滑步。左脚掌蹬地，右脚稍离地面向后滑行 20~30 厘米，左脚随即后滑一步，保持基本姿势。

（3）左滑步。右脚蹬地，左脚向左侧横滑一步约 20~30 厘米，右脚随即跟进，保持原来姿势。

（4）右滑步。左脚蹬地，右脚向右侧横滑一步约 20~30 厘米，左脚随即跟进，保持原来姿势。

要点：向某一方向移动时，该方向的脚称为方向脚。方向脚移动后，另一只脚要迅速跟进。滑步时，身体重心要平稳，重心勿超出支撑面。脚掌尽可能不离开地面，不可做跳跃步，两腿膝关节和大腿肌群自然放松。滑步是一种稳健的步法。其目的在于调整身体至最佳位置，逼近对手准备攻击，或引诱对方出击造成对手防御上的空隙，并趁机出拳攻击。使用滑步时要预防对手突然发起猛攻，有了思想准备就可应付突然的变化。

2. 刺步

左足平放在地面上。着力点在前脚掌上，右脚前脚掌着地，足跟稍抬起，左脚急速向前迈进一步（约 40~50 厘米），右脚随着跟上一步，仍保持好拳击攻防姿势，刺步与前沿步动作相似，唯速度加快。

要点：刺步是一种敏捷、快速、突然进攻的步法。当对手防守上暴露出破绽时，立即抓住有利时机配合直拳突然袭击。刺步易犯的主要错误是跨步式前进，即前脚凌空跨步前进。这样人体在凌空阶段时只有一只脚支撑，容易被对手击倒；另外，两脚着地远，足间距大，也会造成行动上的迟钝。因此，学习刺步时要注意前脚不可凌空跃进和两足间距过大。

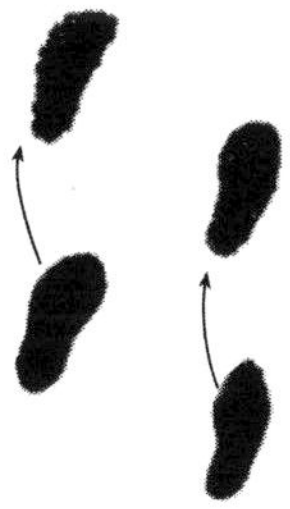

图 9-27 前沿步

3. 侧步

侧步是对手出拳方向的外侧上一步或向后转一步，避开对手的直拳攻击，为自己创造有利攻击位置的一种步法。侧步法有左右侧法两种，右侧步是向对手右拳方向侧步，左侧步是向对手左拳方向侧步。

（1）右侧步。对手打右直拳时，右足先起动向右后侧转，左足以足尖为轴，足跟向左侧转动 40~60 度，如图 9-28①。人站在对手右拳外侧。

（2）左侧步。对手打左直拳时，右足先起动向右侧上一步，左足以足尖为轴，原地向右转 100~120 度，如图 9-28②。人站在对手左拳外侧位置。左侧步比右侧步难度大，因为左侧步比右侧步更接近对手的右手，受到对方右手打击的可能性更大。掌握左侧步法能发挥自己的有力武器打击对方的腹部和下巴。

① ②

图 9-28 侧步

要点：使用左右侧步时，两足不走交叉步，身体不可左右摇摆。侧步是防御的一种，也是进攻的一部分，因此，在学习侧步时应注意和反击动作结合起来。

4. 环绕步

环绕步是以对手为中心，并围绕他移动的一种步法。环绕步有顺时针方向和逆时针方向两种。它的动作好像侧步法，但它不属于侧步法，他的动作幅度较小，只微微闪躲对方的打击，并且能够反击。

（1）逆时针环行（向右环行）。当对手用左直拳打过来时，只向右侧动一点，用左直拳反击。因为对方的惯性和自己打出的冲力加在一起，其破坏力极大。拳击逆时针方向即向右侧环行，如图 9-29①所示，这种环行法最安全。

（2）顺时针环行（向左环行）。站在对方的内侧，即对方的腹部正面，充分利用自己的右手进行攻击。对方为了防守，把他的整个身体向右转体，从而使对攻的双方在一条直线上。这个时期向左环行，受对方攻击的可能性大，因此要做好防护。向左环行的脚法是左脚先向左移动，右脚跟着向左移动，如图 9-29②所示。

① ②

图 9-29 环绕步

图 9-30 撤步

要点：运用环绕步的目的是，转移进攻方向，寻找进攻机会，或调整呼吸，以及短暂的休息。因此在练习和比赛中，不能消极防守，而要在防御中积极寻找战机，这样才能克敌制胜。

5. 撤步（又称急退步）

撤步的方法是：前脚掌用力撑地，后脚先后撤一大步，并且几乎同时迅速收回前脚，以保持好拳击的攻防姿势，如图 9-30 所示。

要点：使用撤步的目的在于迅速脱离战斗，避开对手的直拳攻击，或是重新调整战斗状态。在后撤一步后，如对手继续跟进攻击，不可连续后撤，应迅速向右或向左侧步，避开对手的连续进攻。

（四）基本技术动作

1. 攻击技术

攻击技术包括直拳、摆拳、勾拳、刺拳和振拳，还有组合拳，如 1-2 连击组合拳套路。

1）直拳

直拳是拳击技术中最基本的拳法，也是每一个优秀的拳击运动员最常用的拳法。此拳法在单位时间内连续出拳数量比其他拳法多，特别是左直拳的连续直击动作。

直拳是指从出拳到被击目标，沿直线运动的一种击打方法。直拳一般用于进攻或有意识退却时破坏对方动作，打乱对方阵脚，是夺取胜利的主要手段。

直拳的特点是路线短、冲力大、速度快、发力狠、动作突然、拳法简单，易于运用身体的力量。与其他拳法相比较，动作简便，运用广泛，是比赛中运用最多的一项进攻技术。

左直拳的动作要领：由实战预备姿势开始，左臂迅速用弹力伸直，同时左肩前送，上体略向右转，以加大出拳的速度和力量。在臂向前伸直的同时，左拳向内转至拳心向下成一条线击出，肘关节随着拳心内转向上抬平。在出击同时，后脚用力蹬地，前脚（左脚）顺势向前滑出，用前脚掌的内侧着地，后脚蹬地后，脚跟提起，后腿略伸直，身体重心移到前脚上，如图 9-31 所示。在出拳的同时还要利用腿、腰、髋发力以增加击打力量，使力量通过肩、臂、腕关节和拳峰沿一条直线作用在被击目标上。在出拳过程中应放松臂和肩部肌肉，在即将击中目标时，拳突然握紧，使最后阶段更为有力。右手随左拳出击而自然前移，保护下颏和面部。待击中目标后，拳迅速放松由原路收回，恢复原姿势。

图 9-31　直拳

直拳练习时要注意以下几点。

（1）拳要直线击出，直线收回。

（2）击打和退回的速度要同样快速、敏捷。

（3）出拳时要利用蹬地转筋力量的配合。

（4）左（右）直拳击上体时，要注意防对手左（右）拳迎击。

2）摆拳

摆拳是从侧面袭击对手的有力拳法。由于从侧面击打，身体向相反方向移动，如图 9-32 所示，起到分散对手注意力的作用。但摆拳走的路线较长，容易被对手发现，而且因力量大，一旦击空容易失去平衡。摆拳速度比直拳慢，一般不作开始的引拳。

左摆拳练习时要注意以下几点。

（1）击打时不可有预拉动作。

（2）左摆拳出击时，右拳微向上举，保护下颏。

（3）左拳出击后立即收回，还原成预备姿势。

摆拳是从侧面袭击对手的有力拳法。由于从侧面击打，身体向相反方向移动，起到分散对手注意力的作用。但摆拳走的路线较长，容易被对手发现，而且因力量大，一旦击空容易失去平衡。摆拳速度比直拳慢，一般不作开始的引拳。

摆拳练习中要注意以下几点。

（1）先原地徒手练习，体会发力、转体、转胯带动手臂前摆等动作要点。出拳时，要注意手腕内旋动作，用拳峰部位接触击打部位。

（2）在基本掌握动作方法的基础上，结合步法练习出拳。

（3）运用打手靶的练习，可在原地与移动中进行，改进与提高动作质量，提高击打准确性。

（4）利用打沙包进行练习，一方面改进动作，一方面锻炼击打力量。

（5）进行实战练习，提高运用的能力。

图 9-32 摆拳

3）勾拳

勾拳是一种中、近距离的击打拳法，勾拳通常配合直拳或摆拳组成组合拳进攻对手。勾拳的基本技术一般分作四种。平勾拳、上勾拳、侧勾拳和斜上勾拳。这四种勾拳的击打、发力方法、步法和重心都基本相同，只是击打方向和目标部位不同而已。下面主要介绍平勾拳和上勾拳。

（1）平勾拳。平勾拳是横向性的勾击，击打目标以对方的头部侧面、太阳穴及颌关节，中盘以肝脏、胰脏和腹部等处。

左平勾拳动作要领：由实战姿势开始，先将左肘提起与肩平，肘部约成 80 度角，利用身体腰、肩部突然转动的力量，上体向右方向转，但不超过 90 度，臂部肌肉由放松到突然紧张，之后再迅速放松，打击对方的右侧，这时重心移到右脚上，击打后立即收回还原成实战姿势。

注意事项：①出击时，拳不应有向后拉的准备动作。②左拳击出同时右拳微上举，保护下颏。

右平勾拳动作要领：出拳要领与用力方法都与左平勾拳大致相同。

左、右平勾拳都可以配合前进步法练习，即作前滑步同时击打左平勾拳或右平勾拳。

（2）上勾拳。一场拳击比赛中运动员的进攻与防守是多种多样的，这体现在调整距离上，要靠步法的灵活和判断的准确。如果说直拳与摆拳更注重中、远距离的进攻，那么上勾拳主要在中、近距离击打对方。

上勾拳既可发短拳也可发长拳。发长拳时手臂几乎伸直，上、前臂夹角大于 90 度，发短拳时上、前臂夹角小于 90 度，如图 9-33 所示。当对手两手高举成防头部的姿势时，或当对手击打头部而落空时，可发上勾拳击对手的上体（胃、腹或肋部）。

当对手上体前倾处于俯身低姿势时，则可发上勾拳击其头部，击打时拳心朝内，拳峰向上。当对手处于直立姿势时，绝不能用上勾拳进攻，因为这种拳太短，会遭到对手用直拳来迎击。只有当对手身体前倾时才能在进攻中使用上勾拳，或在组合拳进攻对手时配合使用上勾拳。

上勾拳的力量来自突然的挺身和同时转体的动作，在拳头接触目标的一刹那，手臂突然发力，以增加击打的爆发力量和速度。

图 9-33　上勾拳

4）刺拳

刺拳属于直拳类型，是一种试探性拳法，以左刺拳为多。 拳走的路线比直拳短，拳的力量较轻，能起试探对手的作用，并配合其他拳法以连续进攻。

要领：出拳比直拳快而突然，腰部与胯部转动比直拳小，蹬地力量不大，因此重心前移较小，出拳后，臂并没有完全伸直。

5）振拳

振拳多用在短兵相接、近距离搏斗时，贴近对手击打。

要领：借腰部突然快速转动，出击时两臂贴近身体，上、 前臂之间夹角小于 90 度角。

2. 防守技术

1）阻挡防守

根据对手来拳击打的路线不同可采用掌、肘、臂和肩阻止对方来拳。用阻挡防守法可有效地防守对手在中距离、近距离和远距离的各种拳法。阻挡防守方法主要有以下五种。

（1）对方用左、右直拳击下颌时，右手张开拳套在下颌处阻挡对方的直拳。

（2）左肘阻挡左（右）直拳击腹。双方由实战预备姿势开始，当甲上步用左（右）直拳击腹时，乙迅速以弯屈的左或右臂略移向左右下方阻挡对方直拳，同时身体略向左转。

（3）左臂阻挡右平勾拳或有摆拳。双方从实战预备姿势开始，当甲上步同时以有摆拳或右平勾拳击打乙面部左侧时，乙迅速屈左臂置于头部左侧，同时身体略向右转，以前臂阻挡甲的有平勾拳或右摆拳。

（4）右臂阻挡左摆拳或左平勾拳。双方由实战预备姿势开始，甲上步同时出左摆拳击打乙的面部右侧，乙迅速将弯屈的右臂向上举至头部右侧，阻挡甲的左摆拳。同时，左拳作好保护，如图 9-34 所示。

图 9-34　阻挡防守

（5）肩阻挡右直拳击头。双方由实战预备姿势开始，甲出右直拳击打乙面部，乙迅速将身体重心后移，并略向右转，同时迅速将左肩耸起，以左肩阻挡右直拳。

2）格挡防守

格挡是格架或拍击对方来拳，使它改变方向，便于还击。

图 9-35 格挡防守

（1）右手拍击左直拳。

动作：双方由实战预备姿势开始，甲以左直拳击打乙面部，乙迅速张开右拳将甲的来拳向左下拍击，使甲的直拳改变方向，在拍击同时上体略向左转，如图 9-35 所示。

要领：拍击动作幅度不可太大，动作必须短促有力，用手掌拍击对手手腕部位。

（2）右（左）前臂向下格挡左（右）直拳击腹。

动作：双方由实战预备姿势开始，甲以左直拳击打乙腹部，乙迅速以右前臂格挡甲的直拳。

要领：格挡动作不可太大。

（3）右臂格挡左摆拳或左臂格挡右摆拳。

动作：双方由实施预备姿势开始，甲以左摆拳击打乙面部右侧，乙迅速以右前臂格挡甲的摆拳。

要领：格挡时上、前臂约成 90 度。格挡同时上体稍向左转，以便于还击。

3）闪躲防守

闪躲防守是用身体的闪躲使头离开击打路线。在实战中，闪躲被认为是一种最实用的防守方法，因为防守者可以空出两手以便进行反击。

闪躲技术要求能准确地判断时间。如果运动员掌握了良好的闪躲技术，就会使对手的来拳不断失误和击空，使之失去平衡，对其暴露的部位可趁机给予击打。在闪躲的同时可以发迎击拳。

闪躲法专门用于防守对手击头部，对直拳的防守要向侧面闪躲，对摆拳和上钩拳可作向后移步。

（1）向右侧闪左直拳。

动作：甲以左直拳击打乙面部，乙迅速将头部及上体向右侧闪躲，身体重心略向右移，使甲的直拳从乙的左肩上滑过去，如图 9-36 所示。

图 9-36 向右侧闪左直拳

要领：闪躲动作不要过大，要敏捷短促。

（2）向左侧闪右直拳。由基本姿势开始，甲以右直拳击乙头部，乙迅速向左闪躲。

（3）向后闪。这种方法主要是防守对手直拳和摆拳。当甲以左直拳进攻乙时，乙原地不动，利用上体后仰，重心落于后脚，接着上体前倾，用左直拳或左摆拳进行还击。

4）潜避防守

潜避技术是对摆拳击头的一种主要防守方法，这一防守法是在身体重心下降的同时快速完成缩身下潜动作。在潜避中运动员用头和上体划出一个半圆的连贯动作，微屈腿的同时向对手出拳方向下潜，然后直起身。在做这个动作过程中，要始终注视着对手，动作要快而有力。这一防守动作是由整个身体和腰部动作来完成的，要保持稳定的姿势，以利恢复实战预备姿势和进行还击。

（1）从左向右摇避左摆拳。

动作：甲用左摆拳击打乙面部，乙迅速下蹲。同时头部和上体微向前倾，利用腰、腹力量将头部从左向右闪，从对方左臂下闪过，如图 9-37 所示。

要领：①潜避动作幅度不可太大，也不宜蹲得太低。②摇闪时两眼仍要注视对方，以便还击和进一步防守。

（2）从右向左摇避右摆拳与左摆拳防守相同，方向相反。

图 9-37 潜避防守

五、拳击运动竞赛规则

（一）比赛规则

（1）赛前必须称量体重，进行体检。男子设 11 个级别，女子设 13 个级别。

（2）只能用手的拳峰部位击打对方腰带线以上部位的正面或侧面。

（3）采用 4 回合制（女子 3 回合），每回合 2 分钟，这 2 分钟不包括因警告、告诫、整理服装或其他原因造成比赛中止的时间。回合之间休息 1 分钟。

（4）参加者必须佩戴拳击手套、护手绷带、背心、短裤、软底拳鞋、护头、护齿、护裆。

（5）不准打击已倒地者。一方被打倒后开始数秒，如果 10 秒钟被打倒的人不能站起来，就判定对方胜利。只有在没有格挡、阻挡或防御的情况下用任何一只握紧拳套的手的拳峰部位，直接击打在对方头部或腰部以上部位的正面或侧面才能计分，即这样的击打每击中一次得一点。一场比赛结束，根据双方运动员有效点的多少判定胜负，如相等则依次根据小分及比赛中处于主动地位或体现出较好技术风格和防守技术进行判定。

（二）裁判规则

拳击比赛裁判人员由总裁判、副总裁判、一名台上裁判员，五名台下评判员、一名计时员、记录员、检录员、宣告员、场地管理员和医生组成。

台上裁判员的职责是控制整个比赛，根据双方运动员比赛具体情况合理使用三个英文口令 BOX（开始）、BREAK（分开）、STOP（停）。发现运动员实力悬殊有权终止比赛，决定胜负。如有运动员受伤可终止和继续比赛，还可根据运动员犯规情况提出告诫、给予警告、取消比赛资格。计时员打铃表示每一局比赛开始或结束。

拳击比赛的顺序是由轻级别到重级别，由抽签决定比赛对手，每场比赛前要接受医生的检查和台上裁判对所佩戴护具的检查，比赛结束时，由宣告员宣布比赛结果，台上裁判举起获胜运动员手臂表示获胜方，宣布胜负后，双方运动员互相握手。

运动员构成犯规动作包括击打对手腰部以下部位，击打脑后勺或颈背和击打已倒地的对手。或其他台上裁判认为违反规则的行为将给予告诫或警告，轻度犯规不终止比赛，三次告诫算一次警告；中度犯规，终止比赛，三次警告取消比赛资格。

第十章 休闲运动

第一节 保 龄 球

一、保龄球运动概况

保龄是英文“Bowling”的音译，这种在木板球道上用球滚击木瓶的室内体育运动在中国有了一个吉祥的名字——保龄球运动。

保龄球运动最初叫九柱球戏，又被称为“地滚球”，起源于德国，被认为是现代保龄球运动的前身。保龄球是集竞技、休闲、娱乐为一体的运动。它既可进行比赛，又可自娱，适合于不同年龄、性别和来自不同社会阶层的人士参与，且不受气候、时间的影响，因而很快在全球风靡，成为与网球、台球、板球并驾齐驱的四大新兴体育运动。

（一）起源

保龄球的历史可以追溯到更远的年代，相传古时候某些部落中，常把被征服者的头盖骨作球，腿骨作目标，进行投掷，以此取乐。在公元前约 5200 年的埃及儿童古墓里，曾发现九块成形的石头和石球。考古学者发现，古代博洛尼亚人的投掷游戏也用石头作球和目标，更为有趣的是，当时的球与目标的距离为 60 英尺，它和今天的保龄球道的长度相差无几。相传在石器时代，欧洲的原始人类就已开始保龄球游戏了。近代十只木瓶的保龄球游戏是从欧洲的修道院或大寺院中流传出来。德国著名的宗教改革家马丁·路德规定了九只木瓶的保龄球和球规，这种九瓶保龄球便开始在 16 世纪的欧洲各国（法国、英国及荷兰等）盛行起来。这种运动起先是在草地上或红土的球道上举行，到了后来才产生了 12~18 英寸宽的木制球道。现在，保龄球已成为一项大众非常欢迎的体育运动项目，并成为一项高雅的室内体育运动。

（二）发展

1875 年美国成立了世界上第一个保龄球协会。1916 年美国女子保龄球协会和青少年保龄球协会成立。随着这些组织的建立，保龄球运动得到了初步发展。1952 年，国际保龄球联合会成立，总部设在芬兰。国际保龄球联合会统一了保龄球运动的场地及规则，并在世界范围内推广保龄球运动，举办各种国际比赛。世界保龄球联合会将世界划分为美洲、欧洲、亚洲三大区，每年在不同的国家和地区举办一次世界杯赛，每2年举办一次区域大赛，每4年举办一次世界大赛。此外，国际保龄球联合会还举办世界女子锦标赛和青少年锦标赛。第一次正式的国际比赛于1954年在联合会总部芬兰赫尔辛基举行。1963年7月，第1届世界锦标赛举行；1964年11月，第1届世界杯赛举行；1968年，首届亚洲锦标赛举行。在1988年的汉城奥运会上，保龄球被作为表演项目。在1992年第25届的巴塞罗那奥运会上，保龄球被列为正式比赛项目。目前全世界有80个国家在开展这项运动，有60多个国家和地区加入了国际保联。

比赛分个人赛和多人赛。赛前，以抽签决定道次和投球顺序。比赛时，在球道终端放置10个木瓶成三角形，参加比赛者在犯规线后轮流投球撞击木瓶，每人均连续投击两球为1轮，10轮为一局；击倒一个木瓶得1分，以此类推，得分多者为胜。

保龄球运动在中国开展时间不长。英法殖民主义者在1925年前后，分别在上海的法国总会和天津的乡村俱乐部等地建造了人工的保龄球场。此项活动当时被誉为“高级娱乐”，专供洋人和“上等华人”们享用，平民百姓没有缘分。改革开放以来，美国AMF公司于1981年12月在上海锦江俱乐部建成了6条自动化设备的保龄球场，成为全国首创。1985年国家体委在北京民族文化宫举行了全国第1届保龄球邀请赛。1986年在上海举行全国第1届“鱼龙杯”锦标赛。我国保龄球运动起步晚，但发展速度较快。

1985年原国家体委批准成立中国保龄球协会。目前，由国家体育总局小球运动管理中心、中国保龄球协会主办有四大赛事，即全国保龄球精英赛、全国青少年保龄球锦标赛、全国保龄球锦标赛、中国国际保龄球公开赛，有力地促进了全国保龄球运动水平的提高。

（三）保龄球运动组织

（1）国际保龄球联合会，简称国际保联，1952年成立，总部设在芬兰的赫尔辛基。

（2）中国保龄球协会成立于1984年5月24日，中国保龄球协会是中华全国体育总会的团体会员，是中国奥林匹克委员会承认的全国性运动会，是代表中国参加国际保联及相应的国际保龄球活动的唯一合法组织，总部设在北京。

（四）国内外重大赛事

（1）世界锦标赛。每4年举办一次，由国际保联十瓶部主办，某成员国总会承办，所有成员国总会选派代表参加的世界性赛事。

（2）区域锦标赛。每2年举办一次，由国际保联十瓶部批准，所属区域保联主办，某一成员总会国承办，区域内各成员国总会选派代表参加的区域性赛事。

（3）世界杯。每一年举办一次，由国际保联十瓶部批准主办，美国AMF保龄球设备公司承办，每年于不同地区不同国家，某一成员国总会协办所有成员国总会只出本国男女精英赛冠军两人参加的世界性赛事。

（4）全国锦标赛。每年一次，由国际保联区域保联认可，中国保联主办，某一省市协会承办，各省和直辖市代表队参加的本国赛事。

（5）全国青少年锦标赛。每年一次，由国际保联区域保联认可，中国保联主办，某一省市协会承办，各省和直辖市代表队年龄在22周岁以下的男女青少年参加的本国赛事。

（6）精英准决赛。参加全部比赛项目，赛完24局后，总分前16名的运动员参与的5局单循环赛。

（7）精英总决赛。精英准决赛前三名相互之间进行；第三名向第二名挑战，一局决胜负，负者为第三名；胜者向第一名挑战，两局决胜负，两局总分高者为第一名，两局总分高者为第二名。

二、保龄球的特点

1. 普及性

世界上最大的保龄球设备厂商AMF的总裁斯坦纳德先生认为：保龄球运动的主要目的还是为了让大多数人娱乐和玩的。由此可以看出保龄球运动的第一大特点就是它的普及性。

保龄球是非常轻松的一种室内运动项目，因此不会受到时间、气候等条件的影响，适合于在任何地区开展，保龄球的运动强度不大，不受年龄、性别以及身体强弱的限制，男女老少均能参加；另外，保龄球运动的比赛规则简单，易于入门，运动起来也简便安全，易于开展，是人人都能灵活操作的运动，因此能为大多数人所接受。

2. 娱乐性

保龄球运动的乐趣在于，不管是三五成群，还是出双入对；不管是全家上阵，还是自娱自乐，都能各得其所。因此，这项运动成为领导当今“娱乐休闲”的新时尚。

3. 技巧性

俗话说：师傅领进门，修行在个人。学打保龄球尽管入门容易，但要打得好，得高分，却必须掌握一定的方法并需要不断地练习，以提高打球的技术与技巧。

4. 健身性

打保龄球只要姿势正确，全身200多块肌肉都能得到锻炼，对人体的心肺、四肢功能的健身功效也是显而易见的，这些对于需要和喜爱健身的人来说都有一种不可抗拒的魅力。保龄球运动不仅可以增进健康、增强体质，还可以锻炼人的意志，提高人的心理素质。保龄球运动不仅是一项健身的运动，还是一种交际的手段。保龄球运动给人的感觉是沉稳、冷静、自信与从容的。

三、基本礼仪与器材介绍

1. 基本礼仪

（1）打保龄球时，务必换上保龄球专用的鞋。

（2）记住自己选的球，切勿和别人混在一起也不要拿别人的球来丢。

（3）尽量礼让相邻球道的球友，等对方完成投球动作，再开始动作。

（4）无论是准备、投球还是完成动作的时候，都不要在球道上逗留太久，会造成旁边球道等待过久。

（5）尽量不要用丢的方式投球使球从空中掉落在球道造成球道损坏。

（6）尽量不要大声喧闹影响到隔壁球道的球友投球。

2. 保龄球

保龄球有通用球（也叫惯例球）和专用球两种。

（1）适合一般人使用的以及一般的保龄球场馆使用的都是通用球。这种球可以把拇指插入至根部，中指和无名指则可以插至第二关节，所投出的球最平稳。在选择这类球时，最理想的情形是手指插入指孔里，而在球与手掌之间，仍然可以放进一支铅笔的距离，这样的球重才可以平均加在三根手指上，因为手指插得很深，所以不易掉落，但是，这种球投出去时的旋转也比其他的球少。

（2）专用球是根据球员的体重、体力、臂力和握力等各种因素来确定的，一般分为半指球和指球。

半指球：拇指可插入至根部，而中指与无名指插入至第一关节和第二关节之间，这种球容易旋转，所以威力很大。但这种球也很不容易控制，因此要常常练习才能运用自如、得心应手。真正要体会出保龄球的乐趣，半指球最合适，而且也最能从这儿了解到球道的变化。

指球：拇指插入根部，而中指与无名指只插入第一关节，所以拇指与中指和无名指的间隔非常宽，因而灵活性也很高。这种球，投出来的变化最多。使用这种球，要求具备强劲的腕力和握力，如果力量薄弱，容易失去控制力，达不到增强旋转力的目的。

四、保龄球运动的基本技术

初学者想要打好保龄球，最重要的就是要学好如何助走以及正确的出球方式，助走实际上就是由站在球道上到出球的时候所需要走的路线，通常分为三步助走，四步助走及五步助走，步伐较大的可采用比较少的步数，但是也要配合自己身体的协调性以及灵活性。右手出球的人，最后把球送出时，应该是右脚交在左脚的后面，左手反之。

助跑道上通常都会有标示前，中，后三个点，这三个点各离球道犯规线的远近不同，站在后点（靠近座位），用四步助走，这样能够有足够的时间调整球的角度以及调整出手。

需要注意到一点，一定不要超过球道上的犯规线，在正式比赛中，那条犯规线是有用处的，球员如果踩到犯规线，那一格就算 10 分了。

1. 球的选择

对于初学者来说，选球有一个相对的标准，那就是要根据自身的体重、体力、臂力、腕力和握力选择适当重量的球，一般以握得稳固，摆动自如，不感到吃力为原则，这样经过多次练习后，再逐渐增加重量。

简单的选球标准如下所述。

6 磅、7 磅——儿童（小学生）；8 磅、9 磅——少年（中学生）；10 磅、11 磅、12 磅——成年女性；13 磅、14 磅——成年男性；15 磅、16 磅——专业球员。

2. 抓球法

常用的抓球法有传统抓球法，半指节抓球法和满指节抓球法。

（1）传统抓球法：中指及无名指的第 1、2 指节插入指空的抓球法，如图 10-1①所示，因抓球容易所以对初学者或较弱的女性比较合适。

图 10-1 抓球法

（2）半指节抓球法：中指及无名指插在第一指节和第二指节之间方式的抓球法，如图 10-1②所示，一般职业球员采用这种抓球法。

（3）满指节抓球法：中指及无名指插入指孔只插入第一指节而已，如图 10-1③所示，这种抓球法摆动费力但可供强劲的回转力，可是不好控制，并且容易增加手指指端的负担，所以一般熟练的球员使用这种抓球法。

3. 准备姿势

（1）身体保持自然站立，最重要的是身体自然放松，不可过于紧张用力。

（2）左脚略向前，即右脚尖大约置于左脚掌内侧位置。

（3）侧立瞄准目标。

（4）球托在身体的右侧。

（5）托球的位置应在下颚到腰部之间为宜。

（6）持球方式：两手皆在球的下方、两手各置于球的两侧以及右手在下方，而左手在球稍侧面的位置。

（7）集中注意力，最好的瞄准方法是把目标瞄准于限制线 5 厘米前方的山形（▲）标记，即是右边第二个山形标记，这是最常用的瞄准标记。

（8）准备位置，投球时若是超越犯规线（限制线）则属犯规，因此在选择准备位置时，必须注意助跑的最后一步不可超越犯规线。

4. 持球助跑

球抓好后，应该选择好助跑的起点。以四步助跑为例，右手球员以左脚内侧为准，纵向站在离犯规线 7 厘米处，横向站于第 17 块木板条的边线上，双脚平直微微分开，右脚置于左脚后约 10 厘米，双腿微蹲，上体微前倾，身体重心落在左脚上。助跑步伐有 3 种：3、4 步或 5 步，初学者以 4 步为好，助跑时要放松、平稳、身体姿势保持不变，持球摆动与助跑协调配合。助跑向前抛球时要目视助跑道上的“标记”将球脱出时大拇指先脱出插孔。迈右脚为第一步，要慢而小；第二、三步要快而大；第四步滑步要更快且步幅为一步半，滑步终止时，脚尖到达离犯规线 7 厘米处制动。

（1）推球：先迈步右脚，同时双手持球推向前下方，左手离球使右臂对准球道瞄箭头标记，如图 10-2①所示。

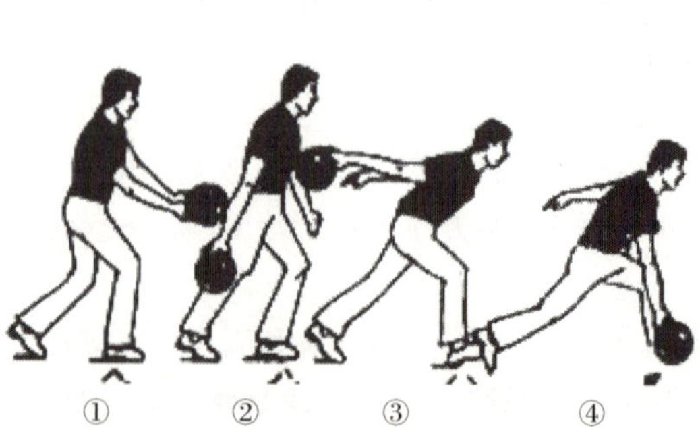

① ② ③ ④

图 10-2 持球助跑

（2）垂直下摆：右手随球的重力下摆，同时用较大步幅迈出左脚，当球摆至垂直位置时完成第二步，如图 10-2②所示。

（3）垂直后摆：持球右手继续后摆，同进用较快速度迈出右脚，迈步结束时，球应摆至与肩手齐，如图 10-2③所示。

（4）滑步投球：球随重力回摆，同时以滑步迈出右脚，身体微前冲，形成箭步推球出手，如图 10-2④所示。

5. 持球摆动与放球

摆球时将原本弯屈的手臂放下伸直并往正后方摆动，这个姿势很重要，持球的位置越高、向后摆的幅度越高，球速就会越快。但是，很多人向后摆的姿势会偏掉，要特别注意胳肢窝仍要夹紧，手仍然要伸直。

首先是右手握球，左手助握，前臂弯屈约 90 度，球与肩轴成一直线。左右手同时把住球向前推出至手臂伸直约 45 度，右手在球的重力作用下向前下方下摆（左手离球）、后摆、向前回摆，回摆至体侧时放球。放球时要有大拇指先行脱出指孔的第一感觉和中指、无名指向上钩提后脱出指孔的第二感觉。出手时手还是一样伸直，不可弯屈。不可用力，因为姿势对的话，球速会自然增加。

很多人会忽略左手，所以球速都没完全发挥。左手的作用是在平衡右手的重量，唯有在平衡时速度才能发挥。走步时左手应像老鹰展翅一样，左手抬得越高，能量就聚集越多。注意，出手时不仅右手出力，连左手都应出相等的力气，不然姿势会因不平衡而垮掉，出手时左手应像后方撞。

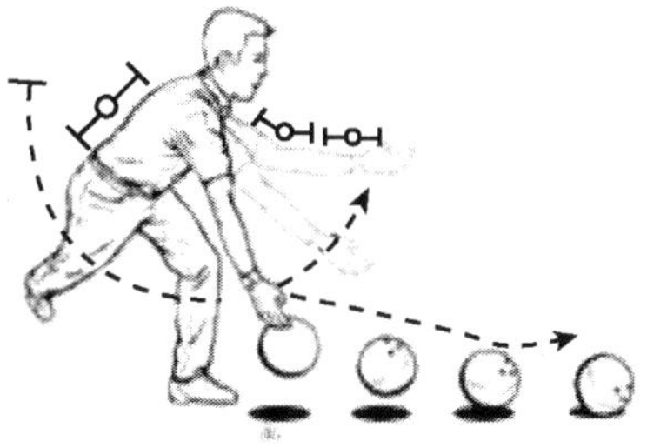

图 10-3

放球时尽量不要将球腾空，不然很多能量会因和球道碰撞而抵消，放球时没有声音最能打出速球。

投球步骤如图 10-3 所示。

五、保龄球竞赛规则与裁判法

1. 竞赛规则

保龄球比赛有严格的规程，对参加比赛的人数、比赛方式、比赛项目、比赛的进行、候补选手的产生、个人准决赛、决赛都有明确的规定。例如：各国派出的男女选手均不得超过 6 名；比赛方式是每一局使用相邻的一对球道，每轮必须互换球道。比赛项目男女相同。

（1）保龄球是以局为单位，以击倒球瓶数的多少来计分并决定胜负的。一局分为 10 轮，每轮有两次投球的机会。如果在一轮中，第一次投球就把 10 个球瓶全部击倒，即全中，就不能再投第二次。唯有第 10 轮不同，第一次投球如果投得全中，仍要继续投完最后两个球；如果是补中，就要继续投完最后一球，结束全局。值得强调的是，如果两次投球没有将 10 个瓶全部击倒，那么第三次机会就会被自动取消。

（2）比赛以抽签的方式决定道次。每局在相邻的一对球道上进行比赛，每轮互换球道，直至全局结束。第二局需互换球道，单数的球员向左移动，双数的球员向右移动。有时也可以统一向右移动道次，目的是为了每个球员都能相遇和机会均等。投球的先后以抽得的A、B、C顺序为准。

（3）保龄球比赛时，均以6局总分累计决定名次。

①单人赛：将每一局的成绩相加，以6局总分最高者为冠军，次者为亚军，再次为第三名。

②双人赛：每人6局，以二人合计12局累计总分高低决定名次。

③三人赛：每人6局，以三人合计18局累计总分高低决定名次。

④五人赛：每人6局，以五人合计30局累计总分高低决定名次。

⑤全能赛：以每人24局总分高低决定全能名次。

⑥精英赛：通过上述前四项比赛，取24局总分的前 16名参加准决赛，进行单循环后共打完15局，取15局总分的前4名参加挑战赛。第四名对第三名，是第一次挑战；胜者对第二名是第二次挑战，胜者对第一名的比赛称为决赛，连胜两局者为冠军，连负二局者为亚军。一胜一负两局总分高的为冠军，一胜一负两局分低的为亚军。如果两局总分相同，就要看双方第九轮与第十轮的成绩了，分数高的夺得冠军。

⑦个人准决赛，先进行24局比赛，选出前16名，然后进行以一局决胜负的单循环赛，确定前4名。

⑧决赛：由个人准决赛中的前4名（不记录过去的比赛成绩）参加，排列上是第1名对第2名、第3名对第4名进行一局比赛，然后他们中的优胜者再进行两局比赛，决定冠军。

2. 计分规则

保龄球的计分不难，每一局总共有十格，每一格里面有两球，共有十支球瓶，我们要尽量在两球之内把球瓶全部击倒。

如果第一球就把全部的球瓶都击倒了，也就是“STRIKE”，画面出现“X”，就算完成一格了，所得分数就是 10 分再加下一格两球的倒瓶数。但是如果第一球没有全倒时，就要再打一球了。如果剩下的球瓶全都击倒，也就是“SPARE”，画面出现“/”，也算完成一格。所得分数为 10 分再加下一格第一球的倒瓶数。但是如果第二球也没有把球瓶全部击倒的话，那分数就是第一球加第二球倒的瓶数，再接着打下一格。依此类推直到第十格。但是第十格有三球，第十格时如果第一球或第二球将球瓶全部击倒时，可再加打第三球，如此就完成一局了。

（1）全中：当每一个格的第一次投球击倒全部竖立的十个瓶子时，称为全中。用（X）符号记录在记分表上该格上方左边的小方格中。全中的记分是 10 分加该运动员下两次投球击倒的瓶数。一局的最高分300分，运动员必须投出十二个全中。

（2）补中：当第二次投球击倒该格第一个球余下的全部瓶子，称为补中，用“/”表示。记录在该格右上角的小方格内。补中的记分是10分加运动员下一个球击倒的瓶数。

（3）失误：无论何种情况，在一格的两次投球时，未能击倒 10 个瓶，此格的分数为击倒的瓶数，未击中用一个“—”符号表示。注意：投球入沟，或犯规都为一次投球。

（4）分瓶：分瓶在记分表上用0表示。分瓶是指在第一球投出后，把1号瓶及其他几个瓶子击倒，剩下的瓶子呈下列状态。

①2 个或 2 个以上的瓶子，它们之间至少有 1 个瓶子被击倒时，如：7 号瓶和 9 号瓶、3 号瓶和 10 号瓶。

②2 个或 2 个以上的瓶子，紧挨在它们前面的瓶子至少有 1 个被击倒时。如：5 号瓶和 6 号瓶。

（5）犯规：在投球时或投球后，运动员的部分身体触及或超越了犯规线，以及接触了球道的任何部分和其设备建筑时，即为犯规。该次犯规的时效直到该名运动员或下一名运动员投球为止。犯规在记分表上用“F”表示。

计分表横式画有 10 格写有 1~10 个号码，代表着保龄球中的 10 个轮，这便是一局的分数表，而一份加分表中通常画有 12 局的分格，每格中又有两个小格，用以登记被撞倒瓶数的数量，两个小格是表示一回合中有两次投球的机会。在第 10 轮重，最少可获二次投球机会，投出全中或补中的好成绩后，还有第三次投球机会。因此只有第 10 轮才有 3 个小格。

每一轮的最下部空间，是一个宽格，在这里累计从第一轮到该轮的总积分。

如果投出全中或补中的好球，在 C 栏会有暂时出现空格的现象，其成绩在优惠追加的投球次数晚了以后，才可显示出来。

第二节 游 泳

一、游泳运动简介

游泳是凭借人自我支撑力和推进力在水里游动的运动，是水上竞技运动之一。游泳的姿势大多模仿某些动物的动作，如蛙泳、蝶泳、蹼泳等。

（一）游泳的起源与发展

古代游泳，据史料的考证，国内外较为普遍的看法是产生于居住在江、河、湖、海一带的人们发明的。他们为了生存，须在水中捕猎鱼类等食物，由此通过观察和模仿鱼、蛙等动物的动作，逐渐学会了游泳。

游泳是人类在与大自然斗争中产生和发展而来的。我国早在《诗经》中就有了描写游泳的诗句：“就其深矣，方之舟之；就其浅矣，游之泳之。”军事文献《六韬》载：“奇技者，所以越深水，渡江河。”考古出土的战国时期宴乐渔猎攻战纹铜壶（现藏于北京故宫博物院），壶体绘有战船上士兵搏斗和水中持有兵器的战士在水中游泳的场景。敦煌莫高窟北魏、隋代和唐时期的洞窟壁画中，均绘有形象生动的游泳场面。另外，据古埃及考古学者发现，在出土的原始时期的陶器上就绘有人潜在水中捕捉水鸟的场景。现代游泳运动起源于英国。17 世纪中叶，英国许多地区广泛开展了游泳活动，并于 20 世纪初，出现了游泳比赛间歇时的水中表演项目，即现代的花样游泳。

1828 年，英国在利物浦码头修造了第一个室内游泳池，之后又相继在英国各大城市出现了游泳池。1837 年，在英国伦敦成立第一个游泳组织，同时举办了游泳比赛。1869 年，英国成立了大城市游泳俱乐部联合会（现英国业余游泳协会前身）。1896 年，游泳被列为奥运会竞赛项目。1912 年女子游泳被列入奥运会竞赛项目。自 1900 年开始，相继出现了仰泳、蛙泳，到 1956 年又出现了蝶泳，从此游泳运动分为四种姿势。奥运会的游泳比赛赛事又发展到 6 个大项 32 个小项。今天，游泳已成为令人瞩目的大项之一。国际游泳联合会从 1937 年开始，每 4 年举行 1 次世界游泳锦标赛，每 2 年举行一次世界杯游泳比赛。

当今世界，欧美等国家的游泳实力仍处于强势。我国泳坛健儿吴传玉早在 1953 年布加勒斯特第一届国际青年友谊运动会上，就取得了 100 米仰泳的冠军。而中国女子游泳在 20 世纪 90 年代创造了一系列优异成绩，引起了国际泳坛的关注。2012 年伦敦奥运会孙扬在男子 400 米自由泳取得冠军实现中国男泳奥运历史零突破。

（二）游泳的健身价值

游泳是一种可以享用一生的健身之道。没有任何其他一种运动能带给人这么多的益处，并且几乎不会对身体有什么伤害。水是一种奇妙的有很强缓冲力的宽厚媒介，在水中不用担心像在陆地上一样容易受到伤害。相比较陆上运动而言，游泳池的确是一个相对安全的环境，因为有救生员总是警惕地在周围不断走动，他们会用一种很恰当的方式来保护游泳者的安全。

经常参加游泳运动，能塑造健美的体型，提高心肺功能，促进新陈代谢，增强耐寒能力。游泳是种娱乐、休闲和交友的活动，还是军事上必备的主要技能。同时，游泳也是治疗某些慢性疾病的理想手段。由于水对人体的压力、浮力和水流的按摩作用，对于治疗腰肌劳损、慢性关节炎、静脉炎、哮喘病、高血压和心脏病等都有不同程度的疗效。

（三）游泳的场地规格、器材设施

1. 比赛场地

国际标准游泳池长 50 米，宽至少 25 米，深 2 米以上，设 8 条泳道，每条泳道宽 2.5 米，第一和第八泳道的外侧分道线距离池壁为 2.5 米。

2. 器材设施

器材设施主要包括：分道线（浮标直径 0.05~0.15 米）、自动计时装置、仰泳转身标志旗、出发台。

二、自由泳的教学与练习

自由泳也称“爬泳”，是速度最快的一种泳姿。自由泳的动作特点是运动员全身伸展，俯伏在水中，两腿上下交替打水，两臂轮流划水，当手划出水面时，脸部侧转换气，从而使身体得以迅速向前游进。自由泳比赛时，除开始和转身阶段外，身体的一部分必须一直保持在水面以上。

1. 自由泳的身体姿势

自由泳时，首先身体尽量保持水平。水面接近发际，髋部略低于肩，身体纵轴与水面成很小的锐角。其次，不能有明显的侧向摆动。肩、髋和腿应该作为一个整体随着手臂在一个假想的略宽于双肩的通道内转动，人在水中只占用很小的空间。再次，身体保持良好的流线型。双肩略向上耸，可以使胸部和腹部较平，形成平滑的流线型表面，使水流顺利通过。另外，要保持流线型，肩部要前伸，还要尽量使手臂和腿的动作不偏离身体纵轴太

远。最后，身体随手臂动作围绕纵轴有节奏地转动。身体围绕纵轴转动，可以充分发挥躯干大肌肉群的作用，有效增大推进力；身体的转动还有助于髋和肩部保持流线型以及呼吸动作的完成；在一定范围内，身体转动幅度增大还可以增加推进力。

2. 自由泳的腿部动作

自由泳腿部动作的主要作用是协助维持身体平衡、调节动作频率、产生身体协调效果，并产生一定的推进力。

自由泳打腿由向下打腿和向上打腿两部分交替构成。向上打水时，由大腿带动小腿向上移动，腿呈伸直姿势。当整条腿移到水面并与水面基本平行时，大腿停止继续上移，转入向下打腿，但小腿和脚由于惯性的作用仍然继续上移，使膝关节弯屈。当小腿和脚也完成向上打腿时，大腿已经进入下一个打水过程。小腿上打水不能露出水面，脚掌接近水面或略露出水面。

小腿和脚在上打水结束后，在大腿的带动下开始向下打水。由于膝关节的弯屈，小腿和脚的打水方向是后下方。当大腿向下打水到最低处并开始向上打水时，小腿和脚仍未完成向下打水，直到膝关节完全伸直，小腿和脚才随大腿传入向上打水。然后开始下一次动作循环。

自由泳的打水动作应该是向下屈腿打水，向上直腿打水，打水幅度约 30 ~ 40 厘米。

3. 自由泳的划臂动作

自由泳划臂动作可分为入水和前伸、向下划水和抱水、向内划水、向上划水和出水、空中移臂等几个阶段。

（1）入水和前伸。手入水的位置在身体纵轴与肩的延长线之间。入水以大拇指先斜插入水，此时掌心向外。

（2）向下划水和抱水。入水后手臂积极向前下方伸展，以便使手掌和前臂向后对准水，使手臂像抱住一个圆桶似的抱住水。

（3）向内划水。手臂抱住水后，肘关节越来越弯屈，手臂向内、向后、向上方，沿一个虚拟的对角线方向划水。

（4）向上划水和出水。向内划水结束后，手臂改变划水方向，向上、向外、向后沿一个虚拟的对角线划水。手臂划水结束后应立即改变手的迎角，肘外旋，使小指朝上，掌心朝向大腿，在肩的带动下将手臂提出水面。出水的正确顺序是上臂、前臂和手。出水动作应快速连贯，但前臂和手尽量放松。手像是从裤袋里掏出那样，以小拇指领先出水。

（5）空中移臂。空中移臂与出水并没有明显的界限，它是出水的继续，不能停顿。在身体滚动的作用下，身体接近侧卧位，空中移臂可以轻松、自然地完成，直到手再次入水。空中移臂时的感觉就像肘关节上系了一根绳子，绳子向上拉，肘关节因此被提起，直到头前适宜的位置再次入水。手的速度快于前臂和上臂的速度，手在肩前领先入水。

4. 划臂与呼吸的配合

（1）划臂与呼吸的配合。以向右侧转头吸气为例，右手入水后吐气，右手一边划水，身体边向右上侧转动，手臂向上划水接近出水时，身体转动幅度最大，头随身体转动，此时嘴自然露出水面吸气。随着空中移臂，身体和头向左上转动，头回到水中。呼吸是身体转动的一部分，不用刻意抬头，否则头就偏离了与身体形成的直线，破坏了身体姿势和平衡。

（2）两臂的配合。根据两手之间的位置关系，自由泳的两臂配合有三种基本形式，即前交叉、中交叉和后交叉。前交叉阻力小，容易掌握，但推进力不均匀；后交叉阻力大，破坏身体平衡，不宜提倡；中交叉介于二者之间。初学者最好学习前交叉配合，利于身体平衡。

（3）划水、大腿与呼吸的配合。自由泳配合技术有多种形式，其中 6∶2∶1 配合是较常见的一种，即 6 次打水，2 次划水，1 次呼吸。此外还有 4∶2∶1、2∶2∶1 等多种配合形式。初学者最好学习 6∶2∶1 的配合方式，容易保持身体的平衡。

三、蛙泳的教学与练习

蛙泳是身体俯卧水中，依靠两臂对称向后划水、两腿向后夹蹬，向前游水，因动作酷似青蛙所以取名蛙泳。蛙泳的动作在水下，支撑面积大、间歇性强、出入水面呼吸方便、可视性好，对长时间、远距离游泳适应性强。

1. 蛙泳的身体姿势

蛙泳时，身体位置随着手、脚完成有效的动作后，水平俯卧于水中，两臂向前、两腿向后伸直并拢；头部略抬，水齐前额，脸下部浸入水中；应展胸、稍收腹、微塌腰，呈流线体，身体纵轴与水面约成 5°~10°，如图 10-4 所示。

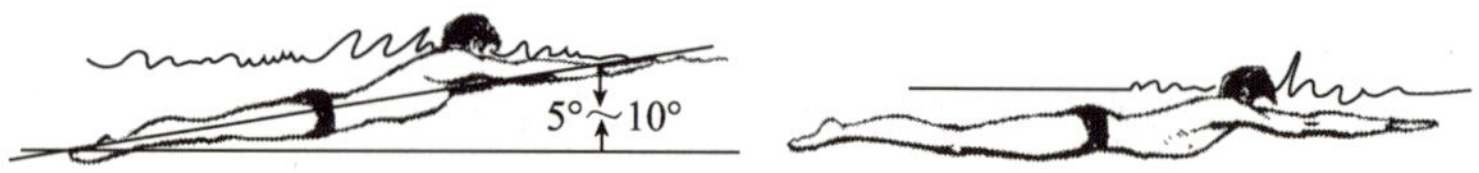

图 10-4　蛙泳的身体姿势

2. 蛙泳的腿部技术

腿部技术是推动身体前进的主要动力。可分为滑行、收腿、翻脚和蹬水四个不可分割的动作阶段。滑行是蛙泳的开始姿势。当身体借助惯性高速向前滑行时，两腿（脚尖）并拢向后伸直，臀部、腿部肌肉的适当收缩，身体成水平姿势，为收腿做好准备。

（1）收腿。两腿稍微内旋，脚跟分开，由大腿带动小腿，膝关节随腿的下沉向前边收边分。收腿结束时，大腿和躯干之间成 130°~140°，小腿尽量靠近臀部，并藏于大腿的投影之中，两膝的距离与肩同宽，两脚掌平行向前收，靠腿的内旋，使脚跟分开与臀部同宽。要求收腿路线短，减少阻力，以等速进行。

（2）翻脚。翻脚是收腿的继续，蹬水的开始。而蹬水效果的好坏，取决于翻脚技术是否正确。加长蹬水线路，随着收腿的结束，两脚应继续向臀部收紧，大腿内旋使两膝内压的同时小腿向外翻，接着脚尖也向两侧外翻，使脚掌内侧正对蹬水方向。整个翻脚技术由内收腿、压膝、翻脚三个连贯动作组成。压膝是指大腿内旋，带动小腿外翻的过程，如图 10-5①所示。

（3）蹬水。蹬水是推动身体前进的主要动力。要想获取后下方最大力量，必须充分利用阻力和截面的正比关系，由髋部发力，带动膝、踝相继伸直，以大腿、小腿和脚掌内侧向后做急速有力的蹬夹动作，产生向前的推力。在蹬夹过程中，大腿内旋造成膝内压，能带动小腿和脚，尤其是踝关节内旋，使蹬水形成一个最后鞭状打水动作，如图 10-5②③所示。

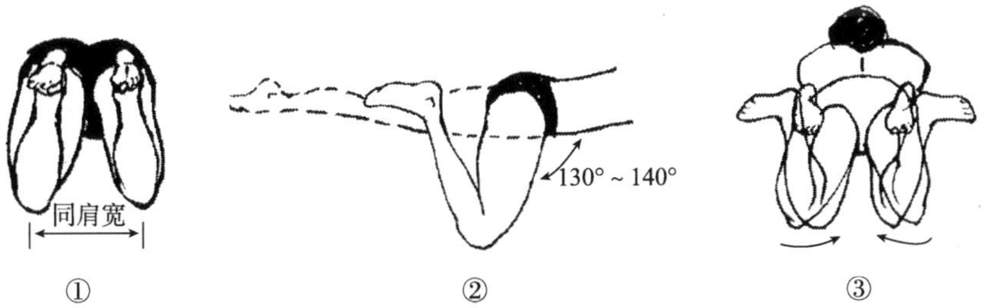

图 10-5 蛙泳的腿部技术

3. 蛙泳的划臂动作

蛙泳臂部技术是推动身体前进的主要力量，臂部技术可分为滑行、抓水、划水、收手和伸臂五个不可分割的动作阶段。

（1）滑行：当游泳者蹬水动作结束时，两臂保持一定的紧张度，自然向前伸直，两臂与水平面平行，手指自然并拢，使身体在较高的位置上保持稳定，形成良好的流线型，如图 10-6①所示。

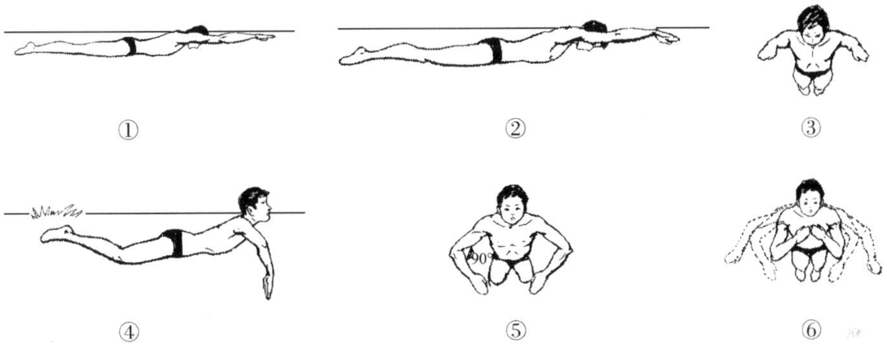

图 10-6 蛙泳划臂动作

（2）抓水：接滑行后，肩保持前伸，两臂内旋，使两肩和掌心转向外斜下方屈腕，两手分开向侧斜下方压水，当手掌和前臂感到有压力时，就开始划水，如图 10-6②③所示。

（3）划水：是加速开始，两臂分成大约 40 度~45 度夹角时，手腕开始逐渐弯屈，这时两臂两手积极地做两侧、下、后、内方屈臂划水。整个过程是肘高于手并前于肩，主要阶段肘关节弯屈度接近 90 度，如图 10-6④⑤所示。

（4）收手：是划水的继续，能产生上升力和前进力。两臂向里，向上快速收到下颌的下前方，掌心由后转向内。肘低于手，上臂不超过两肩的延长线，尽量把两臂收在身体的投影之中，以发挥划水造成的推进惯性作用，减少水对伸臂时的阻力，如图 10-6⑥所示。

（5）伸臂：是由展肩、推肘、伸臂依次完成。掌心转向下，两臂先向前上再向前伸，划出两个圆滑的弧形。

4. 呼吸和完整技术的配合

蛙泳的呼吸，是掌握完整技术的关键。一般采用一个动作周期呼吸一次。呼吸的方法分早呼吸和晚呼吸两种。早呼吸是在两臂抓水时抬头用力呼气，在划水过程中吸气，在收手过程中闭气低头，伸臂滑行时慢慢吐气。晚吸气时划水几乎结束时才开始抬头用力呼气，在两臂结束划水和收手过程中，身体达到最高点时吸气，结束收手时闭气低头，伸臂的后段直至划水过程中慢慢吐气。初学者用早呼气较有利，因两臂划水时有较大的支撑面，使头能露出水面进行吸气，如图 10-7 所示。

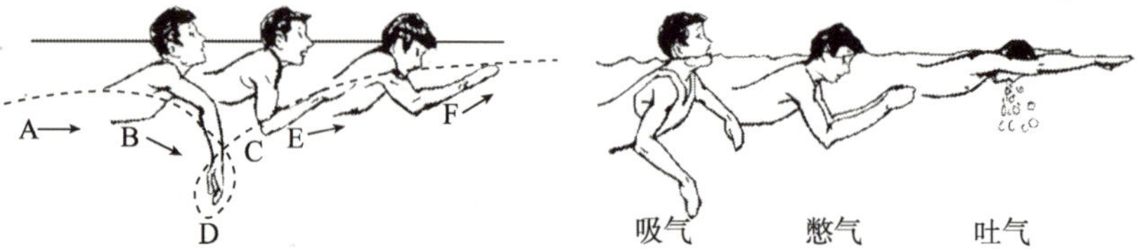

图 10-7　蛙泳呼吸技术

呼吸与腿臂要完整配合，划水时，两腿微收，抬头吸气；收手时，继续收腿，开始憋气；推肘伸臂时，两腿蹬夹，滑行吐气。

四、仰泳的教学与练习

仰泳是人体仰卧在水中游进的一种姿势。仰泳呼吸容易掌握，动作简单易学，在民间一直是较受欢迎的一种泳姿。但由于仰泳划水在身体两侧进行，肌肉难以充分伸展，不能像自由泳和蝶泳那样无分发挥上肢的力量，因而速度受到一定的影响。仰泳实际上是“易学难精”的一种泳姿，需要游泳者有较强的力量和极好的柔韧性。仰泳比赛中，在开始阶段和转身时，运动员还可以在水下游最多 15 米。

1. 仰泳的身体姿势

仰泳的身体姿势应符合使游泳者最大限度地减小阻力，增大推进力的要求。身体自然伸展，平直地仰卧于水面，头和肩部略高于腰和腿部，身体纵轴与水平面构成一个很小的仰角。

头的位置在很大程度上决定了整个身体的位置，起着“舵”的作用。头部过于后仰，容易使髋部抬高，腿和脚露出水面，影响打水效果，并容易挺胸弓背，使躯干过于紧张僵硬。反之，如果刻意收下颌，抬高头的位置，髋和腿就会下沉，身体容易“坐”在水中，增大身体前进的阻力。

游仰泳时，身体也应随划水和打水动作转动。游进中将身体尽量伸展，保持积极的流线型，通过微向前耸肩使脊背保持挺直。

2. 仰泳的腿部动作

仰泳腿部动作的主要作用与自由泳相似，协助维持身体平衡、调节动作频率、协调身体作用，并产生一定推进力。

仰泳打水的作用主要是保持身体位置，产生一定的推进力，并给身体一个稳定的支撑力。仰泳打水由上打水和下打水两部分组成。仰泳腿的技术与自由泳腿相似，同样是从髋关节开始发力，大腿带动小腿做鞭状打水动作。仰泳腿上打水开始时，膝关节弯屈的程度大于自由泳向下打水时弯屈的程度；打水的幅度也比自由泳深。事实上，由于身体的转动，仰泳时，腿的动作并不是垂直向上或向下的，而是伴随着上打水和下打水的动作及髋关节的转动而动作。

为了保持身体的流线型，两脚分开不要过大，应处于身体截面内（以肩宽为标准）。向上打水时，大腿带动小腿屈腿向上踢，脚接近水面时，直腿向下压。上下打腿的幅度约为 40 厘米。向上打水要快而有力，脚略内旋（内八字脚），并绷直；向下打水时腿和脚自然放松。上打水动作要把握好尺度，即在任何情况下，膝关节、小腿和脚均不能踢出水面。

五、蝶泳的教学与练习

蝶泳是从蛙泳的规则中发展出来的，和蛙泳很相像。蝶泳的名称得自于它的外形。蝶泳手臂动作的外形好像蝴蝶飞舞，躯干和下肢的动作更似海脉在水中逐浪，所以蝶泳也被称为“海豚泳”。蝶泳是四种竞技泳姿中最美的一种，它的美表现在蝶泳运动员需要将力量与柔美完美地结合起来，配合躯干协调的波浪动作，快速穿越在浪花之中。蝶泳在四种竞技泳姿中是最年轻的一种泳姿，它是从蛙泳技术中派生出来的。最初，蝶泳实际上是手臂做蝶泳划水，而腿部动作仍是蹬蛙泳腿的蝶式蛙泳。后来才逐渐演变成身体姿势高而平，腿的波浪动作小，以手臂划水为主的技术趋势。这种技术一直延续到现在，没有太大改变。

从动作的外形来看，蝶泳手臂和腿的动作与爬泳（自由泳）相似，区别仅在于爬泳是轮流打腿和划水，而蝶泳是同时用力。尽管蝶泳划水时的力量很大，但由于同时打腿和划水，推进力不平衡，身体前进速度也不均匀，因此蝶泳速度慢于自由泳。

蝶泳也是较难掌握的一种泳姿。需要有较强的上肢部和腰腹部力量，和极好的协调性，而腰腹部的波浪动作又是人们在日常生活中所部习惯的，需要进行长时间的专门练习。

1. 蝶泳的腿部动作

游蝶泳时，蝶泳的鞭状打水动作，是由躯干发力，经过髋、膝、踝关节的动量传递，并且与躯干动作协调配合完成的。蝶泳打水时，两腿应自然并拢，两脚稍内扣，两腿的动作同时进行，如图 10-8①所示。蝶泳腿由向下打水和向上打水两部分组成。

向上打水开始时，当大腿上升到与躯干成直线时，腰腹和臀部开始下沉，大腿也随着下压，但小腿和脚继续上移，使膝关节弯屈。弯屈的角度，随着大腿继续下移和脚继续上移而逐渐增大，直到脚上升到最高点，小腿开始在髋关节和大腿的带动下快速向下打水，此时膝关节弯屈的程度最大。当脚上移到与身体平行，小腿和脚还在继续上移时，腰腹部已经开始用力收缩，屈髋带动大腿下压。当脚基本上升到最高点时开始伸膝，小腿和脚加速下打。

向下打水时，踝关节跖屈（伸直），并略内旋。踝关节的灵活性对打水的效果起着关键的作用。由于膝关节的弯屈和踝关节的跖屈，向下打水开始时小腿打水的方向是向下和向后，而踝关节的动作更像向后推水。

2. 蝶泳的手臂动作

蝶泳手臂的划水动作所产生的推进力是推动身体前进的主要因素。蝶泳的臂部动作由入水、划水、出水和空中移臂几个部分组成，其中划水根据主要方向的变化又可分为向外划水和抓水、向内划水、向上划水等几个阶段，如图 10-8②所示。

图 10-8　蝶泳的技术动作

（1）入水。入水是划水的准备阶段，入水位置应该在两肩的延长线上，或略窄于肩的延长线，入水应以大拇指领先，斜插入水，然后前臂和上臂依次入水。入水时掌心朝向外下方，手掌与水平面形成一定的角度。

（2）向外划水和抓水。手入水后，肘和肩关节前伸，两手立即内旋、外分，手掌对准外后方沿螺旋曲线划水。当两手外分至超过肩宽时，屈腕，手掌由向外、向后变为向外、向下和向后，同时屈肘。

（3）向内划水。两手抓水后，继续屈肘，并保持高肘姿势，手臂继续向外旋转，手的运动方向从向下、向外、向后，转为向内、向上和向后沿螺旋曲线划水。这个阶段与自由泳划水的向内划水阶段相似。随着向内划水的继续，屈肘程度逐渐加大，手臂划到肩下时，肘关节屈至 90 度~100 度，继续向内划水到两手之作距离最近时，向内划水结束。

向外划水的后半部分和向内划水阶段，划水以前臂的运动为主。这一阶段可以产生较大的推进力，应加速完成。

（4）向上划水。当两手之间距离达到最近时，手臂内旋，手臂从原来的向内、上、后方转为向外、上、后方沿螺旋曲线划水，进入向上划水阶段。这个阶段与自由泳的向上划水相似，但没有那么长。

与自由泳和仰泳一样，向上划水在划水阶段产生的推进力是最大的，要用最大的力量和最快的速度完成。而且，蝶泳向上划水时，腿正好向下打水，腿手配合产生的合力可以使游进速度增大，因此更要充分利用向上划水的力量。

（5）出水。在手划水到大腿两侧时，手臂旋转，使掌心向内，朝向大腿外侧，以便减小出水的阻力。

（6）空中移臂。出水后，在肩的带动下，手臂迅速从空中前移到头前，准备入水和下一个周期的动作。移臂过程中手臂要放松，大拇指朝下，手前伸到接近入水时肘微屈，以便入水后及时抓水。

3. 呼吸与手臂的配合

手臂向内划水结束时，头部开始露出水面，手臂向上划水及移臂的前半段完成吸气动作，手臂前移过肩进入前伸时低头入水。低头一定要在手入水前完成，或和入水同时完成，否则会使手臂和肩部难以伸展，影响入水的距离，使有效划水路线缩短。吸气时尽量不刻意抬头，而是随着第二次向下打水的升力以及手腿协调配合，使躯干和肩升高，头自然地露出水面。吸气结束低头时，头随肩部的前伸向前下方伸展，下颌向前方冲顶，使手入水时肩部能够充分前伸。

六、蹼泳

1. 基本介绍

蹼泳（pǔ yǒng）是潜水运动中的一个项目。蹼泳产生于 20 世纪 60 年代，在现代潜水运动的基础上发展起来。1986 年年底，国家体委作出决定，为了适应今后开展活动和国际比赛的需要，将中国目前开展的游泳池竞速潜水比赛名称统一改为“蹼泳竞赛”，大体分为水面蹼泳、水下屏气游泳和水下带空气呼吸器的潜泳之类，有 21 个比赛项目。

蹼泳是一个独特的运动项目，不仅泳姿新颖，速度快，而且在运动形式、技术特点、生理负荷和能量消耗等方面都有别于游泳运动。蹼泳开始是在欧洲国家盛行，70 年代后期，开展这个项目的国家越来越多，到 1982 年，已发展到 34 个国家，迄今为止，已举办了 10 届欧洲锦标赛和 3 届世界锦标赛，并已列入世界运动会正式比赛项目。

2. 历史发展

蹼泳属于潜水运动，而潜水最初是作为谋生手段发展起来的。据历史书籍记载，原始的潜水——“扎猛子”在中国已经有两千多年的历史。到了明代，广西、广东等地的水下采珍已经开始使用呼吸管潜水。1943 年法国潜水者库斯托和雅克制成压缩空气呼吸装置，给潜水运动创造了有利的条件。但潜水作为体育运动是在 20 世纪 50 年代末，1959 年 1 月在法国巴黎成立了世界水下活动联合会，制定了各种规章制度。60 年代，世界各国采用实用潜水作为竞赛项目，如水中捞物、潜水定向、背脱装具、潜泳等。进入 70 年代，潜水运动竞赛有了新的发展，出现了戴脚蹼的游泳、带压缩空气呼吸装具的潜泳、屏气游泳、水中定向、长距离的代脚蹼游泳和水下狩猎以及水下球类等以速度为主的竞赛项目。国际上把在游泳池中的竞速潜水这个项目统称为蹼泳。1986 年年底中国国家体委做出决定，为适应今后开展活动和国际比赛的需要，将中国开展的游泳池竞速潜水比赛名称统一改为“蹼泳竞赛”。

3. 比赛类型

蹼泳以比赛模式来分，主要分为三大类，包括水面蹼泳、闭气潜泳及器泳。

（1）水面蹼泳。运动员全程在水面前进，并利用呼吸管进行换气，赛程分为 50 米、100 米、200 米、400 米及 1500 米四项。

（2）器泳。运动员需要双手伸直，并握着压缩氧气筒，利用口吸气、鼻呼气，手持小型压缩空气瓶，全程在水面下潜泳，赛程分为 100 米、400 米及 800 米三项。

（3）屏气潜泳。无任何呼吸器材，亦不准露出水面，故需要闭气潜入水中一口气游完全程，赛程 50 米。

4. 比赛规则

（1）蹼泳比赛装备有脚蹼、眼镜和呼吸管。比赛规定运动员只能用爬式、海豚式或这两种姿势的混合式，运动员不得全身潜入水中，出发或转身后允许在 15 米内做一次潜泳。

（2）屏气潜泳比赛装具有脚蹼、眼镜。比赛规定禁止使用呼吸管，运动员必须在水下游完全程，身体和装具任何部分不得露出水面。运动员到达终点时，必须用身体的任何一部分在水下触及终点池壁。触壁时，手可破水面。进行 40 米、25 米比赛时，采用自动计时装置，运动员头部过终点线出水时计取成绩。

（3）器泳比赛装具有脚蹼、眼镜和压缩空气呼吸器。比赛规定运动员在比赛中只能呼吸气瓶中的压缩空气。在整个比赛全程，运动员和装具都必须保持在水下，只在转身时，允许运动员身体和装具的任何部分露出水面。运动员到达终点时，必须用身体的任何一部分在水下触及终点池壁。采用自动计时装置，触壁时，手可破水面。

第三节 滑雪运动

一、滑雪运动概述

滑雪是一项具有现代气息的运动项目，在较发达的国家已成为人们在冬季里不可缺少的一项活动。人们可以在大自然的怀抱中自由的畅游，体验大自然带给的快乐。在滑雪过程中运动者通过控制身体、展示技巧和克服自然障碍来领略身在其中的乐趣，同时也增强了体能，提高了适应寒冷的能力。近年来滑雪在我国得到很大的发展，越来越多的人把滑雪作为冬季增进健康的一项锻炼内容。

滑雪运动起源并发展于斯堪的纳维亚国家。回转（slalom）也是一个挪威词，意思是在倾斜的路面上滑行。国际滑雪联合会成立于 1924 年。北欧滑雪项目列入了 1924 年在法国沙莫尼举行的第一届冬季奥运会。在世界滑雪运动中居领先地位的国家有斯堪的纳维亚各国，如挪威、瑞典、芬兰，还有西欧的阿尔卑斯山脉周围的国家：法国、意大利、奥地利、德国和瑞典，以及美国、俄罗斯等，一般说来，斯堪的纳维亚国家在北欧滑雪项目上占优势，阿尔卑斯山脉国家高山滑雪项目上占优势。滑雪运动从历史沿革角度可划分为古代滑雪、近代滑雪、现代滑雪；从滑行的条件和参与的目的可分为实用类滑雪、竞技类滑雪和旅游类（娱乐、健身）滑雪。滑雪运动（特别是现代竞技滑雪）发展到当今，项目不断在增多，领域不断在扩展。世界比赛正规的大项目分为：高山滑雪、北欧滑雪（Nordic Skiing，越野滑雪、跳台滑雪）、自由式滑雪、冬季两项滑雪、雪上滑板滑雪等。每大项又分众多小项，全国比赛、冬奥会中几十枚耀眼的金牌激励人们去拼搏、去分享。纯竞技滑雪具有鲜明的竞争性、专项性，相关条件要求严格，非一般人所能具备和适应。旅游滑雪是出于娱乐、健身的目的，受人为因素制约程度很轻，男女老幼均可在雪场上轻松、愉快地滑行，饱享滑雪运动的无穷乐趣。由于高山滑雪具有惊险、优美、自如、动感强、魅力大、可参与面广的特点，故高山滑雪被人们视为滑雪运动的精华和象征，更是旅游滑雪的首选和主体项目。通常情况下，评估人们滑雪技术水平的高低，多以高山滑雪为尺度。

在我国随着国内人民生活水平的提高，以及本身所具有的刺激性和强身健体的功能，滑雪运动在近几年逐渐褪去“贵族运动”的外衣，成为一项深受广大民众喜爱的运动。中国的滑雪产业经过前多年的积累，正处于较快发展时期。以 2000 年为界分为两个阶段。2000 年前 5 年，滑雪场只分布在黑龙江和吉林两省。2000 年以后，由于掌握了大规模造雪技术，在两省以外地区，尤其在北京，开始出现滑雪场。这对滑雪产业在全国的整体发展起到促进作用。东北、河南、山东、甚至一些南方省市也在积极开发这个市场。老百姓在不远的将来真正了解了它的诸多益处并参与其中的话，滑雪同样会成为中国人冬季生活的重要组成部分。随着国民经济的发展，群众生活水平及健康意识的提高，中国大众滑雪运动会有更加科学的发展。

二、滑雪运动的健身特点

滑雪不仅是为了休闲娱乐，掌握正确的方法，每周一至两次练习，循序渐进，持之以恒会起到很好的健身效果，对人体健康有很好的帮助。

1. 增强人体的平衡能力

发展平衡能力有利于提高运动器官的功能和前庭器官的机能，改善中枢神经系统对肌肉组织与内脏器官的调节功能，保证身体活动的顺利进行，提高适应复杂环境的能力和自我保护的能力，发展平衡能力一般可以通过静态的平衡活动和动态的平衡活动来进行。滑雪的实质就是掌握平衡的过程，在重心的不断切换中找到平衡点，这样才能做出漂亮的动作。

2. 锻炼人体协调能力

与平衡能力密切相关的就是协调能力。只有在充分的协调好全身的每个部位，才能在滑行中取得最好的平衡效果，做出最漂亮的动作。当然，这也是对全身神经系统一次全方位的锻炼和提高。

3. 增强人体的柔韧性

在滑雪的过程中，要做出优美流畅的动作、顺利地滑降和制动，就需要身体各个关节的配合，因此，滑雪对于人体的头、颈、手、腕、肘、臂、肩、腰、腿、膝、踝等部位，几乎是人体所有的关节，都能起到比较良好的锻炼作用，激活僵硬的身体，使得身体的柔韧性增强，也是改善关节疾病的一种医疗手段。

4. 增强人体心肺功能

滑雪和跑步、游泳一样属于有氧运动，能够增强心肺功能。特别是在快速甚至是疾速的运动中，对于心肺功能的锻炼更是显而易见的，在室外滑雪中这种锻炼的效果尤为突出。面对那些以千米来计算的滑道，只有强大的肺活量和良好的心血管系统的支持，才能保持较长时间的滑雪运动状态。此外，在滑雪场的冷空气中运动，凛冽的空气也是对身体氧气运输系统的考验。由于空气比较寒冷，不能大口直接呼吸，所以必须小口呼吸，这也在无形中锻炼了心血管缩张的功能，是对身体氧气运输系统的考验。

振奋精神提高工作效率忧郁、沮丧、易疲劳、注意力分散、工作效率就会下降，这种季节病称为“冬季抑郁症”。常年在室内工作体质较差或极少参加体育锻炼的脑力劳动者，以及平时对寒冷较敏感者，比一般人更容易产生“冬季抑郁症”。改变低落情绪最基本的方法就是活动，尤其是室外活动，室外滑雪自然也不例外。在滑雪过程中运动者通过控制身体、展示技巧和克服自然障碍来领略身在其中的乐趣，同时也增强了体能，提高了身体适应寒冷的能力，抗疲劳，提高注意力，工作效率也会得到明显的提高。

三、滑雪的基本技术

1. 原地转向

原地变换方向是滑雪者在平地或斜坡上静止状态改变方向的方法。

（1）V 形转向：左侧板尖向外展开，右侧板向左侧板靠拢，两雪杖在板尖外展时要支撑在体后。初学者雪板展开时距离不宜过大。

（2）180°变向：双板平行站立，两杖在体前侧支撑；右腿支撑体重，左板向前抬起直立；上体左转，直立的左板以板尾为中心向左下方转 180°，并着地；重心移至左脚，右板和右雪杖抬起移向左板的同一方向。该变向一般用于中等坡度。

2. 雪上行走

（1）单板行走：左脚穿上雪板，右脚不穿板；手持双雪杖；两脚如同走路一样走动；双雪杖随着走动交替向前撑动。

（2）单板滑行：技术同单板行走，所不同的是双脚向前走动时，要求穿板的脚支撑身体向前滑行，不穿板的脚用力蹬以增加滑行距离。

3. 滑降技术

滑降技术是指从山上向下滑行时所采取的不同动作。这种滑降技术包括直线滑降、八字滑降（也称作犁式滑降）。

（1）直线滑降技术：两脚和双手自然分开，两膝关节自然弯曲不要超过脚尖，呈稍蹲姿势（上体放松稍前倾，肩部放松，目视前下方；身体重心落在脚掌上）。

（2）八字滑降技术：两个滑雪板相对呈八字形，两脚内扣，两膝关节内收。两脚站立呈内八字形，重心落在两脚之间。

4. 转弯技术

转弯是高山滑雪中一项重要的技术。转弯是适应地形进行下滑以及在下滑过程中控制速度的手段。可以说不会转弯就没有真正学会滑雪。转弯的方法很多，转弯时雪板的状态和动作结构都有所不同。转弯的种类大致有八字转弯、半八字转弯、双板平行转弯、双板平行连续转弯、踏步式转弯、跳跃式转弯等。较简单也较经常使用的八字转弯是高山滑雪转弯的基本技术。它是在滑雪过程中保持雪板的八字形，依靠身体中心向一侧移动和加大一侧雪板的蹬雪力量来改变方向的转弯技术。

5. 蹬坡技术

蹬坡技术的好坏是能否安全蹬上坡顶的关键，正确的蹬坡动作，能够保证蹬坡时的安全和最大限度地节省体力。

6. 倒地和站立技术

倒地和站立技术也是滑雪的基本技术之一。正确的倒地和站立动作，可以避免各种扭伤、撞伤和拉伤等意外伤害事故的发生。

四、滑雪规则

滑雪为冬奥会项目，分为跳台滑雪、速滑、回转、北欧两项、大回转、高山滑雪、自由式滑雪、空中技巧、雪上技巧、雪上芭蕾、越野滑雪等项目。

1. 跳台滑雪

跳台滑雪是滑雪运动项目之一，运动员足登滑雪板，不持雪杖，滑过覆雪的跳台后跃起，飞腾而下，简称“跳雪”。跳台利用自然山势建造，滑雪者通过一段助滑区从台端引跳，以飞行距离和动作完美情况计分。冬季奥运会正式比赛的跳雪项目为 70 米级台和 90 米级台两项比赛。1992 年第 16 届冬季奥运会取消了 70 米级台,改为 90 米级台和 120 米级台，所谓 90 米级台和 120 米级台，并不是指跳台本身的高度，而是指跳台的性能。助滑道坡度大而长的跳台性能更高，运动员从此助滑道下滑所得的速度就大，跳飞距离自然就远。

跳台滑雪的基本技术分为 5 个部分：助滑、起跳、空中飞行、着陆、终止区滑行。

助滑：运动员沿着 35°~37°坡的助滑道下滑加速，为了减少空气阻力，身体尽量成流线型。起跳：当运动员以每秒 25 米以上的速度下滑至台端的起跳板（它与助滑道成 9°~11°角仰起）时，运动员向上奋力一跳，身体被抛向空中。空中飞行：为了减少前进的空气阻力和增加升力，身体应与双滑雪板平行，与水平面成 8°~10°的倾斜角并维持平稳，沿着抛物线轨迹向前飞落。着陆：与飞机着陆相似，经缓冲，平稳而安全地落在着陆坡上。为此，两腿应一前一后成弓箭步以减少冲击，两臂侧平举保持平衡并继续下滑。终止区滑行：在下滑通过 K 点(着陆坡转为平地处)后，尚需保持平稳，继续滑行并可做适当的制动减速动作(有的场地此段为逆坡滑行自动减速)，最后以急停动作停止在终止区。规则规定，飞行距离及各阶段的技术动作完成情况，两项满分各为 60 分。比赛规定每人跳飞两次，得分总和多者为胜。

2. 速滑

速滑为滑雪比赛项目之一。1948 年第 5 届冬季奥运会开始列为单独比赛项目。比赛在覆雪的高山上进行，坡度 5°~35°，平均 20°。线路长 2000 米左右，起终点高标差男子为 800~1000 米，女子为 500~700 米。线路两旁设置一定数量的小旗，组成门形。运动员从山顶以最高速度沿线路通过旗门下滑。以滑降两次的时间计成绩。门旗颜色，男子比赛为红色，女子比赛为红蓝两色交替。旗幅为 100×75 厘米，一个旗门由 4 根旗杆两面旗组成。门旗置于线路两侧，与滑降方向垂直。旗门间距 4 ~ 8 米，上下旗门相距 30 米左右。滑降以竞速为目的，时速一般在每小时 100 公里以上。因此直线滑降时，身体要尽可能团缩，转弯时要求重心转换快。为安全起见，规则规定运动员必须戴头盔。

3. 回转

回转高山滑雪比赛项目之一，也称回转滑雪或回转障碍。1948 年第 5 届冬季奥运会开始列为比赛项目。比赛在覆雪的山坡上进行。线路长度：男子为 600 ~ 700 米，女子为 400 ~ 500 米。起终点高标差：男子 140 ~ 220 米，女子 120 ~ 180 米。线路中坡度在 30°以上的地段须占 1/4。线路上设置多种形式的旗门，组成障碍。男子 55 ~ 75 组，女子 45 ~ 60 组。

运动员从山顶沿线路连续转弯穿越旗门障碍下滑。

比赛要求在不同的两条线路上各滑行 1 次，以两次滑行时间之和计分评定名次。如第 1 次滑行犯规，则失去第 2 次滑行机会。滑行时碰倒旗杆不算犯规，漏门或骑杆过门则属犯规，不计成绩。旗门由两面 40×40 厘米的旗组成，旗的颜色有红色和蓝色两种。一组门旗用同一颜色。线路两侧各插一面叫开口门。与前进方向平行的两面旗叫闭口门。以开口门、闭口门为基础可以组成蛇形门、三角门等多种门形。沿线路用红蓝两色旗交替组成多种门形，使运动员下滑时必须连续转弯方能通过旗门。旗门宽 4 ~ 5 米，两门相距 15 米左右。比赛前运动员可以由下往上察看线路，但不得由上向下模拟滑行。

4. 北欧两项

由 15 公里越野滑雪和 70 米跳台滑雪两项组成的冬季运动会项目，简称北欧两项，又称滑雪两项全能。1924 年第 1 届冬季奥运会即列为正式比赛项目。北欧斯堪的那维亚半岛地区冬季雪多，适于开展滑雪运动，但因缺乏阿尔卑斯山脉那样的高山，高山滑雪不够普及和发达，而越野滑雪和跳台滑雪却得到较好的开展。于是出现了既要求越野滑得快，又要求跳雪跳得远的北欧两项比赛项目。这个项目是北欧几个国家的体育强项。1988 年第 15 届冬季奥运会开始设团体项目，跳台为 70 米级，滑雪为 3×10 公里接力。1992 年第 16 届冬季奥运会台级为 90 米级，越野滑雪个人项目仍为 15 公里，团体为 3×10 公里接力。

比赛规则基本上与越野滑雪和跳台滑雪单项比赛的规则相同。第 1 天先进行跳台滑雪比赛，跳 3 次，取其中成绩较好的 2 次；第 2 天再进行 15 公里越野比赛。比赛规则规定，运动员两个单项的成绩换算为得分再计总成绩和排列名次。70 米跳台的飞行距离超过 60.5 米时，每米分值为 1.6 分。15 公里越野滑雪比赛按名次计分，第 1 名得 220 分，以下名次按 1 分钟等于 9 分值的比率递减。

5. 大回转

高山滑雪比赛项目之一。1952 年第 6 届冬季奥运会开始列为比赛项目。比赛在坡度 5°~32°的覆雪山坡上进行。线路长度男子为 1500~2000 米，女子在 1000 米以上。起终点高标差：男子 250~400 米；女子 250~350 米。线路上设置多种形式的旗门，组成障碍。运动员从山顶沿线路通过旗门下滑。

其技术介于滑降和回转之间，既要有滑降的速度，又要有回转的快捷转变。比赛方法同回转，也是以两次滑行时间之和计分评定名次。滑行时碰倒旗杆不算犯规，漏门或骑杆过门则属犯规，不计成绩，如第 1 次滑行犯规，则失去第 2 次滑行机会。门旗分红色和蓝色两种，旗幅均为 75×50 厘米，旗面对角饰以白条。旗门宽 8 米左右。沿线以红蓝两色旗交替组成多种门形，使运动员下滑时必须转弯方能通过旗门。其转变速度设计为 15 ~ 29 米/秒，低于回转的转弯速度。比赛前运动员可由下往上察看线路，但不得由上向下模拟滑行。

6. 高山滑雪

运动员足登滑雪板、手持雪杖从覆雪的高山上向下绕障碍滑行。因兴起于欧洲中部阿尔卑斯山脉高山地带，又称阿尔卑斯滑雪。1936 年第 4 届冬季奥林匹克运动会开始列为正式比赛项目。现有项目包括滑降、回转、大回转、超级回转和高山两项(滑降与回转)。

19 世纪末，居住在阿尔卑斯山麓的奥地利人 M. 茨达尔斯基在 1890 ~ 1896 年期间，专门研究在高山陡坡上的下滑技术，对滑雪工具进行了改革和创新。把原来挪威式 2.4 米长的雪板改为 1.8 米长，雪板固定器也改由金属制造，并采用一根长雪杖，创造了犁式制动系统的高山滑雪技术，奠定了至今尚在运用的高山滑雪转弯技术的基础。高山滑雪的历史虽不如越野滑雪悠久，但受到人们喜爱，并成为与冬季高山疗养旅游相结合的运动。高山滑雪的场地比所有运动项目的活动面积和范围都更广阔。在 1936 年举行的第 4 届冬季奥运会上，高山滑雪仅设有男、女高山两项的比赛。从第 5 届冬季奥运会开始增加滑降、回转两项，第 6 届冬奥会又增设大回转比赛项目。从第 15 届冬季奥运会开始，又把男、女高山两项及特大回转列为正式比赛项目。在非冬季奥运会年，还有一年一度的世界杯赛及两年一度的世界锦标赛。

7. 自由滑雪

运动员足登特短雪板，不持雪杖，在雪上进行各种特技表演。1988 年第 15 届冬季奥运会列为表演项目。1992 年第 16 届冬季奥运会将自由式滑雪中的雪上技巧(男女)列为正式比赛项目，自由式滑雪为美国具有开拓精神的年轻一代滑雪运动员们所创。最初人们称这种滑雪运动为花样滑雪。1979 年国际滑雪联合会承认这个项目，定名为自由式滑雪，每年在世界各地分别举行世界杯赛。1986 年在法国的蒂尼举行了首届世界锦标赛。自由式滑雪共有 3 项，即空中技巧、雪上技巧、雪上芭蕾。

8. 空中技巧

运动员在覆盖较厚积雪的山坡上，借助下滑惯性在跳台起跳，纵身腾入空中，然后在空中完成各种向前、向后的空翻并加转体等高难动作。评分标准是：腾空、起跳、高度及距离占 20%；身体姿势和技巧动作表演水平占 50%；落地占 30%。根据动作的难易规定不同的难度系数。空中技巧表演场地的跳台分小、中、大 3 种。运动员依所做动作的需要自选。但着地必须有 37°左右的倾斜度和 60 厘米以上的软积雪层。

9. 雪上技巧

这是唯一不使用平整场地的滑雪比赛。场地有复杂而连续的小土丘，线路长 200 米，宽 25~35 米，坡度为 25°~35°。在场地中间，设置 3 个间隔 8 ~ 15 米的控制门。在比赛中，运动员可以自由选择路线，但必须通过这 3 个门。其评分标准为：转弯占 50%；腾空占 25%；速度占 25%。其中转弯的评分标准主要着眼于滑行曲线(即弧度)、沿最大倾斜线下滑情况、上体与下肢的平衡情况、通过难度较大的线路或陡坡时控制雪板的能力等情况。腾空则是指利用滑行惯性，借助土丘使身体脱离地面，在空中所做的技巧表演。比赛进行两次，并且要求不能采用同一组的难度动作。可供选择的难度动作，共分 5 组 14 种类型动作。具有代表性的动作有：两臂和两腿同时向体侧展开，两雪板相互平行的大一字跳，身体伸直两雪板并拢身体侧转 90°以上的直立转身动作，两腿前后分开，两板平行的跨跳。

10. 雪上芭蕾

运动员可根据自由表演的动作自由选择音乐伴奏。评分标准为：编排占 25%；技术动作难度占 25%；艺术表现能力占 50%。雪上芭蕾常用的技巧有：跳跃，如高速跳转动作；旋转，用单脚雪板的 360°旋转；连续步法，如逆交叉步等；利用雪杖的空翻，如前后空翻等。规则规定，空中技巧的比赛分别以两种不同的内容进行两次；雪上技巧和雪上芭蕾各进行一次。

11. 越野滑雪

滑雪运动项目之一。运动员足登滑雪板、手持雪杖滑行于旷野雪原。因起源于北欧，又称北欧滑雪。1924 年第 1 届冬季奥运会即已列为正式比赛项目。越野滑雪是最古老的冬季运动。在挪威境内北极圈附近，曾发现 4000 年以前的一块石刻，上面刻有两人滑雪的图形。

15 ~ 17 世纪，芬兰、挪威、瑞典、波兰和俄国都在战争中靠滑雪行军。1924 年在法国夏蒙尼举办的第 1 届冬季奥运会上，进行了男子 18 公里和 50 公里越野滑雪比赛。国际滑雪联合会也成立于那次冬奥会。联合会决定除各届冬奥会有越野滑雪比赛外，在非冬奥会年每年举办一届世界锦标赛。中国越野滑雪运动员于 1980 年在美国普莱西德湖首次参加冬奥会(第 13 届)的越野滑雪项目比赛。

现代越野滑雪比赛共分两大类，一为传统技术各种距离项目的比赛，一为自由技术各种距离项目的比赛。1980 年芬兰越野滑雪运动员在第 13 届冬奥会上使用了一种类似速度滑冰的蹬冰步法，取得了非常好的效果。由于这种蹬动方法可以省略在比赛中非常复杂的打防滑蜡工作，因而受到各国广大运动员和教练员的欢迎，立刻风靡雪坛，后习称蹬冰步滑行。但这种步法技术规格不统一，国际雪联作出决议，把这种属于向侧方蹬动的步法统称为自由技术，并把过去一直沿用的向后蹬撑的步法统称为传统技术。

至此凡在国际越野滑雪比赛中，都设有两种技术比赛项目。一般是短、中距离为传统技术比赛，长距离与接力为自由技术比赛。1988 年在加拿大卡尔加里举行的第 15 届冬季奥运会上，男子 15 公里、30 公里，女子 10 公里越野滑雪项目为传统技术的比赛。男子 50 公里、4×10 公里接力，女子 20 公里及 4×5 公里接力为自由技术的比赛。

第四节　轮 滑 运 动

一、轮滑运动概述

轮滑亦称旱冰，是一项展示青春活力，既可用于竞技表演，又能作为娱乐休闲的体育项目。经常参加轮滑运动，可以增强体质，提高身体的协调性、平衡性和灵敏性，改善人体的心肺功能，调节神经系统的协调能力，促进机体对内外环境的适应能力，提高机体的免疫力，延缓各器官系统功能的衰退；另外，对培养团队精神和勇敢顽强、挑战自我的心理品质也有着积极作用。

二、轮滑运动的健身特点

1. 根据调整轮滑运动量的大小可以得到多方面的运动效果

（1）不论你是初学者还是轮滑高手，当你穿上轮滑鞋的那一刻，每小时就会消耗 570~1150 卡路里的热量，这相当于中等速度慢跑所消耗的热量的 75%。

（2）一般来说轮滑的最大耗氧量（测量运动强度的基准）是跑步的 90%，对保持有氧运动的最佳强度很有效果。

（3）根据研究发现保持 23km/hr 的速度滑轮滑时测量的心率是最大心率的 74%，所以说轮滑属于典型的有氧运动长期从事轮滑运动可以达到强化心血管系统和燃烧脂肪的效果。

（4）把速度加快到 28km/hr，心率会达到最高心率的 85%超过无氧阈，这时候能够起到提高肌肉素质的作用。

（5）轮滑运动对全身各部位肌肉、关节的协调能力要求比较多，同时在轮滑过程中要求运动者精神集中，所以说轮滑运动可以起到全身肌肉以及神经系统的锻炼作用！

（6）通过持续地轮滑可以把身体调整到最佳状态。

2. 受伤的危险性较小

许多人认为轮滑运动是一项比较危险的运动，其实这个想法是错误的，由于滑轮滑与跑步不一样轮滑踏步的时候引起轮子的转动，采用聚氨酯制成的轮子的弹性对关节冲击很小，因此老年人也适合这项运动，戴上头盔和护具，摔倒后受伤的危险性很小。对于成长期的孩子来说是一个非常好的运动。

（1）提高平衡感、运动感、体力、持久力等帮助成长期间孩子们的生长发育。

（2）在室外与更多的人一起运动使性格变开朗。

（3）作为一项有氧运动，轮滑燃烧脂肪的效果一点也不比跑步差，可以起到预防儿童肥胖的症状。

3. 与家人一起做的运动

（1）从成长期间的儿童到老年人男女老少都可以一起享受运动的快乐。

（2）学习轮滑就像学自行车一样的容易！你只需要一点点的平衡感加一些技术指导。

（3）女性也很容易学会，实际上轮滑者的男女比例是 1:1。

4. 经济性的运动

（1）初学时购买好装备的话几乎不用再花费其他费用。

（2）轮滑不像游泳、网球等运动，轮滑不用特定的场所，不用花费任何场地费用！

（3）坚持提高自己的轮滑能力！当你具备相当实力时可以用作交通工具！

5. 扩展交际圈

（1）通过参与俱乐部等活动接触到更多的人会交很多朋友。

（2）可以一个人滑轮，而且多人一起滑更有兴趣。

6. 不容易感到厌倦

（1）轮滑可以做休闲、速滑、刷街、平滑、轮滑球，花样等多样化的运动所以不会容易厌倦。

（2）看自己轮滑技术的发展会感受到成就感。

三、轮滑的基本技术

（一）基础练习

基础练习是学习轮滑的第一步，初学者应按照循序渐进、由易到难的原则，先扶物或扶人进行练习，待初步掌握身体平衡后再进行徒手练习。

原地站立

（1）“丁”字站立。脚穿轮滑鞋，扶物成丁字步站立，前脚跟卡住后脚的脚弓，上体稍前倾，双膝自然弯曲，身体重心落在后脚上。然后两脚交换位置，再呈丁字步站立，直到站稳为止。

（2）“八”字站立。站立时两脚跟靠近，脚尖自然分开，上体稍前倾，双膝自然弯曲，身体重心落在两脚之间。

（3）平行站立。两脚平行分开，与肩同宽，脚尖稍内扣，膝部微屈，重心落在两脚之间。

（二）移动身体重心练习

1. 原地移动重心练习

（1）原地左右移动练习。两脚平行站立，上体稍向一侧倾斜移动，逐渐将重心完全转移至一条腿上支撑，待稳定后再向另一侧移动。

（2）原地抬腿练习。两脚平行站立，上体稍前倾，重心移至左腿，右腿稍抬起，再放下；然后以同样方法练习左腿。要注意放腿时应保持脚下的轮子同时着地。

（3）原地蹲起练习。两脚平行站立，做下蹲并站起的动作。可先做半蹲，逐渐加大下蹲的幅度，直至快速深蹲并做短时间的静蹲后再站起。练习时要注意在屈伸踝、膝、髋三个关节时的协调配合。

2. 外“八”字脚移动重心练习

两脚成外“八”字脚站立，重心移至左脚，右脚向前迈一小步，重心随之移至右腿上，然后左脚向前迈进一步，重心随之移至左腿上。反复进行练习，逐渐加快迈步频率和加大迈进距离。注意收脚时应尽量保持脚下的轮子同时着地。

3. 侧向移动重心练习

两脚平行站立，重心向右侧移动，随之左脚向左侧横跨一步，右脚迅速靠拢，待稳定后再进行向右侧的下一步。如此反复进行5~6步后，再向左侧做相同练习。

4. 横向交叉步练习

两脚平行站立，先将重心移至左腿上并继续向左移动稍超出左腿支撑点，收右腿，右腿向左腿前外侧迈步成双腿交叉姿势，重心随之移至右腿上，接着收左腿向侧跨一步，成开始姿势，如此反复进行5~6步后，再向右侧做相同练习。

（三）慢速滑行

1. 单蹬双滑练习

两脚平行站立，稍窄于肩。右脚内刃蹬地，将身体重心送至向前滑行的左腿上，右腿蹬地后迅速收腿，与左腿并拢成双脚平行滑行，当速度减慢时，再用左脚内刃蹬地，将身体重心送至向前滑行的右腿上，左腿蹬地后迅速收腿与右腿并拢。

2. 单蹬单滑练习

两脚平行站立，身体前倾，两臂自然下垂，两腿弯曲。左脚用内刃蹬地，随着蹬地动作结束向前收左腿，把身体重心移向右腿，并成半蹲支撑，右脚先用平刃向前滑出，然后再用内刃蹬地，把身体重心移向左腿，成半蹲支撑，左脚用平刃向前惯性滑行，双脚交替进行。

3. 弯道练习

根据滑行速度和圆弧的半径，向圆心内倾斜，下肢用交叉步滑行。左脚要用外刃，右脚要用内刃。要求两腿半蹲，上体前倾，当左脚用外刃获得稳定平衡时，右脚向左脚的左侧前方迈出大半步；当右脚落地用内刃蹬地时，身体重心从左腿移到右腿，然后左脚迅速从右腿的后方收回，向左侧迈出大半步，用外刃支撑身体重心。可从粗糙地面到光滑地面，从站立姿势到半蹲姿势，从不连续压步到连续压步进行练习。

四、滑行技巧

经过基础练习，在初步掌握轮滑基本技术后，再学习直道滑行、弯道滑行和转弯滑行技巧，以及掌握向后滑行和急停技术。

（一）直道滑行

1. 滑行姿势

采用蹲屈的滑行姿势，上体前倾与地面所成角度为 25°左右，背部稍凸起，膝关节弯曲 120°左右。速度轮滑与冰上速滑有很大的差别，身体姿势不能过低，否则蹬地角度太小，会使轮滑鞋的轮子向外侧打滑，影响轮子的蹬地效果。因此，速度轮滑是以高姿势、快频率为基本特征。

2. 轮子蹬地

蹬地技术是决定滑行速度的关键，主要取决于轮子蹬地力量的大小和蹬地时间的长短。轮滑过程中不要过分地减少自由滑行时间，身体重心一般是在前后两轮之间，否则将会影响滑行的惯力性，过多地消耗体力。

3. 全身配合

全身配合是完成滑行技术和快速滑行的重要因素。首先是两腿之间的配合，当左腿惯性滑行时收右腿，左腿蹬地时右轮开始着地；其次，是上体和臀部与腿的配合，即上体和臀部随着两腿交替移动而不断地转移重心；最后是两臂与两腿的配合，滑行时两臂的摆动速度要稍快于两腿的动作速度，以增强轮子的蹬地力量，提高滑行频率。

（二）弯道滑行

1. 滑行姿势

采用身体向左侧前倾斜，至弯道滑行时，利用交叉步使身体重心落在左脚外侧和右脚内侧，滑行姿势比直道滑行稍低，重心保持平衡，蹬地腿应尽量与身体倾斜面相一致。

2. 蹬地动作

蹬地采用交叉步，沿着圆弧的切线滑行，步幅不能过长，惯性滑行时间比直道短。当左轮拉收到右支撑腿时，右脚开始蹬地；右腿“压收”超过左轮时，左腿则开始蹬地。

3. 全身配合

弯道滑行技术的关键是摆臂动作与蹬地动作的配合。弯道摆臂动作可以维持平衡，增加轮子蹬地力量，提高滑行频率。弯道摆臂的幅度要比直道小，左臂摆动的幅度要比右臂小，手臂摆动的方向是偏向左侧。

（三）转弯滑行（左转弯为例）

1. 滑行姿势

向前直滑达到一定速度后，左脚要在右脚的左前方。如滑行速度快，转弯角度小，左脚要超出右脚半步，两脚间距离要宽；如滑行速度较慢，转弯弧度较大，左脚要超出右脚，两脚间距离可略窄。转弯时头部向左转，上体向左侧倾斜，臀部下降向左侧移，重心要移到左脚外刃，右脚用力压内侧轮。

2. 全身配合

全身配合取决于两脚间距与身体重心及向内侧倾斜的程度。前后脚之间？穴包括左右方向？雪距离长，身体重心向内侧移动速度快，移动幅度大，转弯就快，弧度就小，但身体平衡不易掌握。

（四）向后滑行

1. 向后葫芦滑行

两脚平行站立，脚尖稍向内，两腿弯曲，双膝内扣，重心后移，上体前倾。滑行时用两脚内刃向前蹬地，两脚跟外展，当两脚向外滑至最大弧时，两脚用力内收，双膝逐渐撑直，恢复开始姿势。

2. 向后直线滑行

准备姿势同上，注意重心在后，上体前倾。滑行时左脚内刃蹬地，身体重心向右侧移动，右脚向后滑行，左脚蹬地后放在右脚内侧，然后用右脚内刃蹬地，重心移到左侧，左脚向后滑行。

（五）制动方法

1. 脚跟制动法

在慢速滑行时将有制动胶的脚前伸，脚尖抬起使后跟上的制动胶着地，前腿用适当力量压地，使制动胶与地面摩擦，逐渐减速而停止。

2. “T”型制动法

当左脚支撑滑行时，上体抬起直立，右脚外翻并横放在左脚后面，左脚成“T”字型，使右脚的轮子横向与地面摩擦；两腿弯曲，重心下降并逐渐移向右脚加大摩擦，使之减速而停止。

3. 双脚平行制动法

在快速滑行时，双脚略靠近，身体迅速转体90°，同时带动两脚转体90°，重心快速降低，腿弯曲，用双脚的轮子与地面摩擦使之减速停止。

五、参加轮滑运动应掌握的安全常识

在轮滑运动的教学与训练中，为防止和避免一些意外事故发生，在练习中应注意以下几个方面。

（1）初学者上场练习时，应着运动服或长裤长袖衣服，戴上护具，避免摔倒时受伤。

（2）初学者上场练习时必须采取正确的练习姿势，要注意上体的前倾和小腿的前伸，切不可在滑行中身体伸展、后仰。

（3）每次练习前应注意检查场地。如有沙石、木屑、烟头等杂物要及时清除干净，如有裂痕要及时修补。

（4）每次上场练习前要严格检查轮滑鞋是否符合练习要求，必须戴护盔和防护手套。

（5）在练习场上应严禁随意追逐、打闹等。严禁在跑道上顺时针方向滑跑。

（6）场地附近应备有常用外伤药品，一旦有外伤情况应立即处理。如有骨折、脑震荡等严重伤害出现时，应及时护送至医院治疗。

第五节 野外生存

一、野外生存概述

从一般意义上讲，野营是指在野外大自然中，以停宿为中心的活动方式。或是指不依赖旅社、房舍等固有设施，利用自己准备的营具在野外夜宿的活动方式，它必须由参加者自行准备、背运营具和各类物资，长途跋涉，“安营扎寨”，在野外进行各式各样的活动，这无疑对人们的体力是一种特别的挑战和考验，因而对身体的锻炼是极富意义的。

二、野外生存的健身特点

（1）增强体质。野外生存训练是一项化被动为主动的一项运动，是对现有生活训练的全面拓展，充分利用自然资源，增强健康体魄，提高适应能力。

（2）促进心理健康，增强人际交往。野外生存训练能有效的减缓人们心理紧张的强度，增强人际交往，有助于认识自我，推动自我意思的发展，保持积极健康向上的心理状态，有助于培养团结友爱，机智灵活，称这沉着果断，谦虚谨慎的意志品质，也是心理恢复的重要手段。

（3）增强应变和适应能力。野外是一个变化多端复杂的环境，有很多事先预料不到的意外情况发生，如何面对并处理这些意外，是一种严峻考验。

（4）有助于培养团队精神。野外生存训练真正体现了团队精神在这样运动中的重要性，给同伴鼓励，分担行李，帮助解决困难，建立以运动项目为纽带的新型人际关系。缩短了人们之间的距离，增进了友谊，对人们的团队精神起到了积极作用。

三、组织与准备

（一）野营活动设计

1. 确定活动的目的和主题

目的是行为的指南，是对活动基本动机的追求和归宿。活动目的明确了，就可以据此进行策划设计活动方案和作相应的各项准备工作。确定目的应遵循的准则。

（1）目的应该是正确的，有积极意义的。

（2）目的应该是明确的，共同的。

（3）目的应该主附分明，相辅相成。

（4）目的应该是条件许可，通过努力可以达到的。

在确定活动的目的的同时，还应确立活动主题。活动主题是根据活动的主要目的、内容，经概括、提炼而出的精确的、简洁的主题词语，也可以用口号式的词句来表达。明确的主题，既有号召力，又具亲切感，可以激发人们对活动的向往和情趣，如“回归大自然，做大自然的主人”“美丽风光游”“悠闲自得，乐在其中”“挑战自我，勇攀高峰”等。

2. 确定活动的地点

一般而言，在选择野外活动的地点时，应考虑如下条件。

（1）有优良的自然环境和人文景观，没有受到污染。

（2）道路完备，交通方便。

（3）确保饮用水源，容易得到食物和物资补充，具备一定的公共设施。

（4）社会治安状况良好，没有危险隐患，确保安全。

（5）就近可供就诊的医院或医疗卫生机构。

（6）土地比较干燥，有草地，有日照，又有适当的林木。

（7）便于开展相应活动的场地或条件。

3. 确定营地活动的内容

野营活动的内容主要是指营地进行的活动内容，它应与活动目的是一致的，如观察自然、野外收集、营火晚会、营地游戏、体育活动、休闲娱乐、风光游览、民俗风情考察、登山、垂钓等。

4. 确定活动时间及日程安排

一般来说，除了需要在特殊装备下在冬季进行的特殊活动外，大多数野营是选择气候良好的5～10月间举行，如可以考虑春天的自然观察、初夏的星座观察、中秋的赏月等。

（二）野营活动的准备

1. 思想准备工作

思想准备工作是看不见、但又是必须要做的一项重要工作。组织领导者除了要在野营前，向全体成员做好思想动员工作，还应通过讨论会让大家广泛发言，并就参加的目的、动机畅谈自己的意见；通过技术培训等实际演练，对能够遵守纪律、顾全大局、帮助同伴、遇难而上的成员与行为进行表扬；在体力锻炼感到疲惫不堪时，尤其是领导骨干应咬牙坚持，用自己的实际行动来教育全体成员。总之，要通过以上措施，使参加者对郊游的意义有明确的认识与思想准备。

2. 体力准备

凡是要参加野营活动，体力上的准备都是不可缺少的。如果身体基础较差，体力准备就要充分些。野营活动的体力准备是多方面的，其中最重要的在于耐力和力量两项身体素质的锻炼。

3. 野营的物质准备

野营的装备可以分为个人装备、集体装备和技术装备。

1）个人装备

（1）背包。 在经费许可的情况下，尽可能选择质量最好的。背包的制造材料应足以安全地承受背包的装载量而不易损坏或背带脱落。不够结实的背包会使你在旅途中狼狈不堪。

（2）衣服、鞋袜。衣服的选择：带何种衣服和多少数量的衣服，应视野营的季节、天数、目的地气候等条件而定，其基本要求是：保暖、柔软、透气、吸汗、宽松、静电少、耐磨、色彩鲜艳、口袋较多等。雨季活动时，外衣还应考虑防水的性能。

鞋袜的选择：要穿跟脚的鞋，要穿平时习惯穿着的鞋，新鞋和不习惯的鞋易使脚部擦伤或起泡；一般的野营活动可穿运动鞋与长筒袜；另外，还有雨具；太阳镜、太阳帽；照明用具；寝具。

2）集体装备

（1）帐篷。帐篷是一项重要的必备的露营装备，记住在出发前对它的安装和使用要进行训练。

（2）设营工具。如露营工具及绳子、铁丝、铁钉等是不可少的。支帐篷、架炉灶、搭炊事工作台、捆绑物件，搬运重物等，都少不了这些物品。

露营工具：包括斧、锤（铁和木制）、锯、铲、钳、起子（螺丝刀）、剪刀等。

绳子：可以是一般捆绑用绳子、军用背包带、塑料绳、包装袋等。

（3） 野炊用具。锅、铲、切菜刀、盛菜器、饭勺、水勺、火柴、抹布、燃料、各种调料等。

（4） 各种照明灯具。

（5）公用食品。

（6）公用药品、急救用品。

（7） 其他物品：活动计划书、地图、资料、日志本、集体证明、队旗、标志旗、扩音器、手提喇叭、口哨等。

3）技术装备

技术装备是根据野营活动的内容所必须配备的特殊装备。如果在野营活动中安排了攀岩活动，则需要带上攀岩的装备；如果安排漂流，则需要带上橡皮艇或漂流筏。

四、野外行进的注意事项

（1）“有路莫越野”，是野外活动的基本原则。路是看得见的，实实在在“脚踏实地”的感觉。杂草丛生的地带，每迈出一步都可能发生意外。特别是通视度差的树林，更不能贸然进入，容易迷失方向。在这种地带行走，步幅要小，贴地而行，每一步踏实后再挪步，不可跳跃奔跳。

（2）在野外行走，要想走得快，首先要讲究行走技术，姿势要放松自然，尽量减少身体不必要的上下起伏和左右晃动，走步要有弹性，用自己适合的步幅和较稳定的节奏行走。另外，尽量让双手腾出，手里不能提东西，以便使双臂可以自由摆动。

（3）在步行一段时间后，应注意有规律地在一定间隔时间内安排休息，通常以走30分钟休息5分钟为宜，每天行走不超过40公里。

（4）在通过上下坡道时，下坡的步幅要小，应尽量用膝盖以下部位用力，即稍微弯曲膝盖以减轻体重的冲击，使脚保持整体着地，这样既可免于身体过于前倾，给前脚掌带来的负担；又不致因脚跟着地产生的后仰姿势，使身体容易失去平衡。如是下很陡的山坡，可以把双手撑于体后坡面，以“四足行走”的方式下移，甚至可借臀部着地帮助支撑。

上坡的步幅同样宁小勿大，遇到特别陡的坡度，可采取“Z”字型行走的办法。如果坡道距离较长，为了对抗地心引力，就要继续把步幅减小、步行速度放慢，宁可依照一定的节奏慢慢踏步而行，也不要心急浮躁地想一冲而过。如果步行节奏一乱，疲劳就很容易产生。如果身背行李上坡，则应将行李背包适当上拉，以避免重心过于向后而增加腿部的负担。

（5）在野外常常会遇到大小不等的林区和疏密不等的高原，因此必须掌握穿林的本领。在穿过丛林时应注意以下几点。

①应选择林间主干道或小道行走。以防迷路、迷向。

②备一枝手杖或拣一根枯枝作手杖，可为你探路、拨开杂草树丛提供方便。

③穿林时最好穿长袖衣裤，避免和减少草木的枝杈刺伤或划破皮肤，同时还可以避免蚊虫叮咬。

④在茂密的灌木丛中行走，推开挡路的树枝时，要注意后续队员的安全，当你放开手中树枝时，应先回头看看，切勿打到后面的队友。

⑤行进中注意勿被地面的树桩或藤蔓绊倒。

⑥在夜间穿林一定要事先规定好联络信号，如无线电信号或发光体——电筒等。

五、野外扎营

扎营是野营活动中的重要内容，也是整个野营活动中技术性、安全性最突出的内容。

1. 选择营地

一般来说，选择营地一是要满足安全露营和舒适，二是要满足开展活动的需要，简单说就是要“避险趋利”。选择好的营地是营地生活的基本保证。

理想的地点应该是平坦无太多石块，距离水源40~50米，可以防风防雨，而且不受落石、雪崩以及突如其来的涨水的威胁，最好还有充足的可利用的柴薪。夏季，露营地应选择在地势较高、干燥、通风且蚊虫较少的地方；冬季，应注意避风和取暖。

2. 搭建帐篷

这项工作必须在野营活动开始之前就要筹划好，譬如准备好宿营的帐篷和有关工具等，同时要事先确定好人员的分工与合作，如能提前进行演练，到达营地后就不至于手忙脚乱了。

不适宜搭帐篷的地方有如下几个（图10-9）。

（1）山顶。山顶多有大风。

（2）谷底及深不可测的山洞。谷底及深不可测的山洞多数潮湿且危险。

（3）有流水痕迹的地方及河滩地。这些地方易受到突如其来的山洪危害（以当时实际情况为准）。

（4）通向水源的山嘴。通向水源的山嘴常常是兽类饮水的必经之路。

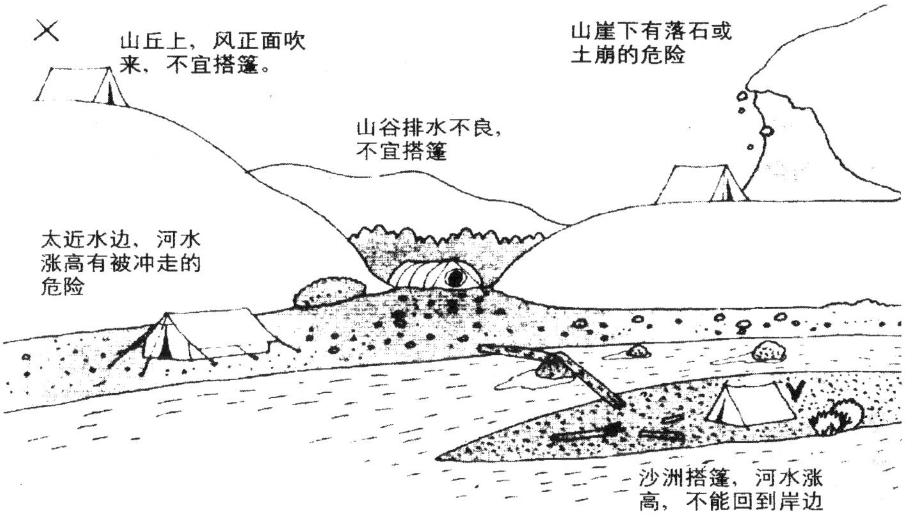

图 10-9　野外不宜于搭建帐篷的地方

3. 搭建炉灶

搭建炉灶的方法很多，最常见的有三种。

（1）堆灶：这是一种最简便易建的灶台。找些大小略同的岩石块，将它们堆成一个∩型，垒成一个炉灶，灶门迎风，石块之间留些空隙，以便通风。

（2）土灶：在一块平地或斜坡上挖深约 30 厘米的壕沟生火，炉门迎风，可在地上横放一根木棍，将锅吊起。

（3）吊炉：找两根高低相近的双叉树枝插入地面，树杈间横放一根棍子，上面吊锅。建炉地点要干燥、近水，周围的枯草、干枝必须清除掉。此外，炉灶每次用后都要仔细检查，彻底熄灭余火，以防引起火灾。

4. 厕所

在搭建营地的同时，建一个简易的野外厕所是极为必要的。野外厕所应选择在营地的下风处，选点要比营地稍低一些，并应远离河流，在厕所内准备一些沙土和一把铁锹，便后用一些沙土将排泄物及卫生纸掩埋，以消除异味。另外，当露营结束时，用沙土将便坑掩埋好。

六、营地生活

（一）野炊

野营活动中，营员们活动量大，消耗的体力多，营养问题是不可忽视的。如果单纯食用随身携带的干粮既索然无味，又会造成营养失衡，最好的办法是大家一起动手，齐心协力，起灶做饭。尽管大家会忙得不亦乐乎，可心里却会觉得其乐无穷，因为在野外烧饭做菜的感觉很少有人体验过的。这里重点强调一下野炊时要注意的几个问题。

（1）野炊的装备尽量简洁。

（2）炊事所要的原料应根据预先制订的饮食计划，有针对性地进行准备。并且在行前做些预备工作，如将蔬菜预先洗好，将鱼、肉洗净后用酱油、盐、味精等腌制一下，便于存放。

（3）在安全、卫生的前提下可采摘一些野菜、山菌等作为原料进行烹饪加工。

（4）各种食物、调味品要分类、分袋装好，避免串味。油、酱油、醋这类容易溢出的东西，最好装在瓶子里，外面再用塑料袋包好。

（5）野炊时务必注意安全，以防烫伤、火灾等意外事故的发生。

图 10-10　几种类型的篝火

（二）篝火晚会

篝火晚会是一项极富浪漫色彩的活动，在冉冉的火光中，大家的情绪随着火苗的燃烧渐渐升温，在幻化摇曳的光影中，扬起一波波罗曼蒂克的涟漪。这将成为大家交流情感、沟通心灵、幻想未来最美好的时刻。点燃篝火的方法如图 10-10 所示。

办好一场篝火晚会要注意以下几点。

（1）篝火晚会应选择在比较宽阔的地点进行，绝对不能在禁止烟火的地区（季节）组织篝火晚会。

（2）时间不宜太长。

（3）要有一定的内容准备，有主持人。

（4）要指定专人负责火种和燃料管理。

（5）注意防火，有灭火措施，事先准备好灭火的沙土、水等。

（三）野外游戏

1. 林中藏宝

在不太复杂和危险的山地丛林中，可以组织大家就近进行林中寻宝游戏，具体方法是：组织者将若干件“宝物”（以物代替）藏在 10～15 分钟能走完的范围内，并画出周围环境地图，标出宝藏所在地的示意图，游戏开始，将学生分成若干组，每组学生手持一份地图，根据地图去寻宝，在一定的时间内，找到宝藏多的组获胜。

2. 野外探险活动

野营中，如果有条件，安排探险游戏，让勇敢者参加一些带有探险性、刺激性的活动，可能会让不少人一生中都回味无穷。但是安全问题是安排探险游戏时必须慎重考虑的。参加探险游戏的人必须具有良好的身体和心理素质，还必须事先经过一定的训练，掌握一定的技巧。年龄过大、过小的人或者身体、心理上有疾患的人最好不要贸然参加，以防发生意外。

3. 漂流

在野外如果能乘上竹排或橡皮筏顺流而下、惊心动魄的快感是很刺激的。漂流的工具可根据河段的具体情况来选择。如橡皮筏；小木船；竹排。不管选择哪一种工具，漂流场所的选择更为重要，在湍急的流水中顺流而下是很危险的，应事先对水流情况有所了解，最好在下游，水流较缓处先进行短距离的尝试，然后再慢慢延长时间和距离。

（1）橡皮筏是一个适应性较强的漂流工具，因为橡皮材料柔韧性好，又有充气以柔克刚，一般的礁石都耐它不得。橡皮筏的操作技巧也不复杂，主要是把握好方向和平衡，遇到急流险滩和礁石时处理要妥善。

（2）乘坐自己制造的夹筏和竹排进行漂流，会别有一番风味，但竹排不易在急流险滩中使用，在风平浪静的水面上，大家可以一边撑着竹篙，一边欣赏两岸风光。

漂流前要换上游泳衣裤，穿好救生衣，随身携带的物品用塑料袋套好，系在安全的绳上。遇到险情，千万不要慌张，万一落入水中，会游泳的同学应尽力往岸边游，不会游泳的尽量抓住河中的礁石或橡皮筏的安全绳，等待救援。

第六节 定向越野

一、定向越野概述

定向运动起源于20世纪初期的瑞典。1918 年，瑞典一位名叫吉兰特的童子军领袖，为了训练童子军的野外生存技能与体质，组织了一次“寻宝游戏”的活动，引起参加者的极大兴趣，这便是定向运动的雏形。

随着时间的推移，定向运动衍生出许多类型，目前，国内开展较广泛的也是国际上最常见的叫定向越野。定向越野（Cross-Country Orienteering）是定向运动（Orienteering）的主要比赛项目之一。参赛者要依靠标有若干检查点和方向线的地图并借助指北针，自己选择行进路线，依次寻找各个检查点 ，用最短时间完成比赛者为优胜。

定向运动不仅可以锻炼身体，还可以培养人勇敢、顽强的意志品质，特别是提高人的独立分析问题，快速果断处理问题的能力。在大学里开展该项运动，可使大学生在定向运动中获得挑战极限，超越自我的真实体验。

二、定向越野的健身特点

定向运动既是竞技体育项目，又是军事体育项目，还是休闲娱乐、旅游和探险体育项目。通过定向运动普及全民识图和用图的知识，加强国防建设等。但就个人价值而言，它是一种良好的素质养成或素质教育项目。前面已经提及，定向运动之所以在教育系统内被大力推广，不仅仅在于它是一种好的体育项目，更重要的是在于它是一种很好的素质教育项目。此外，就教学投入而言，相对于其他的户外活动形式，它还有只需要很低的师生比，费用低、危险因素少的优势。定向运动是一项智力与体力相结合的运动，参加各种各样的定向运动活动，既可提高你的体适能水平，又可以增长你的知识和技能、改善你的心理素质，特别是你的社会化水平、自尊、自信和独立解决问题的能力。

1. 提高适应能力水平

作为一项体育运动，定向越野对人体最突出最直接的影响就是获得身健体，增强体质的效果，可以提高速度、耐力、柔韧性、力量、灵敏性等身体素质。体育运动主要通过维持或促进适应能力来促进健康，定向运动是一种良好的发展适应能力的运动。定向运动是一种有氧运动，走或跑着上下山坡，穿越零乱的地形既是一种令人兴奋的，十分有效的发展心肺适能和肌肉适能等健康相关适应能力的好方法，还是一种提高灵敏素质、平衡能力等运动相关体适能的好方法。定向运动是对心理和身体的双重挑战，一方面它要求在复杂地形上做到身体活动与地理环境的协调，身体活动与心理活动的协调，培养协调能力、自我控制能力和应变能力；另一方面，对于一般的跑步而言，由于应对智力挑战转移了对身体运动的注意力，体验定向运动娱乐性增加了吸引力，他们参与定向运动的主动性和积极性非常高，运动起来更投入，运动的时间和距离也更长，对发展适应能力十分有益。

2. 增长知识和技能

定向越野也是一项有利于智力发展的运动项目，可以作为大脑的"调节剂"，定向运动涉及到自然地理学、环境地理学、数学等方面的知识和技能，以及语言表达技能的学习和应用。地图和指北针是开展野外工作和活动的重要工具，应用它们的能力是基本的野外生存技能。通过定向运动，学习地图和指北针的使用，你能掌握地图、指北针与地形的关系，掌握捕捉地表特征并在地图上对其定位的能力。这些技能的学习和掌握与自然地理学和环境地理学知识的学习、应用有着密切的联系，与野外工作和生活能力的培养与提高有着密切联系。比例尺、距离、方向、位置、形状、空间的确定、测量与分析，涉及应用数学知识解决生活中实际问题的能力。对生活在城市中的人而言，定向运动还为人们，特别是青少年提供了解自然环境的机会，有助于他们形成正确的环境观。

3. 培养人的道德品质

定向越野在培养人的道德品质方面有独到的作用，可以使参与者学会团队精神和集体力量，尊重同伴，相互鼓励，奋力拼搏的精神。

4. 能改善心理素质

向运动可以从多个方面改善人体的心理素质，特别是社会化水平、自我评价能力、自尊、自信、情绪控制能力和独立分析和解决问题的能力。定向运动是一类体验型体育运动，它非常强调参与者之间在运动后进行广泛的交流。教学和训练中，教师或教练通常无法直接对运动进行监控，只能在活动结束后，通过师生间交流，通过学生的自我体验和评价来进行指导。定向运动中你必须同时考虑几个方面的主要问题：方位、位置、路线选择、地图的内容和前进的速度等。因此定向运动有助于培养参与者综合分析和独立分析问题、解决问题的能力、自我评价的能力和进行有效交流的能力，从而提高参与者的社会化水平。同时也有且于增进师生关系。

三、组织与准备

（一）比赛场地、地图、路线的准备

1. 比赛场地

定向越野比赛不像田径，篮球等其他体育项目有专门的场地，而是利用野外天然地形作为比赛场地。比赛的级别和水平可通过地形的难易程度以及路线设计体现。适合组织定

向越野比赛或练习的地形应该具备以下特点：丘陵地形，较多树木，植被覆盖，中等高差，地形丰富，地物多，通视差，农作物少，地表覆盖物可踩，林中能穿行，道路网状，居民地少，不可通行地域少。

2. 比赛地图

比赛场地经确定，就可制作地图。比赛地图必须具有以下三个特征：第一，地图上所反映的情况与实地地形完全一致。第二，地物、地貌的位置关系要准确。第三，地图图幅所含面积要适当大于比赛需要。

3. 比赛路线

起点、检查点、终点构成定向越野比赛路线的基本骨架。当起点、终点在同一处时可设计成闭合形，当起点、终点不在同一处时可设计成开放型。

（1）起点。地形平坦，面积足够大，满足人员、车辆、器材进出方便。同时，起点与第一检查点之间应有遮蔽物，不可通视，保证运动员出发后立即在视野内消失，不被下一位出发的运动员跟随。

（2）路段。路段决定比赛路线的质量。点与点之间的路段设计既要满足运动员运动技能的发挥，又要有路线可选择，即同一路段上有多条路线可行进。使运动员在比赛场内疏散开，避免跟随。点与点之间路段设计长度一般为 500 ~1000 米，特殊情况可增减。

（3）检查点。设置点标的位置点称之为检查点。它是上段路线的终点，又是下段路线的起点。一方面验证运动员到达检查点正确否，另一方面又起到提供明显站立点的作用，让运动员知道身在何处。确定检查点的原则是：根据路段需要；必须确定在图上有相应地物地貌符号的小地物地貌上；检查点附近可成为该点辅助目标的地物地貌点的图上位置必须准确；前一名运动员在该点打点时不至于被后续寻找该点的运动员发现而客观上提供帮助；整个赛区内两相邻的检查点间隔不得小于 100 米。

（4）终点。最后一个检查点到终点的路段简单，距离稍短，以便所有运动员从同一方向冲刺。因此，终点要空旷，可设置多条通道；通视度较好，方便观众观赏，同时有利于裁判员工作以及电视转播。

（5）全程路线的设计。全程路线的长度应视运动员水平、性别、年龄和比赛预需时间而定。一般比赛 40 分钟以上为 4 ~ 6 千米；60 分钟以上为 6 ~ 8 千米。初学者，30 分钟以上为 2 ~ 3 千米；50 分钟以上 4 ~ 5 千米。精英赛，男子组 10 ~ 12 千米；女子组 7 ~ 8 千米。以上是正式比赛的规定，各地可根据具体情况而制定相应标准。

（6）路线标记。

起点——等边三角形符号“△”，边长 7 毫米。三角形的一个角必须指向第一检查点方向。

检查点——圆圈符号“○”，直径 5 ~ 6 毫米。

终点——两个同心圆符号“◎”，直径分别为 5 毫米、7 毫米。

（7）检查点说明。检查点说明均采用国际定联（国际定向运动联合会简称 IOF）《检查点说明符号》的统一符号图形说明，一般的小型比赛，初学者比赛，纯休闲娱乐性比赛可用文字说明，但正式比赛必须采用符号说明方式。检查点说明可印在比赛地图上，也可单独印制。

（二）器材设备的准备

1. 指北针

指北针用于运动员辨别和保持方向。比赛中都用有机玻璃制成的透明式指北针。指北针由组织者提供，也可自备（图 10-11）。

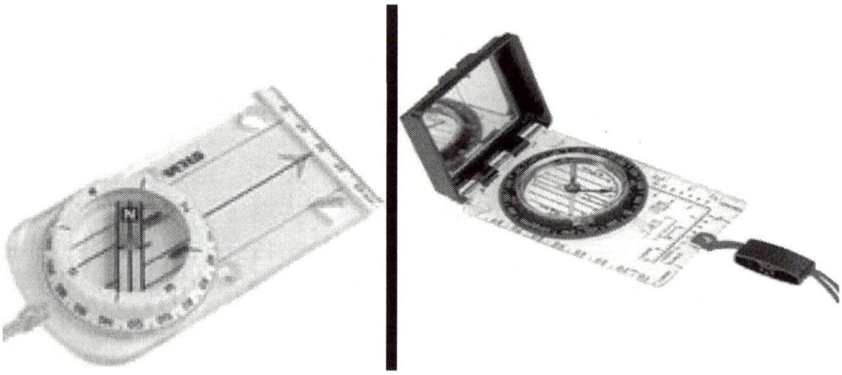

图 10-11　指北针

2. 检查点点标

检查点点标是运动员辨别和确定通过点的标志。点标主体由三面成三角形排列的红、白两色旗组成。任何材料均可。用绳穿起，便于悬挂。每个点标都有编号，一般用两位数字，如需数量多，也可用三个数字，印在旗面左上部，白底黑字，字高约 7 厘米（图 10-12）。

3. 点签

点签悬挂在点标上，与点标配合，提供运动员到达各检查点位置的凭据。点签式样较多，常见的有印章式、钳式两种。不论哪一种；均要求图案不得重复，图形精确易辨（图 10-13）。现在已发展到使用电子打卡系统，操作更方便、精确。

图 10-12　检查点点标

图 10-13　点签

4. 检查卡片

检查卡片主要用于判定比赛成绩。卡片分主卡和存根两部分，主卡由运动员比赛中携带，按顺序将通过的各检查点点签图案印在规定的空格中，到达终点立即交经裁判员验证成绩。卡片用坚韧的白纸制成，20 × 10 厘米（图 10-14）。若规定比赛完毕必须交回地图，可以将检查卡片的内容直接印在地图空白处，样式可自行确定。

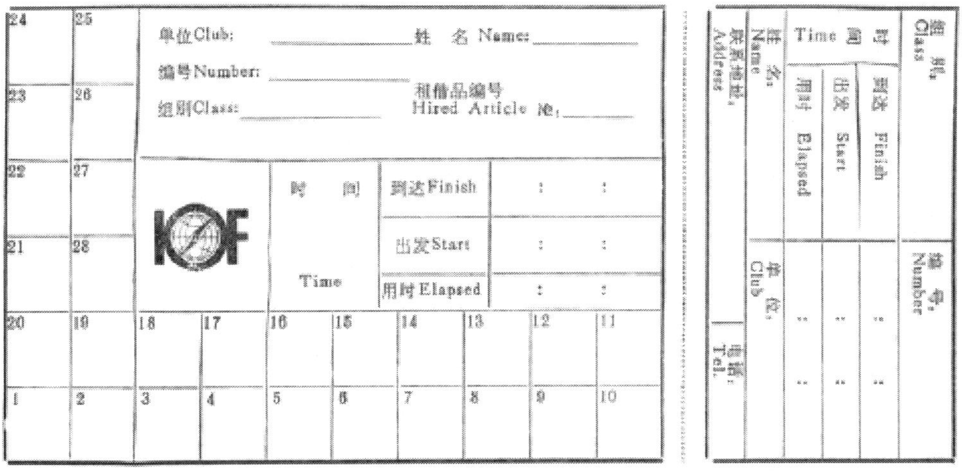

图 10-14　检查卡片

5. 号码布

号码布大小为 24 厘米×20 厘米，号码数字高度不小于 12 厘米。比赛时，运动员胸前背后各佩带一块。

6. 出发点、终点设备

出发点、终点横幅，时间显示器，发音器，图箱，通道绳，计时器，扩音器，成绩公布栏，急救药品，桌、椅、遮阳伞，对讲机、饮用水等。

四、作业进行

1. 赛前会议

临赛前召开领队会议颁发规程、秩序册、抽签编排出发顺序。以及本次比赛的特别说明。

2. 出发场地设置

出发场地即起点，需设出发区、候赛区、观摩区（图 10-15）。出发区纵向为三格，第一格就位、第二格准备、第三格待发。方格的大小为 1.5 米×1.5 米，可用石灰画、也可用绳低桩固定。

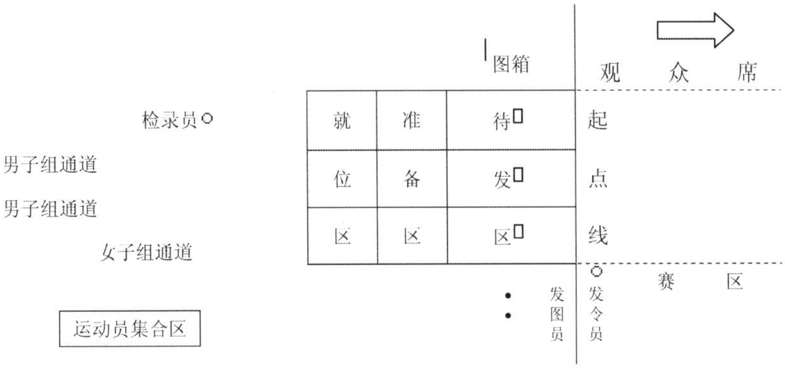

图 10-15　定向越野出发场地设置图

3. 点标设置

在比赛前就应在比赛路线总图上分配完点标，并详细记录，备份三套以上。在比赛当天开始前由裁判完成点标设置。点标的悬挂高度不超过 1.2 米。

4. 终点场地设置

终点场地内设终点区、休息区、观摩区、终点区的通道用通道绳围成喇叭状，终点线长不超过 3 米。

五、规则简介

（一）竞赛形式

（1）日间定向运动竞赛。首批运动员应在日出后 1 小时出发；最后一批运动员最迟应在日落前预计完成全赛程时间的 1.5 倍时刻出发。

（2）夜间定向运动竞赛。首批运动员应在日落后 1 小时出发；最后一批运动员最迟应在日出前预计完成全赛程时间的 2 倍时刻出发。

（二）竞赛项目

（1）个人赛：运动员单个竞赛，成绩取决于个人技能。

（2）团体赛：运动员单个竞赛。运动队成绩为全队运动员个人成绩（时间、名次或得分）的总和，同时也可以计个人成绩。

（三）竞赛分组

（1）根据性别和年龄划分组别。女子组代号为（W），男子组代号为（M）。

（2）各运动员只能参加相应组别的比赛。

（四）竞赛的参加者

（1）各代表队由运动员、领队、教练员构成。

（2）竞赛期间，运动员的安全由本人负责。竞赛中不得使用违禁药物，裁判委员会有权药检。

（3）运动员自备指北针，手表。禁止携带通讯设备、步程计等辅助器材。

（4）运动员应佩带组委会发的号码布，胸前、背后各一块，尺寸为 20×24 厘米，字的高度为 12 厘米。

（5）所有参赛人员应爱护赛场设施，保护自然环境。

（五）竞赛组织委员会

根据参赛人员多少和需要设立若干工作组。

（六）犯规与处罚

1. 下列情况给予警告处罚

（1）代表队成员擅自出入预备区，但未造成后果的。

（2）在出发区提前取图和抢先出发者。

（3）接受别人帮助，如指路、寻找点标等。

（4）为别人提供帮助，如指路、寻找点标等。

（5）为从对手的技术中获利，故意在比赛中与对手同跑或跟进者。

（6）不按规定佩戴号码布。

2. 下列情况，判运动员成绩无效

（1）冒名顶替参加竞赛者。

（2）竞赛中使用交通工具者。

（3）有证据表明在竞赛前勘察过路线者。

（4）未通过全部检查点，即检查卡片上打印器图案不全者。

（5）打印器图案模糊不清，确实无法辨认者。

（6）竞赛结束前（指终点关闭）不交回检查卡片者。

（7）超过规定的完成竞赛时间者。

3. 下列情况，取消比赛资格

（1）不符合分组年龄标准或谎报年龄，弄虚作假者。

（2）有意妨碍他人竞赛者。

（3）蓄意破坏点标、打印器和其他竞赛设施者。

（4）未通过全部检查点，而又伪造打印器图案者。

（5）没有佩戴大会颁发的号码布。

（6）丢失竞赛卡片者。

六、定向越野训练

定向越野必须经过专门训练。定向越野不同于越野跑，他是体力和智力的高度结合。通常定向越野的训练分三个方面：读图训练、体能训练、技能训练。

（1）读图训练：要求拿到一张地图能够完全明白地图上所提供的所有信息。

（2）体能训练：要求具有长时间奔跑的能力。

（3）技能训练：要求快速准确找到你所要寻找的检查点，会用指北针判定方向，了解自己在图上所处位置，图地对照迅速准确。

参 考 文 献

程虎，张宇. 2010. 大学生体育与健康. 北京：北京邮电大学出版社

黄汉升. 2005. 球类运动——排球. 北京：高等教育出版社

季浏，殷恒婵，颜军. 2006. 体育心理学. 北京：高等教育出版社

雷咏时. 2002. 体育绘图. 北京：高等教育出版社

李世昌. 2006. 运动解剖学. 北京：高等教育出版社

潘绍伟，于可红. 2005. 学校体育学. 北京：高等教育出版社

石雷. 2009. 大学体育选项教学指导教程. 北京：人民体育出版社

王步标，华明. 2006. 运动生理学. 北京：高等教育出版社

王静. 2009. 大学体育. 北京：人民邮电出版社

魏彪，冯青山. 2009. 体育实践与学生健康. 北京：人民体育出版社

杨国庆，殷恒婵，王汉勋. 2006. 大学体育教程. 北京：中国科学技术出版社

杨莉华，陈晓. 2008. 大学生体育与健康. 上海：上海交通大学出版社

郑锋，代春玲. 2010. 大学生体育与健康. 天津：南开大学出版社

附　　录

附录一　《国家学生体质健康标准》实施办法

一、《国家学生体质健康标准》（以下简称《标准》）的实施工作在教育部、国家体育总局的领导下，由各级教育行政部门管理，体育行政部门指导，学校组织实施。

二、《标准》的组织实施工作在校长领导下，由学校体育教研部门、教务部门、校医院（医务室）、学工部门、辅导员（班主任）协同配合共同组织实施。《标准》的测试应与学生的健康体检有机结合，避免重复测试。学生的《标准》测试成绩按评定等级记入《国家学生体质健康标准登记卡》，小学列入学生成长记录或学生素质报告书，初中以上学校列入学生档案（含电子档案），作为学生毕业、升学的重要依据。对达到及格以上成绩的学生颁发证章。《标准》的实施工作记入教师的教学工作量。

三、学生《标准》测试成绩达到良好及以上者，方可参加三好学生、奖学金评选；成绩达到优秀者，方可获体育奖学分。《标准》成绩不及格者，在本学年度准予补测一次，补测仍不及格，则学年《标准》成绩为不及格。普通高中、中等职业学校和普通高等学校学生毕业时，《标准》测试的成绩达不到 50 分者按肄业处理。

四、因病或残疾学生，可向学校提交免予执行《标准》的申请，经医疗单位证明，体育教学部门核准后，可免予执行《标准》，并填写《免予执行<国家学生体质健康标准>申请表》，存入学生档案。对确实丧失运动能力、免予执行《标准》的残疾学生，仍可参加三好学生、奖学金、奖学分评选，毕业时《标准》成绩可记为满分，但不评定等级。

五、认真上好体育课、积极参加体育活动、每天锻炼时间达到一小时者，奖励 5 分，计入学年《标准》总成绩。

六、属下列情况之一者，其《标准》成绩记为不及格，该学年《标准》成绩最高记为 59 分：

1. 评价指标中 400 米（50 米 × 8 往返跑）、1000 米跑（男）、800 米跑（女）、台阶试验的得分达不到及格者；

2. 体育课无故缺勤，一学年累计超过应出勤次数 1/10 者。

七、各地、各学校在实施《标准》时要树立“安全第一”的指导思想，健全各项安全保障制度，落实安全责任制，加强对场地、器材、设备的安全检查。要认真做好学生的体检工作，对生病学生实行缓测或免测。

八、全国各级各类学校每年均直接将本校各年级《标准》测试数据，通过中国学生体质健康网报送至教育部“国家学生体质健康标准数据管理系统”，上报数据的时间为每年9月1日至12月31日，上报测试数据的工具软件，由学校在中国学生体质健康网上免费下载使用。

九、高职、高专类学校参照有关要求执行。

十、教育部每年公布各省、自治区、直辖市实施《标准》的基本情况；每学年对教育部直属高校本科新生《标准》测试结果，按生源所在地进行统计，并以省、自治区、直辖市为单位进行公布。

十一、各地教育、体育行政部门对本地各级各类学校实施《标准》的情况，要认真检查监督。要将《标准》的实施情况纳入各级政府教育督导内容和评估指标体系，并作为对各级各类学校进行评优、表彰的基本依据。对弄虚作假、徇私舞弊者，给予通报批评，情节严重者，给予行政处分。

十二、为保证《标准》测试数据的科学性、准确性，各地、各学校招标、选用的《标准》测试器材必须是经国家认证认可监督管理委员会批准的相关认证机构认证合格的产品。

十三、本办法由教育部负责解释。

附录二　《国家学生体质健康标准》项目、指标及运用（大学部分）（摘自:《国家学生体质健康标准解读》）

（一）大学生测试项目

《国家学生体质健康标准》里设置了符合我国学校实际情况、简便易行的测试项目，他们的可靠性、有效性、客观性、可操作性等在多年来的学校体育实践中得到了证明，这些测试项目涵盖了人体形态、机能、身体素质和运动能力的多个方面。从学生的年龄特点以及场地、器材、费用、时间等考虑，各年级学生的测试项目分为必测类项目和选测类项目。各类选测项目，每年由地（市）及教育行政部门或高等学校在测试前选择确定并公布，选测项目原则上每年不得重复。在实际测试时，各年级的测试项目保持在4~6项之间。

（二）大学生的评价指标

《国家学生体质健康标准》中从小学到大学都分别规定了相应的评价指标（见附表1），这些指标是根据《国家学生体质健康标准》中项目的测试值进行评价的。有的是直接利用测试值进行查表评分，如立定跳远；有的需要进行计算，如肺活量体重指数和握力体重指数；此外，身高标准体重是根据所测得的身高和体重查表进行评分。因此当测试项目确定后，评价指标也就相应被确定。例如，对于某地小学五年级女生来说，如果从坐位体前屈、仰卧起坐、掷实心球、握力三项中选测了握力，那么对应的评价指标就是经过计算以后得出来的握力体重指数，用计算值来查表评分。总之，评价指标和测试项目都是相对应的，要想选什么评价指标，就必须选测相应的测试项目；同样，测试了相应的项目，就要选评对应的指标。

大学各年级的评价指标有五项：身高标准体重、肺活量体重指数两项为必评指标；选评指标有三项，分别是从 1000 米跑（男）、800 米跑（女）、台阶试验中选评一项；从坐位体前屈、掷实心球、仰卧起坐（女）、引体向上（男）、握力体重指数中选评一项；从 50 米跑、立定跳远、跳绳、篮球运球、足球运球、排球垫球中选评一项。

附表-1　各年级评分指标分类表

年级	必测项目	选测试项目	备注
大学	身高 体重 肺活量	1000 米跑（男） 800 米跑（女） 台阶试验	选评一项
		坐位体前屈 仰卧起坐（女） 引体向上（男） 掷实心球 握力	选评一项
		50 米跑（25 米 × 2 往返跑） 立定跳远 跳绳 篮球运球 足球运球 排球垫球	选评一项

（三）评分表的使用方法

使用评分表对学生的测试结果进行评价可分为两个部分，首先是对各项测试结果分别评分，得出相应评价指标的得分和等级；第二部分是对每一个学生给出一个总的得分和等级。下面就分别予以介绍。

1. 先按年级、性别，找到对应的评分表，使用该表查出相应指标所处的档次及其得分

通过这一步对受试者每一项指标进行评价，我们就可以了解该生在体质健康各个方面的具体情况和等级，教师可以根据每个学生的个体差异，对于不够理想的指标，进行有针对性的锻炼，鼓励学生进步与发展，从而不断提高每个学生的体质健康水平。

如果想要对它进行总体评价，就需要查出的分数进行下一步计算。

2. 等级评价

优秀：总分 90 分以上；

良好：总分 75~89 分；

及格：总分 60~74 分；

不及格：总分 59 分以下。

例如：某位男大学生身高标准体重为 100 分，50 米跑得 92 分；立定跳远 94 分，总分为 $100 \times 0.2+92 \times 0.4+94 \times 0.4=94.4$（分），依据等级标准，该生的体质健康评分等级为优秀。

再如：某位女大学生的总分：

$$总分=100 \times 0.1+100 \times 0.2+69 \times 0.3+94 \times 0.2+78 \times 0.2=85.1（分）$$

依据综合评级标准，该生的体质健康评分等级为良好。

（四）身高标准体重查表补充说明

如果个别学生的身高（太高或太低）在表中查不到时，可按下列方法折算后再查表。

当学生身高低于表中所列出的最低身高段的下限值时，实测身高需要加上与下限值之差，并且身高每低 1 厘米，实测体重需加上 0.5 公斤，再查表确定分值。

当学生身高高于表中所列出的最高身高段的上限值时，实测身高减去与上限值的差值，身高每高 1 厘米，其实测体重需减去 0.9 公斤，再查表确定分值。

附录三 《国家学生体质健康标准》测试操作方法（大学部分）

（一）身高

1. 测试目的

测试学生身高，与体重测试相配合，评定学生的身体匀称度，评价学生生长发育及营养状况的水平。

2. 测试方法

受试者赤足，立正姿势站在身高计的底板上（上肢自然下垂，足跟并拢，足尖分开约成 60 度角）。足跟、骶骨部及两肩胛区与立柱相接触，躯干自然挺直，头部正直，耳屏上缘与眼眶下缘呈水平位。成绩以厘米为单位，精确到小数点后一位。测试误差不得超过 0.5 厘米。

3. 注意事项

（1）身高计应选择平坦靠墙的地方放置，立柱的刻度尺应面向光源。

（2）严格掌握“三点靠立柱”、“两点呈水平”的测量姿势要求。

（3）水平压板与头部接触时，头顶的发辫、发结要放开，饰物要取下。

（4）测量身高前，受试者应避免进行剧烈体育活动和体力劳动。

（5）定期校对仪器。

（二）体重

1. 测试目的

测量学生的体重，与身高测试相配合，评定学生的身体匀称，评价学生生长发育的水平及营养状况。

2. 测试方法

测试时，杠杆秤应放在平坦地面上，受试者赤足，男性受试者身着短裤，女性受试者身着短裤、短袖衫，站在秤台中央。读数以千克为单位，精确到小数点后一位。测试误差不超过 0.1 千克。

3. 注意事项

（1）测量体重前，受试者不得进行剧烈体育活动和体力劳动。

（2）受试者站在秤台中央，上下杠杆秤动作要轻。

（3）定期校对仪器。

（三）肺活量

1. 测试目的

测试学生的肺通气功能。

2. 测试方法

房间通风良好；使用干燥的一次性口嘴。肺活量计主机放置平稳桌面上，检查电源线及接口是否牢固，按工作键液晶屏显示“0”即表示机器进入工作状态，预热五分钟后测试为佳。首先告知被试者不必紧张，以中等速度和力度尽全力吹气效果最好。令受试者手持吹气口嘴，面对肺活量计站立试吹 1 至 2 次，首先看仪表有无反应，还要试口嘴或鼻处是否漏气，调整口鼻和用鼻夹（或自己捏鼻孔）；学会深吸气（避免耸肩提气，应该像闻花式的慢吸气）。测试时，受试者进行一两次较平时深些的呼吸动作后，更深的吸一口气，屏住气向口嘴处慢慢呼出至不能再呼为止，防止此时从口嘴处吸气，测试中不得中途二次吸气。吹气完毕后液晶屏上最终显示的数字即为肺活量毫升值。每位受试者测三次，每次间隔 15 秒，记录三次数值，选取最大值作为测试结果。以毫升为单位，不保留小数。

3. 注意事项

（1）电子肺活量计的计量部位应保持通畅干燥，吹气筒的气管必须在上方，以免口水或杂物堵住气道。

（2）导气管存放时不能打折。

（3）定期校对仪器。

（四）800 米跑或 1000 米跑

1. 测试目的

测试学生耐力素质的发展水平，特别是心血管呼吸系统的技能及肌肉耐力。

2. 测试方法

受试者至少两人一组进行测试，站立式起跑。受试者听到“跑”的口令后开始起跑。发令员在发出口令同时要摆动的发令旗。计时员视旗动开表计时，受试者躯干部位到达终点线的垂直面停表。以分、秒为单位记录测试成绩，不计小数。

3. 注意事项

（1）测试中测试人员应向受试者报告剩余圈数，以免跑错距离。

（2）测试人员应告知受试者在跑完后应保持站立能力并缓慢走动，不要立刻坐下，以免发生意外。

（3）受试者不得穿皮鞋、塑料凉鞋、钉鞋参加测试。

（4）对分秒进行换算时要细心，以免差错。

（五）台阶试验

1. 测试目的

测试学生在定量负荷后心律变化情况，评价学生的心血管机能。

2. 测试方法

男生用高 40 厘米的台阶（或凳子）；女生用高 35 厘米的台阶（或凳子）。测验前让受试者做轻度的准备活动，主要是活动下肢关节。上、下台阶的频率是 30 次/分，因而节拍器的节律为 120 次 / 分（每上、下一次是四动）。受试者按节拍器的节律完成试验。

被测试者从预备姿势开始，①被测试者一只脚踏在台阶上；②踏台腿伸直成台上站立；③先踏台的脚先下地；④还原成预备姿势。用 2 秒上、下一次的速度（按节拍器的节律来做）连续做 3 分钟。做完后，立刻坐在椅子上测量运动结束后的 1 分钟至 1 分半钟、2 分钟至 2 分半钟、3 分至 3 分半钟的 3 次脉搏数。并用下列公式求得评定指数，计算结果包含有小数的，对小数点后的1位进行四舍五入取整进行评分。

$$评定指数=\frac{踏台上、下运动的持续时间（秒）\times 100}{2\times(3次测定脉搏的和)}$$

3. 注意事项

（1）心脏有病的人不能测试。

（2）按 2 秒上、下一次的节奏进行。当受试者跟不上节奏时应及时提醒，如果三次跟不上节奏应停止测试，以免发生伤害事故。

（3）上、下台阶时，膝、髋关节都应伸直。

（4）被测试者不能自己测量脉搏。

（5）如果受试者不能完成 3 分钟的负荷运动，以实际上、下台阶的持续时间进行计算，计算公式和方法同上。

（六）坐位体前屈

1. 测试目的

测学生在静止状态下的躯干、腰、髋等关节可能达到的活动幅度，主要反映这些部位关节、韧带和肌肉的伸展性和弹性及学生身体韧带素质的发展水平。

2. 测试方法

受试者两腿伸直，两脚平蹬测试纵板坐在平地上，两脚分开约 10~15 厘米，上体前屈，两臂伸直向前，用两手中指尖逐渐向前推动游标，直到不能前推为止。测试计的脚蹬纵板内沿平面为 0 点，向内为负值，向前为正值。记录以厘米为单位，保留一位小数。测试两次，取最好成绩。

3. 注意事项

（1）身体前屈两臂向前推游标时两腿不能弯屈。

（2）受试者应匀速向前推动游标，不得突然发力。

（七）仰卧起坐（女生）

1. 测试目的

测试腹肌耐力

2. 测试方法

受测者全身仰卧于垫上，两腿稍分开，屈膝呈 90 度角左右，两手指交叉贴于脑后。另一同伴压住其踝关节，以便固定下肢。受试者起坐时两肘触及或超过双膝为完成一次。仰卧时两肩胛必须触垫。测试人员发出“开始”口令的同时开表计时，记录 1 分钟内完成次数。1 分钟到时，受测者虽已坐起但未达到双膝者不计该次数，精确到个位。

3. 注意事项

（1）如发现受测者借用肘部撑垫或臀部起落的力量起坐时，该次不计数。

（2）测试过程中，观测人员应向受测者报数。

（3）受测者双脚必须放于垫上。

（八）引体向上

1. 测试目的

测试学生的上肢肌肉力量和耐力的发展水平。

2. 测试方法

受试者跳起双手正握杆，两手与肩同宽成直臂悬垂。静止后，两臂同时用力引体（身体不能有附加动作），上拉到下钔超过横杆上缘为完成一次。记录引体次数。

3. 注意事项

（1）受试者应双手正握单杆，待身体静止后开始测试。

（2）引体向上时，身体不得做大的摆动，也不得借助其他附加动作撑起。

（3）两次引体向上的间隔时间超过 10 秒终止测试。

（九）掷实心球

1. 测试目的

测试学生的上肢爆发力

2. 测试方法

测试时受试者站在起掷线后，两脚前后或左右开立，身体面对投掷方向，双手举球掷头上方稍后仰，原地用力把球投向前方。如两脚前后开立投掷，当球出手的同时后脚可以向前迈一步，但不得踩线。每人掷三次，记录其中成绩最好的一次。记录以米为单位，取一位小数。丈量起掷线后缘至球着地点后缘之间的垂直距离。为了准确丈量成绩，应由专人负责观察实心球的着地点。

3. 注意事项

（1）受试者须原地投掷，不得助跑。

（2）实心球必须从肩上方投出。

（3）如受试者两脚前后开立投掷，当时新球出手的同时后脚可向前迈出一步，但不得踩线。

（4）发现踩线等犯规时，则此次成绩无效。三次均无成绩者，应允许再投，直至取得成绩为止。

（十）握力

1. 测试目的

测试学生上肢肌肉力量的发展水平。

2. 测试方法

被测试者两脚自然分开成直立姿势，两臂自然下垂。一手持握力计全力紧握（此时握力计不能接触衣服和身体），握力器显示数字。用有力（利）手握三次。取最大值，以公斤为单位，测试时保留 1 位小数。

3. 注意事项

保持手臂自然下垂姿势，手心向内，不能触及衣服和身体。

（十一）50 米跑

1. 测试目的

测试学生速度，灵敏素质及神经系统灵活性的发展水平。

2. 测试方法

受试者至少两人一组测试。每条跑道由一人记录。受试者听到“跑”的口令后开始起跑。折返时，受试者按逆时针方向绕过标杆，不得碰扶标杆，不得串道。发令员在发出口令同时要摆动发令旗。计时员视旗动开表计时，受试者躯干部位到达终点线的垂直面停表。以秒为单位记录测试成绩，精确到小数点后一位，小数点后第二位数按非“0”时则进 1 记录之。

3. 注意事项

（1）受试者测试最好穿运动鞋或平底布鞋，赤足亦可。但不得穿钉鞋、皮鞋、塑料凉鞋。

（2）发现有抢跑者，要当即召回重跑。

（3）如遇风时一律顺风跑。

（4）折返时，受试者应当统一按逆时针绕杆往返跑，以避免与其他受试者在测试过程中冲撞受伤。

（十二）立定跳远

1. 测试目的测试学生下肢肌肉爆发力及身体协调能力的发展水平。

2. 测试方法受试者两脚自然分开站立，站在起跳线后，脚尖不得踩线（最好用线绳做起跳线）。两脚原地同时起跳，不得有垫步或连跳动作。丈量起跳线后缘至最近着地点后缘的垂直距离。每人试跳三次，记录其中成绩最好一次。以厘米为单位，不计小数。

3. 注意事项

（1）发现犯规时，此次成绩无效。三次试跳均无成绩者，再跳至取得成绩为止。

（2）可以赤足，但不得穿钉鞋、皮鞋、塑料凉鞋测试。

（十三）跳绳

1. 测试目的

测试学生的下肢力量和身体协调能力

2. 测试方法

两人一组，一人测试，一人计数。受试者将绳的长短调至适宜长度，听到开始信号后开始跳绳，动作规格为正摇双脚跳绳，每跳跃一次且摇绳一回环，记为一次。听到结束信号后停止，测试员报数并记录受试者在一分钟内的跳绳次数。测试单位为次。

3. 注意事项

测试过程中跳绳绊脚，除该次不计数外，应继续进行。

（十四）篮球运动

1. 测试目的

测试学生综合身体素质和篮球运动基本技能水平

2. 测试方法

受试者在起点线后持球站立，听到出发口令后，单手运球过杆，每次过杆时需换手运球。发令员发令后开表计时，受试者与球均返回起点线时停表。每名受试者测两次，记录其中成绩最好一次。以秒为单位记录测试成绩，精确到小数点后一位，小数点后第二位非“0”时进一。

3. 注意事项

（1）测试中篮球脱手后，如球仍在测试场地内，受试者可自行捡回，并在脱手处继续运球，不停表。

（2）测试过程中出现以下现象均属犯规行为，取消当次成绩：出发时抢跑、运球过程中双手同时触球、膝盖以下部位触球、漏绕标志杆、碰倒标志杆、人或球出测试区域、未按要求完成全程路线、通过终点时人球分离等。

（3）受试者有两次测试机会，两次犯规无成绩者可再测直至取得成绩。

（十五）足球运球

1. 测试目的

测试学生综合身体素质和足球运球基本技能水平

2. 测试方法

受试者站在起点线后准备，听到出发口令后开始向前运球一次过杆，受试者和球均越过终点线即为结束。发令员发令后开始计时，受试者与球均到达终点线时停表。每人跑两次，记录其中成绩最好的一次成绩。以秒为单位记录测试成绩，精确到小数点后一位。小数点后第二位数非“0”时进 1。

3. 注意事项

（1）测试过程中出现以下现象均属犯规行为，取消当次成绩：出发时抢跑、漏绕标志杆、碰倒标志杆、故意手球、未按要求完成全程路线等。

（2）受试者有两次测试机会，两次犯规无成绩者可再测直至取得成绩。

（十六）排球垫球

1. 测试目的

测试学生综合身体素质和排球基本技能水平。

2. 测试方法

受试者在规定的测试区域内原地将球抛起，个人连续正面双手垫球，要求手型正确、击球部位准确、达到规定的高度，球落地即为测试结束，按次计数。垫球高度为男生 2.43 米、女生 2.24 米，每名受试者测试两次，记录其中成绩最好的一次。测试单位为次。

3. 注意事项

（1）测试过程中如出现以下现象均只作为调整，不计次数：采用传球等其他方式触球、测试区域之外触球、垫球高度不足等。

（2）为方便判定垫球高度，可将排球场的球网调整到相应的高度，或者在测试区域外相距 0.5 米处插两根标杆，标杆顶端用橡皮筋或标志线相连，将标杆调整到相应的高度，测试是通过比较垫球的高度与球网或标志线的高度进行判定。

附录四　《国家学生体质健康标准》评分表（大学部分）

大学生的体质健康评分标准如附表-2~附表-5 所示。

附表-2 大学一~四年级男生身高标准体重（体重单位：公斤）

身高段（厘米）	营养不良	较低体重	正常体重	超重	肥胖
	50 分	60 分	100 分	60 分	50 分
144.0~144.9	<41.5	41.5~46.3	46.4~51.9	52.0~53.7	≥53.8
145.0~145.9	<41.8	41.8~46.7	46.8~52.6	52.7~54.5	≥54.6
146.0~146.9	<42.1	42.1~47.1	47.2~53.1	53.2~55.1	≥55.2
147.0~147.9	<42.4	42.4~47.5	47.6~53.7	53.8~55.7	≥55.8
148.0~148.9	<42.6	42.6~47.9	48.0~54.2	54.3~56.3	≥56.4
149.0~149.9	<42.9	42.9~48.3	48.4~54.8	54.9~56.6	≥56.7
150.0~150.9	<43.2	43.2~48.8	48.9~55.4	55.5~57.6	≥57.7
151.0~151.9	<43.5	43.5~49.2	49.3~56.0	56.1~58.2	≥58.3
152.0~152.9	<43.9	43.9~49.7	49.8~56.5	56.6~58.7	≥58.8
153.0~153.9	<44.2	44.2~50.1	50.2~57.0	57.1~59.3	≥59.4
154.0~154.9	<44.7	44.7~50.6	50.7~57.5	57.6~59.8	≥59.9
155.0~155.9	<45.2	45.2~51.1	51.2~58.0	58.1~60.7	≥60.8
156.0~156.9	<45.6	45.6~51.6	51.7~58.7	58.8~61.0	≥61.1
157.0~157.9	<46.1	46.1~52.1	52.2~59.2	59.3~61.5	≥61.6
158.0~158.9	<46.6	46.6~52.6	52.7~59.8	59.9~62.2	≥62.3
159.0~159.9	<46.9	46.9~53.1	53.2~60.3	60.4~62.7	≥62.8
160.0~160.9	<47.4	47.4~53.6	53.7~60.9	61.0~63.4	≥63.5
161.0~161.9	<48.1	48.1~54.3	54.4~61.6	61.7~64.1	≥64.2
162.0~162.9	<48.5	48.5~54.8	54.9~62.2	62.3~64.8	≥64.9
163.0~163.9	<49.0	49.0~55.3	55.4~62.8	62.9~65.3	≥65.4
164.0~164.9	<49.5	49.5~55.9	56.0~63.4	63.5~65.9	≥66.0
165.0~165.9	<49.9	49.9~56.4	56.5~64.1	64.2~66.6	≥66.7
166.0~166.9	<50.4	50.4~56.9	57.0~64.6	64.7~67.0	≥67.1
167.0~167.9	<50.8	50.8~57.3	57.4~65.0	65.1~67.5	≥67.6
168.0~168.9	<51.1	51.1~57.7	57.8~65.5	65.6~68.1	≥68.2
169.0~169.9	<51.6	51.6~58.2	58.3~66.0	66.1~68.6	≥68.7
170.0~170.9	<52.1	52.1~58.7	58.8~66.5	66.6~69.1	≥69.2
171.0~171.9	<52.5	52.5~59.2	59.3~67.2	67.3~69.8	≥69.9
172.0~172.9	<53.0	53.0~59.8	59.9~67.8	67.9~70.4	≥70.5
173.0~173.9	<53.5	53.5~60.3	60.4~68.4	68.5~71.1	≥71.2
174.0~174.9	<53.8	53.8~61.0	61.1~69.3	69.4~72.0	≥72.1
175.0~175.9	<54.5	54.5~61.5	61.6~69.9	70.0~72.7	≥72.8
176.0~176.9	<55.3	55.3~62.2	62.3~70.9	71.0~73.8	≥73.9
177.0~177.9	<55.8	55.8~62.7	62.8~71.6	71.7~74.5	≥74.6
178.0~178.9	<56.2	56.2~63.3	63.4~72.3	72.4~75.3	≥75.4

续表

身高段（厘米）	营养不良	较低体重	正常体重	超重	肥胖
	50 分	60 分	100 分	60 分	50 分
179.0~179.9	<56.7	56.7~63.8	63.9~72.8	72.9~75.8	≥75.9
180.0~180.9	<57.1	57.1~64.3	64.4~73.5	73.6~76.5	≥76.6
181.0~181.9	<57.7	57.7~64.9	65.0~74.2	74.3~77.3	≥77.4
182.0~182.9	<58.2	58.2~65.6	65.7~74.9	75.0~77.8	≥77.9
183.0~183.9	<58.8	58.8~66.2	66.3~75.7	75.8~78.8	≥78.9
184.0~184.9	<59.3	59.3~66.8	66.9~76.3	76.4~79.4	≥79.5
185.0~185.9	<59.9	59.9~67.4	67.5~77.0	77.1~80.2	≥80.3
186.0~186.9	<60.4	60.4~68.1	68.2~77.8	77.9~81.1	≥81.2
187.0~187.9	<60.9	60.9~68.7	68.8~78.6	78.7~81.9	≥82.0
188.0~188.9	<61.4	61.4~69.2	69.3~79.3	79.4~82.6	≥82.7
189.0~189.9	<61.8	61.8~69.8	69.9~79.9	80.0~83.2	≥83.3
190.0~190.9	<62.4	62.4~70.4	70.5~80.5	80.6~83.6	≥83.7

注：身高低于表中所列出的最低身高段的下限值时，身高每低 1 厘米，实测体重需加上 0.5 公斤，实测身高需加上 1 厘米，再查表确定分值。身高高于表中所列出的最高身高段时，身高每高 1 厘米，其实测体重需减去 0.9 公斤，实测身高需减去 1 厘米，再查表确定分值。

表附-3　大学一~四年级女生身高标准体重（体重单位:公斤）

身高段（厘米）	营养不良	较低体重	正常体重	超重	肥胖
	50 分	60 分	100 分	60 分	50 分
140.0~140.9	<36.5	36.5~42.4	42.5~50.6	50.7~53.3	≥53.4
141.0~141.9	<36.6	36.6~42.9	43.0~51.3	51.4~54.1	≥54.2
142.0~142.9	<36.8	36.8~43.2	43.3~51.9	52.0~54.7	≥54.8
143.0~143.9	<37.0	37.0~43.5	43.6~52.3	52.4~55.2	≥55.3
144.0~144.9	<37.2	37.2~43.7	43.8~52.7	52.8~55.6	≥55.7
145.0~145.9	<37.5	37.5~44.0	44.1~53.1	53.2~56.1	≥56.2
146.0~146.9	<37.9	37.9~44.4	44.5~53.7	53.8~56.7	≥56.8
147.0~147.9	<38.5	38.5~45.0	45.1~54.3	54.4~57.3	≥57.4
148.0~148.9	<39.1	39.1~45.7	45.8~55.0	55.1~58.0	≥58.1
149.0~149.9	<39.5	39.5~46.2	46.3~55.6	55.7~58.7	≥58.8
150.0~150.9	<39.9	39.9~46.6	46.7~56.2	56.3~59.3	≥59.4
151.0~151.9	<40.3	40.3~47.1	47.2~56.7	56.8~59.8	≥59.9
152.0~152.9	<40.8	40.8~47.6	47.7~57.4	57.5~60.5	≥60.6
153.0~153.9	<41.4	41.4~48.2	48.3~57.9	58.0~61.1	≥61.2
154.0~154.9	<41.9	41.9~48.8	48.9~58.6	58.7~61.9	≥62.0
155.0~155.9	<42.3	42.3~49.1	49.2~59.1	59.2~62.4	≥62.5

续表

身高段（厘米）	营养不良	较低体重	正常体重	超重	肥胖
	50分	60分	100分	60分	50分
156.0~156.9	<42.9	42.9~49.7	49.8~59.7	59.8~63.0	≥63.1
157.0~157.9	<43.5	43.5~50.3	50.4~60.4	60.5~63.6	≥63.7
158.0~158.9	<44.0	44.0~50.8	50.9~61.2	61.3~64.5	≥64.6
159.0~159.9	<44.5	44.5~51.4	51.5~61.7	61.8~65.1	≥65.2
160.0~160.9	<45.0	45.0~52.1	52.2~62.3	62.4~65.6	≥65.7
161.0~161.9	<45.4	45.4~52.5	52.6~62.8	62.9~66.2	≥66.3
162.0~162.9	<45.9	45.9~53.1	53.2~63.4	63.5~66.8	≥66.9
163.0~163.9	<46.4	46.4~53.6	53.7~63.9	64.0~67.3	≥67.4
164.0~164.9	<46.8	46.8~54.2	54.3~64.5	64.6~67.9	≥68.0
165.0~165.9	<47.4	47.4~54.8	54.9~65.0	65.1~68.3	≥68.4
166.0~166.9	<48.0	48.0~55.4	55.5~65.5	65.6~68.9	≥69.0
167.0~167.9	<48.5	48.5~56.0	56.1~66.2	66.3~69.5	≥69.6
168.0~168.9	<49.0	49.0~56.4	56.5~66.7	66.8~70.1	≥70.2
169.0~169.9	<49.4	49.4~56.8	56.9~67.3	67.4~70.7	≥70.8
170.0~170.9	<49.9	49.9~57.3	57.4~67.9	68.0~71.4	≥71.5
171.0~171.9	<50.2	50.2~57.8	57.9~68.5	68.6~72.1	≥72.2
172.0~172.9	<50.7	50.7~58.4	58.5~69.1	69.2~72.7	≥72.8
173.0~173.9	<51.0	51.0~58.8	58.9~69.6	69.7~73.1	≥73.2
174.0~174.9	<51.3	51.3~59.3	59.4~70.2	70.3~73.6	≥73.7
175.0~175.9	<51.9	51.9~59.9	60.0~70.8	70.9~74.4	≥74.5
176.0~176.9	<52.4	52.4~60.4	60.5~71.5	71.6~75.1	≥75.2
177.0~177.9	<52.8	52.8~61.0	61.1~72.1	72.2~75.7	≥75.8
178.0~178.9	<53.2	53.2~61.5	61.6~72.6	72.7~76.2	≥76.3
179.0~179.9	<53.6	53.6~62.0	62.1~73.2	73.3~76.7	≥76.8
180.0~180.9	<54.1	54.1~62.5	62.6~73.7	73.8~77.0	≥77.1
181.0~181.9	<54.5	54.5~63.1	63.2~74.3	74.4~77.8	≥77.9
182.0~182.9	<55.1	55.1~63.8	63.9~75.0	75.1~79.4	≥79.5
183.0~183.9	<55.6	55.6~64.5	64.6~75.7	75.8~80.4	≥80.5
184.0~184.9	<56.1	56.1~65.3	65.4~76.6	76.7~81.2	≥81.3
185.0~185.9	<56.8	56.8~66.1	66.2~77.5	77.6~82.4	≥82.5
186.0~186.9	<57.3	57.3~66.9	67.0~78.6	78.7~83.3	≥83.4

注：身高低于表中所列出的最低身高段的下限值时，身高每低 1 厘米，实测体重需加上 0.5 公斤，实测身高需加上 1 厘米，再查表确定分值。身高高于表中所列出的最高身高段时，身高每高 1 厘米，其实测体重需减去 0.9 公斤，实测身高需减去 1 厘米，再查表确定分值。

附表-4　大学男生各测试项目评分标准

等级	单项得分	肺活量体重指数	1000米（分·秒）	台阶试验	50米跑（秒）	立定跳远（米）	掷实心球（米）	握力体重指数	引体向上（次）	坐位体前屈（厘米）	跳绳（次/1分钟）	篮球运球（秒）	足球运球（秒）	排球垫球（次）
优秀	100	84	3′27″	82	6	2.66	15.7	92	26	23	198	8.6	6.3	50
	98	83	3′28″	80	6.1	2.65	15.2	91	25	22.6	193	9	6.5	49
	96	82	3′31″	77	6.2	2.63	14.4	90	24	22	186	9.6	6.9	46
	94	81	3′33″	74	6.3	2.62	13.6	89	23	21.4	178	10.3	7.3	44
	92	80	3′35″	71	6.4	2.6	12.5	87	22	20.6	168	11.1	7.7	41
	90	78	3′39″	67	6.5	2.58	11.5	86	21	19.8	158	12	8.2	38
良好	87	77	3′42″	65	6.6	2.56	11.3	84	20	18.9	152	12.4	8.5	37
	84	75	3′45″	63	6.8	2.52	10.9	81	19	17.5	144	12.9	8.9	34
	81	73	3′49″	60	7	2.48	10.5	79	18	16.2	136	13.5	9.3	32
	78	71	3′53″	57	7.3	2.43	10	75	17	14.3	124	14.3	9.9	29
	75	68	3′58″	53	7.5	2.38	9.5	72	16	12.5	113	15	10.4	26
及格	72	66	4′05″	52	7.6	2.35	9.3	70	15	11.3	108	15.6	10.7	25
	69	64	4′12″	51	7.7	2.31	8.9	66	14	9.5	101	16.6	11.2	23
	66	61	4′19″	50	7.8	2.26	8.5	63	13	7.8	94	17.5	11.7	21
	63	58	4′26″	48	8	2.2	8	59	12	5.4	85	18.8	12.3	18
	60	55	4′33″	46	8.1	2.14	7.5	54	11	3	75	20	12.9	15
不及格	50	54	4′40″	45	8.2	2.12	7.3	53	9	2.4	71	20.6	13.3	14
	40	52	4′47″	44	8.3	2.09	7	51	8	1.4	64	21.6	13.8	12
	30	51	4′54″	43	8.5	2.06	6.7	49	7	0.5	58	22.5	14.3	10
	20	49	5′01″	42	8.6	2.03	6.2	47	6	−0.8	49	23.8	15	8
	10	47	5′08″	40	8.8	1.99	5.8	44	5	−2	40	25	15.7	5

附表-5 大学女生各测试项目评分标准

等级	单项得分	肺活量体重指数	800米（分·秒）	台阶试验	50米跑（秒）	立定跳远（米）	掷实心球（米）	握力体重指数	仰卧起坐（次/分钟）	坐位体前屈（厘米）	跳绳（次/1分钟）	篮球运球（秒）	足球运球（秒）	排球垫球（次）
优秀	100	70	3′ 24″	78	7.2	2.07	8.6	74	52	21.1	190	11.2	7.3	46
	98	69	3′ 27″	75	7.3	2.06	8.5	73	51	20.8	184	11.5	7.8	44
	96	68	3′ 29″	72	7.4	2.05	8.4	72	50	20.3	175	12	8.6	41
	94	67	3′ 32″	69	7.5	2.03	8.2	71	49	19.8	166	12.6	9.4	38
	92	65	3′ 35″	64	7.7	2.01	8	69	47	19.2	154	13.3	10.5	34
	90	64	3′ 38″	60	7.8	1.99	7.8	67	45	18.6	142	14	11.5	30
良好	87	63	3′ 42″	59	7.9	1.97	7.7	66	44	17.7	137	14.6	11.9	29
	84	61	3′ 46″	57	8	1.93	7.6	63	43	16.3	130	15.6	12.5	27
	81	59	3′ 50″	55	8.2	1.89	7.5	61	42	15	122	16.5	13.2	25
	78	57	3′ 54″	52	8.3	1.84	7.4	58	40	13.1	112	17.8	14	23
	75	54	3′ 58″	49	8.5	1.79	7.2	55	38	11.3	102	19	14.9	20
及格	72	53	4′ 03″	48	8.6	1.76	7.1	53	37	10.1	98	19.8	15.6	19
	69	51	4′ 08″	47	8.7	1.72	7	50	35	8.3	92	20.9	16.7	17
	66	49	4′ 13″	46	8.8	1.69	6.8	48	33	6.5	86	22	17.8	15
	63	46	4′ 18″	44	8.9	1.63	6.6	44	31	4.1	78	23.5	19.3	13
	60	43	4′ 23″	42	9	1.58	6.4	40	28	1.7	70	25	20.8	10
不及格	50	42	4′ 30″	41	9.1	1.56	6.2	39	27	1.5	66	25.8	21.2	9
	40	41	4′ 37″	40	9.3	1.53	6	38	26	1.3	59	26.9	21.9	8
	30	39	4′ 44″	39	9.5	1.5	5.7	36	25	1	53	28	22.5	7
	20	37	4′ 51″	38	9.8	1.46	5.4	34	23	0.6	44	29.5	23.4	6
	10	35	5′ 00″	36	10	1.42	5	32	21	0.2	35	31	24.3	4